田野里的创业故事

杭州市农业技术推广基金会 编

杭州出版社

图书在版编目（CIP）数据

田野里的创业故事 / 杭州市农业技术推广基金会编 .

杭州：杭州出版社，2024. 6. -- ISBN 978-7-5565

-2520-1

Ⅰ. I247.81

中国国家版本馆 CIP 数据核字第 2024E5G984 号

田野里的创业故事

Tianye Li de Chuangye Gushi

杭州市农业技术推广基金会 编

责任编辑　刘　潇

装帧设计　倪　欣

责任印务　姚　霖

出版发行　杭州出版社（杭州市西湖文化广场 32 号 6 楼）

　　　　　　电话：0571-87997719　邮政编码：310014

　　　　　　网址：www.hzcbs.com

印　　刷　浙江全能工艺美术印刷有限公司

开　　本　710 mm×1000 mm　1/16

印　　张　25

字　　数　394 千

版 印 次　2024 年 6 月第 1 版　2024 年 6 月第 1 次印刷

书　　号　ISBN 978-7-5565-2520-1

定　　价　98.00 元

《田野里的创业故事》编纂委员会

主　　任：安志云

副　主　任：吴继先　陈兴康　潘法高　潘建平　翁东潮

　　　　　王斌鸿　叶志高　王晓林

编　　委：何有良　胡新光　张洪棋　洪　平　罗良录

　　　　　苏锡生　管国兴　蒋福根　王瑛娇　程湘虹

　　　　　金启明　陈建军　叶宏伟　周明亚　宋国平

　　　　　肖建京　余荣峰　汪爱华

主　　编：胡新光

副　主　编：程湘虹　金启明　苏锡生　罗良录　管国兴

　　　　　蒋福根　肖建京

参　编　人：叶宏伟　陈建军　汪爱华　张振华　周明亚

　　　　　宋国平　郁幼芳

序

人们都说农业是一个弱势产业，说句实在话，这"露天工厂"确实是一个"靠天吃饭"的产业。每当遇到人力不可抗拒的自然灾害时，其都会遭受不同程度的损失，有时甚至是十分惨痛的损失。

20世纪90年代，由于大量的年轻人进城务工，农田抛荒严重，各级政府因此不断调整支农政策。随着农村改革的深入发展，一群有志于发展现代农业、改变农村面貌的年轻人不畏艰险，努力在田野、在山林刨土成金，创立了许多成功的乡镇民营企业、家庭农场，为现代农业奉献了自己的青春和力量。

农业技术推广基金会正是在这种现状下诞生的。1995年6月22日，铁瑛、李丰平两位省委、省政府老领导在《浙江日报》头版刊文呼吁："大家都为农业技术推广出把力！"在他们的倡议下，同年8月8日，浙江省农业技术推广基金会正式成立了，由许行贯老领导任理事长。继而，杭州市由夏树国、丁可珍两位老领导牵头筹备，于1997年5月组建了省基金会杭州执行部，2003年6月转建杭州市农业技术推广基金会。其现任理事长为市人大原副主任安志云，是一家国办与民办相结合的服务于杭州农业的公益性质的社会组织。

基金会坚持近 30 年的"三农"扶持和服务工作，按照"扶小、扶新、扶优、扶农民"的原则，做好政府的扶农助手，与政府农业职能部门实施差异化支农的方法，实现互补效应。

基金会在服务"三农"的工作中，见证了农民兄弟在希望的田野里积极探索试验，创新发展套种套养的高效农作新模式、稳粮增效新模式、林下生态高效新模式、新品种引进应用新模式、新机具引进应用新模式、生态循环利用新模式、农业技术改进创新应用新模式、基于电商平台连接农户的销售共富新模式等，形成了一批可看、可学、可推广的示范样板。

看着他们在田野与山间中创业，由小逐渐发展壮大，我们基金会觉得有义务为他们艰苦的创新创业历程讲好故事，赞美讴歌这些在农业一线奋斗的农民创业者，因此，《田野里的创业故事》也就应运而生了。

本书编撰的故事都是来源于浙江省、杭州市及县基金会项目资助过的业主，他们目前都还在经营着相关的农业产业，这些故事也代表了杭州各区、县（市）农业战线的优秀创业案例。

撰写农民创业故事，对于我们农业科技工作者来说，既熟悉又陌生，只能说是一次勇敢的尝试。我们期待本书的出版能给社会以启迪，吸引更多的人来关注"三农"，为农民讲好故事。

朱志泉

2024 年 6 月

01
萧山

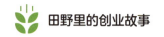
围垦养虾第一人

一

时珍曰：音霞（俗作虾），入汤则红色如霞也。

看到《本草纲目》中"虾"的这段描述，会让人想起小时候，看东海龙王故事里虾兵蟹将的场景。神话传说中，虾原来是没有眼睛的，蚯蚓是有眼睛的。龙王要征集军队，虾想参军但苦于没有眼睛，好心的蚯蚓就把眼睛借给了虾，虾感恩戴德，答应等打仗回来后，一定把眼睛还给蚯蚓。可是当虾回来的时候却反悔了，所以后来虾就有了眼睛，蚯蚓却没有眼睛。不过，这神话传说中的虾兵蟹将，如今已成为人们日常生活中的美味佳肴。按出产地不同，虾分为海水虾和淡水虾两种。海虾又叫红虾，包括龙虾、对虾等，其中以对虾的味道最鲜美，为食中上味，海产名品。

可 20 多年前，要吃上大对虾，是非常稀罕的。因为把生长在大海里的南美白对虾，挪移到钱塘江畔的围垦地进行人工养殖，不是一件容易的事。

薛国贤（右中）在会上报告养虾情况

萧山围垦地是一片神奇的土地，是中华人民共和国成立后经历年筑堤圈围、开发建设的钱塘江畔的新土地，被誉为人类造地史上的奇迹。到 1995 年，萧山人在南沙大堤外筑堤圈围数十次，得滩涂毛地 51.82 万亩。为解决新围滩涂地盐分过高、不利于农作物生长的问题，又进行了"西水东调"工程建设，把钱塘江萧山段上游和浦阳江的淡水引至垦区，洗去垦区土壤的盐分。先后建成排涝闸 11 座，节制闸 89 座，输水河道 3084 公里。使整个垦区构成"淡水有来源，咸水有去路，旱时可引灌，洪时可排涝"的水利系统，为都市现代化农业的发展奠定了坚实基础。

围垦以独特的精神风貌滋润了一方土地，养育了一批又一批奋发向上、勇立潮头、敢为天下先、"喝头口水"的农业开路先锋。杭州萧山农发水产有限公司的薛国贤，就是这先锋队伍中的一员。

薛国贤，一个精明能干的中年企业家，说起话来条理清晰，富有商业头脑，有着敏锐的市场洞察力，善于捕捉发展机遇，能放能收，拿捏得当。

他 1985 年参加工作，在杭州钱江纺织总厂干了 8 年，当上了分管销售的副厂长，其间积累了很多技术和销售资源。1992 年在下海经商大潮中，他辞去公职，创办了自己的企业——萧山东方纺织工贸有限公司，生产经营毛纺产品，熟门熟路，生意做得有声有色，掘得第一桶金。

二

在纺织行业摸爬滚打了 14 年的薛国贤，因为一个偶然的机会，转行到了围垦水产养殖。

那是 1997 年，在一次餐叙时，一位省国有农企负责人谈到，他们在萧山区政府招商引资优惠政策的引领下，到围垦十七工段农业开发区承包了 1206 亩土地，准备经营水产养殖，需要在当地找一个合作伙伴。薛国贤敏锐地感觉到了其中的商机，经过积极商谈，他与该农企达成了合作协议。第一期总投资约 180 万元，该农企占股 70%，薛国贤占股 30%。

之后，他们建立了浙江农发实验场，开始了鱼塘的规划建设，当年就养殖了湖蟹、包头鱼、白鲢、草鱼和鲫鱼等水产品。

1997 年 8 月 10 日，第 11 号台风"温妮"登陆浙江，肆虐长达 11 小时，此时正值天文大潮期，沿海出现特高潮位，海水倒灌。由于实验场是新围海涂，

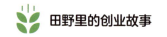

江堤、养殖池塘及其设施均被冲毁，场内一片狼藉，一年辛苦白费，薛国贤亏损了 300 余万元。

实验场恢复重建需要再投入，这时，合作方的国有农企内部产生了分歧，靠天吃饭的农业，不可预见性太大，如再投入，再亏损了怎么办？谁承担责任？最终他们决定退出承包。

薛国贤知道后，一下子蒙了：我是干纺织的，对水产养殖技术一窍不通，鱼、蟹是活口，一不小心就会血本无归！薛国贤感到被逼上了绝路。但冷静下来觉得这未必是坏事，千余亩土地尚在，自己的纺织公司也在正常运转，可以从资金上支撑这片土地的开发。而且单干有单干的好处，不会有矛盾，决策程序简单，只要思路对，解决好技术性问题，加上自己是本地人的优势，实验场一定能干好。就这样，薛国贤全面接手了实验场，将其更名为"杭州萧山农发水产有限公司"。

三

从 1998 年开始，薛国贤投入恢复重建资金百余万元，水产养殖品种还是湖蟹与包头鱼、白鲢、草鱼、鲫鱼等家鱼混养。到下半年捕捞出售，年底一算账，还是亏损。这种亏损境况，延续到了 1999 年，薛国贤开始反思这种水产养殖的方向是否对路。

他主动联系萧山区农业农村局、省淡水水产研究所、杭州市农科院水产所的水产专家，咨询养殖南美白对虾是否可行？专家们告诉他，南美白对虾是海水虾，从高盐度海水到淡水养殖，没有养殖先例。如果要试养南美白对虾，就要先进行驯化，使其适应在围垦地的水质条件下生长。前期最主要的是引进优良的南美白对虾品种，在围垦地进行盐度的梯度试验，即从盐度 12‰ 逐渐下降到 2‰ 的驯化试验。

经过一番了解，薛国贤对南美白对虾驯养试验，心里有了一点底，可真要干起来，又有些发怵：梯度试验怎么设计？对虾品种从哪里引进？要建哪些设施？一连串没有先例的难题，需要他去解决。

薛国贤（左一）在基地展示养殖虾

在专家的建议下，他决定先找到对虾养殖专家。他先联系了海南省水产研究所，几经周折后，对接上在杭州的国家海洋二所，了解到有位姓王的专家恰巧在海南研究南美白对虾的繁育与养殖。经协商，1999年，薛国贤与王专家签订了一年的南美白对虾盐度梯度试验协议。

刚开始，薛国贤在鱼塘的边角挖了一个约10平方米的小塘，当年4月从宁波引进饲养盐度为12‰的南美白对虾苗80万尾，放入盐度为2‰的小塘（围垦新塘盐度为2‰，老塘为0）驯养，到了5月份，获得40余万尾仔虾，驯养成活率约60%。

再把40余万尾仔虾投放到20亩的虾塘养殖，亩均投放约2万尾，到了9月共捕获3690公斤成品虾，亩产184.5公斤。按照塘边价每公斤36元计算，亩产值约6642元。

驯化养殖初试成功了！低调的薛国贤没有声张，继续进行中期驯养试验，并对初试进行了技术总结：南美白对虾是广盐性虾类，能适应淡水生活；淡化虾苗对盐度的变化适应性较强；仔虾均能适应较大范围的盐度变化。

经过一年的驯养，积累了南美白对虾驯化养殖的初步经验后，2000年至

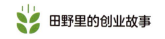

2001年，薛国贤开始了自己选留种、育苗、养殖的中期试验，养殖面积从200亩增加到400亩，虾的亩产量逐年提高，最高亩产量达到了近400公斤，产值实现了亩塘万元。初步验证了，在萧山围垦地养殖南美白对虾是一个很好的项目。

2002年，薛国贤开始扩大生产，新建了一个800平方米的南美白对虾育苗塘，当年收获了约1.5亿尾虾苗，按照每亩投放4万尾仔虾计算，可供4000余亩的虾塘养殖；按照当时每1万尾虾苗360元计算，虾苗收入就可达500余万元。

在围垦奋斗了6年的薛国贤，从一个养虾"门外汉"变成了"土专家"。辛勤的付出，也给了他丰厚的回报。2003年起，他的800余亩池塘，全部开始养殖南美白对虾。为了全身心投入养虾事业，他把东方纺织工贸有限公司交给了儿子去经营打理，自己吃住在围垦，看护着"虾宝宝"长大，再看着它们"走上"千家万户的餐桌，心里别提多高兴了。

薛国贤驯化和养殖的成功示范，带动了萧山围垦养虾产业的大发展。在这里的养虾产业每年以万余亩的发展速度递增，养殖高峰时达到了15万余亩，产值近十几个亿，南美白对虾育苗企业达数十家，年育苗能力60余亿尾。随后，由于大江东的数个开发区成立，以及行政区域调整，且建设用地土地被征用，养殖面积逐年减少，减至近年的5.1万余亩，产量1.7万吨，产值7.98亿元。

四

南美白对虾养殖技术在围垦推广普及后，薛国贤以一个企业家的眼光，开始思考着后面该怎么办。人们常说浙江的企业家是：嘴里咬着一个，手里抓着一个，眼睛看着一个，心里想着一个。

他嘴里咬着的是什么？养殖面积快速增长后，虾的总量多了，市场鲜销容量就那么大，价格下滑趋势是其必然。

薛国贤想到了他的纺织品外销经历，联想到南美白对虾是否可以卖到欧盟国家去？他拿着虾的冷冻产品，联系到具有进出口外贸资质的浙江北极品水产有限公司，找到了卖家。办妥省商品检验检疫局出口备案基地的一切手续，只等欧盟卖家实地考察，并按照欧盟进口农产品的标准对养殖基地、水质、产品等进行检测。2003年终于等到欧盟的检测团队来到基地，薛国贤介绍了南美白对虾饲养的全过程，解答了专家提出的相关问题。检测团队在测土、验水、复检产品后，得到了满意的结果。薛国贤拿到了欧盟的订单。当年他以每吨3.2万元的价格，外销欧盟400吨，成为萧山南美白对虾出口第一人。

他手里抓的是什么？随着城市建设用地的征用，虾的养殖面积缩减是大势所趋，他在想怎样精养和提高复养指数。

当时各种大棚设施已在农业种植中普遍应用，但在水产养殖行业应用却很少。2008年，薛国贤开始了虾塘的大棚设施建设。考虑到每年台风季，往往有很多蔬菜大棚被台风吹得整个掀起坍塌的境况，他想到用钢丝网作棚架搭建虾棚。虽然建棚投入增加了，但虾棚确实经受住了台风的考验，南美白对虾亩产量稳定提高到400公斤左右，品质也有很大提升，经济效益突显。

尝到了钢丝网大棚的好处，又想到了可增加和控制棚内温度，对促进南美白对虾的健康生长，缩短养殖生长期，提供有利的条件。于是，薛国贤又开始了一年两茬的新一轮养殖试验。划出4个大棚约40亩作为试验塘：第一茬仔虾，提前到3月放苗，6月收获成品虾，亩塘平均收获约450公斤；第二茬仔虾，延后到6月放苗，10月收获成品虾，亩塘平均收获了约350公斤。这样，每亩虾塘年均产量突破了800公斤。一亩虾塘，获得了2倍多的产量，3倍多的利润，是普通露天塘产量的2.8倍。

2012年后，基地已建有设施化钢丝网大棚24个约276.4亩，均实施一年两茬的养殖新技术，并带动全省设施化钢丝网大棚面积4万余亩，其中萧山有万余亩。

其间，薛国贤还不断探索科学种养技术。如，在保持高产情况下，降低缺氧应激反应的技术，实施水车式、叶轮式增氧与塘底增氧相结合的立体增氧模式；虾苗与仔虾的分季放养与多次轮捕相结合的多项综合养殖技术；与杭州市水产站、杭州百代信息工程有限公司合作，建立了"水产品质量安全管理和监控集成系统"，对养殖虾的关键节点进行质量监控，做到可追溯可监管的数字化管理；探索南美

白对虾与蔬菜瓜果轮作种养技术模式，塘底翻耕、暴晒、冷冻，解决露天虾塘的病害。其套种的"东方密1号"甜瓜，外皮色艳，质感甜脆鲜美，既增加了效益，也减少了塘底病害。2010年12月5日，中央电视台《新闻联播》报道了萧山区农业技术推广基金会资助实施的利用南美白对虾冬闲塘种植蔬果的新闻，充分肯定了这一农作模式。

2023年薛国贤的公司已成长为杭州市农业龙头企业，农业农村部认定的水产品养殖全程质量监控技术示范点和第六批水产健康养殖示范场，浙江省第四批省级现代渔业园区创建点，同时也是国家和杭州市以及萧山区的农村科普示范基地。

薛国贤在围垦地，在他的养虾事业上，探索试验奋斗了20多年，先后获得了萧山区劳动模范、"乡土专家"、"实用人才产业大师"等荣誉。但他最看重的是浙江省农业农村厅颁发的"省农业技术推广贡献奖"和高级工程师的技术职称！

他下一个创新创业的目标又是什么？笔者在采访中得知，薛国贤已经瞄上了当下最火爆的行业——电商直播带货，把国外优质的红虾、黑虎虾和白虾等美味带上中国百姓的餐桌！

期待着薛国贤带给我们更多的新的创业故事！

（胡新光　李　利　程湘虹　张洪其）

猪倌与他的"橄榄树缘"

一

橄榄树象征和平,胜利,希望。

20世纪80年代有一首非常流行的歌曲《橄榄树》:"不要问我从哪里来,我的故乡在远方……还有还有,为了梦中的橄榄树。"优美的歌词、动人的旋律,歌唱着人们对自由与梦想的追求。

唱者无心,听者有意。在萧山有一位农民,因为常听歌曲《橄榄树》,在心里偷偷埋下了橄榄树的种子。

这位农民叫俞瑞忠,1952年出生,家在河上镇众联村,一个山连着山的小村落。家中兄弟姐妹6人,他为兄长。

生活从来不是一帆风顺的,有时甚至是残酷的。俞瑞忠10岁时,发了一场突如其来的高烧,由于当时家里孩子多、父亲早逝,生活困难,耽搁了医治,让他的双腿留下了残疾。双腿残疾的他小学毕业便离开学校,早早地挑起了生活的重担。

身体的病痛,并没有压垮俞瑞忠对生活的期望。20世纪70年代初,19岁的俞瑞忠开始外出打工,从搬运工做起,一步一步离开小山村,到了县城。

80年代,我国农产品市场逐步放开,俞瑞忠敏锐地观察到卖肉能赚钱,于是拜师学习屠宰,随后在萧山城厢镇开了一个鲜肉店。自己选猪、自己屠宰、自己销售,肉品质优价廉,服务热诚周到,生意做得红红火火,积累了资金,也积累社会资源。

90年代,国家开始整顿生猪市场,改分散屠宰为集中屠宰,俞瑞忠承包了县食品公司的一个屠宰场,并对接外省供应萧山的生猪批发业务,每天有百余头生猪的屠宰批发量。虽然非常辛苦,但他却很快乐。

随着市场竞争机制的不断完善，屠宰场承包需要进行竞争性投标，而且竞标同行越来越多，俞瑞忠感到实力有限，中标难度增加。他转变思路，果断地改屠宰为养殖。1992年起，他与钱江农场合作，开启了养猪新事业，几年后，承包了两幢猪舍，年出栏商品猪约2000余头，实行自产自销。

二

与猪打交道20余年，俞瑞忠始终有一个梦想，建一个属于自己的养猪场。

有了一定的资金累积，俞瑞忠开始为梦想行动了。2003年他回到家乡众联村后，四处踏勘场址，最终看中了"五岭"的一片缓坡荒地。该地块坐东朝西北，属于紫霞村与璇山下村之间的山地，经与两村委会商议，谈妥了164亩的承包山地价，签订了20年的承包合同。

2004年他开始建设梦想中的猪场——萧山区河上镇紫霞村五岭农场。农场一边建设一边养殖，先后建起了20幢猪舍，约16000平方米，年存栏猪6000—8000头，年出售商品猪10000余头，成了名副其实的万头猪场。

那时，已年过半百的俞瑞忠，始终有一股使不完的劲。梦想变为现实，让他兴奋不已，苦与累都化成了笑和甜。

俞瑞忠

可是好景不长。2014年浙江开始实施乡村环境整治，随着禁养限养和"五水共治"政策的实施，他的猪场被列入禁养关停之列。

俞瑞忠深深地陷入痛苦之中，思想斗争异常激烈。那时，每天一大早，他跌跌撞撞地跑到猪场，围着猪舍一幢一幢地转，看着活蹦乱跳的猪崽在吃食、睡觉，心里总觉得特别不是滋味。猪场是他用大半辈子的心血，一砖一瓦建设起来的，也给了他许多荣耀和自豪，是一家人奔小康的希望啊！

等心情平静下来后，仔细一想，又想通了：关停猪场是为了绿水青山和子孙后代的幸福，何况政府还有奖励补偿。山不转水转，还可以想别的致富路。2014年他主动申请关停，拿到一笔千余万元的补偿款。2015年养猪场被彻底拆除。

三

那时，俞瑞忠总觉得心里空落落的，拖着隐隐作痛的双腿，时不时地在猪场的瓦砾中转悠。

一些村民传言，有的说他拿到巨额的补偿款后，不会再承包山地了，也有的说发了这么大一笔"猪财"，后半辈子吃穿不用愁了，等等。

闲话难听，激发了这位憨厚农民实干家的自尊心：做人不能见利忘义，既然这块土地，通过我的劳动，给我创造了财富，我要对得起这块土地，对得起两个村的村民。更何况承包合同还没到期，他暗下了继续干的决心。但问题又来了，山上种什么呢？有的建议种水果，有的建议种苗木……

一次去乡政府办事时，俞瑞忠偶然看到一本关于"油橄榄树栽培技术"的资料，那是省农科院油料作物所到河上镇推介种植油橄榄树时留下的资料。而此时，他耳边好像突然响起那熟悉的歌声"不要问我从哪里来，我的故乡在远方……还有还有，为了梦中的橄榄树"，这仿佛是冥冥之中的召唤！于是，他下定决心开始续写与橄榄树结下的后半生情缘。

种植橄榄树，俞瑞忠可谓是萧山历史上的第一人。

敢想也敢干！挖掘机轰隆隆地开进一地瓦砾的猪场遗址，挖掘硬化的道路、场地，整理恢复原有地貌，整整干了一个多月。

这时的俞瑞忠，满脑子想的是：到哪里去引种橄榄树苗？而村里不少好心人则提醒，要他看看土壤、气候条件行不行，叮嘱他要慎重考虑！

他赶紧取样土去省农科院土肥所测试酸碱度，结果：土壤pH酸碱度为5.0—6.0，可以种植。为慎重起见，他又去杭州市土肥站测试酸碱度，结果也是没有问题，

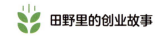

心底的一块石头才算落了地。

老俞一边让女儿在网上寻找橄榄树苗，一边亲自去省农科院油料所咨询专家，上四川绵阳、去甘肃陇南、跑金华金东区考察橄榄树苗。

从2015年到2017年，他从四川绵阳分两次引进"莱星""鄂植""佛奥""虹越"等8个油橄榄品种，作为繁育母树。其中还有从西班牙、以色列等国家引进的油橄榄树。由于路途遥远，引种的200余株2米高的母树和用于剪穗扦插繁育的4000余枝条，都是空运到萧山的。母树每株到萧均价约2000余元，枝条每支均价约13元。从金华金东区引种橄榄树约8000株，每株到萧山均价约1000余元。

这可是一笔超百万元的引种费！俞瑞忠的信条是：做事就要做成最好的！

没有经验就从实践中摸索着学，没有技术就请专家指导。

首先要把树种活。为了提高扦插育苗的成活率，他新建了800平方米的恒温大棚，6000平方米的滴灌大棚，聘请了从事花卉苗木种植10年以上的技师进行剪穗扦插繁育，同时邀请省农科院油橄榄专家进行现场指导和线上技术支持。

——每棵大橄榄树种植后，都小心翼翼地用遮阳网给它搭建遮阳篷，以提高成活率。

——扦插育苗圃，起畦后在表层铺约3厘米厚的细沙，再剪穗扦插，可以春插，也可以秋插。但长到1—2年的实生苗时，成活率只有60%；等到出圃移栽时，成活率更是只有50%。

老俞看到种植的橄榄树和繁育小苗都活了，非常高兴，但出圃率和移栽成活率不高，他心里又蒙上了一层阴影。于是，分秒必争地查找原因、总结经验：一是改细沙为黄泥心土与细沙混合后铺面，二是改土壤扦插为无纺布的小营养钵扦插。

这一改，橄榄树小苗扦插成活率从60%提高到80%以上，营养钵小苗移盆后存活率从50%提高到90%以上。其中"佛奥""鄂植9号"两个品种出圃率和移栽成活率最高，成为当家品种。

苗圃每年平均育苗约5000株，从2017年到2018年，种下了1.5万余株橄榄树。看着一大片逐渐生长成林的橄榄树，俞瑞忠喜笑颜开，心里更是憋着"必须搞成"的一股劲。

当时，种植油橄榄，同村、邻村的乡亲们不看好，乡镇区的相关人员也不看好，只有家里人一直支持着。不看好意味着得不到政府扶持政策的支持。俞瑞忠心里也开始打鼓：这 1.5 万余株橄榄树，如果仅靠收获橄榄果榨油获取效益好像不靠谱，因为面积太小，而榨油还要投资设备和厂房。

怎么办？俗话说"三个臭皮匠，顶个诸葛亮"，老俞召开家庭会议，一来二去，商讨出了对策：借助萧山苗木产业的优势和声誉，发展观赏型橄榄树。

这时，萧山区农业技术推广基金会听说河上镇众联村有人在种植油橄榄树，就专程去拜访了俞瑞忠，并考察了农场，认为其符合"扶小、扶新、扶优、扶农民"的农业创新模式，决定给予他资助扶持。第二年还把农场推荐给杭州市农业技术推广基金会，给予了连续扶持。老俞还获得杭州市"创新农作制度示范带头人"的称号。这对他来说，是莫大的鼓励。基金会资助的钱虽然有限，但给他带来了很大的信心和动力。

观赏型苗木分为人工造型和自然生长两种。俞瑞忠按照比较流行的树形，开始对自然生长的橄榄树进行人工造型，有球形的、圆柱形的、棒棒糖形的，还有三菱形的，等等。苗木初步长成后，俞瑞忠一家人漫步在造型各异的橄榄树之间，一种成就感油然而生。

到了橄榄树该"出嫁"的时候，为了让自家的橄榄树"嫁"得好，老俞主动出击，去了很多园林绿化单位推介橄榄树，结果每次都是乘兴而去、败兴而归。

一个新绿化树种的推出，想得到市场的认可，需要一定的时间。俞瑞忠着手制作宣传册，积极参加萧山每年的花卉苗木展会，在互联网开设网站，在淘宝开设网店，宣传普及橄榄树知识：

橄榄树为木樨科，原产于欧洲，是一种油料作物。果实可以榨成优质橄榄油；四季常绿，是绿化景观树种；联合国徽章图案，就是由两根橄榄枝衬托着整个地球，象征和平；橄榄枝作为古希腊奥运会的精神象征，寓意深刻，影响

橄榄树

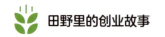

久远……

利用新方法新手段不间断地参展和宣传，橄榄树的市场知名度逐渐扩大。农场与在富阳的中国林科院亚热带林业研究所和浙江省林科所达成了长期合作关系，共同研究、实施橄榄树的品种选育和优质高产栽培配套技术，新产品的开发工作；与浙江海宁虹越花卉股份有限公司建立了销售关系；与浙江萧建集团有限公司下属的园林设计公司，及其他多家园林设计公司建立了销售关系。

幸运的是，2019年，上海数家园林设计公司在网上看中了俞瑞忠培育的橄榄树，将其引入了上海的高档别墅区。

宁波的一家园林设计公司一次购买了300余株中小橄榄树，种植在舟山市定海区的庭院之中。后来得知，那是台湾著名女作家三毛的祖居。而三毛正是歌曲《橄榄树》的歌词作者！现实世界又一次显现了俞瑞忠与橄榄树的奇妙缘分！为此，《萧山日报》2020年12月2日，以《三毛祖居边上的几百棵橄榄树林，都出自萧山》为题，专门作了报道。

种植六年后，橄榄树"火"了！来五岭农场买橄榄树的人越来越多，俞瑞忠乘势为橄榄树注册了"河尚"商标。

可问题又来了，陆陆续续来农场的买家，不再看中那些造型漂亮的橄榄树，反倒看上了那些树枝扭曲、弯弯绕绕的自然生长的橄榄树……老俞又把那些已经造型了的橄榄树，重新培育成自然生长形态的橄榄树。

2022年，根据市场需求，他将剩余的1.1万余株橄榄树，按照主干直径10厘米以下和主干直径10厘米以上两种热销规格，推向市场，很快销售一空，获得了不错的收益。

老俞感悟到：只有紧跟绿化美化的流行趋势，敏锐地把握市场需求，橄榄树产业才能始终立于不败之地。

田野中，橄榄树苗正一茬接一茬地茁壮成长，而俞瑞忠与橄榄树的缘分也还在续写。愿小小的橄榄树在俞瑞忠的精心栽培下，长成参天大树，把美丽与和平带到更多的地方。

（胡新光　俞丹月　程湘虹　张洪其）

我和湖羊的故事

大约在 2010 年的秋季，在一次中学毕业三十周年的同学聚会上，有一个同学突然问我："庞加忠你在做什么事？"

我说："我在养羊。"

顿时同学们七嘴八舌地说开了：

"哦！养羊呀！"

"某某同学在做进出口外贸生意……"

"某某同学是萧山百强企业老总，年收入好几个亿呢！"

"某某同学是搞房地产的……"

"某某同学是某某领导，有权有势……"

"居然还有养羊的！哈哈哈……"

……

当时我脑子一片空白，羞愧难当，默默地低下了头，悄悄地离开了聚会。好像他们都觉得，搞农业是最被人瞧不起的行业。

在不愁吃不愁穿的日子里，他们忘了餐桌上丰盛可口的菜肴，香喷喷的米饭，都是来自我们农业人面朝黄土背朝天，日晒雨淋、挥汗如雨地耕田种地、养鸡养鸭、养猪养羊、养鱼养鳖的劳动成果。

不管别人咋说，反正我一直坚信农业是一个阳光产业，是最不会辜负辛勤汗水的，有付出总会有收获。

我和湖羊的故事，是从 2009 年的初春开始的。一次偶然的机会，我到义桥镇昇光村看望农民朋友，在聊天中听村主任说：村里有一块承包土地，已有两年没付租金了，村两委会想收回土地承包权，问我要不要承包。

"好呀！去看看。"我说。

于是，我与村主任一起，驾车在山野间疾驶，七弯八拐来到了一个山湾，这里是南坞庄山塘水库，水库下面有一片荒芜已久的土地，杂草丛生，坑坑洼洼，高低不平。

湖羊

村主任说："你看看，这块土地能开发吗？是搞养殖业好，还是搞种植业好？"

我仔细地察看了四周：此地坐南朝北，三面环山，山上有绿油油的灌木林和毛竹林，山湾不大但环境优美。

南面山脚是清澈见底的南坞庄山塘水库，山塘水坝不大，也不是村民的饮用水源，如果发展养殖业或种植业，能够保障全年安全供水。

北面距离村庄居民房有一公里多的路程，一条小路沿山边延伸，直达山塘水库。这里没有其他企业，单门独户。

对比我比较熟悉的建养猪场所需条件，感觉可以搞养殖业，但不能养猪，养鸡养鸭也不行，从自然条件和环境来看，养羊应该是非常可行的。

我回答说："可以养羊。"

就这样，我承租下了这块约100亩的土地，租期为20年。

由于我是靖江街道人，在义桥镇搞农业投资，算是到义桥镇昇光村做招商引资农业项目。当时的昇光村还是萧山区的一个贫困村。

养羊，怎么养？我一没技术，二没经验，甚至头脑中连"养羊"的概念都没有。我找到与养羊相关的电视片，边看边寻思。看到我国西北地区沙尘暴十分严重，主要原因是牛羊放牧规模太大，超过了草地承载量，加速了土地的沙漠化。国家为解决草地沙化问题，出台政策鼓励牧民在牧区进行放牧技术改革，实行定点圈舍养殖牛羊，改放牧为圈养，或在天然草场轮流放牧，并进行人工飞播种草，修复、培育草场。

我感到养羊的方向是对的，杭州秋冬季也有食用羊肉的习俗，如，仓前的掏羊锅、临平的红烧羊肉，还有餐馆中常见的白切和炖羊肉等，消费空间很大。这更坚定了我养羊的决心。

后来，我去了内蒙古和新疆等地，实地考察他们的养殖方式。了解到：如果实行圈养，一定要选适宜圈养的羊种。

我还走访一些大专院校和农业部门的畜牧专家和老师，倾听他们的意见建议，最终选择了杭嘉湖地区的本地羊：湖羊。

湖羊有十大优势。一是耐粗饲。可常年利用农作物秸秆和杂草，农产品废弃物饲喂。二是全舍饲。不但适应圈养舍饲，还可以密养，实现规模化、集约化、机械化、自动化的工厂化的养殖。三是耐潮热。湿热的耐受力超强，不易生病。四是性成熟早。一般 4 月龄性成熟，6 月龄即可配种。五是全季发情。17 天为一个情期，可做到一年二胎或两年三胎。六是产羔多。一般每胎 2—3 羔，最多能下 6 羔。七是母羊泌乳量大。不但自己的羊羔能吃饱，还可以带其他的羊羔吃。八是胆小温顺。公母羊均无角，不打架，不跳圈，利于管理。九是生长发育快。6 月龄母羊平均体重能达 37 公斤，公羊平均体重能达 41 公斤。十是适应性强。我国东西南北都适合饲养。

有了对湖羊的基本认知后，我开始编制杭州庞大农业开发有限公司种羊繁育基地的可行性方案，报给义桥镇政府和昇光村两委会，经组织专家论证，顺利通过审核。随后，开始筹建杭州庞大农业开发有限公司，投资 2000 多万元，建设第一期湖羊养殖场，就这样，我走上了养羊的艰辛之路。

经过二期、三期建设，终于在这块荒芜的土地上，初步建成了一个具有一定规模的现代化湖羊养殖场。

目前，公司拥有羊舍 13000 多平方米，饲料仓库 4100 多平方米，羊粪有机肥生产车间 7000 多平方米，还建有职工住宅 1000 平方米，办公楼 450 平方米。公司年销售种羊 5000 多只，年销售羊肉 150 多吨，年销售产值 1000 多万元，资产达 8000 多万元，形成了以湖羊养殖为中心的一条生态循环产业链。用农作物秸秆和农产品加工形成的下脚料喂羊；种羊销往各地养羊企业；肉羊成为人们餐桌上的美食；羊皮制成皮革产品；羊粪尿经发酵制成有机肥还田，生产出有机

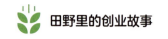

蔬菜、有机水果，为大家提供绿色食品。羊场为当地农民提供了就业岗位。

有了羊场，"羊"朋友就多了，大家谈起"羊"事来滔滔不绝，渐渐地我也融入了养羊业的大家庭。我加入了中国畜牧协会羊业分会，参加了 2009 年第六届中国羊业发展大会。大会组委会推荐我介绍了公司的湖羊圈舍养殖情况，引起了时任羊业分会理事长、甘肃农业大学畜牧学赵有璋教授的浓厚兴趣。大会结束后，他直接来羊场进行调研考察。

赵教授说："你的羊场技术应用场景有六个全国第一：用移动式 TMR 全混合搅拌机在羊场上应用是第一；全程采用人工授精配种是第一；夏季羊舍采用湿帘降温是第一；采用鸭嘴式羊自动饮水设施是第一；所有的种羊系谱记录数据完整是第一；机械化程度高是第一。"

又说："你的圈舍羊场为我国推广应用该项技术带了一个好头，值得点个大大的赞！"

他还问我是怎么想到圈舍养羊的？

我介绍了自己养羊的经历：以前我在围垦地养猪，曾经养到年出栏 5 万头生猪，规模大了，给生态环境带来了很大压力，继续干的话，要通过环境评估，需投入大量资金进行改造，而自己资金有限。此时，刚好杭州有位姓顾的养猪能人，看上了我的猪场，经过艰苦谈判，我把猪场整体转让了，这样就有了创办羊场的第一桶金。而把养猪的圈养方式，应用到湖羊饲养上，并进行研究和探索，对我而言更是熟门熟路、手到擒来的事。

之后，在每届全国羊业发展大会上，大会主办方都会介绍我的圈舍养羊技术模式，引来了全国各地的养羊同行来考察学习，并选购湖羊种羊。

养羊是一项痛并快乐着的产业。市场行情好的时候，一只小羊羔可卖到 1000 余元；市场行情跌的时候，特别是之前三年的疫情，各地餐饮业萧条，羊的价格、销量双跌，而饲养成本却不会降低，那可真是让人一夜白头。

羊是灵性动物，羊妈妈对小羊羔的护卫很细心，小羊羔对羊妈妈也很感恩，不是有个故事叫"羊羔跪乳"吗！小羊羔有时是前双腿跪下吸奶，有时是四腿跪下吸奶，还会顶奶吸吮。这都是养羊的趣事。

通过数年的努力学习和实践，我掌握了湖羊的人工采精、授精，羊羔接生、幼羊剪蹄，防疫治病，饲喂营养，种羊系谱记载、档案管理等技术，先后取得了"乡村兽医"、国家"肉羊生产性能测定技术员"资格证书，还荣获了"农民技师""技能大师""实用人才带头人"等称号。

在各级领导的关怀下，特别是省、市、区农技推广基金会，对"湖羊品种的提纯复壮与示范推广"和培训研修平台等项目的支持、帮助和鼓励，通过不断的选育、淘汰，再选育、再淘汰，逐渐使湖羊品种更纯、更优越，得到了业内专家和同行的一致认可，公司的发展越来越好。

公司被认定为市、区"农业龙头企业"，农业农村部湖羊标准化示范场、无公害农产品生产基地和国家肉羊核心育种场，浙江省湖羊一级种羊场、湖羊原种场、特色农业精品园和现代农业示范园，获得浙江省第六、七届湖羊赛冠军和特等奖。我本人还获得了2016年浙江省农技推广年度人物"万向奖"。

有了荣誉和名声，省市区领导更加重视和关心我的羊场。有一次，时任杭州市副市长的何关新同志来公司考察时，问我："养了这么多羊，销往哪里？"

我笑着说："种羊主要是销往内蒙古、新疆、甘肃、河北、黑龙江、广东和广西等省区。现在除了西藏和台湾，全国绝大多数省份都有我的湖羊在繁育生产。实现全国全覆盖只是时间问题。部分肉羊屠宰后销往上海。"

何副市长听后非常高兴："我只知道内蒙古、新疆的羊肉销售到我省市场，不知道还有我们的种湖羊远销西北，值得表扬，值得称赞，应该推广和鼓励。"

2023年4月，我应邀参加了"首届（2023）哈尔滨国际肉羊产业峰会"，我创立的圈舍养殖湖羊

庞加忠（左一）

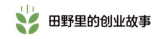

技术，再次得到了参会同行的一致认可。大会结束后我应邀走访了大半个黑龙江：伊春、双鸭山、齐齐哈尔、大庆等地，看望我的湖羊在黑龙江的生活状况，它们都生活得很好，没有出现水土不服的现象。在走访伊春森工集团的盛森牧业时，当我刚走进羊舍，一只种公羊来了一个360度的跳跃，好像在说："我在寒冷的西北生活得很好，请江南娘家的人放心！"

同年4月我又应邀参加了中国羊业协会组织的甘肃考察。

第一站去了甘肃金昌元生奶绵羊基地。元生公司的张希云董事长介绍：他们的奶绵羊是用德国的东佛里生羊和庞大的湖羊杂交成的。这个品种的羊，产奶量大，产羔多。我记得，甘肃元生公司是2011年从我公司引种的湖羊，经过杂交繁殖，创造了可观的经济价值。

第二站调研了甘肃武威普康牧业。普康集团已于2023年2月在纳斯达克上市。我公司的湖羊在普康得到了较大的发展。

有了方方面面的关心和支持，通过自己的努力和付出，庞大牧业在全国已有一定的知名度，说起"庞大"牌的湖羊，大家都会竖起大拇指。

又过了10年，在中学毕业四十周年的同学聚会时，一位同学对我说："加忠！还是你好，还是养羊的好。"

"你看，某某同学破产了！"

"某某同学被纪检委调查了！"

……

我说："是呀！农业是国家的根本，没有了农业，人们吃什么，穿什么？有了现代农业做基础，国家才有更好的第二、第三产业发展。三百六十行，行行出状元，农业也不例外。农业是值得尊重的行业，也是大有希望、大有作为的行业！"

现在，我已是六十多岁的人了，但还想继续在养羊的事业上奋斗下去，续写我与湖羊的故事……

（胡新光　庞加忠　程湘虹　陈兴康）

光明的甜蜜事业

蝉在树上不停地鸣叫，听起来像一首首美妙的乐曲：有的唱"吱——吱——吱"，有的唱"知了——知了——知了"，仿佛在用歌声告诉人们：夏天到了，葡萄熟了，你知道了吗？

"知——道——了！"萧山区义桥镇琴丰家庭农场主郁光明笑得格外开心，今年他的葡萄种植园又丰收了！

说起郁光明和葡萄，可有不少故事呢！现在，我们就来说说吧。

一

郁光明今年快60岁了，但看上去起码要年轻10岁，人很忠厚，性格内向，话不多但聪明能干。这是笔者对他的第一印象。

郁光明的老家在北干街道畈里张村，18岁时就跟着做木匠的堂哥学习木工手艺。在近一年的时间里，他学会了木工的刨、锯、凿、劈等基本功，之后，到城北一家家具厂干了三年木工活，学会了打造家具的手艺。

一技傍身，他辞职回村，在自己家里开始接活，靠给村民打造家具来维持生计。

郁光明

时间久了，有了名气，十里八村的村民有什么需要的家具，都来找他。起初，生意还算不错，但因为需求量不大，一直没有大的发展。随着时间的推移，社会经济的发展，成规模的家具厂快速崛起，机器生产的家具品种多、价格合理，市场占有率越来越高，需要手工打造家具的越来越少，他的生意越来越萎缩了。

于是，他转入了装修行业。那时，农村的自建新房已到了第二、三代，而随着城市的扩张，出现了大量的商品房、回迁房，为装修行业提供了发展的机会。他在装修行业风风火火地干了数年。

1998年，郁光明看上了装修房用的木线条产品，凭他在木工行业干了15年的经验和行业人脉，认定这是一个用量大能赚钱的产品。他回到畈里张村，与村委会商议办一个木线条加工厂，村委会同意后，择地搭建了简易厂房，选购了机械设备和木料，边建设边生产，厂房逐渐扩大到约1200平方米，招员工6人，年生产木工线条约千余立方米，产值数百万元。

正当他干得热火朝天的时候，萧山区四新路列入了2008年建设规划，他的木工线条加工厂刚好在征迁范围，因此，他获得了百万元的补偿款，淘到了第一桶金。

二

木工线条加工厂被征拆那年，郁光明42岁，正值壮年，无论是身体还是阅历，正是干事业的好时候。接下来干什么呢？农民出身的郁光明心里总会萌发出一种念想，一种对土地的深深依恋。

他告诉我们，小时候跟着父母亲到田里干活，种植黄红麻，当看到播下一粒种子，从发芽到长成一棵幼苗，又从幼苗长成2米多高的麻秆，他感到很惊奇。

日有所思夜有所梦。一天晚上，郁光明做了一个梦，梦见自己在种葡萄苗，这些小苗经过精心培育，一天一天地长大长高，藤蔓开始爬上了架，到了第三年开花结果，一串一串的葡萄挂满了棚架，晶莹剔透很是诱人。他开心地摘下一颗吃了起来，真甜！正准备尽情享受，突然，一声狗叫，惊醒了甜蜜的美梦。

第二天，他把做梦种植葡萄之事，告诉了老婆，遭到老婆一顿抢白："什么？承包土地种葡萄！都一把年纪了，还要折腾，还是安生点吧！"

话是这么说，但她知道老公的脾气，他认准的事情，肯定要去做。相比赋闲在家打麻将或是出去打工挣钱，创业倒是件好事，她心里很支持，但对种植葡萄心里没底。她担心地问："你去种葡萄，一没技术，二没土地，到哪里去弄苗弄土地？"

郁光明给老婆也是给自己打气："没技术我可以去学习，市、区农业农村局每年都有果业培训班，还可以到附近的葡萄种植园实地去学。没有土地，我可以去邻近乡村找。"

做通了家人的思想工作，郁光明在实现建设葡萄种植园的梦想之路上，迈出了第一步。

三

2009年，朋友对他说，义桥镇勤里村有一块农田要对外承包，可以去看看是否适宜种植葡萄。

郁光明驱车前往勤里村，找到村委会负责人，说明来意后，负责人带他去看了这块土地：地块很平整，交通也比较便利，离城区不到半小时路程，感觉不错。

他马不停蹄赶到镇里了解土地流转承包的政策，得到肯定的答复后，与勤里村签订了105亩土地的承包合同。

承包的土地是块低洼地，十年九涝。如果要种葡萄，必须要降低地下水位。

2009年下半年，他开始规划建设排水工程：种植区四周挖深沟，降低地下水位，支路建渠，建立自动排涝站，用大泵套小泵的三道排水系统，防止外来水的浸入。同时，施入大量有机肥，深翻暴晒消毒，改良土壤团粒结构，为来年春种做好土壤准备。

其间，郁光明像小学生一样，不懂就学，不会就问。他不辞辛苦地跑省、市农科院向果业专家请教，跑区农业农村局向果业技术人员请教，还驱车前往江苏、

郁光明培育的葡萄

上海和嘉兴等地的葡萄种植园进行实地考察学习。闲暇时，买来葡萄种植技术书籍自学，认真做学习笔记。

2010年春天，郁光明去嘉兴南湖区大桥镇请来种植葡萄的方师傅进行技术指导，引种了两年生的"夏黑""醉金香""巨峰""甬优"等葡萄嫁接苗，搭建了简易的棚架。

他跟着请来的师傅，边学习、边实践、边管理，并在师傅的指导下，编制好葡萄分年度分阶段的田间管理规程，避免走弯路。

经过一年的精心培育管理，2011年引种的品种就结葡萄了，每亩产出约750公斤，按照20元1公斤计算，每亩销售产值约有1.5万元，实现了第一步万元葡萄园的目标。

郁光明的葡萄种植园梦想实现了，葡萄产量在一年一年增长，收益也在一年一年增多。他联合其他葡萄种植户，成立了葡萄专业合作社，为自己的葡萄注册了"芬勤"牌商标。

为了郁光明的葡萄种植园梦，他的老婆、女儿齐上阵。老婆放着城里的大房子不住，跟他生活在种植园，连过年都在看护葡萄，女儿则是帮他做一些数据分析，通过网络直播销售自家的葡萄。

郁光明喜欢琢磨事，乐于接受新事物新技术。他想，既然踏入了葡萄种植这个行业，就要做精、做优、做新，所以他对葡萄的口感和口碑要求非常高。知道哪里有农户葡萄种得好，哪里有新品种、新技术，他都要去看去学。

随着葡萄种植园进入盛产期，棚架上挂满了一串一串的葡萄，有的亩产可达2000多公斤。葡萄串数多了，产量高了，但也出现了难题：每串葡萄的重量、颗粒不匀称，卖相也不好。

这些品相不好、难销售的葡萄该怎么办？郁光明又花钱去嘉兴酿制葡萄酒的师傅那里，学了一套酿制葡萄酒的技术。

为解决葡萄的重量、颗粒不匀称问题，他学习了葡萄园控果技术，在施足基肥的前提下，辅以数次的定穗疏穗、定果疏果，将每亩产量控制在 1250—1500 公斤，即每亩葡萄串数控制在 1500—1600 串，每串 0.75—1 公斤。这样培育出的成熟葡萄，每串每颗都比较匀称，色泽光亮，口感鲜美，每亩销售值可达 2 万元以上。

四

随着葡萄育种引种和种植技术的不断发展，葡萄品种的更新换代也在加速。2016 年，他第一次尝到国内种植的阳光玫瑰葡萄，口感好，没有籽粒，却也没有惊艳到他，但经过详细了解，阳光玫瑰葡萄有着其他品种不具备的好处：病害抵抗力强，没有裂果、脱粒，果穗呈圆锥形，每串重约 600 克，成熟后可在藤蔓上挂果 2—3 个月，采收后也不容易被挤压破裂，等等。

阳光玫瑰葡萄属欧美杂交种，引入日本后再由农业研究机构以"白南"为亲本，与"安芸津 21 号"杂交育成，引入我国种植才十几年。

对这一引种时间不长的新品种，郁光明一直持观望态度。直到 2019 年，他参加了萧山区葡萄生产者协会组织的日本岗山县葡萄种植技术考察之行，品尝了"晴王"葡萄，那种对味觉冲击的强烈刺激，唇齿留香的独特感受，让他至今难以忘怀。

这让他下定了更换品种的决心。于是，当年 10 月他就到嘉兴引种了两年生的阳光玫瑰葡萄种苗，把 15 亩的醉金香挖掉，更换为阳光玫瑰。2020 年全部换种为阳光玫瑰葡萄。

郁光明对我们说："要种出高质量的葡萄，必须做到人无我有，人有我优。好生意靠的是好口碑，一传十、十传百带来的效应。"

葡萄品种更新好了，基础设施还得跟上。2018 年 8 月，葡萄成熟期遇特大暴雨，而避雨设施太简陋，很多葡萄遭遇雨水侵袭而变软，无法出售，得到了深刻教训。2020 年郁光明将葡萄种植园的避雨设施进行了升级改造，仅更新大棚

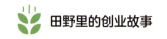

设施就花了数百万元，抵御自然灾害的能力大大增强了。

根据实践经验，郁光明还在大棚里采用了新的立架喷淋技术：在葡萄立架上下设计安装三根管子，藤蔓上方的黑色细管，是雾化喷灌，用来喷药，但用得很少；每穗葡萄间垂挂的管子，是用来喷水的；起畦的地上还有一根用于滴灌施肥的管子。大棚里有肥药水控制室和配置桶，只要按浓度要求配置好肥药水，按钮一按，就会自动喷、施、滴肥液。

种植园基础设施好了，栽培技术还要跟上。

除了一般常规性肥培管理技术外，郁光明还自制植物发酵肥液和动物发酵肥液，通过滴管用于不同生长期的阳光葡萄种植，这是他种植葡萄的独门秘籍。

——为了保证底部的葡萄也能享受阳光的滋润，采用光谱反射膜，铺于葡萄根部的畦地，反射光照至葡萄；

——为了保证葡萄果面光润剔透，套上镂空的白色套袋；

——为了保证土壤不出连作障碍，采用含有灵芝、石斛等成分的中药型生物杀菌剂，用于土壤消毒。

……

每年阳春4月，郁光明还特意从云南请来专业师傅给葡萄定穗定果，尽管这些技术他也会，但是为了更好地学习，能够取人之长补己之短，他愿意花这笔钱。

郁光明所采用的这些葡萄栽培实用技术，对标的是日本"晴王"葡萄的标准，即每穗葡萄约40粒，且大小均匀，单粒不低于14克，糖度18以上，穗重600克左右，口感鲜脆甜。为了这个目标，他学习的足迹遍及国内主要葡萄种植区，也取得了很好的效果。种植的葡萄获得省级评比银奖，还连年获得区级评比金奖。

五

郁光明种植的阳光葡萄出名了！

杭州电视台的"阿六头说新闻"栏目组一行人，扛着摄像机来了，来赴一个甜蜜的约定。"阿六头"是安峰老师在电视台的别名，他要在葡萄种植园现场采访家庭农场主郁光明的甜蜜事业。

老郁满心喜悦迎上前去，握着阿六头的手说："欢迎你们来到我的葡萄种植园，先尝尝我种的阳光玫瑰吧！"

一行人品尝着晶莹剔透、水润饱满的阳光玫瑰葡萄，醇香清甜溢满口中。大家异口同声地夸赞："这葡萄色感好，金黄剔透，肉质感强，吃到嘴里真甜，真是好葡萄啊！"

老郁领着阿六头一行，进入大棚葡萄种植园区，采收的员工们微笑着穿梭于大棚之中，小心翼翼地剪下一串串葡萄，轻放于果篮里，装满后，再拎到分拣棚，进行有序地分拣、包装，然后一筐一筐整齐地码在路边，运输三轮车往返于主干道的运货卡车与大棚间，呈现着一派"甜蜜"的丰收景象。

郁光明托起一穗阳光玫瑰葡萄，指着藤蔓告诉阿六头："每亩地大约有2300 根这样的枝条，除了保留约 300 根空枝外，其余每一穗葡萄对应一根枝条，真的做到一枝仅一穗。"随着他手指的方向看去，每一穗葡萄都齐整地垂挂在自己专属的枝条下，每穗重约 0.75 至 0.9 公斤，果实 50 粒左右。

阿六头问："那为什么要保留约 300 根空枝？"

郁光明说："这 300 根空枝是留作营养枝的，不结穗和果，便于将更多的养分输送给周围的藤蔓。"

郁光明还告诉阿六头，每年到了 10 月后，就要施秋冬季基肥，12 月后，开始整枝修剪，然后把大棚封起来升温；翌年的 1 月至 2 月新芽就逐渐萌发了，那时通过抹芽技术，将藤蔓上的芽分 3 个批次错时萌发，这样可以确保葡萄错时采收，利于调节劳动力，缓和采收高峰期。

阿六头总结说："他种植的阳光葡萄，因为是自然成熟，皮色浅金黄且薄，有玫瑰香味，味道甜而不腻，口感绵里带脆，特别好。"

他还向全国的"吃货"们发出了邀请："你要想知道好品质的葡萄滋味，可一定要到萧山区义桥镇琴丰家庭农场的葡萄种植园来亲自尝一口！"

（胡新光　蓝海燕　程湘虹）

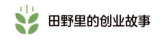
火勤的"花""藻"情

一

水是生命之源，是人类生存和发展不可缺少的重要的物质资源之一。

一座城市可以因水而生、因水而兴，也可以因水而废。

我爱水，珍惜水，对水和水生植物情有独钟。创办了杭州爱婷环境绿化有限公司，用了近20年的时间，专门收集培育用于改善城市和农村河道水质富营养化的粉绿狐尾藻、伊乐藻等80余个大类品种的水生植物，包括8个冬季常绿品种。还收集种植和选育荷花品种156个，包括新品种50余个，有的品种花期能延续至11月下旬；睡莲新品种106个，包括热带品种32个、耐寒品种74个。

每当夏季来临时，一池荷风满园香。初夏，刚刚长出的荷茎，托着两头尖尖的荷叶，似一叶小舟停泊在水面上，正如诗云：宁知寸心里，蓄紫复含红。再晚些时日，花蕾初绽，娉婷摇曳，正如诗云：小荷才露尖尖角，早有蜻蜓立上头。及至盛夏，荷花盛放，艳丽妩媚，正如诗云：接天莲叶无穷碧，映日荷花别样红。

一幅荷画画四时，只因种荷人情深。

二

我姓蔡名火勤。也许是我的生辰八字里缺少火，也许是父亲希望我长大后，能够勤奋创业，事业红红火火，因而给我取了这样一个名字。

我1985年毕业于浙江水产学院养殖系淡水渔业专业，毕业后到萧山县城南乡政府工作（现为蜀山街道），担任水产辅导员和林技员。1992年下派去乡农业发展公司担任总经理，从事花卉生产、营销及服务工作。1998年底辞去公职，

蔡火勤

创办了杭州萧山来苏苗场。2016年创办了杭州爱婷环境绿化有限公司，一直从事荷花、狐尾藻等水生植物的培育和选育性生产。

从小我便与水结缘。我的老家在城南乡戚家池村，东临南门江，其余三面均为河道，一座木桥是村民进出的唯一通道。过去的河道流水清澈，小鱼小虾很多。记得小时候，钓鱼摸虾那是常事，还经常下水游泳、洗澡和划船。但是近20年来，随着工业化、城市化的迅速发展，家乡的水体污染越来越严重，特别是河道水流的富营养化，水变浑了、变臭了，鱼虾也没了。我看在眼里，疼在心里，暗下决心要找到用水生植物治水治污，把河水变清的办法。

机遇总是留给有准备的人。

2005年的秋冬季，作为萧山区花协理事，我随区花协组团去澳大利亚、新西兰考察花卉产业。在考察澳大利亚墨尔本的花卉市场时，我看到一种翠绿色、叶子像羽毛、漂浮于水面生长的水生植物，感觉十分新奇。通过翻译仔细询问了生长特点习性，得知其四季常绿，我便立刻花100澳元购买了100棵，用湿巾包好，放入茶杯，带回国内繁育。

三

我对这种小"藻"寄予了很大的希望，在基地内小心翼翼地进行小面积繁育。

为加快繁育速度，我将种苗种养在蓄水25—30厘米的钢管大棚中，期望它在冬天能旺盛生长。没有想到的是，这种"藻"的适应性和繁育能力很强，到来年春季，就繁育到200平方米。经过我仔细观察，该"藻"非常适应萧山的气象条件，生产期长，四季常绿，只是怕高温，夏季羽色偏黄绿，野外越冬没有问题。

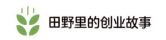
第二年繁育到 600 多平方米。我用平方尺细细一数，出乎意料，每平方米竟有约 2000 棵苗，也就是说足足有 120 万棵苗！

有了这么多的苗，如何销出去？我主动询问省农科院的专家，查询《植物志》，得知该"藻"学名叫"粉绿狐尾藻"，原产南美洲，在江南也有零星生长，只是没有生产性的应用。

粉绿狐尾藻是一种多年生浮水草本植物，对污水中高浓度的氮磷具有较好的耐受性，常作为处理污染水体的先锋植物使用。它还对污水中的重金属元素镉、铅、铬、铜等具有吸收和吸附作用，对水的净化效果很好。

机遇说来就来。

浙江省 2004 年启动"811"环境污染整治行动，发展到后来的"五水共治"，展现了美丽乡村建设愿景。环境整治中，萧山区政府收回了城乡水道的各自维护管理权，改分散维护管理为集中维护管理。

我隐约感到自己为污水治理做贡献的时机要来了。

我记得那天，天空格外晴朗，我的心情也出奇地好，正惬意地在我的水生植物王国巡视，忽然，听到有人叫我名字，扭头一看，是区河道管理处的周同志一行。

我快步上前，短暂寒暄后，将他们迎入办公室落座，给每人泡了一杯龙井茶，打开了话匣子。

周同志说："蔡火勤啊，今天来找你商量一件事，就是'五水共治'中的河道富营养化污水治理。听说你这里有一种叫'藻'的水生植物，有清洁水的功效？"

我说："是的，叫'粉绿狐尾藻'，确实有此功效。"

我带着周同志一行，来到大棚，那一片绿油油的呈羽状叶的"藻"，很是吸引眼球。

就这样我和区河道管理处签订了一份试验种植和前后洁水效果测定的合同。

第二年，测试效果一出来，完全符合合同水质要求。于是，又续签了 3 年的合同。

在市、区农技推广基金会的大力支持下，2014 年 3 月，我主持实施了"狐尾藻扩繁在净化水体中的作用"和"狐尾藻等水生植物清洁美化城乡河道"两个项目，将基地繁育的 500 万余株粉绿狐尾藻，用于萧山城区官河、第一桥江等河道进行种养，面积为 2 万余平方米。一个月后进行水质测定，狐尾藻对受污染的水体中铵态氮、硝态氮、总氮的去除效率都达到了 50% 以上，第一桥江水面似铜绿色油漆的绿藻减少了，河水臭气没有了，河道岸边居民的住宅清晰地倒映在水中。清晨，茂盛生长的粉绿狐尾藻绿油油亮晶晶一片，宛如河面上的草坪。

就这样，我的这棵小"藻"：

——走进了萧山城乡约 15 万平方米的河道，不仅改善了水质，还美化了水景；

——走进了 73021 部队农副业生产基地的三条总长 6000 米，总面积 10 万平方米的河道，改变了河水脏臭的状况，使原先透明度小于 15 厘米的水质改变为在 80 厘米以上，受到上级的表扬与奖励；

——走出了浙江省界，远销到河北、四川、贵州、福建、江西、安徽、江苏和上海等地。

这棵小"藻"，也没有辜负我的辛勤付出，带我走进了千万元级产值的水草养殖产业。

2014 年 6 月 19 日，省主要领导来萧山江东生态循环农业示范区建设视察时，途经萧山城区，看到了河道中绿油油的粉绿狐尾藻。陪同的区领导介绍说，这是用来改善河道水质的水生植物，而且效果很好。省领导听后，非常高兴，并说可以试种推广。

四

荷花，是我国种植历史悠久、种植范围广泛的水生草本植物，分观赏和食用两类。

结合杭州的旅游城市定位与美丽乡村建设、江南水多河网多的实际，我把观赏性荷花作为选育培育的方向。为了收集荷花品种，我到过四川、江苏盐城、浙江金华等地，共收集到 15 个具有较高欣赏价值的荷花品种。

考虑到土地因素，一开始我选择了以盆栽荷花为主，湖、河栽种为辅的选育

培育之路。

荷花是两性花，也是完全花，即一朵花中，具有花萼、花冠、雄蕊、雌蕊。雌蕊成熟时间比雄蕊早数小时，杂交育种就是利用这个时间差，除雄后用另外一朵花的雄蕊花粉进行杂交授粉育种。另外的叫自然授粉变异育种。

我一头扎进了荷花的选育、培育工作，带着小伙子、姑娘们，起早摸黑地在荷花田、荷花盆里选育。

选育时，我们比较关注：或是花朵特别大，或是花的颜色特别红，或是重瓣花的，或是颜色特别的，比如红白相间的，等等。总之，就是精心选择我们心中最喜欢的一朵朵荷花作为目标荷花。

在目标花苞将开未开之时，先小心翼翼地用外层玻璃纸的牛皮纸袋给父本、母本花苞套袋。次日凌晨，将套袋解开，把用作父本的雄蕊花药摘下放于纸盒内，用镊子取 8—10 枚花药，直接涂布于去袋的母本雌蕊花柱上，再套回纸袋。到下午约黄昏时做好标记，拿掉纸袋，完成授粉，这叫杂交育种。

大约 30 天以后，种子成熟了即可采收，干燥后储存。等到约七月中旬开始播种，八月中下旬即可出现花蕾直至成熟，当年就可收获种子，等待下一年的选育。

日复一日，年复一年，不停地观察选育、选育观察，年约套袋育种荷花品种25 个，日积月累达到 260 余个荷花（睡莲）品种，选育出的新品种有：西湖秋韵、湘湖玉露、湘湖红茵、城山墨妍、粉霸王、赛凌霄等数十个，并在多个荷花节和赛事中获奖。从初夏到初冬，园中都有姹紫嫣红的荷花绽放，荷香扑鼻。

功夫不负有心人，屈指一算我的育花"芳龄"已有 20 年，观赏性荷花的种类多、品种全，有红的、大红的、粉红的、紫红的、黄色的、黄白相间的等，有重瓣的、单瓣的等，有 5 月开花的、有 11 月开花的等。育种产业终于有了规模。

我家"荷花姑娘"名声在外，要出嫁了，来上门提亲的踏破了门槛！

——杭州市西湖水域管理处的"亲家"来了，每年一要就要 700 盆，最多时要了 1000 余盆。断桥水域、里西湖水域等都有我家的"荷花姑娘"。

——萧山湘湖水域管理处的"亲家"来了，一要就要种植约 150 亩的量，沿湖岸分段种植。

荷花池

我家的"荷花姑娘"在风雅的西湖中、在野趣的湘湖岸供休闲游乐的人们观赏、亲近，接受着人们的喜爱。

大家到底挚爱荷花什么呢？

北宋人周敦颐的《爱莲说》给出了答案："水陆草木之花，可爱者甚蕃。晋陶渊明独爱菊。自李唐来，世人甚爱牡丹。予独爱莲之出淤泥而不染，濯清涟而不妖，中通外直，不蔓不枝，香远益清，亭亭净植，可远观而不可亵玩焉。"

五

每当闲暇之时，我漫步在荷花之中，欣赏着满塘满园的绿叶红花，往往也勾起了我对创业路上酸甜苦辣的回忆。

当年大学毕业，我被分配在乡镇工作，后在乡镇下属的农业公司担任总经理。因为年轻，有股初生牛犊不怕虎的劲儿，干了几年后，觉得还行，于是就辞职开始创业。

当时是20世纪90年代后期，休闲渔业刚刚兴起，购买渔具的人很多。我经过调查了解，感觉开个卖渔具的门店比较可行，店面租费和进货资金的投入不是很大，而且利润尚好。说干就干，我去银行贷款5万元，作为起步资金，一干就是5年，收获了创业路上的第一桶金。

后来，渔具生意的竞争越来越激烈，我准备转行，做其他行当的生意。恰好当时的绿化树种"红花继木"苗市场供不应求，而且种植一年后就可起苗出售，

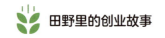

价格也高。种苗木是我熟悉的强项，于是，果断决定育苗"红花继木"。

我承包了 35 亩土地，整地起畦，又在绍兴购得一车"红花继木"插穗，短短几天时间就完成扦插任务。经过一年的精心培育，次年苗木就上市了，而价格还在高位上。这是我创业路上收获的第二桶金。

这些原始资本的积累，为我钟情的水生植物王国的发展，奠定了坚实的基础。

一分耕耘，一分收获。经过这些年的打拼，我不仅获得了比较好的经济收益，也学有所成，成为一名"土专家"。市农业农村局认定我为"杭州市乡村产业技能大师"，省林业局聘请我为"浙江省林业乡土专家"，省风景园林学会水生植物研究所聘请我为"浙江省风景园林学会水生植物研究所副所长"。

回顾这些年的创业历程，我深深地感到：热爱是最好的老师，也是前进的最大动力！愿同在农业创新创业道路上奔跑的人，都能选择做自己喜欢的事业，并努力做出一番业绩，获取成功的喜悦！

（胡新光　郁幼芳　程湘虹）

捧回国家科学技术进步奖的"龚老汉"

钱塘江，又名之江，浙江人的母亲河，蜿蜒曲折，时而温驯，时而不羁，奔流在浙江大地，流经萧绍平原，注入杭州湾，最后汇入东海。她滋润着这片古老的土地，哺育了勤劳勇敢、吃苦耐劳的之江儿女，让他们在实现中华民族伟大复兴的中国梦的征程中自强不息、勇立潮头，在困境中勃发，在艰难中奋起，为新时代农业经济的发展，注入自己的热血，贡献自己的青春……

龚金泉，就是这千千万万之江儿女中的一员。他生在萧山，长在萧山，喝着之江的水长大，沐浴着围垦的精神长成……

在 20 世纪七八十年代，他是一位纯正的农家子弟，根正苗红，青春年少，意气风发。刚步入社会，就参加了当时异常艰苦而又轰轰烈烈的钱塘江围垦造地运动。他与大家一起，用牛拖船运石块，用手推车推土方，肩挑担扛，和许许多多围垦人一样，磨炼出了强壮的体魄和决不屈服、永不言败的围垦精神。

20 世纪 90 年代，经济改革的浪潮席卷了整个萧山大地，曾在萧山物资局靖江物资供应站工作的他也转制下岗。几经坎坷，历经商海浮沉，锻炼了心性，积累了经验，增长了才干，他决心从头再来。

他来到围垦十一工段，站在这块曾经洒下过他的汗水的土地，看着这里遍布芦苇草荡、道路泥泞、水电不通、通讯不畅、蚊虫肆虐，便下定决心要改变这片土地的面貌。他毅然决然地承包了这片满目荒凉的 33.5 公顷围垦滩涂，带领家人开始了艰难曲折的水产养殖创业之路。

筚路蓝缕　开拓前进

每个人成功的背后都有一段充满艰辛、坎坷的故事。

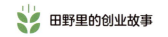

1995—1997年，龚金泉来到荒芜的滩涂，成立了萧山金达水产养殖有限公司，和工人们一起，挑泥挖地，冲泥浆泵，先后开挖了30多个鱼塘，建起了围垦第一个工厂化养鳖基地。

刚开始养甲鱼，就遇到了困难。最初，龚金泉养殖的品种是台湾鳖，这种甲鱼苗种质量参差不齐，发病多，成活率低，次品率高，产量和效益很难提高。

为提高产量和效益，1997年，他引进了中华鳖良种。为培育出新一代中华鳖养殖良种，他多方请教水产养殖技术专家，和公司技术人员一起吃住在养殖场内，悉心研究、耐心试验，终于培育出了一批无论从体重、体色、体态，还是繁殖、生长、抗病力等方面都具有明显优势的鳖种。

培育出的第一批鳖种全部被投入到外塘，3年后，大多长到了2斤以上。由于外塘甲鱼活动范围大，并且像野生的一样经过了几个冬眠期，与温室甲鱼比起来，它的活动能力明显较强，裙边明显较厚，体型也明显较大。

1999年，养殖3年的7万多只外塘甲鱼上市，可是市场却不买这种生态甲鱼的账。外塘甲鱼每斤成本是55元，定价85元，但是当时市场上温室甲鱼只要30元一斤。消费者不了解外塘甲鱼的好处，不愿意高价购买。

当时，已经成品的7万多只甲鱼，每天喂料就要喂1000多斤，白白投入4000多元，维持运转全靠贷款。卖不掉，又养不起，最终，在市场面前不得不低下了头，只能天天降价，最后降到1斤31元。他心疼地说："比温室甲鱼高出一块钱，只是给自己和甲鱼象征性地留了一点自尊。"

怎样才能让消费者知道外塘甲鱼比温室甲鱼好呢？怎样才能扩大知名度打开销路呢？怎样才能把这7万多只甲鱼销售出去呢？他心急如焚。

当时的《萧山日报》把龚金泉当成了不懂市场的反面典型，在头版头条发表了题为《龚老汉7万只甲鱼爬向何方？》的消息。记者回忆起当时的情景说："那时他在泥地里工作，弓着腰，加上卖不出去甲鱼心情不好，面色焦虑，看上去就是一个纯粹的小老头的形象。"他自己回忆道："当时报纸上说我是老汉，我自己都不知道。我想我怎么这样老，变成老汉了。报纸上还说我只顾拉车不抬头看路，让大家不要向我学习，我当时十分痛心。"

歪打正着，正是这篇报道将龚金泉的外塘甲鱼销售从困境中拉了出来。这篇报道在当地影响很大，大家都对这个"只顾低头拉车不抬头看路"的老汉形象记忆深刻。当时政府十分支持甲鱼的生态养殖，就将其作为一个典型，引导那些一哄而上的温室甲鱼养殖户转变发展思路。当地媒体对"龚老汉"甲鱼作了系列报道。"龚老汉"这个外号被越来越多的人知道，大家看到龚金泉就会亲切地叫声"龚老汉"。听到大家都这样称呼自己，龚金泉突然有了一个想法，何不把"龚老汉"作为自己甲鱼的品牌树立起来呢？于是，他把印着"龚老汉"字样的商标吊牌挂到了每只外塘生态甲鱼的裙边上。"龚老汉"就这样成了一个品牌。

1998年10月开始，龚金泉带着"龚老汉"甲鱼参加省里召开的农产品展销会，又陆续在杭州开设了多家专卖店，在大型超市设立了专柜，还在上海开了几个以"龚老汉"甲鱼命名的销售点，市场销路终于打开了。"龚老汉"甲鱼的知名度越来越高，得到广大消费者的认可。到2005年，他收回了全部投资并有了不少的盈余。

栉风沐雨　选育良种

在平时养殖生产中，龚金泉养成了做任何事都要亲力亲为的习惯。他十分注重中华鳖的品质，坚信只有好的甲鱼苗种才能养成品质优良的甲鱼。他长期坚持在生产一线进行中华鳖良种选育和生态养殖工作，对甲鱼良种选育和甲鱼质量精益求精，使养殖甲鱼的产量和质量得到大大提升，也为日后事业的成功打下了坚实的基础。

在龚金泉的带领下，公司聘请了水产技术专家，成立了中华鳖良种选育团队，建立了良种选育技术实验室，建设了面积为280亩的良种保选育种试验基地，经过十多年的不懈努力，以良种群体选育及杂交优势利用技术为突破口，采取高强度逐段选育、改进雌雄交配比例、提纯复壮、外塘健康生态养殖保种育种等有效技术手段，成功选育出了新一代"龚老汉"中华鳖良种；确定了人工培育亲鳖的选择强度标准，改进了雌雄亲鳖的投放配比，建立了中华鳖良种选育技术流程，

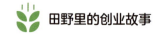

制定了《"龚老汉"中华鳖苗种繁殖、培育及成鳖养殖技术规程》等地方标准；创新发展了二段法养殖、鳖鱼虾混养、与农作物轮作等中华鳖健康生态养殖模式。

他培育出的良种鳖具有成活率高、生长速度快、饲料系数低、抗病力强、体形体色优良、特别适合外塘生态养殖等特点，养殖产量高、效益好，深受广大养殖场户的欢迎，目前在浙江已发展成为代替传统养殖的台湾鳖以及江西、湖南等地其他品系鳖的中华鳖养殖主导品种，而且被指定为浙江省水产养殖的主推品种。

在此期间，省、市、区各级农技推广基金会都给予了龚金泉大力的支持与帮助，在中华鳖良种选育、种苗繁育、生态养殖技术研发与推广等方面的工作给予立项支持，从技术上、资金上积极帮扶，伴随着他的事业不断成长、发展壮大。

坚持梦想　斩获大奖

经过二十余年的努力，而今，龚金泉创立的公司已经成长为拥有养殖基地810亩，年产"龚老汉"中华鳖良种种苗300余万只，成鳖50余万只，保存中华鳖亲本和后备亲本10万只，年总产值近亿元，净利润900余万元的大型农业企业集团。通过提供中华鳖子代良种，辐射周边十多个省市270多个养殖场（户），示范辐射推广面积达2万余亩，促进了广大养殖户增产增收，并带动了一批新的浙江省级中华鳖良种场和优质种苗繁育基地的建设，推动了杭州市乃至全省中华鳖良种的推广和中华鳖养殖业的健康可持续发展。

义乌市的周建龙就是一位受益人。2012年，义乌市佛堂镇后阳村的周建龙，多次到龚金泉的公司考察学习中华鳖苗种繁育及养殖技术，并引进了"龚老汉"中华鳖良种，开始了中华鳖养殖创业。现在，周建龙的义乌宏富农业开发有限公司已经初步发展成为基础设施完善、养殖模式先进、产品优质安全、社会经济生态效益显著的义乌市市级农业龙头企业。目前年繁育中华鳖鳖苗80万只，年产商品鳖50余吨，年总产值380余万元，净利润60余万元，2018年被认定为浙江省级中华鳖优质种子种苗规模化繁育基地，2019年被认定为浙江省休闲渔业精品基地，成为浙江中部地区农业战线上一颗耀眼的明珠。

龚金泉荣获国家科技进步二等奖

因在中华鳖良种保种、选育、繁育、健康生态养殖技术研发及推广方面成绩突出，龚金泉的公司于 2004 年被浙江省海洋与渔业局认定为浙江省省级中华鳖（日本品系）良种场，2008 年被杭州市科技局认定为杭州市现代农业科技型龙头企业，2009 年被农业部认定为中华鳖（日本品系）国家级水产良种场，2010年被认定为浙江省骨干农业龙头企业，2011 年被认定为浙江省农业科技企业，2013 年被农业部认定为全国现代渔业种业示范场。"龚老汉"中华鳖，先后荣获浙江名牌、浙江省著名商标、中国驰名商标，还斩获了浙江省农博会、中国农业博览会金奖。

2013 年 1 月 18 日，国家科学技术奖励大会在北京举行。在庄严的人民大会堂，龚金泉迎来了人生中的高光时刻。他以农民的身份和许多科学家们一起，从中央领导人的手中接过了国家科技进步二等奖的证书！

龚金泉以执着的信念，顽强的毅力，用数十年来的艰苦努力，创立了全省养殖业龙头企业，选育出了"龚老汉"中华鳖良种，带动了一方养殖户的致富，不

"龚老汉"中华鳖

但实现了自身的价值，也为浙江的甲鱼养殖业的高质量发展和乡村农业经济振兴做出了突出贡献！

展望未来，龚金泉更加充满信心：在党和政府农业政策的指引下，依托浙江省水产技术推广总站和浙江大学等科研院所，继续开展中华鳖良种选育及生态养殖技术研发工作，努力选育出新一代更优的中华鳖良种！

坚持不懈，不折不饶，龚金泉身上体现着忠诚、敬业、勤奋、奉献的优秀品质，他以满腔热忱、无私奉献、无悔追求，谱写了一曲之江大地上新时代共产党员的赞歌。

（胡晓林　胡新光　陈兴康　程湘虹）

改变种田方式的新农人

"农业的根本出路在于机械化"①，这是 60 多年前毛泽东主席的著名论断，经过一甲子的努力奋斗与技术进步，我国粮油生产已从依靠人力畜力转型发展为主要依靠机械动力的新阶段。

在杭州的粮油种植区，从耕田、种子、育秧、插秧、植保、监控、收割、烘干、碾米等生产环节，已经实现了全程机械化，目前正在向数字化智慧农业转型发展。

在萧山区义桥镇丁家庄粮油生产合作社的皇天畈粮食功能区的稻田里，只见一台黑色的无人小飞机，正在快速飞行作业，航拍两千余亩的水稻田，监控水稻生长情况。

远方，一个穿着迷彩服的年轻人正手握遥控器，查看着无人机的飞行状态，走近一看，这人是萧山区的第二代"新农人"丁钱华。

他在操作无人机载多光谱相机，对水稻生长、土壤、施肥以及灌溉等情况进行跟踪航拍数字化管理。

一

丁钱华的父亲丁海洋，生于 20 世纪 60 年代末，是一个典型的江南种田人，魁梧的身材，晒得黝黑的脸，性情开朗直率，说话三句不离他的稻行。

他告诉我们：小时候种水稻，是非常辛苦的劳动，打秧坂田、撒谷种、拔秧、种田，每项农活都很累人。到了插秧时节，天刚蒙蒙亮，就要拿着拔秧凳，腰上别一扎用于捆秧苗的稻草，去田里拔秧，洗尽根部泥土，一小把一小把扎好，用高把畚箕挑到田头，撒到要种的田里。为了行距种的直，要拉一根绳线，弓着腰

① 中共中央文献研究室编：《毛泽东文集》第 8 卷，人民出版社，1996 年版，第 49 页。

丁钱华操作无人机载多光谱相机

左手拿秧扎，右手掰出数株稻秧，用中指、食指和拇指捏牢，直插在水田中，深浅要适中，深了不利于返青，浅了稻秧要浮起。一个种田好手，起早贪黑连拔带种，一天最多也只能种一亩余水稻，还累得腰酸背痛。

种田是农村人的本分。丁海洋从1996年开始承包农田种植水稻，面积约20亩。那时抛秧技术已经实施，秧田不用做了，拔秧也免了，用塑料盘播谷子，待稻秧长到约6厘米时，拿着秧盘到田头抛秧，感觉即省力又省工。到收获季产量也不低，亩产稻谷约有千斤。

那时萧山区政府开始出台政策，鼓励土地向种田能手流转。水稻生产面积50亩以上的为种粮大户，享受一定的优惠政策。于是，1998年丁海洋又流转承包农田30余亩，成了义桥镇的种粮大户。虽然到了这样的种植规模，难免会忙得不可开交，但耕田用手扶拖拉机，割稻用收割机，干起活来其实并不怎么辛苦，这让丁海洋感觉还可以有更大的发展空间。

到了2005年，丁海洋联合当地50余农户，成立了义桥镇丁家庄粮油生产合作社，共有土地200余亩，实行种子、耕作、种植、植保、收获等统一管理。正当他满怀信心地带着大伙儿干得有声有色的时候，农户们却都渐渐地把土地流转给了丁海洋。也许是有了新的工作，也许是因为干农业太累，也许是觉得种水稻赚不了多少钱，他们都放弃了土地种植。就这样，丁海洋成了真正的种粮大户，整天忙碌在水稻田里，呵护着他的"水稻宝宝"，期望着有个好收成。

有一天，丁海洋突然有了新想法：种1亩田是辛苦，种200亩田也是辛苦，国家需要粮食，农民需要钱过日子，何不再扩大一下种植面积？他的想法得到了家人的一致赞同。2008年，丁海洋水稻种植面积扩大到了1000余亩。

二

1000 多亩水稻田的培育管理，让用工矛盾非常突出，丁海洋也感觉有点儿力不从心。

当时，水稻三虫两病的防治，主要靠高压弥雾机拉皮管式喷雾和背包式喷雾器，防治效率低，每人一天只能干20亩，到了收获季，脱粒稻谷用传统的簋席摊晒，忙活一天也只能晒 10 亩左右的稻谷。季节工难找，限制了承包田规模的扩大。

恰好此时国家出台了扶持农业机械的研究制造和农业机械购机补贴政策，激发了有一定规模的水稻种植农户、专业合作社选购各式农业机械的热情。

丁海洋从 2003 年开始，先后选购了各式拖拉机 14 台，2010 年开始，先后选购了插秧机 7 台、收割机 5 台、20 吨烘干机 10 台，这大大减轻了农事劳动的强度，解决了劳动力不足的问题。

夫妻同心，其利断金。丁海洋的夫人也是一个"好把式"，机耕、机插、机收等农活样样能干，帮衬着老公把稻田管理得妥妥帖帖。丁海洋则开着四轮拖拉机，跑附近的短途运输，收获季则开着收割机械帮着农户收割水稻、油菜等，赚取一些购买农田所需生产资料的备用金。

丁海洋算了一笔账：在萧山，每亩农田承包费要 1500 元，水稻亩产要 700 公斤才能保本，而这个亩产量已经比较高了。一般来说，米质口感好的，产量相对较低，米质口感差些的，产量相对较高。因此，对有条件的稻田，农民会因地制宜选择套种套养，实现亩产"千斤粮、万元钱"，实现"国家要粮"和"农民要钱"的双赢。

三

丁海洋有两个儿子，大儿子参军，退役后从事其他行业的工作，小儿子叫丁钱华，是土木建筑专业的工科学士，2017 年毕业后，在杭州某建筑公司谋得一份工作。

这时的丁海洋，有了拓展农业的新思路，想让购置的各种农业机械充分地发挥效能。而他学历低，对科学种田、精准管理、智慧农业、数智农业等这些新鲜事物理解不足，看到有的稻田，用无人机喷雾防治病虫害，用一台电脑连接物联网感知水稻生产情况，鼠标一点就能实现无人插秧，不得不感叹传统种田办法肯定不行了。

他找到小儿子丁钱华，想让他接手农业这份事业。于是老丁对小丁说："咱们丁家庄粮油生产合作社已经办了12年了，说是合作社，其实就是一个家庭农场。辛苦劳作一年，除了生产成本，稍有盈余，加上国家的补贴，我们的利润少说也有几十万元。现在咱们购置了不少农业机械，但只有这千余亩田，机械根本吃不饱！现在国家的政策这么好，我想扩大承包田，可年纪大了，新的智能农业机械又不会用，有些力不从心。你能否辞掉杭州的工作，回家帮助我经营粮油生产？"

丁钱华经过认真思考后，答应了老丁的要求，辞去了工作，回到家乡跟着父亲务农，成了有知识有文化的现代职业农民。

丁海洋有了儿子的助力，胆子大了、心气足了。2017年，合作社承包的农田扩大到了2000余亩，2021年达到4200余亩，其中义桥约2500亩、湘湖约430亩、城厢约40余亩、临浦约1300亩。年均生产粮食2200吨，亩均产粮500余公斤，95%的粮食交售给国家。

四

农田规模扩大了，丁海洋简单做了分工，义桥的2500余亩水稻种植模式已经比较成熟，交由儿子打理为主，其余三地承包田以自己打理为主。

丁钱华加入新农人的行列后，合作社种田的方式开始逐步改变。

他凭借自己良好的文化基础，六年间，从插秧机操作技术开始摸索，慢慢熟知了收割机、拖拉机、农用无人植保机等相关机械的运用。

无人机是年轻人最感兴趣的农业机械。2018年，丁钱华采购了第一架农用无人机，熟练掌握了使用技术后，先后采购T303、T402、大疆T501、大疆

丁钱华

M3M 多光谱＋可见光成像系统等农用无人机 8 架。

丁钱华开始尝试由传统生产方式向以机械为主方向转变，由主观经验判断向以大数据智能决策方向转变。

2022年8月，杭州市农技推广基金会会长安志云等人来到义桥镇丁家庄村杭州萧山丁家庄农机专业合作社，对丁钱华申报的《农用无人机在水稻生产上的应用示范》项目进行现场验收。

一走进丁家庄农机专业合作社，大家就被一个炫酷的发光灯箱吸引了，这是一个智能化的显示屏，是丁钱华利用多光谱农业监测无人机，结合物联网平台，搭建的水稻生产数字化大脑。通过田间埋设的探头，可远程查看稻田水分、光照等气象数据；通过虫情测报灯，可预判病虫害发生趋势。数字化大脑基本实现了水稻生产的全流程的可追溯、可监管目标。

丁钱华说起合作社的农用机械来，头头是道：

——拥有10台单批次总计200吨的智能化粮食烘干机，其中有3台还可兼烘油菜籽、高粱米等作物，可"以一敌百"。

——插秧机经过设备迭代更新，由原来的6行汽油机升级到8行柴油机，机器更稳定，更有劲。通过水稻浸种、暗室叠盘催芽等技术革新，插秧机从一天能插秧20亩升级到60亩。

——用无人机植保，一天完成1000亩田；无人机的应用场景也在不断地拓展，从单一喷药，到现在的撒肥、撒种等，涵盖了田间管理的全部环节。

智慧农业是现代化农业发展的大趋势。作为新型农民，丁钱华在智慧化农业建设上一直舍得投入、干在前面。

2023 年，他将所有插秧机进行了智慧化改造，全部安装了北斗导航系统，实现无人驾驶插秧机插秧，插秧效率每天每车提高 15% 以上，实现机插环节的节本增效。

在拖拉机上加装了北斗导航系统，播种机搭配测速雷达，用电脑控制排种轮，确保播种精准度，可将原来灭茬、撒肥、撒种、旋耕、开沟 5 个作业步骤减少为 1 次完成，实现节本增效。

利用多光谱航测无人机，实现了稻麦 AI 测产，帮助管理者找出产量低的问题田块和产量高的经验田块，只需 30 分钟就能完成 2000 亩的巡田任务。农艺师只需动动手指即可在电脑云端上知道农田里庄稼的现状。如出现状况，即便千里之外也能对症下药。

丁钱华自豪地说："现在 4000 余亩的水稻生产，只有 12 个人管理着！"

谈起未来的发展愿景，丁钱华有三个努力方向：筹建区域水稻集中育秧中心，年生产一百万盘水稻秧苗，可供 5 万亩水稻种植；继续增强农业机械智能化、精准化、数字化建设；与有意进军农业的企业强强联合，打造一个属于萧山自己的农业品牌。

（胡新光　丁钱华　张洪其　程湘虹）

02

余杭

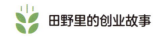

莲藕铺就致富路

马良浩是杭州湾里塘莲藕专业合作社的理事长，他清瘦的身材，锐利的眼神，飞快的语速，走着走着就会跑起来的样子，让人一见难忘。

讲起杭州湾里塘莲藕专业合作社的发展史，马良浩神情肃穆，却难掩自豪。

艰苦创业

马良浩与20世纪六七十年代出生的多数人一样，没有继续学业的机会。1991年刚刚初中毕业的他，想到的唯一出路，就是售卖家乡三家村的莲藕、茭白、慈姑以及沾桥的荸荠——人称临平"四大美人"的蔬菜。

当时杭州最大的农贸市场，就是如今的龙翔桥菜场。当年，莲藕每斤可以卖两角八分，慈姑、荸荠每斤可以卖两角到三角。起早摸黑地卖，一天最多时能卖一百元钱，这已经让马良浩非常开心了：终于可以替身体不好的父母减轻负担了！年轻的马良浩找到了自己的谋生手段。

售卖蔬菜，让马良浩有了小小的原始积累。他的生意规模慢慢大了起来，到了十八九岁时，基本能达到一年3万元的销售额。

马良浩（右）

家里人也开始参与售卖。他的父母负责按季节挖"四大美人"，而他与母亲、姐姐去龙翔桥农贸市场售卖。自家地里出产的卖完了，就开始租地种莲藕。田地规模一点点扩大，钱也一分一厘地赚了出来。

到了 1997 年，马良浩在老家三家村盖了一幢全村最漂亮的房子。当时的马良浩，刚好 24 岁。

险中求胜

看到市场前景好，同村人也开始种植莲藕。当时在杭州的三里亭市场、笕桥市场，都有三家村村民销售莲藕的摊位。

从供不应求到供大于求，转折出现在 2005 年。那一年，莲藕严重滞销，原因是国外的客户发生变化，导致了大量莲藕销售困难，也伤害了村民的种植积极性。

为了解决销售难，2006 年 7 月，村里组建了 26 个人的合作社，马良浩当了理事长。

莲藕是个宝，每年的清明节左右种植，夏季开始采挖，可以一直挖到次年的五六月份。怎么解决延长售卖期的问题，怎样让三家村的莲藕成为杭州市和其他城市的长期货源，是合作社成立后面临的最大任务。

众人拾柴火焰高，大家群策群力，很快打开了销售渠道，合作社成了杭州知名餐饮企业知味观最大的莲藕供货基地。逐渐的，浙江大学、联华华商超市等也加入了合作社长期供货的名单。

荣誉等身

合作社的发展，得到了区农业农村局的大力支持。按照建立自己的品牌，实现规模化、专业化、精细化、品牌化的生产的主张。

在这样的思路指引下，合作社的所有人"心往一处想，劲往一处使"，努力打造企业形象、产业品牌：

2008 年，被评为区示范型农民专业合作社；

2009 年，被评为杭州市规范化农民专业合作社；

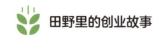
2012年，被评为全国农民专业合作社示范社、浙江省放心菜园、浙江省高品质绿色科技示范基地；

2015、2018年，获得"浙江省精品果蔬展"金奖；

2022年，被评为杭州市应急保供暨联保联供企业；

还有，被评为杭州市优质"菜篮子"基地、临平区种质资源保护基地、农村科普示范基地、学生劳动实践基地；以及区首批千亩示范园、G20杭州峰会食材总仓供应企业、第十届杭州市余杭区消费者信得过单位……

作为合作社的"灵魂"，马良浩不仅带领合作社获得了诸多荣誉，自己也在创业中不断学习、进步，创造着辉煌人生：

2015年，被评为区"二十佳现代农业标兵"；

2016年，被评为区优秀政协委员；

2016年，被评为浙江省水生蔬菜协会优秀会员；

2019年，被评为区劳动模范；

2020年，被评为杭州市乡村产业技能大师；

2021年，入选临平区第一届人大代表；

2022年，被评为高级农艺师；

2022年，被评为浙江省乡村振兴产业带头人；

……

在马良浩的带领下，合作社利用临平种质资源保护基地、农村科普示范基地两个平台，建立了水生蔬菜种质资源圃，主要有尖头白荷莲藕、苏州黄慈姑、大红袍荸荠、梭子茭白等品种。

合作社全面恢复的尖头白荷手削藕粉技术，在清洗、粉碎、浆渣分离、过滤、除沙、除浮粉环节采用现代生产工艺，沉淀、手削、干

莲藕池

燥环节采用传统工艺，保持"老底子"三家村藕粉的原汁原味。

2013年，从三家村搬迁到沾桥村沾驾桥东288号，杭州湾里塘莲藕专业合作社，从此名扬江浙。

品牌当先

在追求品牌化建设的道路上，马良浩一步一个脚印，走得踏实而自信。

马良浩诚恳地说："有一个靠得住、打得响的品牌，才能对农民生产起到最有力的保障作用。有了优质的品牌，产品价格不会随着市场行情波动，种植户的收入就有保证。"

在合作社30年的发展历程中，马良浩对品牌建设和现代化装备上，一直都舍得投入。

——莲藕限根栽培技术，也就是藕池底铺膜，使藕生长平铺在30厘米内的淤泥中，商品率高达96.3%，实现机械化采收，可省工70%。如今应用技术面积已达500余亩。

——茭白秸秆制作有机肥技术。2022年粉碎茭白秸秆15000余吨，并通过发酵制作有机肥3000余吨，形成了"收集、粉碎、堆置、发酵、还田"的工艺模式，通过管道输送至藕池，减少化肥使用，形成生态良性循环。

……

最难忘的一件事，就是2016年G20杭州峰会的供货。在余杭区农技推广中心团队的技术支持下，由湾里塘特供的莲藕和荷叶，不但给三家村争了光，给杭州添了彩，也让"湾里塘"的品牌也越来越响了。

如今，合作社产品以省著名商标"湾里塘"品牌进入各大超市及电商平台，直供超市有联华、物美、明康汇、三江等，直销杭州农副产品物流市场，并供应盒马、叮咚、美团、多多买菜等多个电商平台，日供应量20吨以上。

2022年合作社供杭城优质水生蔬菜8000吨，销售额达5791万元。

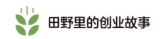

共富先行

合作社一直不忘带领父老乡亲共同富裕的"初心"。

创建了田间学校，也是浙江省的田间学校，对合作社农户、定向合同单位大户和周边农户进行免费的技术指导培训，技术服务覆盖种植户 200 余户。

通过技术理论培训、田间实践指导等形式，围绕产前、产中、产后各个环节对农户进行培训，每年培训 500 人次以上，有效提高种植户的生产与管理技能。还长期向周边村民提供就业岗位，解决农村富余劳动力 80 人。

对合作社农户和定向合同单位大户的产品进行托底营销，向农户和定向单位大户收购水生蔬菜，产值 2000 万元，平均每户增收 3.5 万元，有效实现了农民增收。

疫情期间，湾里塘农业园区为联华超市、物美超市等单位夜以继日地供货。运费的暴增，人工成本的增加，导致企业每天都在亏钱，但马良浩仍然带着大家义无反顾地拼命干，为杭州的民生保障出力。

前途光明

如今，马良浩已将湾里塘莲藕专业合作社从 26 个人发展成 152 人，莲藕、慈姑、荸荠、茭白、果莲等水生蔬菜的核心种植面积达 1131 亩。合作社已成为一家集种植、采收、清洗、包装、冷链配送于一体的现代农业企业。

未来，马良浩希望能在三家村建设一座荷博园，打造一个集游学、研修、农耕、文旅于一体的综合园区，让三家村更富更美！

（平楚良　金启明）

"跑步鱼"的领跑者

姚建光，1974年出生在塘栖镇莫家桥村，少年时就与鱼、水结下了情缘。他16岁那年利用自家附近面积仅2分的鱼塘开始养鱼，如今，他的养殖基地达到680亩。他创立的合作社——杭州建辉农业开发有限公司，养殖面积更是达到了2980亩。

走进姚建光的办公室，墙上悬挂的"精气神"三个大字格外醒目，他说，这是古人生命追求的最高境界，也是他自我激励的座右铭。谈起三十多年的创业之路，他神采飞扬；谈到养鱼经，他仿佛有神丹妙药；讲到科学养鱼，他好比是有神机妙算；养鱼闯市场，他踏遍了神州大地。

20世纪七八十年代，姚建光家和当地大部分农民一样，就一个字：穷！他在家中排行第二，一家五口，父亲多病，母亲务农，有时做点小工，收入微薄。为了给父亲治病、供弟弟上学，读初中的他和姐姐被迫辍学，想办法挣钱。他常常跟着比他大几岁的男孩子一起到河里摸鱼抓虾，抓满一背篓，步行几公里，到镇上去卖，给家里添点儿收入。

为了挣钱给父亲治病，小小年纪的姚建光就到邻居伯伯家打短工。伯伯在村里承包了几亩鱼塘，聪明的小姚在那里边打工边学习，赚到了工钱，也学到了技术，于是便开始自主创业——养鱼。

他第一眼瞄准了生产组里的鱼塘，承包了下来。一年又一年辛勤劳作，他承包村里鱼塘的面积越来越大，到1998年，达到了110亩。莫家桥村鱼塘面积不多，想再扩大

姚建光

规模几无可能，他四处考察走访，寻找新水域，实现自己的创业梦想。

他第二眼瞄准了一块风水宝地——余杭区最大的淡水湖泊三白潭，那里良好的自然环境深深地吸引了他。三白潭水系有着优质的水资源，好水才能养好鱼。2000 年，他来到仁和镇三白潭村，开启了水产养殖的新旅程，第一期承包了 135 亩鱼塘，养殖以"四大家鱼"为主的各色淡水鱼类。2005 年底 2006 年初开始用传统工艺制作青鱼干。几年后，鱼塘规模扩大到 380 亩。2008 年，在当地政府有关部门支持下，成立了杭州余杭建光黑鱼专业合作社，合作社吸收社员 107 名，姚建光任合作社理事长，自此开启了产业化、规模化的养殖之路。

万事开头难，姚建光初到三白潭，遇到的困难无法想象，吃过的苦更是非常人能够承受。鱼塘租好后，要整理鱼塘、开挖排水沟渠、架设电线、平整塘埂……活儿是一个接着一个，好像没有尽头！那时，他天天吃住在鱼塘边，仅 10 平方米简易棚内，吃喝拉撒全在里面，夏天一条草席地上一铺，一个通宵就睡在那里。135 亩鱼塘自己一个人管理，只请一名帮工，通宵干活是常事。

说起来让人心酸的是，2002 年，他承包的 135 亩鱼塘，由于土壤水质不适应等原因，大批鱼儿烂头烂尾，辛辛苦苦两年下来，钱没赚到，反而亏损 180 万元。20 年前，180 万可不是个小数目，养鱼饲料欠款付不出，债主上门催款，他被逼着写下书面还债协议书。第二年购买鱼苗、饲料缺钱，还借过高利贷。

回忆当年，姚建光特别感谢帮助和支持他的单位和朋友们，感谢三白潭村的农民兄弟，给予他无私的帮助，眼看他亏损严重，土地租金无法兑现，村委、相关村民组和涉地村民一致同意推迟支付。

吃过苦又能干成事的人有三个特征：一是坚强，二是豁达，三是踏实。在困难面前，姚建光没有退缩，而是努力寻找解决对策。他取了养殖鱼塘的水样、鱼样等，送到专业的检测机构去检测，数据都没问题；他又走访专家老师虚心求教，认真分析了他们的建议后，把养殖池塘的土壤送去检测，结果发现了问题：鱼塘大部分是虾塘等改造而来，用作鱼塘时进行过土壤翻新，底层土矿物质较多，俗称"白土"，导致水质矿物质含量较高，水"肥"不起来，而高密度的养殖没有"肥水"是养不好的。养殖的先决条件是"养鱼先养水、养水先养底"。

姚建光干事喜欢琢磨。在风光旖旎、景色迷人的三白潭周边鱼塘边，当看着鱼儿在水里慢悠悠地游来游去，好像在水中"散步"，他突发奇想，要"引导"鱼儿在水中"跑快步"。于是，他开始改善养殖环境，增加养殖设施，让鱼儿在水中"跑步"，培育神奇的"跑步鱼"。

姚建光善于把握机会，他的创业故事里"见机而作"的例子很多：

——2010年至2014年，在杭州市农科院水产所和余杭区渔业渔政管理总站的指导下，姚建光带领合作社开展杂交鳢——"杭鳢1号"苗种繁育工作，为广大养殖户提供"杭鳢1号"优质种苗，累计苗种8000余万尾，推广养殖面积4000余亩。2012年合作社通过省级水产优质种苗规模化繁育基地挂牌验收，获得"省级水产优质种苗规模化繁育基地"称号。

——2012年至2014年，在中国水稻研究所和浙江大学的指导下，姚建光带领合作社引进芦苇型渔稻，开展虾池种稻试验，拓展种养结合新模式，并逐步形成了"稻虾共生""稻鱼共生""稻鳅共生"三种养殖模式，示范养殖面积总计240亩，助推区养鱼稳粮增收工作取得良好成效，全区累计推广稻鱼共生面积8000余亩。

——2012年，作为浙江省首批开展循环水养殖的试点单位负责人，姚建光参加了大豆协会组织的赴美国考察学习活动。所谓循环水养殖，就是高密度的流水槽养殖＋大水域的配套净化和养殖末端尾水处理，通过自然、生物和设备控制水质，保障在小体量、高密度的环境下有更好的生产产能与产品品质。通过多年探索，姚建光的"跑步鱼"养殖场内有池塘循环水养殖系2套，流水槽8条。单算流水槽，每年的净利润可达50万元。养殖基地池塘循环水养殖模式得到了省海洋与渔业局等主管部门和美国大豆协会的高度认可。目前已接待十多个国家和全国各地考察学习活动百余批次，考察人员万余人。

——2017年合作社与浙江大学生物工程与食品科学学院有关团队合作，开展名优淡水鱼循环水设施分级式养殖系统建设，建设温室池塘内循环养殖系统、高密度育苗循环水养殖系统、智能投喂装置、微酸性电解水喷雾降温消毒系统、主动采光节能型水产温室系统等，改变了传统养殖的思维方式，设施化的养殖大

养殖基地池塘

大节省了人力成本。通过养殖设备介入，使得养殖生产效益化、精准化，展现了水产养殖发展的新走向。

——2019年至2020年，合作社与浙江大学合作开展集约化养殖数字化集成管控平台系统建设，建成园区养殖生产在线监测、报警系统、园区养殖生产外部环境参数实时监测系统、园区内阳光大棚环境调节设备监控系统、园区管理视频监控系统、园区养殖生产数据管理系统等，通过数据库服务器与远程应用服务系统共同构成数字化管控平台，实现生产数据实时监测、养殖设备联网互通，人员管理在线操作。新技术还包括智能管控平台、自动控制系统设施、推水增氧机与液氧系统、气动式自动投饲机、转股式微滤机及数据自动采集系统。

2002年以来，姚建光注重养大规格鱼，目前饲养的青鱼每条在30至100斤的有5600多条，15至30斤的有13000多条，他选择的长江原种青鱼优良品种正源源不断供应给安徽、江苏及本省嘉兴等地的养殖户。

岁月不负有心人。三十多年的艰苦创业，不仅为姚建光带来了丰厚的收益，也带来了耀眼的荣誉。2019年12月，他还接受了中央电视台农业频道的专题采访。姚建光讲，自己在两年前就定下三大目标：一是搭建青鱼优质种质资源库，完成苗种繁育规模化，达到省市级甚至国家级鱼种场；二是建立加工淡水鱼预制菜，让水产走在市场前端；三是打造一个集休闲旅游和渔文化体验的一站式园区。做一名名副其实的"跑步鱼"领跑者！

（平楚良　金启明）

草莓君的五月

一

江南五月，草长鹜飞，满目葳蕤，万物皆孕育着一年之中最蓬勃的希望。

当顾晓明站在舟楫来往的古运河边的草莓君农场入口，注视着那颗标志性的铁皮大草莓时，就会想起十八年前，故乡砖瓦厂的那个下午。

2005年那个五月的下午，从汽修学校毕业后，经历了创业、子承父业，在钢贸市场做得风生水起的顾晓明，背着相机，闯进了那个废弃的砖瓦厂旧址。

这座砖瓦厂几乎是那个时代农村经济发展的见证：从村级集体到转制给顾晓明的父亲个人承包，后又因为原材料运输成本等问题而停业。儿时的顾晓明对砖瓦厂的兴衰没有太深印象，但砖瓦厂里泥土的芬芳、响亮的劳动号子和四周无边无垠的稻田，却是他记忆里的乐园……

可现在眼前的砖瓦厂，荒草遍地，堆满了垃圾，早已散架的砖坯似乎诉说着前世的红火。顾晓明是一个感性的人，在那一刻，他忽然起了一个念头：在这里建一个农场，找回儿时的记忆。

在父亲的支持下，顾晓明自筹资金租下了砖瓦厂的土地，清理平整后，种树搭大棚，挖沟做田埂，农场初具雏形。起初的三年里，农场种过百合、养过湖羊，但都不温不火。

2008年前后，下沙草莓已在杭城内外小有名气，形成了规模化种植。在一个偶然的机会里，顾晓明在考察市场时，发现一个奇怪的现象：莓农自

顾晓明

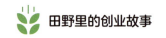

己种的草莓，竟然不允许自己的孩子吃！究其原因并非不舍得，而是他们为了提高产量和品相，在种植过程中给果实施了药。也就是在那一刻，顾晓明突然明确了自己未来想要干的事——种草莓，种给自己家人吃的草莓！

从那一刻起，顾晓明的人生就和小小的草莓结了缘，也正是小小的草莓，让他十八年的农创客生涯中，充满了跌宕起伏、喜乐哀愁……

二

从 2009 年种植草莓开始，顾晓明就不断"踩坑"。

最初，他想到羊粪肥是最好的有机肥，于是重金聘请了两名经验丰富的建德老师傅，要求他们全程施有机肥，试验无公害种植。可是因为对肥料性状不熟悉，一路种一路死，最后连老师傅也不得不请辞回家了。怎么办？自己干！他买回大量的书籍，还从网上找资料，继续草莓种植试验。让人惊喜的是，天一凉，草莓居然挂起了果！成熟后，虽然产量低、个头小，但口感味道比市面上大部分草莓要鲜甜。

产品有了，接下去的销售才是真的一波三折：先是去勾庄农副产品市场卖，无人问津；打听到十二堡附近地摊经济繁荣，妻子赶过去碰碰运气，可是非但草莓没卖出去，还被城管收走了……

销售无门，眼见草莓就要烂在棚里了，顾晓明心一横，索性装了盒子，不管熟悉不熟悉的朋友，一律白送！这一送，送出了转机：没过两天，一位学校后勤部门的朋友找上门来，采购了一批作为教职工福利。又过了几天，正值春节后，超山梅花节开幕，顾晓明看到漫山遍野的游客，灵机一动，试着在景区对面农户家门口租了块地，摆摊售卖小草莓。一群上海老太太在品尝了这不起眼的草莓后，纷纷抢购，还差点吵起来。这一下子提振了顾晓明的信心。第二天，他在摊位上打出了"赏超山梅花、品绿鹰草莓"的横幅，小小摊位被围得水泄不通，连续几天销售火爆。

这件事突然让顾晓明找到了方向并悟出了三个道理：一是要走出去，不断寻找才有市场和客群；二是要坚持有机无公害种植；三是要形成自己的品牌。

回到家，顾晓明立即干了三件事：第一件，派合伙人去建德系统学习无公害种植管理技术；第二件，申请无公害牌照；第三件，将现有的种植规模由8亩扩垄到14亩。至此，绿鹰草莓君农场正式迎来了新的转机。仅仅用了两年的时间，在严格的管理和不断的技术投入升级下，2013年绿鹰农场的草莓正式通过浙江省绿色无公害产品认证。

三

在信息时代，"酒香更怕巷子深"。作为新一代的农创客，顾晓明对市场的把握，除了天生的敏锐，更多的还是来自对信息的敏感和对自媒体的灵活运用。农场初创那几年，"三鹿"奶粉事件如一石激起千层浪，在全国范围引发公众对食品安全的关注。而顾晓明提出的"种给家人吃的草莓"，正好契合了消费者对食品安全的需要。他首开了微博，介绍自己的产品特色，并向粉丝发出了"来绿鹰农场免费品尝草莓"的邀请，一时间增粉无数，许多粉丝慕名而来，体验采摘的同时印证了无公害草莓的鲜甜。在微信时代来临时，顾晓明更是迎来了自媒体营销炸裂的一刻："我到菜场买菜，随便打开一个老板娘的朋友圈，两屏之内就能找到草莓园采摘的分享图片。"

从2005年到2013年，通过不断努力，农场发展实现了质的转变。

通过门面改造和环境提升，绿鹰草莓君农场的亲子采摘已经远近闻名。每到周末，农场门口路边停满了从城区和周边郊县客人的车。当顾晓明走过那100多米的农场入口过道时，满目满耳都是孩子们的笑脸和欢笑声——儿时乐园的记忆终于回来了！

四

如果说亲子采摘是顾晓明农创事业的第一个转折点，那么2013年到2018

草莓君农场的立架大棚基地

年的五年，是草莓君农场从传统型农业到现代型农创转型升级的决定性时期。

2013 年，农场与省农科院建联，邀请专家指导，2015 年成功取得国家级绿色食品认证。2017 年，在一次赴建德考察过程中，顾晓明对立架多层无土栽培种植产生了浓厚的兴趣，他第一时间就认定了这是未来草莓种植的方向。

"你们浙江那里种不好的，不用花心思了。"2018 年 5 月，扬州大学高教授一口回绝了远道而来的顾晓明的邀请。这位国内草莓种植业界的资深专家，见过太多踌躇满志的创业者，最后都因为各种困难不了了之，当初他改良育种的一片热心，也在无数次失望中渐渐地冷却。

但这回他遇到了一位有点"轴"的农创客。在顾晓明的反复恳请下，他让顾晓明参观了他的基地，以为这位年轻人一定会知难而退。但仅仅过了三个月，他突然接到了顾晓明的电话："高老师，我在临平把您的基地复制了一个，想请你过来看看指导一下。"

当高教授走进顾晓明卖了房子投资 160 万元建成的 8 亩立架大棚基地时，他惊呆了。他没有想到在自己根本没有答应提供技术指导的情况下，这个看上去有点腼腆谦逊的小伙子，居然默不作声复制了自己基地棚内的技术数据，搞出了一个像模像样的基地！

在高教授的倾力支持下，顾晓明的立架种植正式上马，并成为国内第一家"越心"品种的上架试验基地，比全省的立架种植转型整整提前了两年。这一年，立架栽培的草莓在顾晓明和伙伴们的朋友圈引发了轰动效应，鲜甜干净、一口爆浆的"越心"草莓，成了各朋友圈的网红产品。高教授被顾晓明的认真和诚意所打动，成了他最好的朋友。

五

成长的道路，总是充满了风雨和艰辛。

在刚刚解决了种植技术难题后，挫折坎坷纷至沓来。2019年5月，余杭区开展大棚房问题清理整治。拆大棚顶、拆体验区、用餐区，顾晓明虽然心疼，但仍然积极响应。

偏巧，家里变故也接连不断，父亲在家里摔成骨折，母亲因为儿子日夜担心导致了抑郁，一直无怨无悔陪在身边的妻子也提出了质疑：这个无底洞还要不要继续下去？要知道当初创业时，妻子可是毅然辞去了高校的行政后勤工作和自己一起下海的啊！

挺过去、扛下去、挑起来！顾晓明对自己说：我不是要种给家人吃的草莓吗？我不是要留住儿时的记忆吗？我要干下去，因为我是一个农民，土地和果实就是我的命！

得益于前期产品的知名度和地方领导的关注扶持，也得益于顾晓明在创业过程中凭借努力和真诚积累的口碑，运河街道在困境中向顾晓明抛来了橄榄枝。在那个春夏之交的五月，他重新筹措资金，和不离不弃的伙伴们一起，全面完成了农场的迁址升级，走出了困境。2020年元旦，位于大运河畔的草莓君农场正式开园，再度顾客盈门，往日的热闹和欢笑又回来了！

但是这种乐观局面并未延续多久，新冠疫情的到来，让农场一时间门可罗雀。经历过风雨的顾晓明镇定自若，及时改变销售方式，变采摘体验为优选配送，有

效进行了止损；同时加紧招募经营团队，不断修炼内功提升管理，核心管理团队日益稳固； 疫情过后，农场推出共享农田和共享厨房，丰富了产品线，也解决了不少村民的就业问题，成为"共同富裕"的积极践行者。

在产品研发的路程上，顾晓明从未停止脚步：利用产品的抗性选种，解决不用药剂防治白粉病难题；将"越心"作为主栽品种，坚持"开花之后不用药"的标准，采用"捕食螨"生物防治、进口熊蜂授粉等高精尖技术，真正达到零农残；利用政策资金扶持，引进物联网全自动科技赋能大棚管理……"草莓君"草莓先后获得浙江精品草莓评选金奖、全国草莓精品擂台赛金奖。

农业技术的提升、农业政策的扶持，使顾晓明迎来了事业的新蓝海。

六

回首十八年的心路历程，顾晓明十分感慨：所有的付出，到最后都将以各种方式回馈付出者。

获得了余杭区"出彩青年人"、杭州市"十佳农创客"、省级"新农匠"等殊荣的顾晓明一直说："我永远不会忘记我是一个种草莓的农民。"

2023 年 5 月，草莓君塘栖园区正式动工。

顾晓明和他的伙伴们已经确立了新的五年目标：一是以"草莓君"为基础，将其发展成为具备一定规模的现代农业企业，精品草莓产出面积达到百亩规模；二是加强品牌建设，服务不少于五个乡村，着力为乡村振兴助力，复制、推广"草莓君"理念和经营模式，将其打造成临平农文旅新品牌……

美国作家塞林格的代表作《麦田里的守望者》的主人公霍尔顿的理想是：守护在麦田，及时把不知不觉跑向悬崖边的孩子抓回来以防止他们掉下去。霍尔顿守护的，是一份简单而纯净的初心，是历尽千帆后依然阳光面对生活的笃定和自信。

而对于顾晓明和他的草莓君农场来说，又何尝不是呢！

（冯 健 金启明）

小林黄姜的复兴之路

他，跑过码头贩过鱼；他，租赁土地养黑鱼；他在莲藕塘里套养甲鱼……鱼是活的，而他的思维更活跃，他打开了千年贡姜之门，要让小林黄姜重出江湖，为当地百姓铺就绿色共富路。他就是杭州市临平区政协委员、临平小林黄姜生产基地的负责人徐建荣。

徐建荣是位70后，出生在闻名的小林黄姜原产地小林乡，是地地道道的小林人。杭州临平老底子的小林乡，农民家家户户种植的特产最出名的要数小林黄姜，徐建荣是看着父辈们种植小林黄姜长大的，对姜情有独钟。

说到小林黄姜，大多数人只知道是烧菜时用来去腥、提味、增香的。徐建荣说，其实，生姜有特殊的芳香味和辣味，药用价值更高，具有解表散寒、温中止呕、温肺止咳、解毒等功效，常用于风寒感冒、脾胃寒症、胃寒呕吐、肺寒咳嗽、解鱼蟹毒。北方产大姜，名气最大的是山东莱芜大姜；南方产小姜，而姜味浓郁、颜色黄亮的小林黄姜是姜中极品，北宋《太平寰宇记》、明代《本草纲目》都有记载。

初出茅庐，搏击商海

徐建荣聪明能干，知识面宽，善于思考，刻苦钻研，敢于创新，是位知识型农民。他有经营头脑，初出茅庐就搏击商海，二十来岁时，从江苏苏州、湖州德清等地大量收购新鲜鱼类，供应临平、杭州等水产市场。他曾在运河街道租赁承包土地，养殖甲鱼、黑鱼，种植莲藕，2008年成立黑鱼研究所，将甲鱼、黑鱼产业做得风生水起。他善于思考，勇于实践，比如，莲藕4月起生长，甲鱼4月苏醒吃食，两者生长时间吻合，就在莲藕塘里套养甲鱼。果然不出所料，甲鱼将

徐建荣与小林黄姜

藕塘里的少量死鱼及塘间地蛆作饵料，减轻了死鱼对水质的污染和地蛆对荷藕的危害，在降低农药、饲料成本的同时，莲藕甲鱼品质获得显著改善。

徐建荣知识面宽，和他聊天是一种享受，说到小林黄姜，他说，植物世界妙不可言，值得花心思去琢磨。小林黄姜是中国生姜栽培史上最早的姜种之一。据《新唐书》记载，其时杭州余杭郡所产生姜已被列为贡品。他说，文人墨客与小林黄姜有着颇多缘分。唐代诗人白居易、宋代文豪苏东坡都写过小林黄姜的诗句。清《杭州府志·物产》有云："姜出仁和小林镇，近苏家村多种之。"鼎盛时期，小林黄姜种植面积达 3500 多亩，是当地农户的主要经济来源之一。

随着工业化、城市化进程推进，小林人种植生姜的传统被打破，小林黄姜种植面积逐年萎缩，至 2010 年已不足 10 亩。徐建荣看在眼里，心有不甘，作为土生土长的小林人，他决心让小林黄姜走上复兴之路。

复兴之路，铺就共富道

"万物土中生"，无地哪能耕？小林黄姜复兴之路，关键在于有土地种植。在当地政府和村社组织的支持下，徐建荣在东湖街道姚家埭村承包土地，建立了新的小林黄姜种植基地。2016 年，徐建荣带头成立了小林黄姜农民专业合作社，由合作社向农户提供种子、技术服务以及农业保险，由农户负责进行标准化种植、提供标准化产品。去年开始，徐建荣又进一步深化完善"承包责任制"生产模式，让周边想种姜但没有地的农户也能有回归田园的机会。

有了土地还得有人种，徐建荣通过不断优化"基地＋农户＋技术＋营销"模式，在小林黄姜种植基地进行实践，也为当地特色产业发展探索出了"基地轻生产，农户轻资产"的共富经验，通过带动农户以土地入股、务工就业等形式增收，走出了一条生产专业化、经营规模化、产品市场化的共富新路子。农户黄金福向合作社承包了两个"共富棚"种姜，每亩地能产 4000 到 5000 斤，差不多能赚 1 万多元。为了消除种姜农户后顾之忧，徐建荣给每个大棚都上了农业保险，即便是遭遇极端恶劣天气颗粒无收，也能保证种姜人每亩地最少 7500 元的收入。小林黄姜品质提升，得到消费者认可，盒马、明康汇、物美等商超都进行上架销售。

徐建荣并不满足进驻传统商超，而是不断谋求新的发展思路，下一步计划继续扩大种植面积，进一步拓展销售渠道，通过增加小林黄姜的附加值提升市场竞争力，同时带动周边更多的农户一起种植小林黄姜，形成规模效应，实现共同富裕。

复兴之路，合作育新品

小林黄姜仅产于临平一带，早在北宋康定年间已享有盛名。如今，小林黄姜想重出江湖，却没有现成经验可以借鉴，摆在徐建荣面前的便是技术难题，但他从未因此产生过丝毫畏难情绪，凭借着攻坚克难的耐心和精益求精的匠心，努力克服一个又一个技术难题。

目标是开动脑筋，把握时势的动力。徐建荣确定的目标导向是让小林黄姜走

上复兴之路，他寻访、咨询多年，一个现实问题是小林黄姜在浙江省种质资源库没有名录。"没有条件就创造条件"，他用心用力，借力发力，在省农科院支持下，通过与中国计量大学生命学院等高校专家合作，2011年，经过近六年时间，成功选育出了小林黄姜新品种，并从中成功挑选出早熟高产株系进行扩繁种植；2012年，开始进行小林黄姜土壤改良解决连作障碍实验；2013年，着手进行小林黄姜栽培技术标准制订；2017年，开始进行小林黄姜贮藏技术试验；2020年，开始整理完善小林黄姜传统制作技艺，并推动这项技艺列入区级非物质文化遗产名录。

技术难题——解决了，小林黄姜的名声也不再仅限于临平小林人所知，大学的教授开始研究小林黄姜，电视台的记者开始采访小林黄姜，周边的学生慕名而来。徐建荣信心倍增，坚信小林黄姜一定会再次成为临平乃至杭州的一张"金名片"。

复兴之路，锻造"金名片"

徐建荣是打造小林黄姜"金名片"的"锻造工"。省级有关专业组现场考察审查，2022年1月，"小林黄姜1号"通过了浙江省农作物品种认定委员会的认定，品种来源以当地特色品种"小林红爪姜"大田中发现的高产高抗姜瘟病变异株为材料，经系统选育，于2018年育成。经2019—2020年多点品比试验，2019年"小林黄姜1号"平均亩产2265.2公斤，2020年平均亩产2353公斤，生长势较强，分枝力强，叶色青绿，姜球数多，排列紧密，单株孙姜平均重达377.8克，玄曾姜平均重为734.5克，姜块皮、肉皆为黄色，肉质细嫩，辛香味浓。经中国测试技术研究院测定，水分含量86.6%，粗纤维含量1.2%，粗蛋白含量1.3%，挥发油含量0.7%，姜辣素含量16450.8毫克/千克。经浙江省农科院植微所抗性鉴定，高抗姜瘟病，中抗姜白星病。

浙江省农科院专家组综合评议是这样写的：该品种生长势较强，产量高，高抗姜瘟病，香辛味足，品质优，商品性好，适宜在浙江省种植。

小林黄姜种植基地

复兴之路，圆了一个梦

人的生命如同一根火柴，只有磨砺才会跳跃出灿烂的火花。徐建荣不但有梦想，更重要的是要把梦想变为现实，发展小林黄姜的复兴，让更多的农民过上共同富裕的美好生活，这也是他对这片土地最好的回馈。实际上，除了经济效益，小林黄姜还可以为大家带来更高的生活品质。徐建荣有一个梦想，希望能建一个小林黄姜制作技艺非遗展示馆，让小林黄姜的前世今生为更多人所知，让小林黄姜非遗文化走进更多人的心里。

如今，临平区美丽乡村建设正如火如荼，遍地开花，徐建荣需要的不仅仅是表面光鲜的形象工程，更需要文化的传承、灵魂的充实、精神的丰满与富裕。他希望小林黄姜的复兴之路走得更宽广，能够再次走向东南亚，走向世界，能够真正涅槃重生。

（平楚良　洪　平）

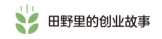
有情怀的农田耕作者

沈兴连（中）

他是一位平凡的农民，却在农田中耕耘出了不平凡的业绩；

他是一位普通共产党员，几十年来始终"不忘初心"，倾力服务父老乡亲；

他是一位残疾人，却身残志坚，热心帮扶了许多残疾兄弟；

他是一位高级农艺师，潜心研究种植技术，曾创造了杭州市水稻亩产最高纪录和浙江省油菜亩产最高纪录；

……

他就是余杭益民农业生产服务专业合作社的创始人、杭州市劳动模范、享受杭州市政府特殊津贴专家——沈兴连。

聚焦农机农技服务　示范带动共致富

沈兴连是余杭仁和人，生于 1962 年，1978 年高中毕业回乡，曾任村团支书，1987 年进入东塘农机站工作，曾任东塘农机站站长，1998 年农机站转制，更名为余杭东塘农业机械有限公司，他担任董事长兼总经理。在农机服务岗位工作的十多年间，沈兴连积累了丰富的农机操作和管理经验。

2008 年沈兴连组建了杭州余杭益民农业生产服务专业合作社。目前，合作社有社员 100 名，其中残疾人 5 名，固定资产 1439 万元，有各种农机装备 108 台（套），有机库、烘干用房等技术用房 3100 平方米。合作社现有规模农田 6469 亩，年收获稻麦 7020 吨，销售大米等农产品 850 吨。

多年来，合作社积极向农户提供农机、农技服务，累计为余杭区 12000 多个农户提供农业社会化服务 76.24 万亩次（统防统治、机插、机收），机械化烘干粮食 11 万余吨，其中免费服务残疾人 40 余户。2018 年为了优先帮周边大户粮食烘干，他自己的 1800 多亩成熟水稻来不及收割，压在雪地中。

授人以鱼，不如授人以渔。沈兴连创建了浙江省田间学校"沈兴连劳模创新工作室"，每年根据生产需要举办各类农业技术培训班，还邀请相关专家来现场授课和示范，至今已免费培训 166 期，惠及 13000 多人次，实地指导 15000 多人次，发放技术资料近 16000 份。塘栖镇三星村残疾人俞奎洪，在沈兴连的指导和帮助下，创办了杭州望收水稻专业合作社，目前合作社有规模农田 2084 亩，能为周边的农户提供服务 3.6 万亩次，粮食烘干服务 2856 吨。他还指导德清县新市镇朱岳云、乐清市陈龙进、嘉兴市秀洲区徐月林等种粮大户 1000 余户，惠及农田 81.23 万亩。

他领导的余杭益民农业生产服务专业合作社已成为"国家农民合作社示范社""全国农机合作社示范社""国家油菜产业技术体系全程机械化示范合作社""全国创新示范农机合作社"；还荣获"中国农机行业合作社农机化杰出服务奖""全国创新示范农机合作社三十佳""全国农业社会化服务创新试点单位""2021年中国农民合作社 500 强""杭州市劳模集体"等称号；被农业农村部认定为"全程机械化＋综合农事"服务中心的典型、"浙江省规范化农民专业合作社"。

合作社的成功经验，引起了国家的关注，因此合作社承办过全国"藏粮于技"暨水稻轻简高效种植技术现场观摩会、全国"水稻机械化精确定量穴直播"现场会、全省油菜机械化收获现场会等高层次会议。

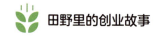

创新农作制度　先进农技走在前

祖祖辈辈都是农民的沈兴连，对土地的感情深厚，深知土地资源的宝贵。当看到冬天有不少农田被季节性撂荒时，心中非常惋惜，总想着能让冬闲田"绿起来"。

2009年10月，在余杭区农业农村局和仁和街道的鼓励支持下，他与新桥、东塘和永泰3个村的农户签订了土地季节性流转合同：由合作社无偿耕作600多亩冬闲田，在次年6月收获油菜籽并插种晚稻苗后，再将农田归还农户。这种流转方式，有效减少了冬闲田规模，稳定了粮油种植面积，减轻了农户的晚稻生产成本，又为合作社增加了经济收入，开创了浙江省的土地流转新模式，被列为全省农作制度创新典型。

合作社与中国水稻研究所合作建立"中国水稻研究所（益民）科技小院"，创建"杭州市技能产业大师工作室"；在全省率先引进无人驾驶拖拉机、无人驾驶插秧机、病虫害AI监测设备等智能化的装备，建立数字农场管理平台，努力打造集智慧机耕、智慧插秧、智慧植保、智慧收割的粮油生产全程数字化生产示范基地和数字化管理平台；自主研发"油菜种植打穴机"（专利），目前在长江流域的应用面积达12万亩；建立粮油生产全程机械化生产高产示范区、水稻全程数字化生产示范基地和新机具、新技术、新品种展示区等进行示范推广，推广"蚊帐"水稻、稻虾共生、绿色防控、化肥减量、全程机械化等先进技术；发表相关论文9篇，获科技成果奖3次。

目前合作社的粮油生产机械化率达100%，涵盖了从种子发芽、机耕、机插、统防统治、机收、烘干到粮食加工各个生产环节。比如收割环节，水稻用收割机收获后通过卸粮臂直接卸入农用车内，运到烘干中心卸到湿谷仓，经过初清后输送到烘干机进行烘干，之后直接输送到粮食加工车间变成洁白的大米，然后进行自动包装，整个过程只有十几个小时，由4个人操作就可完成，极大地节省了时间和人工成本。

合作社的农田

三产融合发展　疫情之下显担当

"吃得放心"是当前大众最关心的事情之一。沈兴连看到了消费者的需求，通过一系列的技术创新，擦亮"禹上田园"金字招牌，让杭州人吃自己种的"放心"油米。

合作社把自己生产的油菜籽加工成土菜油，原汁原味而且绿色无污染，很受欢迎。把生产的"蚊帐稻"加工成"宝宝米"，生产在虾田里的稻加工成"孝顺米"，绿色防控区内生产的"生态稻"，用25吨精米生产线加工成注册"田畈儿"商标的"旺谷米"。这些产品多次获省、市、区金奖。2022年全年销售精米900余万元。

沈兴连在推广水稻绿色防控技术时巧妙结合了"风景田园"建设，打造"现代科技农业＋农事体验"的农旅文化基地。如今的渔公桥村千亩粮食现代农业园，农田景致应时变幻：春季是金色油菜花海；夏季是绿色稻丛中穿插着向日葵、百

日菊和紫薇花的五花之海；秋季是稻穗俯首、满目金黄的丰收景象；冬季是泛着绿色波浪的麦海。沟渠田边四季鲜花不断，真正呈现出"村在园中、家在景中"的风景田园，渔公桥村成了远近闻名的"网红村"，慕名前来体验田园风光和乡村美景的各地游客络绎不绝。沈兴连还开设了亲子插秧比赛、稻作文化课堂等农耕活动，丰富游客体验。

2021 年开始，合作社与南方泵业、獐山钢瓶、大地海洋、山虎机械等多家企业合作，开展艺术稻田认养，为企业设计并种植企业 logo 彩色稻图案，同时为企业加工益民生态大米和土菜籽油，以共同富裕为目标，促进了企业间的相互交流。

合作社还建立农机作业远程控制系统和农业物联网，做好农业电子商务、大米和土菜油的溯源防伪以及追溯平台等。建立网站、微信公众号等宣传合作社的成果，进行示范推广。

2020—2022 年间，沈兴连带领合作社第一时间投入疫情防控中，作为志愿者抢收"菜篮子"基地蔬菜，参加余杭区规模粮油基地便民配送保供大米 35.68 吨，捐赠防护服 6 万余元，为居家隔离家庭户捐赠大米 8000 余公斤，捐款捐物总价值 50 余万元。其子沈奇鹏（杭州科益侬网络科技有限公司负责人）研发的智慧食堂在线订餐系统，免费提供给企事业单位使用，避免食堂集中就餐交叉感染的风险。沈兴连用实际行动显现出当代农业人才和产业带头人的担当。

从农机经营服务的小企业发展到如今耕作 6000 多亩流转田的粮食生产大户，30 多年的辛勤耕耘与探索，让沈兴连成为了全省粮食生产科技型和机械化典范。

展望未来，他感慨地说："现在国家对粮油产业的扶持力度很大，我们有信心做精、做大、做强，用现代农业人的方式，传承上千年历史的农耕文明，为乡村振兴多作贡献。"

（平楚良　洪　平）

舞蹈老师华丽变身"农门女将"

人生有很多次选择，有的选择是在不经意间做出的，而不同的选择带给人生的结果往往是截然不同的。伴随社会进步，越来越多的女性选择了走出家门，融入社会，加入创业浪潮，通过自身努力，实现自我价值，成为女强人。

在余杭区仁和街道葛墩村有位颇为传奇的女强人，她骨子里充满了闯劲，少女时就立志要做一名坚强、勇敢的女强人，结婚成家后更是心灵手巧做事、脚踏实地创业，义无反顾投身于农业领域拼搏，被当地人称为"农门女将"。她就是余杭区仁和街道辰语家庭农场创办人计杭华。

计杭华，是位 80 后，土生土长的余杭仁和人，家中世代务农。农村出生的计杭华与众不同，她喜欢打扮得漂漂亮亮下地干农活，将相对简陋的农场办公室布置得充满传统文化气息，把劳动环境也打理得干干净净。她常常是手拿锄头、身穿着漂亮衣服在地里干活，寒冷的冬天，换上羽绒大衣下地翻土垦地，显示出新时代"农门女将"的风采。

这些年来，计杭华特别努力，特别注重"充电"，她深深感觉到知识更新的价值，学习培训增长了她的农业新知识，快乐劳动练就了她的务农真本领，产研融合提振了她的创业自信心。

计杭华是在长辈的潜移默化中深深爱上家乡这片肥沃土地的。她学过舞蹈，做过舞蹈老师，办过舞蹈培训班。舞蹈练就了她走路宛如跳舞，婀娜柔美；教孩子们练舞时养成的习惯，让她脸上始终露出灿烂的笑容；手指和腰肢看上去没有一点像农民，但她干农业技术活的手脚却非常利索，一天能嫁接五百多棵枇杷苗，这在当地农村女性中是绝无仅有的。她每年都会嫁接两万多棵枇杷种苗，种苗除自己家庭农场栽种以外，还提供给周边果农栽种。

创业者往往是吃过苦头的人，计杭华 15 岁那年，母亲得了一场大病，给这

计杭华

户普通家庭的经济带来了巨大负担，她留在家里照顾妈妈整整一个学期，帮爸爸做家务。为了给母亲治病，花光了家里本来不多的积蓄。懂事的杭华，便想到了要赚钱贴补家用，她像男孩子一样骑着自行车在附近一家小寺院庙会时卖过香，家里喂养的猫生了小猫，她以每只10元卖掉，只要能赚钱补贴家用，她啥都敢于做，敢于闯。

能干的人办法总比困难多，计杭华获悉崇贤沾桥一带创办的绣花厂需要拓展绣花业务，绣花可以帮助当地妇女解决就业，她委托老乡牵线，主动联系绣花业务。这位胆大的姑娘带着自行车摆渡到运河对面沾桥三家村相关企业，用自行车装运成品和半成品，来来回回，风雨无阻，吃得苦中苦，让近百位"绣娘"的日子过得更美好，她也成为村里的红人。

2006年，计杭华从花园村嫁到了葛墩村，如意郎君是仁和街道葛墩村赵家角的赵强，比她大一岁。她兴趣爱好广泛，能歌善舞，特别爱好有刚柔并济美感的古典舞，这是一种融合了武术、气功、戏曲动态和造型元素的舞蹈形式。她的身韵身法具备良好的柔韧和技巧，身体专业条件、能力和素质符合古典舞要求。于是，她去杭州参加专业训练，取得了古典舞教师资格证书，后在云会集镇舞蹈培训班做兼职舞蹈老师。2009年，她和老公一起开始经商，在云会西南山集镇租下营业房，开了一家移门店，丈夫在楼下经营移门销售，妻子在楼上舞蹈培训班做老师，楼上楼下夫妻同心，目标一致，共同经营着小家庭。

自尊自强的女人都是想通过自身努力奋斗来实现自己的目标和愿望的。计杭华对未来的美好愿景，是对生活自立的积极态度，这是她的"王牌"，她认为只有在物质和精神上都独立的女人，才能底气十足，过得更好。计杭华通过熟人介绍，在杭州石桥工业区一家服装厂联系绣花业务，承接业务后，她发动葛墩村秧田湾、赵家角、张家墩和娘家花园村近百位家庭妇女绣花。她开着摩托车一家一户发放半成品，再一家一家收集起来，送回厂里，带动了当地妇女靠灵巧的双手赚钱致富，自己也获得应有收获。

仁和是盛产枇杷的宝地，种植枇杷已有1400多年历史，计杭华公公赵泉根是枇杷种植能手，熟练掌握枇杷苗嫁接技术，每年都会培育两三百棵甚至更多的枇杷苗出售给附近种植户，好学上进的计杭华看着公公在嫁接枇杷苗，也想学习这门嫁接技艺。她先去了街道农业部门借来水果栽培技术书籍，看书学习，先弄清楚理论知识。懂得了枇杷树嫁接时间应掌握春秋两季，其中春季嫁接时间是在3月中旬至4月上旬，这时候枇杷树的树液开始流动，伤口愈合快，嫁接成活率较高；秋季嫁接时间在9月下旬至10月中旬，此时枇杷树生长慢慢进入休眠期，伤口愈合虽慢，但嫁接后枝条可以在冬季充分休眠，来年春季可以早期萌芽，提前结果。

掌握理论知识后，计杭华便拜公公为师，学习枇杷嫁接实践操作技能，她不仅学习公公拿手的切接法嫁接技术，还尝试剥皮法、芽接法等操作步骤，心灵手巧的她，还将舞蹈里的艺术构思和技艺手法融合到嫁接实践中，展现出独特的嫁接能力。只见她轻轻拿起枇杷嫁接苗，熟练地用一把弯形专用刀在树皮光滑一侧，轻轻斜削去一小块，然后翻转削一长削面，将嫁接苗轻轻插入切口。她再麻利地用塑料薄膜将砧木和接穗扎紧，削面平整、光滑、不起毛，嫁接苗与砧木就粘在一起，整个嫁接过程非常顺手。公公的嫁接手艺教给了儿媳，而"徒弟"嫁接速度逐渐超过了"师傅"，动作敏捷、灵活的计杭华每天可以嫁接500棵以上，如没人打扰专心嫁接，最多每天可以达到800棵，乐得"师傅"笑呵呵。

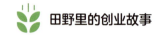

计杭华是位有梦想的人。2018 年 9 月，她看中了葛墩村一块名为荡婆湾的荒芜土地，地上长满茅草野芦苇。她觉得这里可以变荒地为宝地，便决心在这里创办家庭农场。在街道和村组干部的支持下，办好租赁手续后，她给这里取名为辰语家庭农场，开始全身心投入农场创业。浙江省农科院有一批优质枇杷苗推广，要在优质枇杷产地仁和街道培育，街道农办就选择了计杭华创办的辰语家庭农场为培育基地。

创业的春天来了，季节的春天也来了。2019 年春天，计杭华一家人投入开垦荒地，进行土地整理，将昔日荒芜的土地变为名优农产品资源保护种植基地。善于创新的计杭华，重点选择了种质资源培育，她将小林黄姜、青皮甘蔗、茭白、慈姑、荸荠等本地传统农产品进行种质资源培育试种，同时用于农科院的开发利用。余杭久负盛名的"上河青·紫皮"甘蔗经过农科院的脱毒复壮提纯后的种苗在农场繁育种苗。在农科院技术支持下，她采用种植与开发同步的妙招，将小林黄姜延伸开发为姜糖，添加了枇杷花、玫瑰花、桂花，成为市场上深受欢迎的休闲养生产品。辰语家庭农场培育了"漫山红""迎雪""迎霜""浙白 10 号""浙白 14 号"等枇杷新品种，同时引进奉化芋头等品种繁育。

计杭华的与众不同在于创新和专注，农场坚持"三个注重"：

一是注重研究，探索提升枇杷品质。仁和软条白沙枇杷久负盛名，是最早原产地之一，是精品枇杷的代表，但由于采摘期短、皮薄、不易运输等致命弱点，却被福建、云南等外地枇杷占领了本地超市。她与省农业科学院合作，在农场培育 5 个新品种，目的就是提升"仁和枇杷"的品质。

二是注重产销，探索提高经济价值。计杭华的农场种植了多个品种枇杷树，每年枇杷成熟季节她都会在线上线下销售枇杷，在产销枇杷上动脑筋，每年枇杷产销季节，她便收购附近农户枇杷，通过网络销售到省外，其中，她将自家基地的优质枇杷精心采摘、精细包装，通过航空快递，十小时内销往北京、内蒙古等地，经济效益显而易见。

三是注重学习，探索提振自我能力。作为一名曾经从事舞蹈教育的老师，要转身成为从事农业技术研究的"农门女将"，是一个飞跃，要在农业新舞台上跳跃，

辰语家庭农场

必须掌握新知识，学会真本领。2021 年的 9 月计杭华收到了浙江省农艺师学院的录取通知书，成为"2021 级农业专业类在职研修新生"学员，2023 年 10 取得了农业经济管理结业证书。

计杭华勤学善思，边学边实践，积极参加上级农业部门提供的各种培训学习，每年每季的枇杷课程她都挤时间参加，各种机会的培训学习，她再忙也不放弃。因为她明白，只有在不断学习中，才能收获新的知识，积累新的财富。

计杭华是用心在做这件事的，她不怕吃苦，不怕麻烦，不远数十里，跑田头地角，爬山坡丘陵，细心挖掘余杭区范围内的传统农特产原种。每一个品种她都会赶去现场细细观察，了解他们的生长地域、生长环境、土壤土质、生长年份等，研究如何保护性种植，适合扦插还是嫁接，等等。

在仁和，几乎家家户户都种着枇杷树，枇杷种植地主要分布在东北部的东塘、三白潭、葛墩和渔公桥。当地要将仁和枇杷打出品牌，尤其是余杭区域调整后，这一工作更显得十分重要。2023 年 4 月，余杭区成立枇杷协会，五十多户枇杷

大户组成的枇杷协会会员推荐计杭华这位"女将"担任协会会长，

人说"新官上任三把火"，当了会长的计杭华非常清楚责任重大，她明确工作重点，一是针对枇杷果农"老龄化"现象，重点组织年轻人开展技术业务培训，组织学习参观，统一枇杷包装；二是以推广科学种植为重点，针对品种太杂现象，以精选品种为重点；三是针对枇杷销售难问题，开发枇杷系列产品，根据现代人特别注重养生，开发枇杷花保健茶，烘干枇杷叶。目前，辰语家庭农场的枇杷林，主要品种是传统品种硬条白沙以及省农科院引进的"迎霜""迎雪""浙白10号""浙白14号""漫山红"五个新品种。相较于皮薄的本地白沙，新品种果型大、核小，口感也更甜一些，而且皮质更厚，适合远途运输，在电商方面有一定优势。计杭华这位仁和枇杷协会新"掌门人"决心以此为起点，努力朝着梦想的方向前进，在杭州农村谱写精彩的华丽篇章。

（平楚良　洪　平）

03

富阳

"猕"上它 "桃"不掉

一

"儿子这几天怎么啦？老是眼泪汪汪。"老公望着在灶台上忙碌的妻子，满眼疑惑。

"生了好几个口疮，吃饭喝水都痛呢！"妻子抬起头，用手理了一下挂到额前的乱发。

"怎么不早点跟我讲？田里不去了，我马上带他去医院看看！"老公急忙去拉自行车。

"等等，昨天我就想带儿子去医院了。去学校给儿子请假时，碰到半山的阿娟嫂子。她告诉我生口疮吃猕猴桃最好。去年她的儿子生口疮，医院的医生说是口腔溃疡，配了许多药，结果好几天都没有好。后来吃了几颗猕猴桃，马上就好了。"妻子走到菜柜前，从里面拿出一只装着几颗猕猴桃的塑料袋，交给老公，"这是我一大早从山上摘来的野猕猴桃，儿子正馋它呢。你马上送到学校去。"

"这东西有用吗？别耽误了儿子。"老公没有马上动身。

王林娟

"怎么没用！你忘啦？早些年，那么多人得肝炎，大家漫山遍野地寻野猕猴桃根熬汤吃。后来有人查了书，说它能够清热解毒，还有那个维生素C什么的，是好东西呢！"妻子激动起来。

"好好好，我马上去。"

老公接过塑料袋，飞快走出门外，跨上自行车，疾驶而去。

天从人愿，第二天，儿子再也没有哭哭啼啼，他的口腔溃疡明显有了好转。

因为这件事，妻子迷上了猕猴桃。她的心中一直有一个困惑：这么好的东西，为什么没有人规模化种植呢？

她的名字叫王林娟，那时的她是富阳新登镇长垄村的一名普通农民。

二

王林娟出生于 1960 年 2 月，虽然只上了两年小学，但她是个有主见的人。

她种过地，卖过菜，卖过水果，开过糖果批发部……她的创业史，是由新婚的第二天，卖了自己的新娘皮鞋，用来做卖菜的本钱开始的。

她勤劳、朴素、善良，是一位不让须眉的巾帼。她硬是用自己勤劳的双手，打拼出了一片属于自己的天地。

2011 年之前，她的生意做得风生水起，提起新登糖果批发部的老板娘，人人都会情不自禁地竖起大拇指。

当她决定转行，选择回老家承包土地，开展农业创业时，周围的人不敢相信，不可理解。

"风刮不着，雨淋不着，太阳晒不着。连衣裙穿穿，高跟鞋踏踏，嘴巴子动动，钱就赚进来了。这样的安耽日子不好？还要去吃苦，值得吗？"亲朋好友纷纷劝她。

"你已经是 50 多岁的人了，好好的糖果批发部说不要就不要啦？农业创业是个完全陌生的行当，你一个妇道人家，能行吗？"老公心疼妻子，也好言相劝。

她坚决回应老公："你们男人能做的，我也能。"几十年的夫妻，彼此知心知意。老公自然最懂妻子：她的心中，一直有那个种植猕猴桃的梦啊！

三

说干就干，王林娟回到老家，风风火火地行动起来。

她承包了 150 亩土地，采购来猕猴桃苗，还注册了一个响当当的名字——杭州富阳林庭家庭农场有限公司！七七八八，将原来开店的结余全部投了进去，再向亲朋好友借了一些，还差 30 多万。

怎么办？王林娟思考再三，想到了用房子做抵押贷款。

这是大事。那一晚，全家人围坐在饭桌前，召开家庭会议。何去何从，王林娟也十分矛盾。

儿子毕竟太小，一听以后可能会没有房子住，急得哇哇大哭。

女儿比儿子大几岁，已经是高中生了。她十分清楚妈妈的脾气秉性，"大不了从头再来！"懂事的她坚决支持妈妈的决定。

而老公，一直是她坚强的后盾，自然投了赞成票。

于是，王林娟的承包坡地上，一下子种满了红心猕猴桃的幼苗。

可是，理想是丰满的，而现实往往却是残酷的。不久，那些幼苗的叶子开始大面积发黄。

一直信心十足的王林娟茫然失措，她茶饭不思，内心十分焦虑。

富阳农业农村局、科技局以及富阳农业技术推广基金会送来了及时雨。他们知道了相关情况后，马上安排专家亲临现场，还请来了杭州市农科院的专家，一起为王林娟的事业把脉，替王林娟解忧排难。

这个时候，王林娟才明白种植猕猴桃是个科技活。不服输的她买来了许多有关猕猴桃的书籍认真研读，一听说哪里有举办猕猴桃种植的培训班，无论多忙多远，也不肯放过。有一次在四川，她一待就是十几天。她如饥似渴地吸收着相关专业知识。

就这样，凭借着扎实的科学技术知识与吃苦耐劳的"硬骨头"精神，王林娟终于完成了"蜕变"，开始将她的猕猴桃种植园管理得有声有色，一时成为新登镇、富阳区老少皆知的"女能人"。

四

王林娟成功了，但她没有飘起来。她知道"金杯银杯不如老百姓的口碑"，所以她决不急功近利。"在无比重视舌尖安全的今天，低价不再是水果的核心竞争力，一以贯之的好品质才是"，这句铿锵有力的话，是她生意经的核心。

用自然农法培育绿色猕猴桃，重视舌尖安全，是王林娟一以贯之的原则。

王林娟的猕猴桃基地四面环山，方圆几里都没有工业污染；基地灌溉用的全是水库里的山泉水。为了保证高品质，王林娟经常特意邀请浙江省农科院与富阳农业技术推广基金会的专家前来指导，提高科技含量。培育过程中，王林娟坚持不施化肥，全部施用农家肥和菜籽饼等。她将猕猴桃修剪下来的枝条树叶粉碎发酵后喂鸡喂牛喂猪，利用鸡粪猪粪和牛粪发酵的有机肥给猕猴桃施肥，实现猕猴桃与鸡牛猪饲养之间的循环利用，提高经济效益。她还专门建了三个沼液池，把所有肥料完全发酵后再实行薄肥勤施。即用人力将沼液一一浇在猕猴桃的根部。如此产出的猕猴桃，当然是绿色的。

所有的工序，王林娟都亲力亲为。特别是人工授粉期间，每天凌晨4点，王林娟就会来到基地，和工人们一起，拿着手电筒，一朵花一朵花地收集花粉。等到了下午，又将花粉一一点进盛开的猕猴桃花中。

"不打杀虫剂，全都采用物理防虫灯防虫。"为了让人吃得放心，2016年6月，王林娟在猕猴桃基地建立了水果快速检测中心。重点对猕猴桃的农药残留状况进行检测，全面保障基地内的猕猴桃达到安全标准。不仅如此，王林娟同时还上线了"杭州市农产品质量安全溯源体系"。每一个从这里出去的猕猴桃，都带有自己的"身份证"。顾客只需扫一扫二维码，就能知道猕猴桃的种植地点、种植日期、施肥时间、有机肥或农家肥数量、病虫害防治情况等等。

通过这个"身份证"，实现了透明生产、透明消费。实现从"农田到舌尖"全链条的"来源可追溯、去向可查证、责任可追究"。充分保障了消费者的消费安全和消费权益。

五

"一段偶遇，17年悉心照顾；一声承诺，17年不离不弃。居安乐之殇，当体患难人景况。这份大爱善举，是仁者爱人，德之典范。"2016年10月，在富阳区第四届十大道德模范（平民英雄）颁奖典礼上，主持人把这段颁奖词献给了收留赡养毫无血缘关系老人的王林娟。

王林娟有一颗善良的心。

还是在新登老街上经营糖果店的时候。有一天，王林娟在店铺门口遇见了73岁的潘老太，潘老太面容憔悴，衣服脏兮兮的。

"正是过年期间，她说自己好几天没吃饭了，让我给她点饭吃。"

"看着老太太可怜，我就把她接进了家门。"

"后来，我们得知老太太是湖州人，丈夫已经去世，身边没有亲人，只有一个亲戚在富阳。"

"我让丈夫带着老太太四处寻找她的亲戚。人找到了，但是他们说什么也不认。更不要说赡养老人了。"

王林娟与丈夫商量，想把潘老太留下来。

丈夫劝她："老太太已经73岁了，以后生病了谁照顾？你还有父母双亲在，我们还有儿女，忙得过来吗？"可面对无依无靠的潘老太，王林娟充满同情，"舍不得赶她走，让她再四处漂泊。既然收留了她，就把好事做到底吧。"

她们本没有血缘关联，却最终成了母女。

从此，家里最好的房间留给了潘老太，饭菜的淡咸程度也是依照老太太的口味。这位老人不仅成了这个家的一员，过得更是无比滋润。时任新登镇长垄村村委会书记的邵月明说："在王林娟家里，老太太就像女主人一样，住得好，吃得好。生活的方方面面她都给老太太打理得井井有条。老太太一旦生病了，她就在身边端茶倒水，给老太太喂饭，就跟亲女儿一样。"

就这样，幸福的潘老太在王林娟家安享晚年，一直到九十多岁才安详离世。

"一个人做点好事并不难，难的是一辈子做好事。"王林娟的善良不是作秀，

而是自觉的行为。除了潘老太，她还收留过江西来的打工妹子五年。她的公司有
了起色后，便积极带领周边村民一起种植优质水果，让他们也跨入发家致富的行
列。她还把爱心奉献给了残疾人。为了帮助更多的残疾人自主创业，她专门为残
疾人办了多期猕猴桃和优质水果种植的培训班，让他们能对这一行业有个深入的
了解。只要有想法，她都免费提供苗木，上门指导种植技术，并且提供包销猕猴
桃的服务。

六

善心结善果，王林娟的善心，成就了她的辉煌。

勤快的王林娟将猕猴桃基地经营得红红火火。现在的杭州富阳林庭家庭农场
有限公司种植面积已达到 300 余亩，总投资 1900 多万元。除了种植"徐香""红
阳""黄金桃""金艳""米良""海沃德"这些猕猴桃品种中的翘楚外，还种
植柑橘、苗木等。公司以猕猴桃取胜，凭借品种最多、品质最佳、技术最优、管
理最精闻名于浙江省猕猴桃水果行
业，被业内称为"猕猴桃大王"。
猕猴桃基地也被列为浙江省绿色高
品质示范基地，浙江农林大学教学
科研实践基地，杭州市农科院猕猴
桃新品种示范基地，富阳设施农业
示范小区。

一般的猕猴桃甜度只有 18 度左
右，王林娟的"长垄牌"猕猴桃甜
度达 22 度，达到国宴级别。2016
年 G20 杭州峰会，公司成为杭州筹
备工作领导小组指定的"G20 杭州
峰会食材总仓供应企业"。能成为

王林娟（左一）在介绍自己的猕猴桃基地

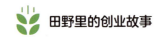
G20 杭州峰会的特供水果，是对王林娟所种猕猴桃最好的肯定。

2017 年，"长垄牌"猕猴桃被评为杭州名牌。2018 年度，王林娟被评为富阳区乡村产业特技大师，产品荣获浙江省农业博览会优质奖。同年，公司生产的"猕养酒"被评为浙江省名特优产品。2019 年，公司分别被评为杭州市、富阳区劳动模范集体。

现在，基地已经完成富阳区农夫乐园休闲园和美丽经济产业园建设。新建的林庭山庄是一座集休闲、亲子活动、商务洽谈为一体的多元化活动场所。在林庭家庭农场，不仅可以采摘颜值高、品质佳、口感好的猕猴桃，还可以和孩子们一起体验菜园摘菜、土灶烧饭，品尝土酿猕猴桃酒。

随着年龄的增大，王林娟的身体也慢慢开始走下坡路。虽然常常力不从心，但她没有退缩。在扎根农业的日子中，她一直有一个心愿，就是希望我们的国产猕猴桃也能做到像新西兰猕猴桃那样远销全球。2018 年，在她的感召下，原先在幼儿园工作的女儿回到了她的身边，勇敢地从母亲手捧过"接力棒"。相信在不久的将来，王林娟的心愿一定能实现。

（朱健文　罗良录）

"菜婆婆"的创业梦

富阳区东洲街道富春江村的何见妹，出生于1980年，曾经是体制内的老师。自丈夫经营蔬菜专业合作社后，农业这个朝阳产业使她动了心。为了心中的农业情怀和梦想，她毅然辞职，回乡经营起农产品，并做出了成绩，被大家称为"菜婆婆"。她现已成为杭州盘古生态农业开发有限公司的法定代表人、总经理。这位女性新农人，用纤弱的肩膀撑起了杭州农产品创业的一片天。

从老师到新农人

何见妹大学毕业后，成了一名人民教师，在富阳区富春街道第二小学任英语老师，从教十多年。她娘家在东洲街道何埭村，和丈夫张官良的富春江村相邻。

张官良原在上海从事纺织生意，结婚后，便产生了回家创业的想法。他看到，由于现在一些年轻人外出打工，老年人随着年龄的增大，体力劳动已力不从心，农村出现了田地撂荒现象，便决定回乡开发农业生产。

2009年上半年，张官良回到东洲沙，成立了杭州富阳北支江蔬菜专业合作社。这是一家集蔬菜生产加工、经销批发的农民专业合作经济组织。2011年4月，通过土地流转，他先后建立了200多亩农产品种植基地，创办了杭州盘古生

何见妹

态农业开发有限公司。盘古公司是以蔬果种植、加工、销售为主，兼有蔬果新品种、种植新技术引进与推广，土地流转等业务的农业企业。

家大业大，张官良既要管外，又要管内，显得心有余而力不足。

何见妹看在眼里，考虑再三，做出了惊人之举，决定回乡，和丈夫一起开发农业。她谢绝了校领导的挽留，于2014年6月辞去富阳城区教师的工作，回到家乡，当起新农人。亲朋好友都感到惋惜，但是，何见妹走上了这条自己认准的路，是不会回头了。

从小打小闹到新型农业开发

开始时，张官良只是自己种地，后来请当地农民帮助耕种，再后来，又用承包的方式把土地租给农户，几年的打拼，才摸索出合作社这种经营模式。

何见妹决心协助丈夫开发新型农业。她生长在农村，虽然有一定的基础，但

何见妹（左）展示种植的番薯

新型农业不是传统农业，她深深地感到自己和丈夫在农业知识和经营管理经验上的欠缺，从而明白自己必须学习新的知识、新的理念。她随着浙江大学 MBA 班的同学，一起赴美国普渡大学学习农业经营管理知识，还参加各种新农人研修班。在刻苦努力下，她收获颇丰，掌握了开发新型农业的科学知识，对今后公司的发展起到了重要作用。

新型农业开发，不能再是小打小闹了，首先需扩大种植面积，使土地成片连接。通过土地流转，公司的种植面积达到了 500 余亩。这些土地以种植蔬菜、草莓、水稻为主。

在流转的土地上进行平整，增加了设施，以吸引本地及外地来杭种植大户承包土地的积极性。有一半以上的土地被外地来杭种植户承包，一般以 10 亩或 20 亩为一承包单位。如山东来杭的承包户以种植辣椒、茄子、番茄为主；江苏、安徽来杭的以种青菜等叶菜为主，还有建德的以种草莓为主。因为他们有各自的专长、又肯吃苦，获得了不错的收获。生产的农产品可由盘古公司统一销售，种植大户也可根据市场行情自销。形成了部分自种，部分外包的生产格局。

为了保证农产品质量，盘古公司建立农产品检测中心。检测人员每天都要对第二天上市的蔬菜进行采摘取样，经过检测合格才能进入市场，从源头上把好质量关。

2015 年，他们又牵头成立了杭州汉禾农产品专业合作社联合社，各类农产品种植面积达 1500 亩以上，极大地带动了周边村民及种植大户的生产和销售。

盘古公司年产叶菜类蔬菜 3500 多吨，茄果类蔬菜 2000 多吨，水果 7000 多吨，年销售额 2000 万元左右。

妻子的加入，使张官良如虎添翼，杭州盘古生态农业开发有限公司利用"合作社 + 企业 + 农户"的模式进行规模经营，成为以农产品种植、销售为主，农业休闲、土地流转、农业科技成果转化为辅的股份企业。

从传统销售到电商平台

盘古公司的销售方式，还保留着传统模式。尽管这里生态环境极佳，富春江水浇灌的蔬菜鲜嫩、无污染，深受客户的青睐，但还是以批发和零售方式销售给上门收购的余杭勾庄等地菜贩子，或是运到杭州、富阳城区的菜市场，卖给经营户。不但价格低，而且环节多、损耗大。何见妹知道，现在这种经营模式，已无法满足现代农业发展的新要求了。

盘古公司的经营理念是"吃当地，食当季"。何见妹还是老师时，常有同事托她带菜。因为她们家的蔬菜新鲜、价格便宜。信任多了，口碑好了，口口相传，带的人自然越来越多。她成为新农人后，一些人用电话、微信向她约菜。晚上，她统计好所订农产品的品种、数量，然后打电话告诉公司的采摘工，根据所需采摘。再把客户的名字、地址、所需的蔬菜及数量抄好。清晨5点，赶到菜地。这时，采摘工已将大部分菜采好，何见妹和她们一起，根据需要一个个打好包。一切准备完毕，她亲自送到富阳城区的客户那里。这一送，业务大起来了，自己已来不及，便让公司办公室的人员帮助送，后来，连亲朋好友都加入了，还是满足不了。

随着微信端订单量的增加，凌晨两三点，她还在进行订单处理。这样下去肯定不行，销售无法做大，人会累垮。她积极寻求突破，寻寻觅觅，遇到了微店，便认真研究，短短几天，电商销售平台"富春田翁农产品店"应运而生。从此，解放了她刻板的机械性劳作。这是当地第一家以自有基地为基础，自己运营的生鲜农产品电商平台。

清晨，根据订单采摘，然后打包，请顺丰、京东等快递公司速运。杭州主城区大部分地方下午就能收到，供晚餐上桌，为顾客送上带着泥土芬芳的时鲜农产品。

2017年，盘古公司安装了二维码打印机。微店销售的蔬菜粘贴二维码，使产品可以追溯，这成了该公司一张可靠的新名片。客户通过扫二维码了解到蔬菜的播种、生产管理、施肥、喷药以及检测的结果。

通过线上线下融合发展方式，"富春田翁农产品店"的粉丝已经过万，用户的复购率达60%，客户对这一平台最多的评价就是"配送及时""吃得新鲜"。

2018年7月，生鲜电商平台像雨后春笋般地涌现，竞争激烈，危机也将来临，何见妹与时俱进，打通了小程序和公众号，建立了更加完善的下单系统。

在做好散户服务的同时，也积极向团购发展。杭州、富阳等地的一些企事业单位食堂都来订菜。早上七八点，邮政的车就在公司等候了，一辆装好开出，下一辆就接上了。

根据"富春田翁农产品店"积累的顾客、企业消费数据库，盘古公司能够了解所服务的每个家庭、每个单位的消费特点，建立精准的消费者库。电商平台的数字化，一方面使得公司可减少服务人员，降低人工费用。另一方面，通过数据分析，反过来指导公司自营及所关联村民和种植大户的生产计划。精准的产销对接，实现农产品种得好、卖得出。

经过多年的发展，网上销售的农产品已从原来的二三十种，增加到60多类的六七百种，除了自己公司，还与杭州地区多家农产品种植及加工企业建立合作关系，让富阳乃至杭州的特色农产品销往更多更远的地区，让更多的顾客能品尝到富阳的优质农产品。

生鲜农产品电商模式，解决了农产品买难卖难的问题，有助于改善生鲜农产品的产业链，带动小农户有机衔接现代农业，不断提高农业产业竞争力，对于推进乡村产业发展，促进乡村全面振兴和共同富裕有着巨大的作用。

带领乡亲共同致富

在盘古公司发展的同时，何见妹考虑的是带动乡亲们致富这个问题。

作为杭州市的农业龙头企业，如何为当地村民提供就业机会，让他们在家门口赚钱呢？五六十岁的妇女，已很难有就业机会了。而盘古公司正需要种植、采摘、分拣、打包等工种的员工，这些工作劳动强度不是很大，又在家门口，一个月三四千元工资，深受中年妇女的喜爱。目前，盘古公司解决了三四十位妇女的就业问题。

在做好自己农产品销售的同时，盘古公司积极主动帮助周边农户推销。东洲是杭州的"吐鲁番"，每年7月开始，岛上的葡萄进入产销旺季，如果不及时销售，大量葡萄会烂在田间，给农户带来重大损失。盘古公司为葡萄设计了包装，给它穿上"防震衣"，让它在运输途中不会有损伤。解决了葡萄无法快递的问题

后，东洲葡萄通过盘古公司远销江浙沪，甚至更远的北京、广州。

常年帮助基地周边的 40 余户种植大户销售各类蔬果，免费给他们进行检测。正因为需要多少，采摘多少，农户不会受到损失。何见妹还到葡萄园、养鸡场、养鸭场进行现场直播，参加电视台融媒体助农直通车活动，帮助乡亲们推销农产品。

2020 年初，由于疫情，村民出行都不方便，菜运不出去，反过来，城里的居民买不到蔬菜。盘古公司突破瓶颈，想方设法解决这一困境。通过政府牵线搭桥，在富阳区农业农村局、交通运输局的大力支持下，开出通行证。农户把蔬菜送到盘古公司基地，搭配打包后送往城区市场、社区、企事业单位食堂、援鄂医疗队家属那里。疫情初期，帮助十余户种植户销售 20 多个品类计 7500 公斤的生鲜农产品。富春江村有一批制作腌白菜的农户，每年腌制几万斤的大户就有十多个，一直可卖到来年的二三月份。因疫情影响，腌白菜销不出去，何见妹在组织网络销售的同时，还和城东等市场取得联系，经她推销的就有数万斤。

为增强村民农技知识，提升他们的种植技能，何见妹为基地及周边种植大户、农户提供服务。带他们外地考察，使他们见世面，长见识。组织他们进行无偿培训，让他们在家门口学到先进的农业技术，解决新品种种植、土壤板结等疑难问题。还把专家请到田间地头，村民可根据自家农作物的生长情况，向专家请教，当场解决问题。除请专家授课外，她还常常亲自讲课，传授电商知识。

杭州盘古生态农业开发有限公司有生产部、电商部、培训部、农资供应部、仓库、配送车队等多个部门。涵盖了蔬果种植、种植新技术的引进与推广、土地流转、农产品检测、农产品电商销售等业务。种植的多类蔬果已通过"绿色食品认证"，公司还获得"浙江名牌产品"、"浙江省科技型中小型企业"、省级乡村振兴"实训基地"、省级"放心菜园"示范基地、"省供销系统百强基地"、杭州市模范集体、杭州市农业龙头企业、杭州市级"菜篮子"基地、杭州市级"叶菜保供"基地等称号。

何见妹的田园创业，并不是梦。

（陈志容　汪爱华）

子承父业创办家庭农场

1986 年出生的孙燕峰，是杭州市富阳区场口镇马山村人，他是位标准的"农二代"，在父亲孙富元创业的基础上，以新发展的眼光开创农业的未来，创办了"一业为主，多种经营"的杭州富阳茂瑞家庭农场。

走开发农业的路

孙燕峰的父亲孙元富，出生于 1960 年，是位不甘于平凡的创业能人。他养过珍珠，失败后重新创业，购入收割机、拖拉机、播种机，为种粮大户服务。2001 年，他向农户租来 50 多亩撂荒田，种植水稻、小麦、油菜等。创办农机服务专业合作社、旭红粮油专业合作社。

其实，孙燕峰在成为"农二代"前，有份不错的工作。2007 年，22 岁的他进入场口电管站工作，很快成了熟练工。那时，农村的电线老化，线路需要整改，都要通过电管站。因为有单位，不用为活计担心，每星期有一两天休息，节假日还放假，不要说养老保险，连住房公积金也给缴纳，在那里上班，可以无忧无虑地过日子。

当然，每到休息天，他会和父亲一起去干活，慢慢地学会了如何操作机器，如插秧机、收割机，他都能熟练地驾驭。

孙燕峰

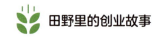

2013年，27岁的他，看到父亲随着年龄的增长，有的事做起来显得力不从心。看来，父亲的事业尽快要由他这个儿子接班了。再则，他知道，年轻人应该有自己的事业。这时，国家正在全面推进乡村振兴，家乡正是能干一番事业的大舞台。经过激烈的思想斗争，他毅然做出决定，离开已工作五六年的场口电管站，继承父亲开创的事业，回家从事农业开发。

"农二代"更需创业

虽然，父亲已经开创出农业生产的路子，他可以沿着这条现成的路走。但是，随着时代的前进，新型农业不能再采用传统农业的模式了。孙燕峰大胆创业，除父亲已流转的村民土地外，他还开发整理其他村的撂荒地、水塘等1000多亩。

20世纪90年代，随着珍珠产业的发展，场口也养殖河蚌育珠，把好好的水田挖成一口口的塘。后来，因规模、市场、质量等诸多原因停止养殖，这些水塘也就闲置下来。孙燕峰征得有关村和田主的同意，把水塘流转过来，改成田种粮食作物。

做什么事都不可能一帆风顺，当他叫来挖掘机，雇来人工，开始改田时，想不到的事情发生了。那块田，明明只有七八分，而田主硬说是一亩。纠纷面前，孙燕峰只好停下来，请村干部到田头解决。通过实地丈量，果然只有7分。虽打赢了"官司"，但停工半天，损失的费用起码1000多元。这种情况，发生了10多次，白白花费数万元。

改塘成田工程基本上是连片的，要把田坝的土推到塘中，恢复成原来水田的样子。一畈田大约一二百亩，花费时间一个多月。一般在年底至来年三四月份动工，改好后刚刚赶上种水稻。等到第三年，改成的水田有五六百亩。

2013年9月，孙燕峰办起了杭州富阳茂瑞家庭农场。流转土地遍及场口镇的马山、上村、华丰、华家、青江等村。

2014年10月，秋收开始，待晒的稻谷就有80多万斤，那时还没有烘干机，村里家家户户都在晒谷，哪有多余的晒场。孙燕峰四处寻找，发现了一个绝佳的场地。场口敬老院在塘东畈中央，四周是田，进出有条长约 1 公里，宽五六米的水泥路，在那里晒几天稻谷应该可以的。在征得有关单位同意后，他雇了十多人，把收割后的稻谷直接运到路上摊开晒。10 月的阳光已不再猛烈，因此稻谷需要晒的时间也长。太阳下山时他要用一米宽的木板当铲，把稻谷铲成长长的一行，再用尼龙布盖住。晚上他还要自己去看管，有时实在吃不消没去，稻谷就会被偷。如天气预报有雨，他还得把稻谷装入麻袋、编织袋中，运到敬老院，暂放在空屋里。晒稻谷的时间长达一个多月，他边晒边卖，将晒好的稻谷运到新登，出售给粮储公司。直到 2016 年有了稻谷烘干机，他才解决了晒谷的难题。

打造农业种植智能模式

这么多田地，需要大批人工，这是家庭农场无法承担的。因此，孙燕峰在水稻插秧、施肥、施药、收割全过程中，实现了机械化生产。

为了更好地学习农业机械的操作技术，他参加了植保无人机操作、农机专业操作、农机高级机修、市级新型农民等培训班，并经考核合格获得证书。作为家庭农场主的他，自己就是农机的操作能手。人手紧张时，便亲自顶上去。

土地增多，高效运作是关键，孙燕峰在购买更新设备上从不吝啬。他的农场里各类农机具一应俱全，现有收割机 5 台，插秧机 8 台，植保、施肥、播种的无人机 5 台，大型稻谷烘干机 13 台，大型剥壳碾米机 1 套，拖拉机 7 台，家用货车 4 辆，还有背包式施肥喷药机、担架式植保机等，总共 70 多台（套）。他的农场，已成为富阳农业"机器换人"的示范基地先行者。他的农机团队有七八人，负责农机具操作、维修等。农机每年的使用期约 4 个月，使用后都得保养，停放和维修保养场所就有 1000 多平方米。在他的苦心经营下，茂瑞家庭农场所属的农机服务专业合作社成为全国农机合作的示范社、省级农机综合服务中心。

在病虫害防治上，如用传统的喷雾器和弥雾机喷洒农药，不但费工费时、防效低、安全性差，而且高温天气容易出现人员中毒、中暑。因此，他采用了先进的植保无人机超低容量喷雾技术，利用产生的涡流，把农药扩散，施药均匀，除

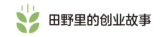

了防治病虫害效果好,还可节约30%的农药和80%的水,每亩节省成本17.50元。人工洒农药一亩地,一个人需一小时左右,而对无人机来说,只要几分钟。同时,大大减少了农产品的农药残留和对环境的污染。

当然,使用机械并不是想象中那样顺利。2018年,治虫时无人机失控,冲出稻田上空,往外飞了三四百米,撞在一棵六七米高的大树上,零件损坏掉了下来,修理费花了5000多元。还好,没有撞到人,否则,后果不堪设想。

稻纵卷叶螟是水稻田危害最大的害虫,以往一年要打三四次农药,不但费事,更费钱。2020年,孙燕峰出了奇招,以虫治虫。茂瑞家庭农场在富阳首次使用绿色生态"治虫宝贝",孙燕峰以马山畈300亩水稻做试验,在专家的指导下,当气温在28—30℃时,将稻螟赤眼蜂放到田里孵化,让它飞出去寻找稻纵卷叶螟的卵,钻到卵里寄生后把卵吃掉,达到以虫治虫的目的。用稻螟赤眼蜂治虫,不但节约了成本,打农药的次数也少了,米的品质大大提高。试用成功后,"以虫治虫"的办法还在富阳全区推广。

俗话说,好土才能有好苗,那些田地,由于以前大量施入化肥,土壤富集盐分,表层盐渍化,成为酸性或碱化的土壤,出现板结等现象,严重破坏了农作物的生长环境。孙燕峰通过土壤强化耕作,增加农田厚度,优化土壤理化性状。还采用农作物秸秆还田,使用畜禽粪等方式,激活土壤环境中的营养成分,营造利于植物健康成长的环境。孙燕峰还采取轮作制度,让400亩土地定时"休息",就是不种越冬作物小麦、油菜,让它空着或种植绿肥紫云英,使之养足肥力。

茂瑞家庭农场的水稻

2022年6月16日,场口镇青江村茂瑞家庭农场的农田里,一台旱稻播种一体机正采用机覆生物降解膜新技术进行旱稻播种作业。随着机器的推进,旋耕、施肥、起垄、播种、浇水、覆膜、覆土、整压一气呵成。这是富阳区农业农村局首次在旱稻种植上用的新技术。这 30 亩田是非粮化整治出来的，之前种的是树苗，受土壤和水源的影响，不适合种水稻，所以选用"旱优73"节水抗旱稻，以条播的方式播种，亩产量也达到四五百公斤。

现在，茂瑞家庭农场流转土地 2700 多亩，每年生产稻谷 100 万公斤，小麦15 万公斤，油菜籽 6.5 万公斤。70% 的稻谷出售给粮储公司，30% 加工成大米后自销。他们的大米因价格实惠、品质优良而供不应求。2018 年，茂瑞家庭农场旭穗牌"嘉丰优 2 号"还获得"杭州十大好味稻"金奖。

农场发展惠及村民

在满足自己生产需求的前提下，孙燕峰常年为周边 300 余农户提供机械化机耕、机插、植保、收割、烘干、加工等"一条龙"服务。

茂瑞家庭农场以提升当地水稻种植产业水平和促进农民增收为宗旨，积极引导他们调整种植结构，发展高效生态农业和都市型农业，已带动周边 150 余家农户增产增收。

从 1100 多户村民手里流转土地，提高了他们的经济收益，土地流转费就达120 多万元。

像拔草、修坎等技术含量不高的日常维护工作，孙燕峰会雇用周边的村民，一般每天 15 人左右，农忙时增至六七十人。

务农的村民，大多年纪大了，不能出远门打工，在家门口干活挣钱，正符合他们的心愿。如年已古稀的种地好手陈国元，跟孙燕峰干了 5 年，每年能有八九万元的收入。他说："我年纪大了，不能外出打工，在这里做做，不出远门就能挣到钱。"付给村民的工资，每年就有六七十万元。

一些农户缺乏新型农业生产知识，家庭农场建有 300 平方米的省级科技示范教育培训基地，农闲时，孙燕峰为周边农户开展免费培训，介绍施肥施药、农机使用、田间管理等知识。农户还能通过家庭农场的新技术、新模式，以及新试验成功的品种科学种田，少走弯路。

目前，杭州富阳茂瑞家庭农场已有元富农机服务专业合作社、旭红粮油专业合作社、铭元生态农业开发公司、茂瑞家庭农场4个实体公司。家庭农场自创办以来，已获浙江省和杭州市的示范家庭农场、实训培训基地等称号。孙燕峰还获得浙江省农业技术推广杰出人物、杭州市乡村振兴十佳农创客、杭州市乡村振兴金犁奖、富阳区"十佳农村实用人才"、2021年度富阳区十佳种粮大户等荣誉。

（陈志容　汪爱华）

翡翠珠儿　紫袂枝头舞

一

"最最阳光的那颗，是最幸福最甜蜜的那颗，她尽情地享受着阳光的爱抚……"

这特殊的手机来电铃声，时时在杭州东腾生态农业开发有限公司的蓝莓基地响起。

"喂，夏阿姨吗？你们家的蓝莓成熟了吗？我们一家打算这几天就过来采摘。"

"喂，兰姐姐吗？今年的蓝莓采摘节什么时候开始？我们家小虎天天念叨，要来你们基地采摘蓝莓。"

夏芝兰

"喂，兰妹妹。这几天我们全家出门旅游去了，赶不过来。给我快递三筐蓝莓。对对对，我自己一筐，我妈妈妹妹也要啊！"

不停接电话的人名叫夏芝兰，是杭州东腾生态农业开发有限公司的董事长。

此时，东腾生态农业开发有限公司的蓝莓种植园中，高端蓝莓挂满枝头，长势喜人。夏芝兰漫步蓝莓园中，仔细查看每个果实。看着一串串颗粒饱满的蓝莓果实，她的心中升起无限快慰：不出意外，今年又是一个丰收年！

个子高高瘦瘦、性格热情开朗，随意披

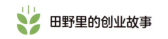

散的头发衬托着白皙的脸庞，新农人的新面孔和"面朝黄土背朝天"的老一辈庄稼人不同，夏芝兰是乡亲们眼中"不一样的农民"。

夏芝兰是富阳区新登镇马弓村的一名普通农村妇女。她不是"农二代"，毫无农业发展的基础，她更不是"富二代"，完全没有厚实的经济支撑。她之所以会走向农业创业之路并获得成功，是偶然中的必然。

她心思活络，很早便有商业意识。还是在村里务农时，她就会积攒一些家中剩余的农产品，拿到村镇去销售，后来干脆开了个小店，经营一些小东西补贴家用；2005年，她走出大山，做起了学校食堂、小店的承包工作，先后在淳安县二中、富阳市实验中学、淳安县千岛湖职业高级中学、桐庐县方埠中小学等单位服务广大师生。这些经历，历练了她的意志，也让她在市场经济的大潮中，得到了锻炼，并不断成熟。

二

夏芝兰很喜欢看电视。但她不是追星一族，也不会像一些小女生一样将眼泪廉价地献给那些莫名其妙的电视剧。

她关注的是新闻，感兴趣的是普通老百姓的创业致富故事。

小康，一头连着中华民族的"大梦想"，一头连着每个家庭、每个中国人的"小日子"。

平凡生活的温度与感动，干事创业的智慧与勇敢，改变命运的坚决与坚韧，都是我们这个伟大时代最值得记录的主题，也是我们媒体的主旋律。

2011年前后，夏芝兰在新闻中看到了党和国家对农业农村发展的高度重视。当时，国家出台了一系列惠农新政策，还提出了乡村振兴的战略设想，她开始心动了。

电视中模范人物的激励，身边成功人物的启发，长年奔波漂泊在外对家乡对亲人的思念，那几天，她辗转反侧，坐立不安。

"老公，学校放假了。下学期的食堂承包我让给别人了。我明天回家，以后不出去了。"她犹豫再三，终于拿起手机，给老公打电话。

"不承包食堂啦？那好啊，以后有时间好好照顾儿子和爸爸妈妈了。"老公很开心，声音很激动。

"我想回来承包我们村后面的那块荒山。"她的声音有点轻。

"什么？"老公的声音一下子提高了八度。

"别急别急，你听我说嘛！那块地一直闲置着，村里也有那么多的人空闲，这几年我们也积攒了一点小钱。有地、有人、有钱，我们一定会成功的。"她做起了思想工作。

"唉！"老公长叹一声。他深知夏芝兰的性格。她认准的事，八头牛也拉不回来。值得欣慰的是，夏芝兰的眼光一直不错，到现在为止，还没有发生过决策失误。

"夫妻同心，其利断金。"丈夫不支持妻子，谁支持？沉默片刻，老公昂起了头，说干就干！

做通了家人的思想工作，夏芝兰立即行动起来。

经过与村委反复沟通商量，并得到新登镇党委政府的大力支持，夏芝兰终于流转村集体荒山 100 亩，加上周边村的部分荒山，总共 260 余亩。

三

土地是承包下来了，可它是真正的荒山。它能够种植什么东西呢？它能够产生效益吗？

夏芝兰不是莽撞的人。她有过仔细考量，也确定了基本的产业方向。

她要以种植蓝莓起步。

随着生活品质的提高，人们对各种有机、绿色健康的水果需求也越来越多。蓝莓富含蛋白质、维生素等营养，矿物质和微量元素含量也相当可观。成熟的蓝莓果之所以是蓝紫色的，主要是因为它含有丰富的花青素。花青素对眼睛有良好的保健作用，能够减轻眼的疲劳并提高夜间视力，还具有保护毛细血管，延缓脑神经衰老，增强记忆力与人体免疫力、抗癌等功效。蓝莓被国际粮农组织列为人

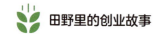

类五大健康食品之一，是英国权威营养学家列出的全球 15 种健康食品之首，被誉为"水果皇后""美瞳之果""浆果之王"。它的果实肉质细腻，种子极小，甜酸适口，有清爽宜人的香气。蓝莓鲜果既可生食，又可作加工果汁、果酒、果酱等的原料，具有较高经济价值和广阔的开发前景。

然而，心急吃不了热豆腐。开始的一年，夏芝兰一直在做准备工作。开辟道路，去除杂草，平整土地，整理环境……

2013 年，夏芝兰终于在她的基地上种上了第一株蓝莓苗。

做农业需要有一定的技术支撑。在农业面前，当时的夏芝兰无疑还是新兵。她只有一颗做农业的心与一腔热血。毫无实践经验的她，当年就遭遇了"滑铁卢"。

2013 年，新登发生了大旱。夏芝兰基地最主要的水源是山脚的一口水塘。"远水救不了近火"，她的第一批蓝莓苗大面积干死。当年投入的十多万资金血本无归，加上前两年的承包款与人工工资，夏芝兰深陷绝境。

四

所幸，政府对农业的支持是全方位的。新登镇人民政府、富阳区农业农村局、区科技局、区供销社以及区农业技术推广基金会等相关部门及时伸出了援手。送温暖的送温暖，送技术的送技术。当然，还有她的坚强后盾老公以及家人的抚慰。

夏芝兰从来都不是一个能认命的人，她坚强地站了起来。这个血的教训，也让夏芝兰明白了，任何事业不可能一蹴而就的道理。

她开始反思，认真总结过去的得失，积极学习有关的农业种植、养殖与生产管理知识。不放过任何学习、观摩、参观、交流的机会。不管是富阳区、杭州市举办的各种专业技能培训班，还是省里举办的生产管理、经营发展、销售拓展等新型职业农民培训班，乃至全国管理干部学习培训班，都出现了她的身影。

她像海绵吸水一样，拼命地汲取着养料。

功夫不负有心人。长时间的苦心钻研，使她的眼界更加开阔，生产技术和管理能力有了质的飞跃。这位蓝莓种植的"门外汉"，原先的"种植小白"，发生了"凤凰涅槃"，成了远近闻名的蓝莓技术"土专家"。

2014年，基地的第一批蓝莓终于成熟，亩产达到1500多斤。这些蓝莓不仅果实个头大，果粉厚，而且味道回香。刚上市，就获得了消费者的一致好评。

"蓝莓本身病虫害非常少，我们完全采用原生态种植方式，不施农药，施用有机肥，草也是人工拔除，是真正的绿色有机。加之这里周边是茂盛的松林，蓝莓开花的季节，正是松花粉飞扬之时，所以结出的蓝莓具有香爽宜人的独特香气。从低矮的蓝莓树上采摘的蓝莓鲜果，不必洗掉果粉，即采即食，酸甜可口，营养丰富。"

对于自己种植的蓝莓，夏芝兰十分喜悦，也十分自傲。

五

夏芝兰为自己的蓝莓注册了商标，商标的名字叫"蓝芝岚"。

这个充满诗意的名字，是从夏芝兰本人的姓名中提取并升华而成的：因为是蓝莓产品，所以让商标姓"蓝"；"芝"的本义是灵芝，多引申为香草。古人常将它与兰草并列，喻指德行高尚或环境美好，所以不做变动；把姓名的"兰"字改为"岚"，蕴含"矗山岗之上，迎山间雾气"之意，凸显种植环境的优越与自然。

将自己的姓名与基地的蓝莓商标有机结合，既能让大家轻而易举地记住夏芝兰的姓名，也能让大家知道她的主打产业。

更妙的是，"蓝芝岚"三个字，不管是看还是听，都充满了"绿"意。

"蓝芝岚"蓝莓基地，入口处是清澈见底的山塘，目之所及，到处都是郁郁葱葱的绿。这是一个适合"森"呼吸

"蓝芝岚"蓝莓

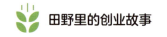

的好地方。

"健康、生态是人们追求的永恒主题，种植'健康'是一个永不落幕的事业，这是一个可以开花结果的梦想。"夏芝兰的心中，始终有这样的理念。

蓝莓相比较其他水果，对于土壤的要求非常苛刻，因为蓝莓喜爱酸性土壤。别人改善土壤使用硫黄，而夏芝兰使用的是草酸土，后期则主要依靠松树针。为了更好地改良土壤和实现种养结合的良性循环，让山地资源有效整合，以达到绿色食品的要求，夏芝兰除了种植蓝莓，还种植香榧，同时增加拓展了养殖。她利用山塘水库养殖水产，还养殖生猪300余头，鸡鸭鹅等家禽5000多羽。山上的野草和种植的蔬菜，既能给畜禽提供绿色食材，又能给蓝莓充当有机肥料。

因为不施除草剂、农药，采用人工拔草，"蓝芝岚"每次都能够顺利通过农残检测。

六

消费者品尝到的是甜蜜的果实，果实的背后则是农业人辛勤的付出。春季采果、夏季修剪枝、秋冬季病虫害防治……夏芝兰说："蓝莓是浅根系植物，管理上要求很高。就拿除草来说，蓝莓地不能使用机械除草，只能靠人工拔除。到了采摘果实的季节，为了防止病虫害，掉落在地上的果子也必须捡拾干净，时常做好清园工作。"

为了蓝莓的绿色健康成长，不论是艳阳高照，还是刮风下雨，夏芝兰每天都要到基地上报到。土壤改良、栽种、浇水、防鸟……一样都不敢落下，生怕哪个环节出了差错。雨天担心果园积水，晴天担心浇不上水；春天怕风太大，吹落花果；夏天怕雨水太多，果子品质差；秋天怕管理不到位，影响来年收成；冬天怕霜冻太大，冻坏了早熟品种的花。每年，夏芝兰都这样眼巴巴地盼着、努力着，小心翼翼。"今年的蓝莓品质取决于去年工作做得到不到位，今年蓝莓品质好，说明我们去年各项工作做到位了。"夏芝兰说，一旦投入了农业，就只能一直往前走，并尽量把各项工作做到极致。

夏芝兰的企业在不断做大、做强、做精、做优，她渐渐富起来了。在此同时，她没有忘记困难时期政府对她的支持。她力所能及地反哺这个社会。目前，基地每年支付村集体土地流转费6万余元；每年固定聘请村民进行劳作，年劳务费用近30万元，人均增加收入3万余元；已带动周边30余户农户开展种养结合发展，常年对接联系帮扶，使他们增收5万余元等。在她一系列的示范和带动下，更多的人看到了前景，感受到了"钱景"。

七

努力终有回报。

经过多年的经营和发展，杭州东腾生态农业开发有限公司终于脱颖而出。2018年，公司被新登镇评为"新登镇现代农业发展先进单位"；2020年，被富阳区评为"区级农业龙头企业"；2021年，被杭州市评为"市级农业龙头企业"，轻松实现了"三连跳"。夏芝兰本人也成了知名人士，2019年被评为"创新农作制度示范带头人"。

随着我国国民经济的快速发展和我国居民人均收入的大幅提高，人们对物质生活水平要求更高，绿色有机富含营养价值的农产品越来越受到欢迎，市场需求不断扩大。同时人们对精神文化的需求也日益提高，旅游、休闲、康养、度假等自然化、娱乐性活动消费也随之迅速增长。

嗅觉灵敏的夏芝兰准确捕捉到了其中的商机。对于她的公司，她并没有止步于有机种植。她的目标是建成生态农业、休闲农业、观光农业。目前，她正在大力推进企业研发新产品，如生产蓝莓酒、蓝莓汁、蓝莓酱、蓝莓干。她的梦想是带动村民将周边荒山资源统统开发出来，利用较好的交通区位和环境优势，打造"花果山"般的健康事业，还要向"生产、生态、生活、生命"等特征的国际生态家园转变。她不仅要使"蓝芝岚"的"金名片"更响，还要通过蓝莓将整个基地打造成"农旅一体"的高人气"金山"，让这里成为自驾游、亲子游的乐园。

（朱健文　罗良录）

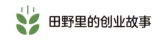
荒山逐梦

嵇山，地处胥口境内，山高且险，山上有岩洞泉池之胜。相传，东晋葛洪曾在此炼丹。迨 20 世纪 90 年代末，嵇山山麓不见山林，不见柴草，一片荒芜。2000 年开始，金月娜先后多次承包嵇山脚下集体荒山与林地，累计总面积达 4000 亩之多，劈山栽培毛竹、杉树、柏树、香榧、油茶等树木与经济林，经过二十多年的抚育，昔日的荒山披上了绿装，垦地种植的桃子、杨梅、黑布林等水果均有了收成。2012 年，她引种名优水果"太秋"甜柿，经过近十年的培植，从失败到成功。2020 年 9 月，在全国首届"太秋"甜柿优质产品鉴评会上，她栽培的甜柿以其独特的品质获得金奖，2021 年，再获金奖，同时还获得第十四届中国义乌国际森林产品博览会金奖。

二十年，金月娜从当初的埋头苦干到今天的运筹帷幄，从一度的迷茫到今天的自信从容，从普通的农家妇女到今天的乡土专家，她的努力与进取，受到富阳市级以上多家业务、科研部门的认可，获得了"乡村产业技能大师""林业乡土专家""农村科技致富能手""十佳农村实用人才"等荣誉与称号，她创办的富阳月娜竹木专业合作社被认定为浙江省森林食品基地，富阳胥口金氏家庭农场被列入浙江省示范性家庭林场。

"太秋"甜柿

而今，60 岁的金月娜在成熟中不乏几分干练，还有几分男人的气概，成了人们眼中的"女汉子"，被戏称为"金山王"。荒山逐梦已成为金月娜的奇迹与佳话，然在逐梦的路上，又有谁知道她洒下过多少汗水，经历过几多磨难呢？

只有偷懒的人，没有偷懒的地

农村长大的金月娜，每当她看到村里那片无人管理的集体荒山，不禁感叹太可惜！

2000年，跨越世纪这年，村里决定将那片荒山实行承包制。承包告示发出后，迟迟没有人应标。金月娜在纠结之中，因丈夫拦着：毕竟是荒芜了多年的山，承包下来能怎么样；再则，承包山林的事好像属于男人，她一个女同志凑什么热闹！但招标期限的最后一天，金月娜还是不顾家人反对，以自己的名义与村里签订了山林承包合同。

只有偷懒的人，没有偷懒的地。签下承包合同之后，金月娜起早贪黑在西坞山上，劈山开山种植毛竹。她向信用社贷了50万元款，用来进行基础设施改造，劈山整地自己能做的事暂且不雇人。不懂劈山要领的金月娜凭着一股子劲，整天在山上。一次斫草时，她发现一把抓在手里的除了草以外，居然还有一条蛇！她连忙甩掉，庆幸没有被蛇攻击，不过自己也被吓得魂飞魄散。有一次，她在劈山时触犯了一个马蜂窝，这下猝不及防，脸上手上脖子上被蜇了好几处，晕倒在山上，脸肿得眼睛都睁不开了。丈夫虽然反对她承包荒山，但见妻子被马蜂蜇成这个样子，他埋怨之余还是心痛妻子，立马叫上几个人，把她从山上抬下来进行救治。

经过一家人的辛勤劳作，一年下来500亩荒山种上了200亩毛竹，经过几年的培育，长成了绿油油的毛竹林。2005年前后，毛竹可以疏伐出售了，当时毛竹市场价每百斤能卖35元，种植毛竹不仅绿化了荒山，还产生了经济效益，除去管理、培育及砍工、运工等费用，利润虽然薄了点，但是，金月娜心里的希望点燃了，她似乎在荒山上看到自己人生的梦想。

继而，金月娜陆续承包了部分农户的承包山，大面积培植毛竹林，并在实践中摸索竹笋两用林培育，劈山、松土、施肥，冬季掏冬笋，春季掏毛笋，初夏掏鞭笋，越掏产量越高，如果不劈山松土，竹鞭扎紧了"三笋"都长不出来。几年下来，金月娜竹笋产业获得了较好的经济效益。见金月娜种植毛竹产生了经济效益，村里一大批农户纷纷效仿，劈山种植毛竹，生产毛竹与竹笋。全村百余户农户都开展种植竹笋两用林。虽然这里看起来形成了规模化的竹林产业，但是在销

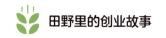
售上仍旧是一家一户自归自，外地收购商会因为是零碎业务不愿意上门收购。金月娜为方便农户竹笋销售，于 2008 年牵头组建了"月娜竹木专业合作社"，合作社成立后，逐步建立起"合作社 + 农户 + 统一收购销售"的经营模式，对农户们的种植与销售起到了积极的推动作用，经济效益明显提高，全村农户累计全年竹笋产值超一百万元。她还创办罐头笋加工厂，把部分沉溺于棋牌桌上的妇女拉进了厂里。

2011 年，竹笋注册了"崝山"商标，营造了良好的市场影响力。2013 年，"月娜竹木专业合作社"被认定为浙江省森林食品基地，金月娜被评为富阳市、杭州市"十佳农村实用人才"。

引种新品种水果，历经艰难终获成功

2009 年，新崝村为全村安装自来水，拟定将 3000 多亩集体林地进行承包，承包期限为 30 年，承包款每年 30200 元，但有一项特殊条款：头年与最后 5 年共计 6 年的承包款 181200 元要作为承包押金，必须一次性缴清。

竞标那天，前来竞标者有五六人，竞标会场一时静默无声。竞标者的眼神可能都停留在承包款的数字上，思考着一次性的 181200 元拿不拿得出，承包下来会有什么利润等问题，然金月娜没有想这些，她在想，我一定要把承包权夺下来，因为竞标者当中只有她是新崝村村民，其他几人皆为外村人。她在想 30 年的承包期，如果外村人承包去了，她担心 30 年后的年轻一代弄不清山林的权属问题。于是，她根本就没有考虑承包款多少的问题，也没有考虑这次承包山面积大、范围广，管理上有难度等问题，更没考虑自己家一次性能不能拿出 181200 元承包款，就叫了标，签下了承包合同。

一直反对妻子承包荒山的丈夫，这次更为恼火，他冲着金月娜说，承包下来有什么用呢？金月娜则说承包下来对子孙后代有用。丈夫又一次拿她没办法，把家里之前经营毛竹、竹笋积攒下来的准备造房子的钱款全部缴了承包款，接下来，家里几乎攒不起钱来，因为承包山前期需要投入太多了，像是道路改造、硬件设备配置、劈山造林、垦地种植等等。此时的金月娜，与荒山已经打了近10年的交道了，也略懂了林业生产的基本规律，想要产出得先投入。这次承包面积大了，劈山光靠自己和家人是力所不及了，所以，她贷了款，雇了人工劈山，争取林业、农业等部门及亚林所等专业科研单位技术力量的支持，种植北美红杉、浙江楠等珍贵树种，种植香榧、油茶、黄花菜以及桃子、杨梅、黑布林等水果。

从此，金月娜属于这4000亩山林，金竹湾、朱家湾、洪家湾、大湾里、外上湾、里上湾、里桃树湾、外桃树湾、秦湾里、石门坎、板壁石之间的山岗上涧水旁，都留下了她的脚印，她盘算着如何让这片崤山脚下的山林变得郁郁葱葱、姹紫嫣红，成为永久的绿色银行。

2012年，她与国家林业科研部门亚林所合作，引种"太秋"甜柿。垦地100亩，植上4000棵树苗。树苗种下第一年，出现死苗情况，补苗。第二年，又出现死苗情况，继续补苗。第三年，还出现死苗情况。只有投入，没有产出，究其原因是土质太差，加上树苗裸根不带土。金月娜很无奈，只能改善土壤，施有机肥，买苗补植。为了有点收成，她还在甜柿林间套种黄豆、玉米、西瓜。第四年，树苗还是树苗，没有挂果，本来就反对她承包的家人难免有些埋怨，偏偏在这个节骨眼上，金月娜的一个亲戚经营出了问题，之前她帮着担保贷款的归还责任落到她的头上。一时间她急火攻心，有些支撑不住了，再看着这一片迟迟不挂果的甜柿树，恨不得把它们砍掉算了！

第五年夏末的一天，金月娜在地里劳作，瞧着不挂果的甜柿林发呆。忽然间，她在整片绿色中发现一个亮点，待她定睛再看时，心跳都加快了，她在心里说着，长了，终于长了！原来一棵甜柿枝头挂着一颗金黄色亮灿灿的果子，她摘下这颗果子，犹如抱着一个盼望已久的新生儿，她双手合起来捧着它，眼泪悄悄地溢满了眼眶，转而向着山谷大声喊道："长甜柿了！'太秋'甜柿！"她兴冲冲地回到家里，一家人还有隔壁邻居，大家的眼神全都聚焦在金月娜手里的一颗甜柿上。最后，金月娜把这颗甜柿切成十几分，一片一片分给在场的每一个人，她要让他们当品尝师，见证她种植成功时的喜悦心情。苹果一样甜，梨一样的水分，大家都说好吃，金月娜的公公说："我活到八十多岁了，第一次吃到这么好吃的柿子！"

金月娜

接下来，在种植之后的第六年她收获了几百斤"太秋"甜柿，第七年收获了几千斤，第八年收获了上万斤！

种植的过程中，每个环节她都不敢有一丝一毫的懈怠。2022年夏季，持续高温，烈日下的甜柿必须天天洒水。洒水需要用水泵从水库里把水抽到甜柿林间的水池里，再用皮管洒到柿树地里。因为洒水要在太阳下山后进行，叫人工会有夜间被虫蛇叮咬或是滑一脚跌一跤的风险，有安全问题，由此，夜间洒水全是夫妻俩自己做。每天晚饭后，他们穿上高帮雨靴，戴上头灯，穿上长袖衣，上山去给甜柿树洒水，皮管拉来拉去，一直要忙到11点钟，有时因为太累了拉不动皮管，夫妻俩还会吵上几句。一天夜里，就是在这种情况下，金月娜一脚滑倒，膝盖摔破，缝了七针。

付出总有回报，2022年在严重干旱的情况下，金月娜投产的80亩甜柿，总产量依然达到了五万斤，平均亩产值在4万元以上。产品深受消费者青睐，除被销往周边桐庐、萧山等县市以外，还借助网络优势及快递发货形式，成箱整车地被发往杭州、上海、北京、山东、广东等省市，供不应求。

"太秋"甜柿引种成功后，金月娜更加忙碌了。不少当地农户及远道而来的求学者，纷纷向金月娜请教"太秋"甜柿的种植技术，作为一名农村党员，金月娜不计报酬毫无保留地给予传授。目前，经金月娜辅导种植"太秋"甜柿的农户已达50多户，种植面积在2000亩以上。

采访那天，当笔者与金月娜近距离坐下来采访时，发现她刘海下面的肤色是白皙的，其余肤色是古铜色的，这让笔者不由得为之一震。这天，她雇人在山上包桃子，因此，她一边接受我采访，一边要起身去弄菜。临近饭点，腰间系着围裙的她，转身坐上她的工作车，一脚油门说是去山上接工人们下来吃饭。顿时，我对她的敬佩之心油然而生。

（鲍志军　陈健军）

童凤英的养兔之路

家兔，在畜牧史上属于驯化较晚的家畜，人们对其经济价值的认识也比较晚。直到 20 世纪初，家兔饲养才引起世界各地的重视。我国发展兔业养殖，在资源、市场等诸多方面都有较大优势。

富阳上规模的养兔，仅杭州富阳红凤养兔场一家。负责人童凤英，已养兔 25 年，圈内人称她为"兔妈妈"。在养殖肉兔的基础上，向兔、豚鼠、犬等实验动物发展。目前存栏有各类兔子 13000 余只，豚鼠 3 万余只，犬 500 余只。成为杭州市级的龙头企业、杭州市都市农业示范园区、杭州市"十佳"农民专业合作组织以及浙江省畜牧产业协会兔业分会理事单位。

意外收获　养兔为业

1968 年出生的童凤英，是鹿山街道蒋家村人。原在离家较近的杭州春江棉纺织厂工作。1998 年上半年，她无意中听人说，养兔收益不错，便想试试。她从山东省的种兔场买来 30 只兔子，分别是比利时野兔、新西兰白兔。利用工余时间，在家里养了起来。

兔子的繁殖率非常强，一年至少能生 6 胎，每次多的时候有十多只。一年后，童凤英养的兔子竟有 200 多只。因为兔子长大后再养下去，光饲料就是一笔不小的开支，必须及时出售。她就把大部分肉兔卖到富阳市场，意想不到的是收入达 5000 元。

那个时候，她在工厂上班，一个月的工资只有一百多元，要赚到这些钱要做好几年了。

1999 年，国家出台了大力扶持养殖业发展的优惠政策，童凤英敏锐地感觉

童凤英

到了创业机遇。她了解到兔肉不仅有较高的营养价值，还有美容、益智、延年益寿等功效。再则，富阳兔子养殖户少，市场需求量大，前景看好。

童凤英想，自己是农业户口，尽管在厂里已做了十余年，但还是个临时工，没有前途可言，索性辞职走上养兔之路。

这年5月，她拿出自己家多年来的积蓄，又向亲戚朋友借了20万元钱，创办养兔场，开始创业。

她看中了村里石竹坞那4亩半地，经村委会同意，承包下来。四周打了围墙，造了5间管理用的平屋，一幢兔舍。为节约成本，兔笼用水泥板隔成，光是那些水泥板，就浇了三四个月，再用铁丝扎隔成一千多个笼子。

场所建成后，便从浙江省农科院、南京农科院、山东兔子养殖场引进新西兰白兔、日本大耳朵兔、比利时野兔共30只。红凤养兔场就这样办起来了。

拜师学习　科学养殖

那时，童凤英还没有养殖经验，认为只要给兔子喂饱，兔舍打扫干净就万事大吉了，她没有想到还要防疫。那些兔子因为没打防疫疫苗，瘟病暴发，控制不住了，一个月不到，死了三四百只兔子，几乎全部覆没，损失万余元，差点把家底全部赔进去。

这事对童凤英打击不小，丈夫徐炳富也跟着她急。但她并没有因此而放弃，哪里跌倒，要从哪里爬起来。痛定思痛，寻找失败的原因。明白养兔也是一门精细的技术，要养好兔子，必须掌握门道，否则，就无法走这条路。

于是，她通过多种渠道了解相关信息。得知江苏省农科院薛家宾教授在兔业技术领域颇有研究，他所带领的团队在我国兔产业技术服务体系建设中颇有影响力，便特地去南京向薛教授请教。薛教授详细传授了饲养环境、科学配料、合理喂食、搞好清洁卫生、消毒防病等知识，童凤英一一记下。

童凤英还到山东兔场学习，在三个月的时间里，她整天待在兔子养殖的地方。那里的饲养人员看她虚心好学，勤奋肯干，不但教她养殖技术，还让她在兔场实习。利用这个机会，她除了学习喂养，还学习打疫苗等技术，甚至连剥兔皮也学会了。

学成归来后，童凤英决心大干一场，扩大养兔规模。对兔场进行了全面消毒，买来五六十只新品种的兔子，一切从头开始。

为了随时查看兔子生活情况，她把铺盖搬进了兔舍，直接睡在那里，测温度、做记录、搞比对，没日没夜地忙碌着。为了防止近亲繁殖，公兔从山东等地的种兔场买入，母兔采用自家养殖的。

看着一窝窝的兔子出生，又陆陆续续出栏，变成了钱，童凤英心里喜滋滋的，她尝到了养兔致富的甜头。

当然，什么事都不可能一帆风顺。她们的肉兔，除了销售富阳市场外，还销往杭州、绍兴、宁波、金华、厦门等地。2003年非典疫情暴发，一汽车千余只兔子出运，到高桥被阻拦，不能外出，只好返回。本来可以出售的兔子还得接着养，饲料、人工都是不小的支出，一场疫情，损失二三十万元。

随着经济社会的发展，劳动力成本成倍提高，为缓解劳动力紧张的矛盾，优化提升肉兔的养殖水平，减少饲料投入，降低生产成本，根据外地的经验，童凤英引进了自动化投料设备、自动喷雾消毒、湿帘降温设施各一套，实现了肉兔养殖中喂料、饮水、清粪、消毒等自动化。开展规范化生产，既节约了饲料成本，又节省了人工开支。

童凤英养兔，也得到了上级领导的大力支持。2006年11月30日上午，浙江省副省长茅临生带领省农办、农业厅等部门领导，到红凤养兔场调研。

2008年5月，红凤养兔场申请注册"富鹿山"商标，2010年3月获得商标注册证。经过多年的经营和品牌建设，产品有很强的竞争力和知名度，市场上需

求量很大，发展前景看好。

童凤英还参与《引进日本大耳白新品种示范推广》《肉兔自动化饲养技术示范与推广》等多项杭州市及富阳区农业技术推广基金会的创新项目，以项目带动产业发展。

养殖转型　实验为主

随着市场需求和养殖规模的不断扩大，童凤英在养好肉兔的同时，向实验型动物为主的养殖方向发展。实验动物还注册了"兔妈妈"商标。

2015年，童凤英有了从肉兔转型到实验兔养殖的设想，为科研部门提供实验用动物，并开始试养。2019年底，新冠疫情来袭，肉兔产业受到严重影响，更使童凤英坚定了养殖实验动物的决心。

为了养殖供医学实验用的动物，她积极改进设备、提高养殖技术。2020年始，先后获得浙江省科技厅的实验动物兔子、豚鼠、狗的饲养许可证。同时，创办了杭州富阳生物科技有限公司。

兔场

这些动物繁殖较快，豚鼠一年能生5胎，一次高达十五六只；狗两年生3胎，每次也有十多只。这些动物成长也快，狗五六个月，豚鼠10至21天，就可出栏了。

这些兔子、豚鼠、狗，主要供应浙江、福建、上海等省市的医科大学、药检院、农科院做实验用。当然，实验动物的饲养条件，要大大高于肉兔。饲料中不得有添加剂，更不能加抗菌素。

外面购买的饲料绝对不能用，于是他们从内蒙古大草原购买燥草，运来后加工成粉末，按一定的比例加上玉米粉、麸皮、苜蓿草粉、豆粉等，拌成颗粒，喂养兔子。这些饲料都是在自己眼皮底下生产的，绝对可靠。饲料，豚鼠和兔基本相同，只是狗饲料需要购买特制的狗粮。因此，他们兔场有自己加工饲料的场所和设备。

想不到的是，兔粪还是畅销货，因为种植中草药等，需要纯净的肥料，而现在鸡场、猪场的饲料中有添加剂、抗生素，影响了禽畜粪的质量。故一些种植户特地前来定购，兔粪每袋可卖到20多元。

扶贫帮困　共同致富

一些人看到童凤英养兔脱贫致富，也希望跟她一起养殖。

为了把养兔事业做大做强，达到共同富裕的目的，2008年4月14日，杭州富阳凤英兔业专业合作社成立，注册资金50万元。合作社独立核算，自主经营，自负盈亏。当时的经营范围包括肉兔的养殖，组织收购、销售成员及同类生产经营者的产品；引进新技术、新品种；开展与生产经营有关的技术培训、技术交流和信息咨询服务。以合作社的形式，进一步把兔子养殖户紧密联系起来，实行统一品种、统一防疫、统一饲料、统一管理、统一销售等"五统一"养殖模式，大大提高了基地兔子养殖合作化的程度。

为了普及养兔技术知识，童凤英依托合作社建立"新农村巾帼信息服务站"，与杭州市及富阳区兔子养殖专家教授合作，在养殖基地开办兔子养殖专题讲座，提高兔农的养殖技术水平，解决妇女就业问题，使她们增收致富。同时，还聘请

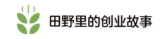

信息员，传播养殖技术，搜集养兔信息，及时发布到互联网上，还以短信、微信、电子邮箱等现代化的通信工具，把信息发给养殖户，以此指导养兔生产。

有的养殖户资金短缺，童凤英允许他们购买子兔、饲料可以赊欠，收购兔子时再结算。有的养殖户因家庭困难，缺乏一些防病设施，童凤英就免费为他们防治疫病。

几年来，累计带动35户妇女饲养兔子，年出栏肉兔5万余只，为养殖户增加收入170多万元。如有位妇女，一女一儿尚小，丈夫长期患病，靠她一人打工维持全家生活，日子过得十分艰难，童凤英除了上门慰问，还免费提供种兔2组，让其发展养兔事业，经过两年多的发展，年出栏兔子1000余只，收入4万余元，大大改善了他们家庭的生活条件。

现在，合作社固定成员已从当初的26户，发展到106户，成员除了富阳区的湖源、上官、银湖等乡镇（街道）外，还有金华、衢州、绍兴等地。

童凤英在带动农户致富的同时，不忘帮助困难村民，为困难户及灾区捐款3万余元。

如今的养兔场占地4000余平方米，兔舍10幢，鱼塘3亩。他们一家人分工明确，童凤英除了全面负责外，分管豚鼠，丈夫徐红林管兔子，儿子徐炳富负责狗，儿媳章丽艳管理财务，外出送货由丈夫和儿子承担。

一排排兔笼整齐划一，一只只兔子活泼可爱。童凤英的养殖事业，已越做越大，同时也带动村民走上致富之路。

（陈志荣　汪爱华）

天成碧玉串玲珑

一

2023年8月10日，"富春山居"农产品品牌馆内人头攒动，这里正在举办富阳区"富春山居"水果评比推介会。

来自全区25家企业的13个鲜桃参赛样品和12个葡萄参赛样品同台竞秀。谁是桃王，谁是葡萄王，这场精彩的水果争霸赛，即将"掀起她的盖头"。

评选现场，大赛评委、省农科院葡萄学科带头人吴江，对着身旁的富阳区农推中心经作站站长陈建华频频点头，他高兴地说："富阳的葡萄和原来比，有明显的进步，穗形外观更漂亮了，种植技术也更好了，从单一的品种变得越来越丰富，相信未来会越来越好。"

"2号葡萄，糖度20.2……"

陈建华刚想回答，身边的另外一位评委高亢的声音激动地响了起来。

……

经过两个多小时的紧张评选后，陈建华兴奋地站起来，代表评审专家组宣布评审结果。他高兴地说："本次活动，评委们对层层筛选出来的样品，综合个头大小、重量、色泽、果形、风味等多项指标，通过综合打分，现在，最后的结果出来啦！"

现场顿时鸦雀无声，激动人心的时刻到了。

"现在我宣布：来自杭州富阳龙腾生态农

刘仁生向来宾介绍自己种植的葡萄

业开发有限公司与杭州富阳陆丁会家庭农场选送的葡萄，荣获2023年富阳区'富春山居'水果（葡萄）比赛金奖！"

雷鸣般的掌声霎时响彻会场。会场一角，一位敦厚的中年汉子缓缓站起，频频挥手向大家致意！

"恭喜恭喜！恭喜刘总再次斩获这个大奖。"陈建华笑容满面，他大步走向中年汉子，一把抓住对方的手紧紧不放："感谢刘总对富阳水果事业作出的贡献！感谢刘总对'富春山居'水果推荐评比活动的支持！现在请刘总上台领奖并作获奖感言！"

"谢谢领导对我们龙腾公司的关心与厚爱！"中年汉子笑容满面，健步走向领奖台。

会议间歇，陈建华悄悄地问中年汉子："今年东洲的葡萄又是大丰收，销售情况怎么样？"

"还好！还好！我们的葡萄质量靠得牢，有国家地理标志产品标识，顾客放心，回头客多。加上2018年开始，每年举办的东洲葡萄旅游文化节吸引带动了许多顾客。另外，电视台、报纸的宣传效果也不错，还有我们果农的思想更加放开了，现在他们的网络销售意识有了很大的提高，手机上接的单子很多，村里到处都能碰到运送葡萄的快递小哥……"说到收获，中年汉子的心情十分舒畅，脸上充满了自豪。

"这就好！这就好！"陈建华再次握了握中年汉子的手，愉快地说："记住，以后如果遇到什么困难，特别是科学技术方面的，千万记得与我们联系，我们一定会竭尽全力帮助你们。"

"谢谢！谢谢！"中年汉子微微鞠躬，再次表示深深的谢意。

中年汉子名叫刘仁生，是杭州富阳龙腾生态农业开发有限公司的负责人。在他的带领下，公司2019年被浙江省农业农村厅授予"现代农业科技示范基地"。2020年荣获杭州市农业农村局颁发的"杭州市农业龙头企业"称号。2021年荣获杭州市市场监督管理局颁发的浙江省AA级"守合同重信用"企业称号。2021年被浙江省农业农村厅授予"薪农人"省级农民田间学校。2021年被浙江省市场监督管理局授予"名特优"企业。

二

刘仁生是土生土长的东洲岛上人。

东洲岛，又叫东洲沙，是富春江上最大的一个沙岛，因其地处富阳城东而得名。据乡里老辈世代相传，东洲沙最早形成于南北朝。在东洲沙未涨成之前，这里是个方圆近百里的浅海湾，白水滔滔，江潮滚滚。其东北是萧山县（今萧山区），北面紧靠杭县（今杭州市钱塘江以北地区）。既是三县交界，又处于富春江、浦阳江、钱塘江三江的交汇处。三江之水带着大量的泥沙、石块及海涂在此交会冲撞，使水流发生变化，致使江水中带来的大量泥沙石块在此沉积下来。刚开始只有一个几百平方米的小沙堆，上面长满了丝草，在江水中时隐时现，当时被称为"天兴沙"，又叫"老沙"。后来，经过几百年潮汐、洪水的冲刷和沉淀，这一带的江面上先后涨起了长沙、后江沙、小沙、华士沙、和尚沙、烂沙、紫沙、铜钿沙、浮沙、青果沙、笠帽沙、鹰沙等十几个沙洲。再后来，这些沙洲连成了一片，就是今天我们所看到的东洲岛了。

东洲岛呈狭长形，东西长约 15 公里，中间稍鼓，南北最宽处约 5 公里，其形状像一只硕大无比的老鹰（最东端的"尖嘴"现由杭州市西湖区双浦镇管辖，称之为"鹰沙"），站在鹳山之巅俯视东洲岛，仿佛老鹰即将腾飞。

少年时期的刘仁生，早起看日出，晚来听夜潮，浅水滩上摸黄蚬，黄沙江边戏鱼虾，无忧无虑地生活在这美丽的江沙上。美丽的东洲岛，养育着这只展翅待飞的雏鹰。

刘仁生在成为远近闻名的葡萄种植大户之前，是个做装修的油漆工。小伙子聪明能干、热情大方，因为情商高，所以生意做得相当不错。

到了 2008 年，他发现自己的身体似乎出了问题。吃不好饭，睡不好觉，他怀疑自己在刷油漆的时候吸入过多的了甲醛，整天打不起精神。于是，他决定改行。

可是，做什么呢？

正在彷徨之际，他的姨夫找到了他。"仁生，现在种葡萄比较挣钱，我们村从去年开始很多人都种葡萄了，收益的确不错。要不你也种葡萄试试吧！"

"种葡萄？"刘仁生心头一动。

"葡萄美酒夜光杯，欲饮琵琶马上催。醉卧沙场君莫笑，古来征战几人回？"王翰的《凉州词》马上在他的脑海中浮现出来。

"我考虑一下。"刘仁生打开手机，开始寻找有关葡萄的信息。

葡萄是一种令人难以抗拒的美味水果，其味道鲜美、口感多样、营养丰富。葡萄还有着非常丰富的营养成分和健康功效，含有多种维生素和矿物质，其中维生素 C 和钾的含量比较高，有助于增强免疫力。此外，葡萄还含有丰富的多酚类物质，如类黄酮和反式黄酮，这些物质有着强大的抗氧化作用。解决了温饱问题的中国人，开始注重生活质量，特别是对吃的很讲究。除了色香味，更加重视营养和健康。葡萄，正是迎合这种心理的最佳果品。

"好，就种葡萄！"刘仁生暗暗下了决心。

三

2009 年，刘仁生开始了他的葡萄种植事业。最开始，他只种了 1.5 亩地，姨夫手把手地教他，他也虚心向姨夫学习，向村里其他先起步的果农学习，并且买了许多有关种植葡萄的书籍。后来，他走出东洲岛，去杭州农科院、富阳农林局等单位，向有关专家求助请教。

有一次，他从杭州农科院的专家口中得知培育草莓苗的亩产收入要超过葡萄，于是与杭州农科院合作买来了草莓种苗，在自己的田中悄悄培育了草莓苗 5 亩。当时建德的草莓苗种植技术最成熟，每亩能种植 3 万株，成活率为 70%—80%。也许是东洲的沙土特别适合，也许是他做事情特别投入，在他的精心呵护下，他的每亩田里能长出 10 万株草莓苗，成活率达 95%。杭州农科院的专家看在眼里，喜在心里。他们一致认为刘仁生是块好料，各方面素质都不错。于是，许多专家都成了刘仁生的好朋友，不但为他出谋划策，还主动帮助他销售草莓苗。

2010 年，刘仁生除了继续认真管理他的 1.5 亩葡萄园，还与杭州农科院合作培育草莓种苗，面积从 5 亩扩大到了 20 亩。那一年的收入不错，赚了四五十万元。

刘仁生尝到了甜头，心里美滋滋的。他觉得自己的身体一下子好了，吃饭香甜，睡觉踏实，走路如风。

2011 年，他将草莓种苗基地扩大到 30 亩。

可惜，人世间的事情，往往是"理想很丰满，现实很骨感"。做农业，很多时候需要靠天吃饭。东洲岛的土地低洼，那年的黄梅季节，大雨下个不停，水排不出去。刘仁生的草莓苗在劫难逃，只有少数活了下来。谁知屋漏偏逢连夜雨，当年的草莓苗价格又发生暴跌，已经签订的购买合同对方也反悔了。这一次，不但让刘仁生损失惨重，也让他看出了种植草莓苗的风险。

吃一堑长一智。2012 年，刘仁生将草莓苗基地压缩到 15 亩，葡萄基地扩大到 30 亩，还试种了 4 亩地的猕猴桃。10 月 24 日，特大台风"山神"来袭，再次淹没了刘仁生的果园基地。当时正是草莓开花季节，其结局可想而知，4 亩地的猕猴桃也大量被淹死，唯有葡萄坚强地挺了过来。这让刘仁生痛定思痛，他斟酌再三，终于下了以后全心全意只种葡萄的决心。

然而，当刘仁生真正深入到葡萄栽培的世界里面以后，才发现事情远远没有想得这么简单。

葡萄栽培第一要选择合适的温度，需要最低 15 度左右的气温，也就是大部分地区的春季温度。第二，葡萄对于水分的要求比较高，前期生长发育需水量比较多，到了结果期后，水分需求量大大减少，所以不能浇太多水，否则会湿度过高，导致葡萄树疯狂生长不结果，还非常容易引起黑痘病、灰霉病等病害。第三，葡萄对于光照也有一定的要求，阳光不够的话会造成葡萄落花或者不结果只疯长。第四，为防止葡萄藤蔓疯长，需要适当剪掉一部分枝叶，但又不能全部剪掉，需要留住能遮住葡萄果实的叶子，因为太阳太强的话，会让葡萄的果实发生日灼病。第五，剪完枝叶之后一定要及时施肥，且葡萄的肥料需要大量的氮、磷、钾等元素，需要选择施用叶面肥来进行补充。

"世上无难事，只怕有心人。"善于学习、勇于实践的刘仁生，以蚂蚁啃骨头的精神，一步一个脚印，终于脱颖而出，成为葡萄栽培领域的"土专家"。

四

刘仁生永远忘不了2013年的3月，由富阳区农办推荐，杭州市委组织部牵头的浙江大学企业管理者高级研修班学习。课程内容包括战略规划、领导力发展、创新与创业、全球化战略、财务管理、人力资源管理等许多方面。课程的教师阵容十分强大，包括了许多知名的经济学家、管理学家、营销专家等。课程通过案例分析、讨论、团队项目和实地考察等，努力培养学员的批判性思维、决策能力和战略管理技能。

这是一次真正的"脱胎换骨"，进修后的刘仁生发生了"质"的变化，他的眼界更加开阔，脚步更加稳健，心中描绘的蓝图更加美丽。

浙江大学进修回来后不久，他便注册了自己的公司——杭州富阳龙腾农业开发有限公司，承包了400平方米的设施用地，建设了管理用房。他的公司业务包括：园艺产品种植、水果种植、蔬菜种植、休闲观光、技术服务、技术开发、技术咨询、技术交流、技术转让、技术推广，以及农副产品销售、食用农产品批发、食用农产品零售，甚至还有餐饮管理等方面，可谓应有尽有、面面俱到。

2014年，刘仁生成立了"富阳东洲葡萄研究所"，开始自行研发葡萄种苗。

刘仁生

同年，龙腾公司通过智慧农业建设单位验收。

2015年1月12日，刘仁生成立杭州富阳百合水果专业合作社，自己出任法人。8月27日，成立杭州富阳湖上沙水果专业合作社，并注册"刘老庄果舫"商标。

2017年，刘仁生组织牵线成立富阳东洲葡萄产业协会，同时出任会长。通过民主协商，葡萄产业协会统一了东洲街道葡萄品牌，从源头上提高了葡萄的标准、品质和农户的种植技术。

2018年4月，富阳东洲葡萄申请国家地理标志产品。8月，在富春山居百园花果大赛上，龙腾公司选送的葡萄获得"银葡萄王"大奖。

2019年，东洲葡萄产业协会与顺丰达成网销平台直销的合作，把葡萄送进了奥特莱斯，还促成了公望酒业与农户签订每年收购200多吨葡萄的收购协议。

2021年，杭州市乡村产业技能大师名单出炉，刘仁生榜上有名！

如今的杭州富阳龙腾农业开发有限公司，有专业技术人员7人，独立办公场所2000平方米，分别设置办公室、生产科、病害防控科、质量自检科、产品营销科和财务科等职能部门。公司配有大型的冷冻库，保鲜库，宽敞明亮的无尘配菜分拣车间，摆放整齐有序的原料仓库。还有多台多功能冷藏车、送货车、应急车服务于客户。公司建立了规范可行的质量监督体系，配有专业的检测人员及检测室，确保产品品质。特别是食品卫生方面，公司按照行业标准中所列的要求，遵守或建立相应的生产技术规程，对生产的产品严格把关。公司制定的食品留样管理制度、食品卫生安全承诺制度、问题产品召回制度、卫生知识培训制度、卫生管理制度、从业人员健康管理制度，和病虫害防治制度、农药使用管理制度、肥料使用制度、蔬果与水产质量安全追溯制度等，都能严格执行。

现在，富阳人都晓得东洲街道以葡萄名闻遐迩，是杭州地区葡萄连片种植最大的区域，种植面积达3730亩，亩产约2500斤，年产量4600多吨，被誉为"杭州的吐鲁番"。

这其中，有刘仁生的智慧和汗水，也有他的一半功劳！

"别人没有的我有；别人有的我的好；别人好了赶上来了，我就另辟蹊径追求新的突破。"

这些年，刘仁生除了继续关注他的葡萄事业外，还将一部分精力放到了蔬菜和水果的配送上。现在公司已经与许多大学、中小学、医院，还有一些民企、国企签订了蔬菜和水果的配送协议。他计划建设一个规模较大的蔬菜种植基地，将食品配送做得更大、更好、更强。

"天成碧玉串玲珑，老蔓扶疏铺顶篷。青涩尽时呈美禄，金樽向月醉仙翁。"刘仁生的葡萄，已经青涩尽脱，这一串串的碧玉玲珑，一定能够"串"起东洲的致富之路。

（朱健文　陈健军）

虞水华的"榧"凡人生

一

方里村坐落在群山之中，十里八乡，连绵起伏，除了山，还是山。

这里距富阳城区70多公里，是个远离烦嚣的世外桃源。整个村子被一片浓密的绿色环绕，沿着弯弯曲曲的乡间公路，即使到了村口，若不仔细看，仍是"只见林木，不见村庄"。

身着一袭浅绿色的厚迷彩服，脚穿一双军黄色的解放鞋，腰间系着一把锋利的钩刀，肩上扛着一柄双齿开山锄。土生土长的虞水华常年穿梭在这一片青山绿水的环抱。他种树种绿种春风，用勤劳的双手开出一亩亩满载希望和收获的梦田。

他是杭州富阳柒个垮农业开发有限公司的负责人，著名的香榧种植大户。

虞水华是个苦孩子。初中毕业后，因为当时家里比较穷，负担不起高中的学费，就辍学在家。为了减轻家里的负担，17岁那年，他开始外出学习做油漆技术。

学徒只能解决自己吃饭的嘴，是没有一分钱工资的。懂事的虞水华白天做油漆匠学徒，晚上回来帮着家里忙东忙西。家处大山深处，所有的农活都在山上。靠山吃山，三年学徒期间，他在山上种下了四五百棵竹子，后来这些竹子长成一片片竹林，大概有个十几亩，可以挖笋卖。

卖笋几乎是当时虞水华家唯一的经济来源。所以，那段时间是虞水华最辛苦，也是最快乐的日子。

辛苦！挖笋是真的辛苦。每天凌晨四点就要

虞水华

起来，跌跌撞撞地摸上山去。不管是天晴还是下雨，都不能间断。特别是下雨天，哪怕是穿着雨衣，还是会从头湿到脚，雨大的时候眼睛都睁不开。为什么不等到天晴了再挖呢？不是有"雨后春笋"这么一句话嘛！春天的笋长得飞快，特别是雨后，不及时挖还真不行，因为等到第二天，这个笋就长老了，老的笋没有人会收购，所以再苦再累，也要咬牙坚持。

快乐！那个时候的虞水华是个名副其实的小伙子。独自一个人每天可以挖笋2000多斤，虽然卖的价格不怎么样，但那是他真正的劳动所得，心里肯定是美滋滋的。

2006年，虞水华结了婚。第二年，温柔体贴的妻子便给他生了个活泼可爱的女儿。那个时候，油漆匠一天的工资也就三十来块钱。有了老婆孩子，虞水华肩上的担子一下子重了起来。自己苦点累点不要紧，难道让老婆孩子跟着自己吃苦？虞水华越来越觉得做油漆匠没什么前途，于是，他想到了另谋出路。

二

没有广博的知识，没有丰富的阅历，没有深厚的人情，另谋出路，谈何容易！

虞水华苦苦寻觅。

利用做油漆工的机会，他翻山越岭，入乡穿户，在田间地头，在山矿工厂，他锲而不舍地行走着、寻觅着……

皇天不负苦心人。有一天，他的目光终于停留在临安山里一户人家门口的一株挂满果实的大树上。

主人告诉他，这是香榧，是一种常绿乔木，兼具果用、油用、药用、观赏等用途。其中香榧果香酥可口、余味浓郁、营养丰富，树上这么小小的一颗可以卖上5毛钱。虞水华大吃一惊，他一面默默数着树上的香榧果子，一面心中暗暗盘算，那么多的5毛钱，这一棵树少说也可以卖上个千把块钱了吧？

虞水华彻底动心了。

他兴冲冲地赶回家中，与父母亲商量，准备甩开膀子大干。

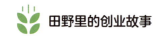

可是，一盆冷水当头而下。

父母亲坚决不同意。他们说香榧是种"消闲货"，没有多少人会买，而且它娇生惯养的，生长时期又需要十多年，谁伺候得起？老实巴交的他们很难接受新生事物。他们只知道唯有在田里种粮食才是正途。虽然那个时候，村子里已经没有人养牛了，没有牛的话，耕不了田，种不了稻谷，而且虞水华的家位于高山上，农耕机械根本进不来。但是父母就是不松口，说这个田肯定要种粮食，即使不能种稻谷，也必须种玉米，反正就是不能种香榧。

父母将钱包攥得死死的，加之当时也没有空缺的地方可以种植，这样一拖，就拖了下来。

不死心的虞水华，一直偷偷关注着他那魂牵梦萦的香榧。到了2008年，刚从树上摘下来的香榧青果，卖到了近20元一斤。这个时候，虞水华不再犹豫，他决意做方里村第一个吃螃蟹的人，准备采购香榧苗，开始种植香榧。

父母亲的思想一时转不过弯来，他就偷偷去鼓动自己的叔叔。

虞水华揣着省吃俭用积攒下来的一万块钱，与叔叔一起到了诸暨的香榧苗市场。他小心翼翼地挑选了300棵，叔叔却只选了几十棵。原来叔叔带的钱不够，因为婶婶也不看好香榧，不肯给叔叔钱。虞水华想着这么大老远地来一趟不容易，就跟叔叔说，钱不够我先借你，等香榧好卖钱了，你再还给我。就这样，两人买了几百棵香榧树苗，兴高采烈地回到了方里村。

看到家门口的那车香榧苗，父母对虞水华的先斩后奏虽然很无奈，但心中想着毕竟以后家中的一切都要交给儿子，总不能永远捆住儿子的手脚。何况苗都已经买回家了，再坚持不种，那可是上万元的损失，所以很快就妥协了。

这是虞水华第一次种香榧，大概种了六七亩。

从种下榧树苗到产果子，需要七八年。那个时候村子里的人都不看好香榧，说香榧苗长得慢，总要个十来年才会结果，诸暨那边那么多，等你种下去好卖了，香榧早已烂大街了。

虞水华没有被这些冷言冷语击溃。他一面继续在外面做油漆生活补贴家用，一面像照顾自己的孩子一样细心呵护着他的这些香榧树。松土、施肥、杀虫、除草、嫁接、催芽、授粉，他都亲力亲为。虞水华是个大胆的人，也是个聪明的人，更是个踏实的人。他脚踏实地，认真实践摸索，很快，便成了远近闻名的香榧种植"土专家"。

五六年后，虞水华的香榧苗变成了香榧树，并且结出了沉甸甸的果子。收购的人等在树边，22元一斤的青果，一边摘下来，一边就被收走。那一年，光青果就卖了好几万元钱。虞水华的努力终于得到了回报。他非常激动，心里像喝了蜜糖一样的甜。

三

这个时候，收获了第一桶金的虞水华又萌生了扩大规模的想法，可是种在哪里却成了问题。家里的地全部种满了毛竹，要种香榧的话，肯定要把这些毛竹砍掉。挖笋虽然辛苦，但在农村，特别是虞水华这样的家庭，这也算是一笔不小的收入。砍掉毛竹种香榧，父母肯定不会同意。抱着试一试的想法，虞水华故意跟父母透露了一点口风。果然不出所料，被父母一口回绝。

然而此时的虞水华已经十分清晰香榧树产生的经济效益要远远高于毛竹林，他知道自己的父母比较固执，思想工作不是很好做，特别是不想看着自己的老婆白天跟着他不管天晴下雨去山上挖笋，晚上还要辛辛苦苦地带小孩做家务，就下定决心要再一次先斩后奏将竹子砍掉。恰好这个时候，挖完笋后父母去外地打工了。趁着这个机会，他叫了几个人，悄悄地砍掉了那些竹子。

就这样，虞水华又种上了一批香榧树。

虞水华的香榧树换来了红彤彤的现钱，现在又扩大了种植面积，方里村的乡亲们慢慢沉不住气了。首先是虞水华的婶婶，拿了几个水果，借着看望哥哥嫂嫂的名义特意上门感谢："幸亏水华你啊，偷偷叫了叔叔一起去买香榧苗，不然我们家今年也没有这笔好收入，真的是太谢谢了！"接着其他人也纷纷以各种理由来虞水华家中走走坐坐。当年那些冷言冷语的邻居，此刻见了虞水华也开始主动笑着打招呼——他们也想发财，也想着虞水华带着他们种植香榧啊！

榜样的力量是无穷的。突然之间，仿佛大家都有了种香榧的强烈愿望。那段

香榧

时间，不仅是方里村，四面八方，熟悉的与不熟悉的，许多人通过各种方法联系虞水华，向他请教有关香榧种植的问题。

虞水华捕捉到了一个新的商机——卖香榧苗。这么多的人要种香榧，肯定需要大量的香榧苗！在前几年钟情香榧培植的日子里，虞水华结识了许多香榧界的朋友，这是他得天独厚的条件。

说干就干！虞水华马上去诸暨批发来五千棵小香榧苗，开始吆喝起来。

早期卖香榧树苗的时候，没有营业执照，城管就要来干涉。城管一干涉，生意就做不好。没有营业执照卖东西不合法，摆路边卖也不安全，于是虞水华就想着去申请个执照。又想到既然要办执照，那就一步到位，直接成立一家苗木公司，到时不仅可以卖香榧苗，还可以卖其他树苗。所以大约在 2016 年的时候，万吉苗木有限公司的牌子就挂了出来。

虞水华的文化水平不高，取这个名字，没有太多复杂的内涵，无非希望自己的苗木公司可以诸事顺利，万事大吉。

虞水华的苗木公司，有卖杨梅、蓝莓、桃子、李子、橘子、无花果等等，各式品种应有尽有。不管是自己苗圃亲自培植的，还是从外地的苗木市场批发采购来的，他都当自己的亲生儿子对待。为了确保足够高的成活率，栽种时应该注意的事项，他都会对顾客反复叮咛，交代得清清楚楚。他还会经常应邀到顾客家里，指导栽种、嫁接，提供技术指导。由于他热情大方，做生意不是利益至上，所以生意一直很好。临安、分水等外地人，都会慕名前来照顾他的生意。

他眼光独到：许多果树需要通过授粉才能结出饱满的果实，但是别人却很少有能够产生雄花粉的雄木苗。而他的苗圃，光香榧的雄木苗就有上千株。

做生意，首先得学会做人。而做人的第一要务，就是诚实守信。这是他的口头禅，他也是时时刻刻这样做的。

有一次，有一个顾客看中了虞水华苗圃里的一批香榧苗，但他当时种的地没有搞好，就先付了 1000 元定金，说是下半年再来挖。到了下半年，香榧苗木行情整体下跌，上半年说好的 60 元一棵的，现在只有 50 元一棵了。估计这位顾客的心里比较纠结，来买的话价格高了，不来买的话要损失 1 千元的押金，所以他不说要，也不说不要。虞水华果断地将这 1000 元钱退给了他。其实，从做生意的角度来说，这押金不还他也没事，毕竟那时候说好 60 元一棵的，他不说留着的话，可能早就卖给别人了。事后这位顾客十分感动，他见虞水华做人挺实诚的，不但第二年主动上门买了许多香榧苗，还介绍了许多顾客。

四

香榧的成熟期较长，即使是一些最新的品种，最短的也需要四五年。开始的时候，没有收入，还要一个劲地投入，肥料、杀虫药、除草、人工成本，就像烧钱一样。

为了解决香榧种植前期没有收入的问题，虞水华曾经在香榧林里套种过一些短期农作物。他种过细籽花生，但发现花生采摘很麻烦，采摘回来还要煮熟烘干才可以卖钱。他还在香榧林里养过鸡，但鸡吃的玉米饲料也不便宜。后来改种西瓜，西瓜的生长过程短，变现时间快，一般从种下去到卖出三个月就够了。但是种西瓜要靠老天吃饭，一旦干旱，只有晒死的份，而碰到雨水多的年份，西瓜又会全部烂山上。刚开始几年，运气不错，老天很是帮忙，西瓜产量很好。然而产量好了人就累，那是个力气活。光是将西瓜从山上挑下来，一担百余斤重，就让人精疲力竭。而且摘西瓜必须赶早，每天凌晨三四点就要上山摘瓜。有一年，西瓜大批成熟，要是不及时摘下来会老过头，就不能吃了。让西瓜坏在山上肯定是不舍得的，所以只能辛苦自己咬牙坚持。那段时间，虞水华一天最多只能睡 2 个小时。每天半夜 12 点，他都会打着手电筒上山，摘完一车立马拉去批发市场批发掉，又马不停蹄地赶回山上再摘下一车。

苦尽甘来。现在好了，虞水华的那些香榧树都已成年，而且产量一年比一年高，他每年都有了较稳定的收入。

129

然而，在虞水华的字典里，似乎没有"稳定"这两个字。求大、求强、求变化，是虞水华人生的主旋律。

2015 年，离方里村不远的新民村，发出了三九山山地流转承包的通告。新民村是虞水华妻子的娘家所在地，虞水华对那里很熟悉，也很有感情。这对于想进一步扩大规模但偏偏又缺少土地的虞水华来说，无疑是雪中送炭。他毫不犹豫，立即与有关部门签订了承包三九山 150 亩山地的合同。

三九山气候湿润、海拔适中、土壤肥沃，是适合种植香榧的一方宝地。现在沿着环山公路行至云雾缭绕处，成片香榧林海摇曳的旖旎风姿便跃然眼前。

一生追求完美的虞水华，深知科学技术对他的香榧事业的作用。他积极参与富阳区农业农村局等单位组织的各种培训学习活动，并经常邀请林学院、农科院、农业技术推广基金会的专家教授到他的基地来传经送宝。他还是富阳区香榧协会的资深理事与现任副会长。

为了效益的最大化，虞水华很早就尝试自己加工成品出卖，并且很快成了远近闻名的香榧炒制能手。2019—2021 年，他连续三年在富阳区林业局与富阳区香榧协会举办的香榧炒制大赛中，取得二等奖的好名次。特别是 2020 年 11 月，在中国香榧之乡绍兴嵊州市的香榧炒制大赛中，虞水华首次代表富阳香榧协会出战，在 36 支队伍中脱颖而出，荣获第九名的佳绩，受到了浙江省香榧协会的表彰。

近段时间，受临安手剥山核桃的启发，虞水华与浙江林学院的教授合作，正在紧锣密鼓地研发开口香榧，并且获得了初步成功，估计很快就可以投入批量生产。

至于下一步如何走，虞水华想到的是村里的百姓："大家富才是真的富。等到时机成熟，我将给村里有意愿的每一户农户投资 10 颗香榧苗木，带动大家一起在三九山种植香榧，让全村人民都富裕起来，把三九山打造成'香榧山'！"

"彼美玉山果，粲为金盘实"，大文豪苏东坡笔下的香榧，不仅是名贯古今的珍贵干果，也是虞水华"榧"凡人生的助推器，更是一代代榧农的共富希望。

（朱健文　陈健军）

微米空间的追求

2019年底，新冠疫情来袭，人们猝不及防。为遏制疫情蔓延，阻断传染源，多地实行封城封道，对新鲜蔬菜调运带来极大影响，尤其是食用菌香菇，多地菜场出现短缺情况。然而富阳城东菜场仍然有条不紊，天天销售着新鲜的香菇。杭州、余杭、转塘等地一些菜场商贩纷纷前来批量采购，一时间富阳的香菇成了紧俏货。

不是菌菇之乡的富阳，何来新鲜香菇？出自哪家公司？又是何人种植？此话得从2012年说起……

周水香夫妻俩老家在中国香菇发源地之一的浙江丽水龙泉市。具有800年香菇栽培历史的龙泉，那里的人几乎家家有菌菇场，人人都懂菌菇栽培。周水香夫妻俩也不例外，周水香从事香菇栽培已有三十年，其丈夫吴自来时间则更长。他18岁即去福建、江西等地学习香菇栽培技术，学成后在老家自己培植。由于年轻好学，一时间吴自来的香菇栽培做得风生水起，他培植的菌种销往全国多个省份，年销量在50万棒以上，成为当地菇农的技术指导。

1994年，周水香与吴自来结为夫妻，因为喜欢菌菇这门学科，周水香辞去原本比较安耽的教师工作，与丈夫一起走在了同一条道上，钻研起食用菌种培育、接种和栽培技术，在细至微米的菌丝空间里，打开了属于自己一生的天地。

为扩大规模生产，周水香夫妇俩曾去四川、河南、云南、贵州等地开场栽培香菇，最终

周水香（右）

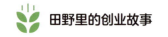

都因各种问题，未能成功，只得心有不甘地返回老家。

2012 年，桐庐有一位香菇栽种户前往龙泉，去她们那里进香菇种棒，他们顺便问起桐庐这边有没有合适的场地栽培香菇。

客户说富阳胥口一带可以去看看，因为他的老家在胥口汪家，对这里的情况比较了解。

周水香获知这条信息后，急忙来富阳胥口镇等地考察，最终看上了灵苑村。灵苑村，有山有水，区域内无大型工厂，安静闲适，阡陌间稻田成畈连片，紧邻 05 省道，交通便利，最让周水香眼前一亮的是田间地头屋旁，都堆放着秸秆、桑树枝、果树枝等栽培食用菌菇需要的菌棒用料，而且这里栽培香菇的人几乎没有，周水香暗自高兴，觉得这里的一切似乎都是为她而准备的呢！

很快，她完成了在胥口灵苑村的调研分析，写好了食用菌栽培基地的可行性报告，与富阳农业技术推广中心等相关业务部门进行了对接。

完成相关程序后，即上门与农户协商租用土地的事。

由于这里的农户长期以来以种稻为主，对于田里栽培香菇这样的事显得比较陌生。因此，周水香上门解说有点疲惫不堪，就算挨家挨户地说明解说，讲解租用条款，最终也只有部分农户同意出租，还有部分农户担心土地用来栽培香菇，会不会把土质破坏掉，以后种不了水稻而等待观望。

对此，周水香感同身受，土地是农民的命根子，种地是赖以生存的物质基础，农民有这样的担心，属于正常的心理状态。他们长期种植水稻，成了一种惯性的生产方式，也深爱着这片养活自己的土地。

因此，她让暂时有顾虑的农户观望一段时间，可以延后再做打算；按照田块连片的原则，全村一圈协商下来，最后租用到 47 亩土地。

既来之则安之，她坚信，只有把自己的事情先做起来，并且做好，农民才会接受她和她的食用菌。2012 年 7 月，周水香在区工商部门注册了杭州云开生态农业开发有限公司。在田里搭建了简易棚架，设置了秸秆、树枝粉碎后的堆场、菌棒（包）制作区、菌包发菌养菌区、菌菇采摘体验区、灵芝种植区、菇稻轮作区，还有办公、住宿区等。

随后，她挑个吉日，挂好横幅，把开秤收购原本废弃的秸秆、桑树枝、果树枝等，作为公司的开业典礼。

一时间，堆场人头攒动，农民朋友们肩挑枝秸秆的有之，车拉的有之，把自家田头地角、房前屋后堆积的废弃枝秸秆，附近山上的枯枝、枯竹都拉到云开生态农业开发有限公司的堆场卖了钱。

村民们心想，现在生米煮成饭用的是天然气，这些木质的废弃物堆在那里，有碍村容村貌，卖了即有钱，又能整洁村庄，真是个好事情。

村民眼中的这些废料，到了周水香这里，则变成了栽培香菇的宝贝。这些木质基料，经过粉碎、加料搅拌、发酵、装袋、高温灭菌、接种等程序制成菌包，可以培植出香菇、蘑菇、灵芝、木耳等食用菌菇。

第一年，周水香在冬闲稻田里摆放了70多万棒黑木耳试种，采摘期约在六月。六月是江南的梅雨季节，阴雨绵绵，高温高湿，最适宜菌物生长。摆放的黑木耳，在周水香的精心呵护下，一天长一圈，一天一个样，每天60多人采木耳，还采不完，她真是又喜又忧。喜的是今年是个高产年，忧的是采下的木耳，可怎么晒干呢？因为黑木耳不能烘干，烘后木耳会摊平，不会卷缩，卖相难看不起价；只能薄摊阴干，等到日出再晒。

此时，周水香开始思考一个问题，栽培香菇、木耳的效益，村民们看到了，既然选择在这里扎根，就得争取当地村民的认可，如何才能使当地村民不把你当外人呢？周水香想把食用菌栽培技术教给他们，使他们懂得食用菌栽培技术，并且获得经济效益。于是，周水香招收村民进场务工，边做工边教他们菌菇栽培和采摘技术，空闲时还专门进行技术辅导，使村民在家门口上班赚钱的同时还学到技术。

久而久之，村民们不再把她当外地人，周水香也和村民融为一体了。每到香菇采摘繁忙的季节，在她那里做工的村民都会为她考虑，若是采摘需要抢时间，就先帮她采摘香菇，自己家的农活能推则往后推，或是见缝插针地进行。这让周水香无比感动。疫情期间，公司出现用工荒，香菇采摘遇到难题，眼看着一天天疯长的香菇，周水香急得一筹莫展。而此时村里的老书记、村里的妇女主任、胥

周水香栽培的灵芝

口镇团委组织的青年志愿者，纷纷前来帮忙采摘，把一拨面临烂掉的香菇抢摘到千家万户的菜桌上，使周水香的损失降到了最低点。

周水香首推的"菇稻轮作"模式，让村里的村民大开眼界，栽培香菇不耽误种稻，相反对种稻大有益处。香菇采摘完毕，废弃的菌渣则是还田的有机肥料，接着可以种植水稻、甜玉米等农作物，使得土地亩产值有了较大递增。村民们眼见为实，第二年，大多村民主动提出来将土地出租。由此，周水香租用的土地从47亩增加到200多亩。

有了足够的场地，周水香夫妻俩就放开手脚大干起来，加大秸秆、桑树枝等基料收购，每年从1000吨增加到2000吨，形成食用菌菌种培植的规模化。周水香组织研发的"菇稻轮作"生产模式，有效地实行了土地良性循环耕作，为市场提供了高蛋白低脂肪的食用菌产品和原生态香菇米。由此，该模式被杭州市农业技术推广基金会评定为优秀案例。

已有三十多年食用菌栽培技术的周水香夫妻俩，在技术上没有停止过研究的脚步。他们不辞劳苦，每一个新品种的栽培，都将采用三个不同配比或是五个不同配比进行实验。实验过程中，总是坚持在现场，静候菌丝一分一秒之间的变化。

周水香认为，培育菌丝犹如哺育婴儿，甚至比哺育婴儿还要小心几倍，她说婴儿不舒服了还会哭，菌丝它毫无声息。譬如菌丝对温度的要求相当高，不能太低也不能太高，太高菌丝就烧坏了，难就难在菌丝耐温到了极限，菌丝已经烧坏了，但是不一定看得出来。虽然现在的菌包棚里都安装了滴水管，可以自动降温，但为了保证菌丝的质量与成功率，周水香不敢走远一步。她说，每到养菌的几个月，好像家里有个需要伺候的重病老人一样，恨不得24小时静候在其边上。公司聘有三名专职技术人员，但周水香还是不敢离开养菌场，时刻关注天气变化，已是她的习惯了。

2020年，为提升香菇品质，她果断淘汰传统704、135等品种，积极引种浙江省农科院的"浙番六号"并获得成功，新品种因肉质肥厚、口感爽滑等优势大获市场青睐，这就是文章开头供不应求的香菇。

经过多年实验，周水香夫妻俩还辅导当地村民在地势平缓的竹林下、阔叶林间套种羊肚菌、大球盖菇、榆黄菇等多种菌菇，使当地村民既懂技术又有经济收入。

时至2022年，周水香创办的杭州云开生态农业开发有限公司已成功培植香菇、姬菇、球盖菇、榆黄菇、灵芝等多个食用菌品种，年产菌菇总量达650吨，产值达1000万元以上，注册的"黑木佳"商标已成为富阳知名商标。公司出品的菌菇以其原生态的品质赢得市场高度认可，2021年前后，连续两年在浙江省农业博览会优质产品推选中获得优质产品奖。至于此，周水香也被行业部门充分肯定，成为国家林业和草原局第一批公布的国家级林业乡土专家、浙江"新农匠"、农民高级技师等技术职称与荣誉。

周水香缘定富阳，追求在食用菌的微米空间时不辞辛劳、创新模式、勇于探索，为当地村民带来福音，使消沉了几十年的富阳菌菇行业续上了新的篇章。

（鲍志军　陈健军）

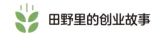
我见青山多妩媚

一

吴晓英，杭州碧烽生态农业开发有限公司负责人，杭州市第十六届妇女代表大会代表，杭州市富阳区第九届、第十届政协委员。

标准的瓜子脸，聪明的杏仁眼，黄鹂般动人悦耳的声音，稳重端庄的气质，瀑布一般的长发常常被随意地在脑后挽了个髻……

谁能够相信，这是一个从事农业的"女汉子"。

吴晓英的家在富阳区胥口镇下练村，她出生于离下练村不远的佛鲁，是土生土长的胥口人。

胥口历史悠久，文化底蕴深厚。相传，当年伍子胥从楚入吴，曾经在此小溪边的渡口作短暂停留，胥口之名即由此而来；又传1700年前的东晋道教理论家、炼丹家、医药学家葛洪，在云游钱塘与富春时，沿葛溪而上，见这里山环水抱，空气清新，便不忍离去，遂遁隐此地筑炉炼丹14年。"上练""下练"是"上炼""下炼"的谐音，即两个村的炼丹之地，村名乃脱胎于此。

下练村位于富春桃源景区内。富春桃源的精华是二洞一湖，即碧云洞、葛仙洞和碧岭湖。三者相距仅500米，景点集中，相倚成趣。碧云洞坐落在葛溪北岸的虎山腰间，总面积2.8万平方米，最高处达24米。洞内地面平整，视野开阔，气势雄伟壮观，整个

吴晓英

洞厅之大，声称亚太第一。葛仙洞位于葛溪南岸的龙山上，该溶洞发育已有 3 亿年之久，属喀斯特地下河溶洞。全洞总面积 2 万余平方米，是由一池二潭三河四瀑五廊六厅组成的竖洞，有莲池伏鳖、通天飞瀑等著名景观。两洞之间横亘岩石岭水库大坝，形成一个湖面面积 2.73 平方千米的巨大人工湖——碧岭湖。碧岭湖清幽静谧，湖内小岛错落有致，周围峰峦叠翠，鸟语花香。

有幸得此山水养育的吴晓英，从小皮肤白嫩，吹弹可破，更兼聪明伶俐，乖巧可人。父母捧在手里怕摔了，含在嘴里怕化了，十指不沾阳春水，更加不用说舍得让她与泥土打交道了。农民出身的父母，对农业的艰辛有着深入骨髓的体会，他们最大的希望，也是唯一的希望，就是要让自己的这个丫头，能够脱离农门，做一个不用风吹日晒的城里人。

改革开放的春风，让吴晓英父母的梦想成真。长大成人的吴晓英，离开农村到了城里，下海做起了服装批发的生意。

服装批发销售并不是简单的买卖衣服。任何事业的成功，都离不开自身的努力。吴晓英特别善于思考和学习。她经常对市场进行分析，了解市场的需求和消费习惯，对症下药地选择合适的款式、面料和颜色以及合适的价格带，从而提高销售率。她还时刻分析研判竞争对手，了解他们的市场布局和销售策略，从而制定适合自己的差异化销售之路。为了保障供应和提高库存周转率，她有选择地与部分厂家建立了直接合作的关系，从而获得了更多的优惠和更多的货源。她深深体会到提高客户满意度是维护客户关系和增加再购买率的关键，所以她十分注重售后服务和客户反馈，总是仔细倾听客户的需求和意见，及时处理和解决问题。同时，她还经常尝试提供定制服务、促销优惠等多种销售方式，提高消费者的购买欲望。

凭着吃苦耐劳与心灵手巧，吴晓英事业风生水起，形势喜人。

二

日历翻到了 2012 年。

突然，电商竞起，网络销售横空出世。各种实体店受到了摧枯拉朽般的冲击。

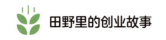

服装行业首当其冲，批发市场的人像是被蒸发了一样，一下子变得稀稀拉拉。

吴晓英的生意也一落千丈。

不想被滚滚的历史车轮淘汰，就得改变自己，奋力追赶这个风驰电掣的时代。

"停杯投箸不能食，拔剑四顾心茫然"，应该对自己作怎样的改变？吴晓英苦苦思索。

吴晓英有一个舅舅，是大学教授，全国著名的农民史研究专家。农民出身的舅舅没有一点大学者的架子，每次返乡，吴晓英都会小鸟依人地黏着他。她十分喜欢舅舅，对舅舅的高瞻远瞩充满敬佩。

舅舅一直坚持，如果没有对中国历史主体——农民的正确认识，那么，对中国历史的科学认识就无从谈起。他说："农民现在是落后了，但中华民族的历史是农民创造的，其中更不乏辉煌，离开农民来谈富强、发展，也无疑是一句空话。认识农民的历史，肯定农民的价值，找到农民的发展趋向，是中国极其重要的事。"他通过大量调研后发现，即使在城市化加速发展的今天，农民仍然是中国社会的主体。所以，他最爱与农民做朋友，一有机会，就要到农民家里坐坐、与他们拉拉家常，听听农民的呼声。

中国农村的现代化，中国农民的现代化，中国农业的现代化，他一直心心念念。

在一直心系农村发展的舅舅口中，吴晓英听到了高山蔬菜，听到了绿色养殖，听到了沼气发电，听到了生态循环。只是这些观念似乎太超前，与吴晓英的距离好像还十分遥远，加上吴晓英自己的服装批发生意也一直如火如荼，所以当时的吴晓英并没有真正入耳。但是，"随风潜入夜，润物细无声"，长久的耳濡目染，让吴晓英不知不觉地对舅舅描绘的蓝图有了憧憬，她的心中，渐渐埋下了开发农业的种子。

十几年商场的摸爬滚打，锤炼了吴晓英的心智。十字街头，她没有被五颜六色的凡间幻相迷惑。在逼着自己改变的日子，她沉着冷静，与她的先生一起，翻山越岭，走村穿巷……

他们仔细寻找，寻找过农家乐，寻找过超市，寻找过乡村游。他们不寻找最好的，也不寻找最时髦的，只寻找最适合自己的！

机会总是青睐有准备有头脑的勤奋人。2013年7月，他们上网时，突然发现了自己老家下练村村委发布的一个关于林地流转的招标公告。

林地流转是指各种社会主体通过承包、租赁、转让、拍卖、协商、划拨等形式参与森林、林木和林地使用权的合理流转。林地流转主要目的是以林地为市场要素，争取更多的人力、财力投入到林地上，推动森林资源更好更快向前发展。林地流转有利于提高和稳定农民收入，提高生产效率，促进城镇化建设。

这正是"众里寻他千百度，蓦然回首，那人却在，灯火阑珊处"。立足老家发展，能得"天时地利人和"之便，这让吴晓英看到了曙光。夫妻俩一拍即合，第二天，他们便匆匆赶回老家，在洁白的村委会办公室里，对着神圣的合同，庄严地印上了自己鲜红的手印。

三

下练村位于富阳西部，西接桐庐，北接临安，东距新登镇5千米，富阳城区35千米，杭州市区76千米，萧山国际机场85千米，上海250千米。与衢州、金华、宁波、湖州等城市均在2小时车程内，区位优势十分明显。

吴晓英流转的林地位于碧岭湖水库东面，富春桃源风景区北面。这里空气沁人心脾，环境清新自然。其中山林面积4293亩，森林覆盖率95%，负氧离子含量2500—2800个/立方厘米。

吴晓英最初的想法，是将这片随处竹林茶园、满目绿意盎然的林地，打造成杭州等大城市的后花园。让生活节奏紧张的城里人，有一个放慢脚步，放飞自我的逍遥乐园。

"我的地盘我做主"，吴晓英想得十分简单。她原以为一张白纸，可以任她随意涂抹。这里建个观光平台，那里修个玻璃栈道，这边是大型儿童游乐中心，那边是高端康养民宿……一时间，许许多多美轮美奂的图画，在她的脑海中不断涌现。

但是，理想是丰满的，现实是残酷的。首先，各种基本建设用地，必须得到区政府国土、规划、建设等职能部门的层层审批，比"过五关斩六将"还要困难得多；其次，富阳农村农业局、浙江省林学院、中国林业科学研究院亚热带林业研究所的专家们也来到实地考察，给出了一致的结论：这里基础设施差，没有珍贵树种，没有经济林，开发难度大。

杭州碧烽生态农业开发有限公司

几百万的转让费已经毫不犹豫地投下去了。难道不等一个水花泛起就偃旗息鼓，缴枪投降？那几天，吴晓英辗转反侧，彻夜不眠。

父亲把吴晓英叫到跟前说："丫头，心急喝不了热豆汤。饭要一口一口吃，路要一步一步走。"

母亲说："丫头，棋输木头在，摆起又可来。不急不急。这点钱就当生病用掉了，只要身体健康，一切可以从头再来！"

老公说："老婆，我们林地转让的决策不会错。习近平总书记的'绿水青山就是金山银山'的理念，已经越来越深入人心，农业创业一定大有前途。也许是我们自己开始的定位出现了一些偏差。我们是不是可以从这个方面再多想一想？"

一语惊醒梦中人。吴晓英豁然开朗：是啊，林地转让之路绝对不会错，问题出在自己的定位有了偏差。前段时期，是自己有点得意忘形，操之过急了啊！

吴晓英的心慢慢平静了下来。

基础设施差，那就先从改善基础设施上下手。

"要致富，先修路。"基地原来只有野兽出没的路，大型机械根本进不了山，吴晓英的团队硬是用钢撬铁锹，一撬一锹抠出了10公里左右的林道。

没有珍贵树种，那就想办法引进。米槠、甜槠、丝栗栲、南岭栲、浙江润楠、红楠、银杏、野樱花、香榧、猕猴桃，纷纷来到基地。为了增加观赏性，吴晓英还有意识地选择那些颜色亮丽的树种，并且有意识成批栽种。

千挑万选，吴晓英将自己的公司命名为"杭州碧烽生态农业开发有限公司"，主要经营生态农业开发、生态农业观光服务。公司定位"公司＋基地＋农户"模式，成立专业合作社，带领周边农户深耕山林，优化山林结构，还在林下套种名贵中草药，实现在兴林中富民，在富民中兴林。

公司的重点除了生态农业，还有"碧烽"。"碧烽"本该是"碧峰"，当然指绿水青山，但"烽"还含有红红火火与烽火台传递信息灵通之意。吴晓英的良苦用心可见一斑。

四

吴晓英的公司终于蹒跚起步。

开始，吴晓英主要利用原有的山林资源，特别是毛竹及其相关衍生产品，迈小步、迈实步，摸索前行。

为了尽快融入"新农民"的行列并且永立潮头不落伍，吴晓英时时刻刻不忘对自己充电。她积极参加各级部门组织的农民培训。

由于善学习、肯钻研，并且勇于实践，吴晓英先后获得了富阳区青年创业大赛铜奖、杭州市富阳区百姓学习之星、"农合之星"优秀合作人物、农民高级技师、国家开放大学希望的田野奖学金等奖励，她很快成了远近闻名的"林业专家"。林农们有疑问，都爱找这位"吴家丫头"。在相关部门的支持下，吴晓英成立了杭州富阳胥口镇鲜丰家庭农场，同时还积极参与杭州富春山居农产品专业合作社联合社的组建并担任副理事长。她引导周边农户统一技术、统一农资、统一品牌、统一销售，提高了笋农的组织化程度，抱团发展，增强了竞争力。同时，吴晓英带领笋农积极参加"杭州精品农产品展销会""义乌国际森林产品博览会"等产品推介活动，扩大"碧烽"品牌宣传，提升产品附加值，进一步增强了富阳林产品的影响力。

不久，她又将目光投射到"林下经济"上。

以林下种植、林下养殖、相关产品采集加工和森林景观利用等为主要内容的林下经济，是绿水青山转化为金山银山的重要途径。林下经济作为一项生态富民

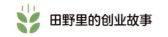

产业，在充分保护森林资源的基础上，通过有效利用林荫空间，因地制宜地发展林下产业，能有效提高林地综合效益，增加林业附加值，拓展农村产业发展空间，实现农民增收和生态稳固双赢，助力乡村振兴。

胥口是著名的药谷小镇，如何让中医药文化在胥口镇凝练、升格，提升葛洪丹谷的影响力和知名度，促进葛洪丹谷综合性发展，一直是胥口镇热议的话题。作为胥口镇本土的著名企业家，富阳区的政协委员，吴晓英对此有着更多的关注与探寻。

于是，她的基地除了有冬笋、鞭笋、毛笋、猕猴桃、香榧、土鸡等农林产品，千亩映山红、野樱花、野盆子等野生植物，野山龟、石斑鱼、野生石蛙、石鳗、黄麂等珍贵野生动物，更多的是在林中套种的野生石斛、三叶青、黄精、灵芝等中草药，品种达 400 种之多。

她还将基地的一个山坞命名为药王谷，准备在那里单独打造一个中草药的世界。

关于将来，她早有蓝图。"碧烽诗情山谷生态旅游度假区"就是她的目标。

这个度假区包括云上酒店、温泉酒店、森林康养中心、高端民宿群、农耕体验区、水果采摘区、野樱花观赏区、人工养殖狩猎区、攀岩区、竹林玻璃滑道、越野车道、卡丁车道等 21 个单元。

这正是：

春雨濯山花竞开，风微秘谷暗香催。

昔年抱朴炼丹地，仙子翔云泼彩来。

"我见青山多妩媚，料青山见我应如是。"相信吴晓英的梦想一定能够早日实现！

（朱健文　陈健军）

一生只为一个桃

一

"桃子10元一斤？"

"不，是10元一个。"

"这是哪个国家进口的？这么贵！"

"哈哈哈，咱这是地地道道的本土货。你看纸箱上的地址——富阳区新登镇九儿村矮子果园。"

"这桃子怎么这么漂亮？看上去水灵灵的，不知味道怎么样？"

"放心，矮子鲜桃个个颜色鲜亮、个大皮薄、爽脆香甜，绝对物有所值。如果吃得不满意，保证全额退款。"

"好好好，我买10斤。"

"给我20斤。"

"……"

这是在杭州和平会展中心，由浙江省农业厅主办的"2015浙江精品果蔬展销会"上的一个镜头。

推销桃子的主人，个子不高，脸色略显黝黑，精神抖擞。他名叫何建强，富阳区新登镇九儿村的村民。

他曾经创下674株油桃8

何建强

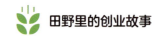

天时间内卖了 34 万元的传奇。

在当地他还有个更出名的身份——矮子果园的主人。

说起"矮子"的品牌，它的由来可不简单。当年，商标意识极强的何建强，为了注册自己的商标伤透了脑筋。"名字要响亮，容易记，还要寓意好。"最后受当时新登镇党委副书记、镇长戚哮虎的启发，模仿安徽"傻子"瓜子，同时又取意何建强的外号及他所种植桃树的矮化技术，最后定下了这个"矮子"商标。

在打造"矮子鲜桃"品牌的过程中，何建强倾注了大量的心血。他从多方面对产业进行优化，使小桃子做出了大花样。2009 年，"矮子"牌被评为浙江省名牌；同年挑战浙江省吉尼斯，被评为"最大桃子"奖和"最甜桃子"三等奖，浙江省吉尼斯桃树技术管理挑战"第一名"奖；2015 年，"矮子"商标被认定为浙江省著名商标。目前，"矮子鲜桃"共有 37 个鲜桃品种，年销量 2300 余吨。他不仅得到了广大乡亲的盛赞，还受到了时任农业部副部长陈晓华的表彰。他的桃子基地也获得中国科协、财政部"科普惠农兴村计划"农村科普示范基地荣誉称号。

二

何建强的创业之路，并不一帆风顺。

高中毕业后，由于条件限制，何建强回到家乡务农。每天在田间地头，起早摸黑，依然摆脱不了贫困。于是，心思活跃的他想到了自己创业。

做什么好呢？受过高中教育的何建强结合自己家乡的地理位置和气候特点，一下子便想到了种桃树。

在中国许多美丽的神话和传说中，桃是神仙吃的果实。吃了头等大桃，可"与天地同寿，与日月同庚"；吃了二等中桃，可"霞举飞升，长生不老"；吃了三等小桃，可"成仙得道，体健身轻"。

桃子也因此被称为"仙桃""寿桃"。

传统的桃树在九儿村乃至整个新登地区都有，但带来的收益并不高。何建强明白想要发家致富，就需要让自己的桃子与众不同。他思考再三，决定外出考察，了解桃树的新品种及栽培管理技术。

于是，何建强怀揣着梦想上路了。历经周折，他辗转北京、山东等地，吃了很多的苦，终于学到了一些种植果树的技术。

几个月后，到北方转了一圈的何建强带来了几株桃树苗，小心翼翼地种到了自己家的自留地上。他每天都要去看上一遍。除草、浇水、施肥、捉虫，乐此不疲。汗水终于换来了收获，桃树开花了，桃树结果了，桃果成熟了。桃子虽然不是很美观，色泽也不怎么动人，但毕竟是自己的"儿子"，迫不及待的何建强兴奋地摘下一个桃子，顾不得洗，在衣服上擦了两下后就直接放进了嘴里，一口咬了下去。他"噫"了一声，眉头一皱，然后又匆忙摘下另外一个，咬一口，又摘下另外一个……他越吃心越凉，越吃眉头越紧。他发现所有的桃子都带点酸涩。

他突然意识到，他失败了！这是引进的品种不对！

这真是一个晴天霹雳。自己几年的心血完全付之东流不说，村子里的风言风语更加让他受不了。老何将自己关在家中，整整三天不出门。

希望越大，失望也就越大。他彷徨，他反思。最后，他决定在哪里跌倒就在哪里爬起。他再次鼓起信心，因为他相信付出必有回报。

三

渐渐的，何建强的果园终于有了起色。

在长时间的摸爬滚打中，他越来越感觉到科学技术的分量。

2002 年，他参加了浙江省农村致富技术函授大学的培训，获得了水果专业毕业证书。他将学到的新技术运用到实践中去。当年，他的桃园收成较往年提升了 30%。

"改良品种，才能增加水果的附加值。"找准了正确方向，是事业成功的一半。豁然开朗的何建强当年便引进了 40 多个品种进行试验，试图寻找一个最佳品种。成功总是青睐勤奋者的。一次偶然的机会，他发现桃园里一个油桃品种结出的桃

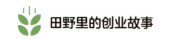

子，不仅外观漂亮，而且果形非常大，吃起来松脆甜美，保鲜期也比一般的桃子要长，非常受市场的欢迎，于是马上大面积种植。

2004年，他将这只油桃注册为"矮子"商标。之后在省农产品博览会上，"矮子"油桃获得金奖，挑战浙江省吉尼斯获得"最大油桃奖"。

细心的何建强，通过自己的观察研究，利用自己掌握的科技知识，终于挣了大钱。

科技知识让他尝到了甜头，也让他信心更足，步子迈得更大、更快。2006年，他在富阳区科协、区农业技术推广基金会等部门的支持下，建立了杭州富阳矮子鲜桃专业合作社，并出任合作社的理事长。经过多年的努力，合作社社员从开始的119户发展到153户，基地面积从370亩发展到3084亩。

2009年，他在一次农函大组织的山东考察中发现了桃树一边倒的种植技术。回到富阳后，他就在自家的桃园里开始试验，为此他连续三个月吃住都在桃园里，发现问题就立即向区、市、省里的农技专家与农函大的老师请教。通过一年多反复的实验对比，桃树高密度一边倒种植技术终于在他的果园试验成功。这种高密度"一边倒"技术，一亩地可以栽种桃树350棵，亩产达到4260公斤。事后，他及时在他的合作社进行了推广。结果当年合作社桃园的产量较往年提升了200%以上。

2011年，杭州富阳矮子鲜桃专业合作社成了国家级油桃标准化示范区。

四

2013年12月，在富阳区各级部门的协调帮助下，何建强发起创建了杭州地区首家农民专业合作社联合社——杭州富阳山居农产品专业合作社联合社，并由他出任理事长。

这是一艘经营各种富阳特色农产品的"航空母舰"。

联合社共有股东单位32家。其中有国家级示范社3家、省级示范社5家、市级规范化合作社10家、县级三星级信用社14家。联合社带动服务对象覆盖整个富阳地区农民专业合作社、农业公司、家庭农场、种植（养殖）大户等农业组织和个人。成员生产基地138460余亩，建立了完整的标准化生产、加工、销售体系。

何建强是出了名的爱"捣鼓"的人。

即使一亩地种上几百棵桃树，何建强认为还是有发展"空间"。他在桃树下挖水沟，养殖美国青蛙，创造了亩产5万元的"神话"。

"我来养蛙，你种稻。"联合社成立之初，何建强就将青蛙养到富阳军富粮油专业合作社的粮田里。

"5月份水稻插秧后，打开尼龙网，小青蛙就会跳到田里，和水稻一起'生活'。青蛙喜欢吃田里的害虫，它的排泄物可以做水稻的肥料。等稻谷快成熟，水田变干了，成品青蛙又会跳回水沟。"何建强这样说。

那么，一只蛙与一棵稻子，能产生怎样的效益呢？

2014年，每亩放养青蛙4500只，亩均成活3241只成品蛙，亩均产量1004.71公斤，亩产值1.8989万元，净利润1.1249万元。

稻蛙共生模式，稻米品质和产量都得到了明显提升，水稻平均亩产达到1016斤，稻米价格由原先4元/公斤提高到6元/公斤，亩产值0.3048万元，净利润0.1448万元。100亩稻蛙共生田，净利润达126.97万元。

目前，联合社共有12个专业合作社尝试联合生产模式。"我们的田里不仅种水稻，还种番茄、黄金瓜……"一年到头，田都不闲着，从田里刨出来的收入也越来越多。

据统计，2014年，联合社农业总产值达2.7亿元。

五

何建强出名后，慕名前来向他请教的人络绎不绝。不管谁来，何建强从不藏私，必定倾囊相授。

一次，有位舟山桃花岛的果农不知从哪里听说了他的事迹，打电话向他求助。何建强二话不说，当即驾车赶到舟山，当面向那位果农传授技术，通过实地考察，

找到了海岛种植桃树的正确方法。回来后，何建强还亲自为对方采购合适的桃树种苗和肥料，并随时和他保持联系，跟踪关注对方的需求，及时了解情况解决问题。第二年，那位果农的收益就有了显著提升。

2017年8月，富阳区总工会组织开展"百位名师带高徒"活动，何建强被聘为名师。

在他的努力帮教下，逐渐形成了一支富阳本土水果产业的农民专家队伍。目前这支队伍涉及桃、梨、葡萄、蓝莓、樱桃、草莓、猕猴桃、柑橘等各类富阳本地水果，基地面积27000余亩。团队成员中有高级农民技师4人，农民技师14人，助理农民技师22人。新登镇长垄村的猕猴桃王林娟、马弓村的蓝莓夏芝兰、永昌镇的竹笋王治平、场口镇的水稻孙燕峰等等，都是其中的佼佼者。

"一花独放不是春，百花齐放春满园。"何建强深知农民的艰辛，带动农民集体致富是他的梦想。早在2011年，矮子鲜桃合作社成为国家级油桃标准化示范区后，他就改建了占地20平方米的培训室和休息室。里面配置了可供100多人培训的课桌凳，多媒体投影设备，各类科技、科普书籍、科技报刊，还有各类科技光盘，并建立了水果生产技术网，及时为果农提供各类技术信息。在这里，已经组织培训活动170余期，培训16000余人次，培养出了高级农民技师2人、农民技师16人、农民助理技师27人……

何建强掌舵的合作社，制订了《带领社会特困户奔小康制度》《带领社会剩余劳动力的创业制度》。制度规定合作社为特困户免费提供水果种苗和种苗嫁接费；免费提供每亩有机肥1吨及所需的全部农药；免费邀请区、镇合作社的农技人员指导栽培技术并解决各种疑难问题；同时，对他们种植的水果进行保护价（每年不低于当地销售的市场价）统一收购，统一销售，并享受社员的二次返利。

六

2013年，富阳区与贵州省锦屏县结对，成为东西部对口帮扶城市。

一个个富阳人的身影出现在锦屏大地上。一个个产业扶贫项目在锦屏落地开花。

这其中，就有当年富阳区委书记朱党其亲自点将的何建强。

2018 年，何建强受富阳区农林局邀请，初次前往贵州锦屏县进行精准扶贫。何建强目睹当地的农民守着良好的生态自然环境却生活困顿，心中十分难受。他觉得有责任为当地的农户做一点力所能及的事情。

当时他的腿旧疾复发，走路都很困难，但他咬紧牙关，一边吃着止疼药，一边在贵州的大山里不停奔波。白天与锦屏农户现场交流、实地勘察，认真仔细地评测当地的土壤是否适合桃子健康成长，晚上回到酒店继续研究种苗和种植方案。

为了更好完成精准扶贫的任务，何建强 6 次前往锦屏，基本上都是自己亲自驾车。他说，这样方便到锦屏的边边角角，只有将整个锦屏跑到了，才能真正心中有数，扶贫行动才会有的放矢。

经过多次实地勘察之后，他将目光放到了锦屏县固本乡八一村。

八一村土地资源相对集中，属于连片小丘陵地貌，适合果树种植。近年来，随着森林植被资源的保护和采伐指标的限制，以此为生的群众逐渐失去了主要经济来源。同时，八一村的农业基础设施非常薄弱，村民几乎是"靠天吃饭"，收入很难得到保障，是令人"头疼"的贫困村和后进村；加上近年来外出务工人员逐步增多，闲置的土地成了一个棘手的问题。

经过半个月的努力，何建强终于为八一村规划了 500 亩的桃树种植基地。前期，他和八一村进行合作，先承包 200 亩，从基地运送了 10000 多棵桃树种苗，并派出专业人士前去种植，后期计划委托该村跟进树苗的日常管理、病虫害防治、育肥等工作，争取早日让果树苗长成"致富树"。

何建强培育的桃子

何建强在贵州锦屏种下"扶贫桃"，是他精心培育的高端品种——"冬桃"，主要销售地集中在东部沿海地区。

"不求最终能赚到多少钱，只希望力所能及地帮助

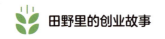

锦屏早日实现脱贫。"这不仅是何建强的愿望,更是他的初衷,因此在与八一村的合作中,他让出了大部分股份。为了免除当地农户的后顾之忧,他还与村民签订了保底销售协议。

一句"桃子包销",暖了整座苗寨。

七

2016年3月,注册资本500万元,主要经营花卉、苗木、水果、坚果、竹笋、蔬菜、茶叶、中药材、粮食作物、油料作物种植,同时进行农业技术开发和生态农业观光服务的杭州碧沼生态农业开发有限公司宣告成立。

这又是何建强的"儿子"。

杭州碧沼生态农业开发有限公司占地2460亩,其中水果种植面积1200余亩。近年来,公司不断对基地基础设施进行建设与完善。现已建成连栋种植大棚44亩,单栋种植大棚70亩,园区道路硬化17000平方米,农业管理房建设800平方米,农业灌溉设施170亩,配套水肥一体化设备1套,累计投入超过800万元,拥有专业农事技术人员23名。

何建强十分重视品牌建设。为实施品牌战略,创造品牌效应,他以果园和优质果品为桥梁,通过媒体宣传报道、接待外宾参观学习、客户联系、电商销售等模式,提高"矮子鲜桃"品牌在消费群体中的知名度,提高市场竞争能力。同时他与浙江农林大学、浙江省农科院等高科技院校以及富阳区农业技术推广基金会充分合作,发挥联合社的平台作用,引进了物联网、智能温控大棚等现代化农业生产设施。

努力总有回报。这些年,何建强的公司得到了社会各界的充分肯定。先后获得富阳区美丽经济先进单位、富阳区农业龙头企业、杭州市农业龙头企业、浙江省示范性农民专业合作社、浙江省科技示范大户、浙江农业吉尼斯桃园管理最佳技能奖、浙江省农产品标准化生产绩效评价A级单位、浙江省"品"字标企业、全国示范性农民专业合作社、国家农业标准化项目——油桃标准化示范区、国家级科普示范基地、全国第二届"农合之星优秀合作社"等称号。

何建强自己，更是荣誉等身。"富阳十大工匠""首批杭州市乡村产业技能大师""首届中国（杭州）美丽乡村丰收节乡村丰收人物致富带头人""2019年度明星合作社理事长""浙江省新农匠""浙江农林大学经济管理学院硕士生校实践导师""锦屏县产业扶贫水果指导专家""浙江省百姓学习之星""杭州市劳动模范"等。

何建强是一个有远大理想和社会责任感的人，他的理想就是要让自己的事业不断发展壮大，为当地农户带来更多的利益和机遇，让农村成为城里人争相去往的"世外桃源"。他也正朝着这个理想而不断努力奋斗着。

（朱健文　陈健军）

花果山福地 "桃"不掉的诱惑

一

"喂，应总，你好！不急不急！我们镇里临时组织了一个12人的应急小分队，明天早上六点钟，会准时到达花果山，帮助你抢摘桃子！"

"应总，应总！我是中国邮政富春山居农产品品牌馆的老张。对对对，就是张主任。明天我们会有十几个人到花果山基地，帮助抢摘桃子，还会按计划把前几天我们商定的订单全部邮寄出去。"

"月琴大姐，月琴大姐！我是区农业农村局的俞大姐，我们区农业农村局，明天还会派人过来帮忙。大家说了，'烟花'无情人有情，我们一定会千方百计地帮助你战胜天灾。"

……

2021年7月24日晚上，应月琴的手机一直响个不停。这些从四面八方打来的电话，大多是同一个内容：明天会来她的花果山基地，在台风"烟花"到来之前，帮助她抢收鲜桃，让她的损失减到最少！

应月琴热泪盈眶。一直压在她心头让她喘不过气起来的那块巨石，终于轻轻落地。

这次气势汹汹突然来袭的台风"烟花"，危害特别大。据气象部门预告，它的风力特别强，预计登陆的时候，中心附近的最大风力将会达到13级。受台风影响带来的强降雨，浙江宁波、余姚、湖州、安吉、杭州、临安、富阳等地降雨量将有700—900毫米。而且持续时间长，登陆以后在浙江滞留的时间，可能会超过7天。

眼下正值桃子大量采摘上市的关键时节，台风"烟花"给富阳带来的大风大

应月琴

雨，急坏了水果种植大户应月琴。据她初步统计，如果台风期间她的桃子不能够及时摘下的话，她将直接损失 20 多万元。

"一方有难，八方支援。"连续几天的一大早，由富阳区农业农村局、中国邮政富春山居农产品品牌馆以及新登镇部分工作人员等单位组成的助农小分队，不辞艰辛来到她的家庭农场，冒雨帮助采摘、包装、运输、销售，开展一条龙服务。

区供销社也组织人员来到花果山加入抢摘鲜桃的队伍，并自己掏钱将最后的220 箱鲜桃买走。

看着这些浑身湿透的特殊"客人"，应月琴热泪盈眶。

类似的场景，应月琴经常遇到。这些好心人的关怀和支持，使她心中充满了温暖，也让她更加坚定了农业创业的决心。

应月琴是杭州市富阳区新登镇月琴家庭农场的负责人。这个农场成立于2013 年 10 月，位于富阳区新登镇塔山村的花果山上，是集种植、养殖、休闲观光为一体的农业企业。在应月琴的努力下，月琴家庭农场 2017 年被评为"区级示范性家庭农场"；2019 年被评为"市级示范性家庭农场"；2021 年被评为"省级示范性家庭农场"和"2020 年度先进新型农业经营主体"，同年还被授予"爱心公益企业"和"富阳区农业龙头企业"称号；2022 年 3 月被评为"富阳区农业稳产保供先进单位""杭州市农业龙头企业"。应月琴本人则于 2022 年被评

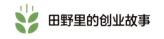

为杭州市级"新农匠"，2023年被聘任为富阳区新型农业经营主体辅导员。

二

春去夏至，曾经绚烂盛放的一朵朵桃花，如今都谢去春红，变成了鲜嫩多汁的桃子。澄澈的天空中，飘荡着几朵零星的白云，云下矗立的便是这座富阳"花果山"——杭州市富阳区新登镇月琴家庭农场。沿着蜿蜒曲折的盘山公路而上，便能抵达山顶，放眼望去，可纵观新登全景。漫山遍野的桃树，如绿浪波涛；满树的桃子，摇曳生姿，灵动可爱。

这座"花果山"位于新登镇塔山村，有上百亩桃园，种植着"塔山玉露""湖景蜜露""新川中岛""白丽"等7个品种的桃树。桃子可以一直采摘到8月下旬。梯田式的山坡设计，给予桃树更多的光照时间，再加上土壤肥沃，使得这片鲜桃的甜度更高、个头更大。

"花果山的鲜桃在外面小有名气。它成熟度高，果形合适，果肉柔软，皮薄如纸。每到成熟时，每天都有不少杭州、上海的回头客前来采摘。"谈到自家产的桃子，应月琴十分自豪。

"这一片花果山，耗费了我多年的心血。这些年来，除了照顾家庭，我还坚持定期去区农林局、市农科院、浙江农林大学等地学习，积累经验，引进人才。我有信心将它打造成一个高品质、原生态、靓景观的世外桃源。"关于未来，应月琴信心十足。

这位风姿绰约，刚过不惑之年的美女，怎么看都是一位品茶观月、莳花抚琴的城里人。事实上，2012年之前，她的确是十指不沾阳春水——她是杭州德森工艺品有限公司的老板娘。

杭州德森工艺品有限公司是一家从事家具、玩具、体育用品制造、零售、批发等业务的公司，生意一直顺风顺水，有很好的知名度。

在杭州德森工艺品有限公司，她至今都占有很大的股份。

她完全可以坐享其成，在家悠闲地当她的全职太太。事业有成的丈夫不需要她劳心劳力，更加不愿意她去干日晒雨淋的事业。

说起来，应月琴占据花果山为王，走上农业创业之路，充满了戏剧性。

那是 2012 年的一个阳光灿烂的日子，应月琴与她的丈夫驱车回新登老家，在经过新登塔山村委门口时，发现许多人围在一起议论纷纷。好奇的应月琴忍不住刹住了自己的爱车，走进了他们中间。

"唉，这么好的山，眼看着荒了这么多年，竟然没有人肯投资开发，真是奇怪啦！当年这座山上种的桃子，杭州人都会赶来买。可惜了，可惜了啊！"一位老汉摇头叹息不已。

"是啊，是啊！这座山是我们新登地区方圆几十里内最先种植水蜜桃的地方啊！想当年，我们种植的'塔山玉露'，一身胭脂红打底的外皮，像是认真化了妆的大姑娘。圆滚滚水灵灵，又大又饱满，单是看着，口水就忍不住流下来。摘下一个轻咬一口，那脆甜的滋味立马在唇齿间溢开，甜透了舌尖，滋润了喉咙。唉，这样好的桃子，我们是再也无缘享受了！"另外一个老汉，神情更是沮丧。

应月琴的心突然动了一下。最爱看《新闻联播》的她，特别清楚中央和各级人民政府这些年来非常重视农业，出台了许多振兴农业的优惠政策。前几天她还在跟丈夫开玩笑，说现在搞农业肯定有奔头，说不定有一天她也会成为一位农民。

应月琴出生并生活在农村，从小对农业有一种特殊的感情。而当她得知那座山的名字叫"花果山"时，她更加兴奋。脑海中马上跳出了神通广大的孙悟空。

这是家喻户晓的古典名著《西游记》中孙悟空的老家，这是多么好的广告啊！她打定主意了。

三

应月琴做丈夫的思想工作，做儿女的思想工作，做父母的思想工作，最后，终于顺利流转了塔山村的这座"花果山"。

当时的花果山无花无果，只有荆棘与没过人头的荒草。

即使是绿水青山，如果不去梳妆打扮，精心护理，那也成不了金山银山。

面对这人迹罕至的六百多亩荒山，作为"农业小白"，应月琴遇到了不少挑战。

首先是规划，这里种什么？那里种什么？不能想当然，那是由土壤的性质决定的，需要科学论证。

有办厂经验的应月琴没有走弯路，她知道科学技术是生产力的道理。她找到富阳农业农村局、富阳农业技术推广基金会，在他们的引荐下，找到了杭州农科院的有关专家，经过一系列的考察论证，最后将她的基地划成了三个大块：水果基地 213 亩，珍贵树种 90 亩，竹笋基地 300 亩。

在 213 亩水果基地中，有黑布林、日本甜柿、猕猴桃，更多的是各种各样的鲜桃。"花果山"的鲜桃种植面积达到 150 余亩。鲜桃是孙悟空的最爱，也是应月琴的最爱，应月琴始终认为鲜桃应该是花果山的最大特色，对它倾注的心血自然也最多。

"要么不做，做就要做精品。"对于怎么打造水果产业，应月琴的心中始终有杆秤，那就是坚定不移走精品路线。

首先是选择优良品种。花果山种植的桃子都是精品，有"塔山玉露""湖景蜜露""托乔""新川中岛""锦绣黄桃""白丽""艳红"等。这些桃子每年 6 月至 8 月分批应季成熟，桃子个头大、果糖足，其中的"白丽"品种荣获 2019 年"富春山居"百园花果大赛"金桃王"称号。"艳红"品种在 2021 年杭

花果山鲜桃

州市第四届优质鲜桃评比中获得"金奖"。2022 年浙江省精品桃评选中，"塔山花果山"牌"新川中岛"被评为"金奖"，"白丽"被评为"银奖"。2023年杭州市第五届优质鲜桃评比活动中，月琴家庭农场选送的"湖景蜜露"和"新川中岛"，在全市鲜桃企业选送了 30 个样品中再次脱颖而出，获得 1 金 1 银的优异成绩。

其次是坚持回归绿色、生态无污染的生产模式。基地对每一棵桃树都施用有机肥料、菌肥、羊粪、菜饼等进行栽植，不打包括除草剂在内的任何农药，从而保证果子的美味可口和食用安全。基地套养鸡、鸭 8000 余只，在这里看到这些放养的精灵在果树下草丛中悠闲地觅食并不奇怪，看到它们飞上树吃鲜桃，也大可不必惊诧，因为在这里这是常态。这些幸福的精灵一边享受果园的美景，一边吃着果园的鲜果，那叫一个舒畅。而它们产生的有机肥又为果树的良好生长提供了有力的保障。

最后是严格按照绿色食品标准和技术规范生产。为了增强安全与品牌意识，月琴家庭农场于 2014 年注册"食尚品都"，2019 年注册"塔山花果山"两个商标，产品都获得绿色认证。农场的主导产品有鲜桃、桃胶、桃子酒、红薯、红薯粉、红薯丝、土鸡、土鸡蛋，2020 年又拓展了"桃子酒"。月琴家庭农场配有农产品质量安全快速检测室，能够对这些产品迅速进行质量安全的检测。每批产品都会在检测合格的前提下再发货，保证每位顾客吃得绿色、吃得安全，吃得开心。

应月琴的成绩取得与她的踏实勤奋是分不开的。刚开始踏上花果山时，她真的有点手足无措，她是边学边成长的。为打破瓶颈，她每年都会主动参加农业局等上级主管部门、院校及兄弟单位举办的各类培训，如 2020 年首期全省农民教育培训师资培训班，2021 年绿色食品水果质量安全培训班，还就读了江苏开放大学的工商企业管理。遇到问题，她会翻阅各类书籍查找解决问题的方法，并虚心向前辈及专家们请教。所有果树栽培管护的技术，诸如引种、定植、病虫防治、整形修剪等等，她都能够沉浸其中，并且大胆实践。她能够从农业的"门外汉"变成远近闻名的农业"土专家"，并不偶然。

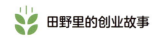

四

果树种好了，鲜桃成熟了，但在销售过程中又遇到了很多困难。

桃子成熟时遇连续阴雨天，烂在树上；给外地的客户发快递时，客户收到后桃子烂在箱子里，还要赔偿……

怎么办？

认真请教、仔细比较、反复斟酌，最后，应月琴计划两条腿走路。

首先，是走出去。

应月琴知道"酒香不怕巷子深"的观点已经过时了，现在是"酒香也要勤吆喝"，好的产品也需要对外宣传推销才能让别人知道。现在是网络的时代，现今对外宣传推销的最佳平台就是网络。

应月琴偶然看到2021年2月28日国家统计局发布的《中华人民共和国2020年国民经济和社会发展统计公报》，报告显示，我国年末互联网上网人数9.89亿人，其中手机上网人数9.86亿人。互联网普及率为70.4%。全年完成快递业务量833.6亿件。这让她怦然心动！她很快学会了利用互联网抖音、快手、微信平台、视频、微博热搜进行推广宣传，还在农场基地建了一个直播室，平时通过短视频分享种植知识，展示水果成熟情况，目前已吸引了不少粉丝关注，有效地带动了果园产品的销售。

2020年，经过百般努力，月琴家庭农场还顺利搭上了邮政电商销售的快车。近年来，邮政杭州市富阳区支行联合当地邮政，通过邮政物流、信息流、商流三流合作，发挥"邮政＋邮储"点多面广的优势，通过邮政物流提供拓宽农产品的销售渠道。与邮政签约，应月琴认为是双赢的选择：虽然邮政对桃子的质量要求高一些，但是量大，基本上可以做到包销；而且应月琴心中也有自己朴素的想法：杭州地区的邮政有员工近5000人，这么多的人可以吃到花果山的鲜桃，这是难以计量的广告效应啊！

其次，是引进来。让客户主动到花果山上来！

花果山用什么吸引客户呢？唯有走农旅结合的路线，将休闲融入自己的农场。

从漫山遍野的鲜桃，应月琴联想到《西游记》，再联想到花果山孙悟空的水帘洞。于是，她花大力气按照园区风景化要求打造了水帘洞。不久，又相继建造了月季花墙、星空露营房、雏菊露营草坪、田园餐厅、花卉走廊等风景设施。这些亮丽的风景，很快成了网红打卡点。

另外，月琴家庭农场还经常策划一些诸如采摘游、赏桃花、品鲜桃之类的活动，确保花果山的一年四季都有吸引游客的亮点。

"一人致富不算富，百家都富才是富。"为增加周边农户的经济收入，促进当地产业发展，月琴家庭农场与周边农户以"农场＋农户"模式建立利益联结基地机制。农场与农户预先签订农产品产销合同。一方面农场制定了最低收购保护价，切实维护农户的经济利益。另一方面农场严格要求农户按照绿色农产品质量标准进行栽培管理，每年不少于三次举办培训班，提高农户的栽培技术。通过农场可靠、稳定的利益联结机制，应月琴共带动农户46户，联结基地482亩，为发展地方经济，带动农业产业化，绘就"农业强、农村美、农民富"的新富春山居图，作出了自己独特的贡献。

清溪白石晓磷磷，洗露桃花两岸新。
欲觅刘郎家住处，但闻鸡犬不见人。

这是苏东坡的好朋友，我们杭州人道潜大和尚的《春日》诗。花果山的未来，就是这样的桃源世界。

对此，应月琴充满信心！

（朱健文　汪爱华）

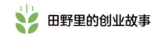

种好粮食　守好粮仓

从 20 世纪 90 年代起，越来越多的人从田野走进工厂，从乡村走向城市，从农业转行工商业。钟妙富始终没有离开农村，没有离开过农业生产，他亲历了从传统农业生产向现代农业生产迈进的整个过程，成为懂科技、善经营、会管理"新型职业农民"。2021 年钟妙富被评为杭州市富阳区十佳种粮大户，2022 年被评为浙江省 2020—2021 年度基层农技推广"万向奖"先进个人。2023 年央视《新闻直播间》采访钟妙富，播放了唐昌村小麦的丰收场景。

躬耕田野，悟透学精

钟妙富生于 1965 年，个子不高，为人踏实。初中毕业后就在家务农，是个地地道道的农民。永昌镇长盘村是他的老家，他从小就随父母在山间田野摸爬滚打，初步领略水稻、油菜、小麦等粮油作物的生长过程、管理过程。他十分痴迷水稻栽培技术。如何在水稻的幼苗期、分蘖期、抽穗期、结实期四个阶段实施不同生产管理，如何治虫、如何施肥、如何管水，他从书中、从老前辈那里学到了不少。随着时间的推移，积累了不少栽培技术。

从种子变成粮食，从田间走上餐桌，一粒大米，要经过多少路，克服多少难，才来到我们面前，这是钟妙富独当一面从事粮食生产才明白的道理。在新石器时代，中国就开始了水稻生产，古人对水稻种植留下了许多总结性的文字。钟妙富在宋应星《天工开物》中看到过，一粒大米的出产，在岁月的天光下，至少要历经种子入仓、撒播、鸟灾、成活、虫灾、水灾、鬼火烧禾和狂风暴雨 8 个大大小小的灾难。钟妙富深知传统农业生产之艰辛，在耕耙田地、播种布秧、施肥除草、灌溉收刈、打谷脱粒、筛簸砻稻到收米入仓的整个水稻耕种过程中，要付出多少辛勤的汗水，才能避开灾难，让稻谷健康成长，丰收在望。

　　1998年，那时农民都不屑去种田，觉得没有出路，也赚不着钱，纷纷到厂里打工，钟妙富便向他们承包了农田120多亩，一年四季，寒来暑往，为农事忙碌着。在农村务农一年忙到头却挣不了几个钱，妻子也心疼他吃苦受累却不见效益，结婚头几年经常劝他到工厂打工，认为比种田轻松又收入多，但他却总是说"民以食为天，农业一定大有可为"，一意孤行。扎根在田野，空闲下来翻看水稻种植的书籍，请教农技专家，学习节水灌溉、配方施肥、病虫害防治等农业技术。妻子见状也就由着他，自己到厂里打工挣钱维持家里开支。到了2011年，钟妙富独立承包了200亩农田，牵头将当地60户分散的粮食种植户组织起来，创立了杭州富阳钟信粮油专业合作社，基地1318亩。2014年钟妙富独立承包土地增加到近500亩。之后，钟妙富更是一心扑在农业上，带领社员参加各项技术培训，在田野边探讨水稻种植出现的问题，边手把手教社员水稻高产高效栽培技术，在不知不觉中发展成为一名"农民专家"。

面对挑战，信心如磐

　　种粮大户是农业改革的先锋，从传统农业到现代农业转型，钟妙富面对的挑

钟妙富在田间施肥

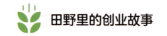

战此起彼伏，但他坚信在政府惠农政策的精准支持下，自己一定能种好粮食，守住粮仓。钟妙富不断扩大油菜、水稻、小麦和高粱等农作物种植规模，至2022年钟妙富承包粮食耕作面积达2300亩，这些承包田主要集中在永昌镇塘昌村、青何村、新登镇潘堰村。承包田越来越多，他面临着人力、物力、财力极度不足的挑战，人工工资、机械运维、化肥农药、仓储空间……这些生产成本也不少。钟妙富是幸运的，随着国家惠农政策的优化，他获得了技术、资金、政策的支持，使他有底气做好农业。

永昌镇是"中国雷竹之乡"，永昌的老百姓喜欢在田间地头、山坡种植雷竹，种雷笋的经济收益远远大于粮食生产。2019年富阳实行非粮化整治，大片的雷竹林被改造成农田。钟妙富在长盘村承包了其中的115亩，因为大部分是山上的新垦地，新垦耕地多为梯田，保水功能较弱，地力差，传统水稻种植产量不高，于是钟妙富在农业部门的帮助下试种节水抗旱稻"旱优73"，当年亩产就有350公斤。"旱优73"是籼型三系杂交节水抗旱稻新品种，融合了水稻高产优质和旱稻抗旱的特性，具有抗旱性强、米质优、产量高、适应性广的优点。2020年他再次种植"旱优73"，通过精心栽培管理，每亩产量达到553公斤。

2022年受夏季持续高温干旱，钟妙富的稻田受到很大程度的影响，面对天灾，他有些不甘，但他没有那么焦虑了。因为在2021年3月，杭州率先在全省推出了特色农业主体综合保险，他投保了2000多亩水稻、小麦、油菜种植。保费补贴方面，小麦、水稻保费由各级政府承担97%，农户仅需自负3%。油菜由政府承担100%。保险公司工作人员会定期到现场踏勘，根据田里的受灾情况定理赔金额。

除了水稻种植保险，钟妙富也得到农商银行的低息融资。早在2013年，钟妙富成为种粮大户之际，便向富阳农商银行融资。从最初20万元，到30万元，再到60万元，一直到现在200万元。12年来，钟妙富脚踏实地、亲力亲为、稳扎稳打，从传统农业转型为现代科技型农业，将农业做大做强。2022年，光是采购农机设备，花费高达150万元。钟妙富买的农机设备大部分是顶级配置，价格比普通设备高许多。拖拉机是进口拖拉机，单价高达19万元，普通的只需

12 万元左右。两架无人机，专门用于播种浇灌，单台价格也要 5 万多元。目前钟妙富拥有无人机 2 台、插秧机 3 台、收割机 2 台、全程机械化烘干机 9 台、拖拉机 7 台，光是这些机械设备就达 500 多万元。此外，他还建起了玻璃暖房、塑料大棚等多个育秧流水线。2022 年，钟妙富各项农作物年销售额达 480 万元。他用赚到利润和农商银行的低息贷款、政府的补助款，不断改进农业机械和农业设施，实现"科技强农、机械强农"。

机器播种、机器插秧、机器收割、机器烘干……在钟妙富的水稻田里耕种收机械化"一条龙"已成为常态，大大提高了农业生产效率。钟妙富还通过机收、机播、机耕、烘干等生产服务环节，做一些社会化服务，既增加了收入，又帮助农民减少支出，实现了双赢。2022 年浙江省农业农村厅公布第二批农业"机器换人"高质量发展先行县等名单，杭州富阳钟信粮油专业合作社（粮油）成功入选全程机械化农机服务中心。如今，钟妙富开始投资建设机械化智能育秧中心。"每年资金投入不断加大，但资金压力反而小了，多亏了农商银行和政府的好政策。"钟妙富感恩遇上了一个好时代。"农民是最务实的。只要市场需要、政策到位、种粮赚钱，农民一定会多种粮。"[①]这是 2004 年 4 月 9 日时任浙江省委书记习近平同志来富阳步桥村看望全国种粮大户沈永祥时所说的话，这句话在种粮大户钟妙富身上也得到了更生动的诠释。

崇尚科技，丰产增效

现代农业是农业发展的未来，传统的作业方式难以适应现代农业的发展，必须引进新技术、新品种、新装备，做一名知识和技能兼具的新型农民，才能带领社员创造更大的效益，过上好日子。作为合作社理事长的钟妙富，经常考虑这个问题。

种子，是农业的"芯片"。一种植物的优良性状，皆源于种子。这就是我们常说的遗传吧。钟妙富十分重视种子的选择与培育。在农业农村局技术专家指

---

① 《用两只"手"端稳我们的饭碗》，《杭州日报》2023 年 8 月 16 日，第一版。

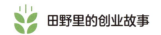

导下，钟妙富 2300 亩良田上种植的水稻品种丰富，有"嘉丰优 2 号""浙粳优 1578""甬优 7860""嘉禾香 1 号""Y 两优 17""旱优 73"等这些品种都是根据当地气候土壤等条件筛选匹配过的优质水稻，这些优质水稻品种穗长在 120 厘米左右，每穗总粒数最多能达 300 多粒，结实率较高，同时抗倒性、抗病虫害表现都较为不错。

钟妙富十分重视科技强农，促进农业向绿色、优质、高效发展。自 2013 年开始，钟妙富与浙江省农科院、中国水稻研究所、上海农科院等合作，在浙江省农科院指导下进行油菜新品种的繁育试种，同时还进行了具有很高观赏价值的彩色油菜的试种。与中国水稻研究所合作，开展彩色稻米、高秀品种香米试种，取得成功。在上海农科院的精心指导下，钟妙富引进新品种"旱优 73"，试种成功，使水稻在当年 8 月份就可收割，提前上市。

坚持绿色生态种养。庄稼一枝花，全靠肥当家。为了进一步提高效益，钟妙富与中国水稻研究所一起研究利用稻草、烘干下脚料制作育秧基质。将稻草打

收割机在收割小麦

捆运至制作场，烘后将一份稻草和烘干下脚料、一份细泥土一起放入搅碎机内进行充分打碎搅拌，搅拌后运至发酵场堆制发酵，发酵温度达到 70 度以上，将搅拌料内的病菌、虫害、草籽等高温消杀，堆制料经炭化后变成育秧生物基质。稻草＋泥土发酵制成的育秧基质施入土壤后能改善土壤团粒结构、提高土壤透气性和保水保肥能力，对水稻的生长发育有着积极作用。采用这项技术培育的营养土，秧苗生长旺盛，叶色浓绿，根系发达，植株健壮，能够有效帮助粮食增产增收。他种植的长盘村 95 亩农田成为当地知名的"科技高产攻关田"生产基地。亩产量从 325 公斤提升到了 552 公斤。"妙富"牌江南大米被认定为绿色食品。2020 年杭州富阳钟信粮油专业合作社被评为浙江省 AAA 级信用品牌粮油企业。

终身学习，服务社会

随着规模化种植的推进，钟妙富越来越觉得需要不断学习、终身学习，才能应对不断出现的新情况。钟妙富始终与农业农村局种子专家、土壤专家、植保专家保持紧密联系，时刻向他们请教农业生产中出现的问题。他与中国水稻研究所、农科所长期合作，配合科研机构进行新品种的培育实践，从中学到很多科技知识。他向农机专家学习，学习各类农机操作要领。他还学习家庭农场、专业合作社的运营管理，从 2017 年起钟妙富每年参加农业农村部管理干部学院家庭农场培训班，他还参加农业农村部管理干部学院组建的 2023 年聚力强社 VIP 服务群，这个服务群集结了全国 28 位农村合作社负责人，每个人都有一位农业农村部管理干部学院的教师作为定向联系人。通过学习和交流，钟妙富更加清晰地认识到作为合作社理事长的责任，进一步了解国家惠农政策，视野更加开阔。

伴随着消费升级，人们对大米的消费追求发生了变化，从追求白细亮到健康有机。钟妙富选择稻种所生产的大米直链淀粉含量在 10% 左右，口感软糯。杭州钟信粮油专业合作社出品的"妙富"牌江南大米，是富阳区名牌商标，获得无公害、绿色、有机食品认证，深受消费者欢迎。为了更好地服务社会，提升大米的知名度和美誉度，他从稻谷种植、收储、运输、加工、质量追溯等方面统一生

产工艺标准和技术操作规程。同时依托高标准恒温低温粮库，确保稻谷四季保鲜。以前杭州钟信粮油专业合作社生产的稻谷主要提供给富阳区粮食收储有限公司。现在线上销售开新局，包括杭州恬漫山乡电子商务直播、微信小店"富春山居农产品品牌馆"、邮乐购"富春山居农产品振兴馆"线上下单，"妙富"牌江南大米的需求量激增。由"卖稻谷"向"卖大米"转变，钟妙富更加注重大米的高品质生产和品牌化营销，由此更好地服务社会，实现水稻产业的高效益产出和高质量发展。

（方仁英　陈健军）

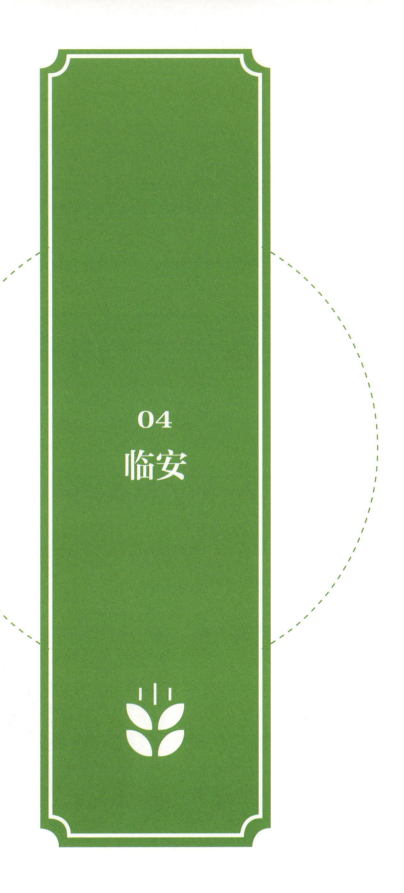

04

临安

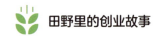

续写新时期的耕织新图

今天应约去采访杭州锦海农业科技有限公司吴健平总经理。

在我的印象中，从事农业生产相关产业的肯定是一个老实巴交的农民，但我想错了。我在一个钢架结构的大棚会议室里，见到的是一个戴着眼镜、举止儒雅、谈吐非凡的企业家。吴健平谈论问题深思熟虑，忖量之余可直抒胸臆，严谨中又不失风趣，尽显学者风范，使得采访既轻松又顺利。

一

"走农业科技之路，这与我的家庭，与我的成长经历有很大的关系……"吴健平的开场白很坦然且颇有深意，脸上始终洋溢着和善的笑意，如春风拂面，给人带来融融暖意。

吴健平出生于一个知识分子家庭，父母都在浙江省地质研究所工作，长年在野外采集地质样本，风餐露宿，很是艰苦。耳濡目染，他从父母辈身上学到了一种面对困难，坚忍不拔的精神，踏实做事，一步一个脚印的态度。

因为他在这样的家庭氛围中熏陶成长，所以从小就对土壤、非金属矿物等产生了一定的兴趣。大学毕业后，他被分配到浙江省国土资源厅工作，主要从事地球化学的研究，终于实现了夙愿。

20世纪80年代，改革开放的春风吹遍祖国大地，各项事业

吴健平（右一）

蓬勃发展。吴健平先后在省工业矿产有限公司等部门履职，与外商有了接触的机会，也开阔了视野。

1997年，吴健平借调到北京国家部委下属的一个部门工作，一干就是四年，这四年期间，因为经常去欧美、日本等国学习考察，对他一生产生了很大的影响。

说起此事，他仍清楚地记得有一次去日本福冈考察学习，因为自己早到了半小时，便去旁边的公园遛弯。这时看到几个员工正在种树。吴健平便想看看日本人是怎么种树的？

园林工人用小挖掘机挖了一个一米见方的穴，然后把泥土全部装袋搬走，摆正树苗，回填工厂化生产的"泥土"。

吴健平对此疑惑不解，于是就问陪同的日本博士，被告知在日本种树是要规范和标准化的，对若干年生的树苗品种、直径、高度等，都有量化的标准，种树的土壤，也都有适宜该树生长的、工厂化生产的"泥土"，这样成活率会高。

随后，他参观了这家生产"泥土"的日本企业的生产线，觉得一切都是那么先进。这时吴健平暗暗地在心底埋下了创业的种子。

二

2001年底，吴健平辞去了"铁饭碗"，怀抱13万元积蓄，来到了夫人的老家——临安板桥乡珠西村，开始了"刨土成金"的创业梦想的实践。

为此，许多亲朋好友都感到不解，好端端的一份工作，一个"铁饭碗"，说辞就辞了，况且这份工作工资福利都不错，别人想进都进不了。

2002年，他用8万元钱建了一个生产"营养土"的小工厂，5万元钱作为流动资金，将企业命名为"临安锦大绿产业公司"。

万事开头难。创业之初，遭遇的最大问题是资金。为了能省下资金扩大再生产，吴健平亲自下车间干活，还发动岳父、舅佬来帮忙。吴健平是地地道道的杭州人，家安在杭州，从杭州到公司，他从不打车，每次都是从杭州坐公交车到牧家桥，然后换坐公交车到板桥，再步行15分钟到公司。中午饿了，就花5毛钱

买一个面包啃啃，要么就是一包方便面打发自己。

上天总是眷顾善良勤奋的人。用吴健平的话来说，或许是运气好吧。小厂建成的当年，浙江森禾种苗有限公司、浙江传化集团公司等企业就找上门来，批量订购"营养土"，第一年就有几十万元的产值。

慢慢地，公司的合作伙伴越来越多。2006 年，公司转型发展，由"临安锦大绿产业公司"更名为"杭州锦海农业科技有限公司"，完成了"营养土"的升级换代。2006 年至 2021 年，企业每年为全省蔬菜瓜果育苗提供近 20 万亩育苗、栽培、土壤改良专用产品。自 2008 年以来，公司受浙江省农业农村厅委托，分别承担了全省蔬菜、水稻育苗育秧基质研发任务。同时，承担了相关产品技术的科研成果转化和产业化任务。

2012—2015 年，锦海农业向上海迪士尼乐园供应锦海牌专用有机肥产品 8.3 万吨，消化生产了临安区规模养殖场畜粪和农林废弃物约 13 万吨，企业收入近 3000 万元，为锦海农业的发展，奠定了重要的基础。

2016 年，锦海农业开展数字农业技术研究，完成了国际 AS3743 基质技术标准的国产化、水肥一体化高架种植数字模型、番茄草莓环境因子数字模型等多项现代温室种植体系化技术研究，研究成果在浙江建德草莓小镇及台州、温州、绍兴、金华得到了推广应用。

在企业发展过程中，杭州和临安区农技推广基金会对锦海农业给予了很大的关注和支持。特别是公司研发的土壤调理剂与专用基质有机肥，经过三年的大田试验，分别从雷竹、山核桃、小香薯、蔬菜等经济作物的土壤改良和土壤地力提升的试验中，获得了大量的产品使用数据，为企业和农户探索最佳使用方法、最佳使用剂量、产品配方修正发挥了重要作用，取得了良好的应用成果。为此，该项产品技术的应用获得了浙江省农业丰收奖一等奖。

三

如今的锦海农业，是一家围绕农林种植业、城市绿化、国土生态修复，生产

锦海农业良田

营养土、农用基质土和土壤酸化调理剂的国家级高新技术企业。

企业在研究、创新过程中先后获得：国家级高新技术企业、浙江省农业生态循环示范企业、杭州市农业龙头企业等多项荣誉；参与完成的科研项目，先后获得国家科技进步二等奖 1 项、浙江省科学技术进步奖一等奖 1 项、浙江省科学技术进步奖三等奖 2 项、农业农村部神农中华农业科技奖三等奖 1 项、浙江省农业丰收奖一等奖 1 项、农业农村部国家农业主推技术成果 2 项等。

吴健平告诉我们，锦海农业最重要的、最值得回忆的工作成果，是与中国水稻研究所合作完成我国首个具有国际先进水平的水稻机插育秧基质及其应用技术。

2010 年，浙江省种植业管理局委托锦海农业、中国水稻研究所联合研发水稻机插育秧基质，并快速形成产业化。为此，锦海农业承担和参与了"水稻机插秧育秧基质研发及产业化""长三角双季稻全程机械化"等国家重大项目研究课题。

水稻育秧基质，就是要让水稻种子在 2.5 厘米厚度的基质里，使每粒水稻种子都发芽，培育出苗壮、抗逆、抗病、高度一致的水稻秧苗。为了实现这一目标，吴健平和他的科研团队经常泡在实验室里，反复试验研究，有时忙得连饭也顾不上吃，肚子饿了，就啃个面包了事。为了解决一个个技术难题，他始终处在科研

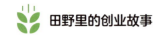

的最前沿，和团队有计划地进行科研实验，认真分析、汇总每一项数据，及时合理调整实验进度，多少个夜晚，实验室都是灯火通明的。

做科研，是苦行僧式的生活；热爱，才会有动力；坚持，才能有收获。

功夫不负有心人，经过两年的艰苦努力，2012年，锦海农业与中国水稻研究所成功研发出具有国际先进水平的"中锦牌"水稻机插育秧基质6个配方产品，解决了我国水稻机插秧成秧率低、秧苗素质差等问题，水稻秧苗成秧率从原来的55%提高到85%以上，大幅降低水稻机插漏秧率；同时，通过培育壮秧，实现平均亩产提高水稻产量9%以上。2012年至2018年，"中锦牌"水稻机插育秧基质迅速被浙江省农业主管部门列入"浙江省水稻产业现代化提升""浙江省水稻高产创建"两项重大农业项目核心物化技术，在浙江全省推广应用面积148万亩，创造社会经济效益1.37亿元。

2012至2019年，浙江省连续诞生了9项水稻高产吉尼斯纪录，其中7项与"中锦牌"水稻机插育秧基质技术有关；2012年至今，锦海农业与中国水稻研究所、杭州丰筑农业科技有限公司等企业和农业院所紧密合作，在"中锦牌"水稻机插育秧基质技术基础上，连续开发出水稻叠盘出苗机插秧育秧技术、水稻侧深施肥精准机插技术、中国第二代第三代水稻育秧中心建造及装备技术等国家主推技术和省部级重大农业种植新技术。其中，"水稻叠盘暗发芽育秧技术"成果，获选2018年浙江省"十大农业技术"，2019年被农业农村部发布为"2019年农业主推技术"，2019年经杭州市人民政府推荐，获"2019年浙江省科学技术进步奖一等奖"。吴健平因此也被评为"万向奖"省级先进个人。

为了进一步实现机械强农，锦海农业科研中心与中国水稻研究所朱德峰研究团队、德国FESTO集团合作，以水稻全程机械化为课题，围绕水稻全程机械化中水稻育秧这个关键环节，对标日本著名的井关、雅马、久保田等大型农业机械公司水稻育秧中心系统装备和建造技术，开展了技术攻关。至2020年，企业用了10年时间，完成了对日本发展了近40年的水稻育秧中心装备和建造技术的追赶。同时，企业创新研发了水稻高速撒播、条播"一机两播"一体化播种机、分布式无线通信总线人工智能数字控制技术，应用于水稻工厂化育秧中心。

在此基础上,锦海农业先后在全国建成16个水稻育秧中心,其中浙江省8个,水稻基质育秧、水稻育秧中心的建立,为水稻全程机械化创造了条件;为此,全省约20万亩水稻实现了全程机械化。

四

创业需要领头人,播下星星之火;星火燎原之势,需要合作团队的努力。

吴健平没有忘记创业的初心,没有忘记肩负的责任,没有忘记团队的合作,没有忘记服务家乡共同致富的愿望。

"我,不是创一个人的业,创办农业企业,就是推动农业技术的进步,作出自己应有的贡献。"与此同时,锦海农业积极服务家乡,为乡村振兴做出努力。

2003年至2019年期间,锦海农业共收集处理和加工畜粪约32万吨以上,山核桃蒲壳7万吨以上,为临安区生态保护,减少面源污染做出了些许贡献。

2009年至2021年期间,锦海农业为临安区蔬菜、水稻、林业育苗、雷竹、小香薯、中药材、食用菌、花卉等种植产业提供育苗、栽培、地力提升、土壤改良产品1.7万吨以上。

锦海农业研发的竹笋专用有机肥,使鲜笋产量每亩提高1—2.9倍,口感显著改善,受到群众的好评和褒扬。

采访临近尾声,吴健平深情地对我说:"早在南宋时期,於潜县令亲手绘制了中华耕织图。临安是一块难得的创业创新福地,作为农业科技工作者,我们有义务和责任继承临安深厚的农耕历史和文化,为临安续写新时期的耕织新图。"

是的,对于已经创业20多年的吴健平,前行的路依然漫漫,荆棘与光明同在,机遇和挑战共存,但是有理由相信,他会一步步走得更好、更平稳,从而在农业科技创新中取得更好的发展,做的事业会像青松一样四季常青!

(应拥军　翁东潮)

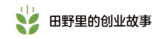

山坞里的"牛二代"

一

父亲是棵树，一棵参天大树。

叶峰这样形容自己的父亲。

20世纪80年代，改革开放起步不久，牛奶逐渐进入人们的生活，但也只有少部分人才能喝上牛奶。北京、上海、广州等城市开始把"喝奶难"问题列入政府的实事工程，杭州也不例外。不仅要解决"有奶喝"的问题，还要解决喝"健康奶"的问题。

当时，奶牛两病净化工作势在必行，结核病阳性奶牛需要集中隔离饲养，作为原临安县板桥乡兽医站站长，叶峰的父亲叶树生承担起这个艰巨的任务，建起了杭州市结核病奶牛隔离场，被称为"临安县板桥乡第一奶牛场"。场内分隔离区和健康区，实行严格的分区管理，最初有二十余头结核病奶牛隔离饲养，不过，病牛生产的小犊牛是健康的，必须在第一时间转运到健康区饲养。这样，他慢慢培育起了健康奶牛群。

20世纪90年代末，叶树生为了壮大企业实力，组建了正兴牧业公司，办起了养猪场、种羊场、饲料厂……那时，信息相对闭塞，刚刚起步的公司，总会碰到科技创新慢、市场资源少、资金周转难、经营管理弱等问题，发展速度缓慢。

20世纪初，杭州市农业技术推广基金会成立了。基金会领导非常关注正兴牧业的成长，看到正兴牧业在科技、信息、项目、资金等方面的短板，已经严重影响企业的发展，于是，主动对接企业，以交流培训、项目建设等方式帮助指导。公司很快从小到大、由弱转强，发展壮大起来。

种羊场从起初的200多只发展到如今1500多只，从毫无特色的传统模式发展到设施化的现代模式，成为省一级种羊场，助力了临安肉羊产业的发展，全市肉羊饲养量达到 8 万多只。

猪场养殖规模也不断扩大，从传统的平养发展到笼养，从传统的淋浴降温发展到湿帘降温，等等，养殖水平逐渐提升，年饲养量达 15000 头。

随着社会经济的发展，人们生活水平的提高，市场需要更加优质安全的乳制品。正兴牧业淘汰了所有结核病奶牛，圆满完成政府交给的近 20 年结核病奶牛隔离任务，为杭州市奶牛结核病净化和健康化发展作出了贡献。公司奶牛场健康奶牛群规模达到了千余头，成为国家级标准化示范场。

公司也成了浙江省农业科技企业和杭州市农业龙头企业，年产值 7000 多万元。

同时，叶树生个人也获得了中华农业科教基金会"神内基金农技推广奖"，原国家人事部、农业部"农村优秀人才一等功"，原国家农业部"全国农技推广先进工作者"，浙江省农技推广基金会"浙江省优秀乡镇农技员"，浙江省农业科技先进工作者，浙江省优秀农民企业家，杭州市劳动模范等荣誉称号。还担任浙江省奶业协会理事、杭州市奶业协会副理事长、杭州市生猪协会副理事长、中共杭州市第九次党代表、中共临安市（今临安区）第十一次党代表。

二

榜样的力量是无穷的。

要想挡得了风，遮得住雨，最好的方法就是让自己也长成一棵参天大树。33岁的叶峰接过父亲肩上的重担，做起了正兴牧业的总经理，开启了正兴牧业第二代事业，大家称他为"牛二代"。

2013 年，牛奶价格暴涨，刚接手奶牛场管理的叶峰，沉浸在财源滚滚的喜悦之中。然而，没过多久，一场奶牛流行热疫病给了叶峰当头一棒，打得他几近崩溃。

刚开始，只有几头奶牛发病倒下，随着病情的蔓延，势态急转直下，奶牛一头接一头地染上了疫病。叶峰立即组织兽医，尽最大努力抢救治疗，但病情严重

的牛还是接二连三地死去了。有的病牛一边在输液，一边就死去了，那些牛满眼哀怜地企望着，眼角竟然渗出了泪滴。

见此情形，心软的人都不忍直视。叶峰也不例外，泪水溢满了他的眼眶。面对哀怜乞求的奶牛，自己却无能为力，那种绝望，那种刀割般的痛，只有亲身经历，才刻骨铭心。

叶峰想起了一句俗语：家财万贯，带毛的不算。

必须马上控制疫情！消毒、隔离、灭蝇、降温……早发现、早治疗更为重要。那些日子，所有员工不分昼夜拼命干，经过一系列抢救，疫情终于控制住了。

要想防止疫病发生，必须提前做好预防。疫情过后，叶峰立即开始防疫工作。能打疫苗预防的一头不漏，不能打疫苗的，采取实时监测监控。每年两次以上的检测，有效防止了奶牛疫病的发生。

正兴牧业位于临安区板桥镇板桥村静塘弄的一个山坞里，距临安城区 13 公里。走进宽敞的奶牛生活区，你会看见每头奶牛脖子上都挂着黄色的项圈，这就是奶牛的"身份证"，通过这小小的项圈，能够实现对奶牛身体及饮食状况的全面检测。

在牛舍边，你还会看见手持仪器忙着测量记录的一些年轻面孔，他们是浙江农林大学的学生。正兴牧业与浙农林大合作，成了大学的"产、教、研"相结合的实验基地。

"牛二代"叶峰深知奶牛场要从管理出效益，更要从科技出效益、创新出效益。

因此，公司先后引进了先进的 TMR Watch、智能奶厅、犊牛自动饲喂、SCR 发情监测、一牧云牧场管理系统等系列数字化设施设备，实现从机器换人到数字牧场的转型升级。

优质奶牛需要有优质基因。叶峰每年花 40 多万元购买加拿

叶峰

大、美国等国际排名前100名的优质种公牛冻精，用于改良牧场奶牛品种，从源头改善了品质。

至今，正兴牧业奶牛存栏数，从他接手时1100头扩大到1500头，奶牛单产从8吨提高到10吨以上，年提供优质生鲜乳7000吨，成为省级标杆——浙江省"未来农（牧）场"和浙江省数字化牧场。

三

畜牧业最大的风险不是市场，而是疫病，疫病风险就像暗礁，稍有不慎，便会触礁。

2018年，一场可怕的非洲猪瘟在中国蔓延开来。不到半年，全国约150万头猪死于这场瘟疫。消息传来，叶峰马上精心布置，严阵以待。除了加强隔离、消毒防疫等基本措施外，还要求猪场的员工吃住在牧场宿舍，不准轻易外出。同时，随时做好猪的阳性检测。

那段时间，叶峰整晚整晚睡不着。

一天晚上，疲惫不堪的叶峰正准备上床躺一会，手机突然响了，是猪场场长打来的，他焦急地说：叶总，不好了，猪检测出阳性啦！

叶峰跌跌撞撞地跑到猪场，让饲养员再重新检测。还好，再次检测的结果为阴性。叶峰长舒了一口气，也顾不得责备饲养员，苦笑着说："没事就好。"

"猪粮安天下。"叶峰牢牢记着父亲经常说的这句话。

2020年，在非洲猪瘟防控、生猪保供最为严峻的时刻，叶峰抓住时机，决定建设杭州正兴生猪高水平美丽生态牧场。历时两年，正兴牧业的一个现代化规模猪场出现在大山环抱中。

新建的猪舍全部采用大栋小单位恒温结构。俯瞰全景，16000平方米的建筑整整齐齐地盘踞在翠绿的群山之中，就像一座现代工业园区。

进入猪舍前，需经过更衣、紫外线照射和消毒水池。在养殖区，时而看到闪烁的红灯绿灯，时而看到巨大的风叶在转动，猪场负责人介绍，那是自动喂料系统、

叶峰在监测奶牛的养殖情况

自动环控设备、自动刮粪系统在工作。猪场还安装了臭气处理、粪污处理、冷库、消毒、数字系统、供水系统、监控系统、消防系统、实验室、人工授精室等设施设备千余套，达到了"场区最优美、空气最优良、设施最先进、治污最彻底、管理最规范、产出最高效、产品最安全"七个"最"的标准，高分通过了高水平美丽生态牧场的验收。

市农技推广基金会安志云理事长得知这一消息后，主动邀请业内专家亲临公司，对大型规模猪场的饲养管理、疫病防控、环境控制、饲料储备、粪污治理、设备运行等各个环节进行了详细指导，帮助现代化猪场实现了正常投产。

借此，公司进一步提升生猪养殖水平，年饲养生猪达 55000 千头，在临安区生猪绿色发展、增产保供中起到了示范引领作用。

四

在正兴牧业养殖规模逐渐扩大之时，粪污治理压力也随之加大。虽然父亲叶树生非常注重环保，一开始就打下了"畜—沼—粮""畜—沼—经""畜—沼—草"等多种循环模式的基础，但还是跟不上现代畜牧生产发展的需要。

几年前的一天，附近村的一个村民来公司找他，气呼呼大声喊道："你们的污水排到我家门口，臭气冲天，你说怎么办？！"叶峰一边安慰着村民，一边打电话给粪污治理负责人问明情况。原来是污水管道破损，有少量沼液渗漏到河道里去了。他立即召集人手，赶到现场，把几百米的河道彻底清理了一遍，消除了隐患。

事情平息了，但如何彻底解决环保问题，在叶峰心里还是个问号。他主动请教有关专家，尤其是农技推广基金会的领导专家，思路逐渐清晰：要转变环保观念，彻底改变传统治污方式。他在原有治污设施的基础上，建造了 4000 立方米大型污水处理设施和近 4000 坪的干粪发酵池，有效解决过程控制的问题。

同时，实施了浙江省农业技术推广基金会"粮饲牧生态循环综合利用模式"项目，有效提高农村土地综合利用效率，降低化肥使用量及生产成本，改善土壤结构。该项目荣获了浙江省农业丰收奖三等奖。

他还成立了畜禽粪污资源化利用服务组织，每年利用沼液 20000 多吨，资源化综合利用率达到百分之百。

从此，正兴牧业的粪污治理真正做到了源头大幅减量、过程严格控制、末端科学利用。

五

吾心安处是吾乡。

一个企业想要做强做大，没有一支优秀的队伍是绝对不行的，叶峰像父亲叶树生一样深谙此道，他像对待家人般关心照顾公司员工。从创业初始至今，员工的五险一金，公司一律代缴；节假日工资按 3 倍发放；每年一次外出旅游；员工过生日，公司会送上生日蛋糕；优先安排周边村里的困难家庭成员就业。员工们安心工作，以场为家，为公司的发展奠定了必备的人才基础。

十年磨一剑。已经成为省市奶协理事、临安区政协委员、板桥镇人大代表、板桥镇新乡贤联席会副会长、板桥商会副会长的叶峰，通过一系列大刀阔斧的举措，使正兴牧业逐步稳健发展壮大。

目前，公司占地 360 多亩，职工 100 余人，其中科技人员 28 人，已经成为一家集畜禽养殖、加工、销售、科技及社会化服务于一体的浙江省级骨干农业龙头企业、省级现代农业示范园区、省级"美丽生态牧场"。年产值从刚接手的 7000 万元增长到现在的 15000 万元，为畜牧业高质量发展作出巨大的贡献。

我们有理由相信正兴牧业在"牛二代"叶峰的带领下，将拥有更加灿烂、更加美好的明天！

（叶宏伟　洪信明）

179

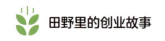

蔬菜育苗新园丁

每一粒种子都是农业的"芯片"，每一棵小苗都是生命的起始。

一

2023 年春季的一天，笔者走进了临安区清凉峰镇九都村王瑜的绿源蔬菜育苗基地，只见一大片现代化大棚鳞次栉比，育苗车间内一排排潮汐式育苗床井然有序，育苗盘里新长出的瓜果蔬菜幼苗青翠欲滴、生机勃勃……眼前令人叹为观止的一幕，着实打破了大部分人对农业生产的刻板印象。

2012 年，毕业于嘉兴职业技术学院物流管理专业的王瑜回到了家乡清凉峰镇九都村，与她的父亲王林平一起打理两百多亩蔬菜种植基地。

随着现代农业产业结构的不断优化，蔬菜种植对种苗的要求越来越高，可当时的临安还没有一家从事专业育苗的企业。当王瑜得知临安市农业局要建造蔬菜育苗工厂的消息时，她敏锐地看到了其中的发展机遇，果断出击，最终得偿所愿：临安蔬菜育苗公共服务中心项目落地在了绿源蔬菜基地。有了基础设施，但是没有育苗专业人才，王瑜没有犹豫，决定靠自己努力，成为育苗的行家里手。开弓没有回头箭，父亲主抓蔬菜种植，女儿负责蔬菜育苗，凭着这股子冲劲，王瑜开启了她的育苗"苦旅"。

二

种子被誉为农业的"芯片"，对于每个菜农而言，栽种的是菜苗，收获的是希望。"把育苗当作事业来做，不能让种子输在起跑线上。"育苗是个精细活，技术含量高，这对于刚开始从事农业种植的王瑜而言，是个不小的挑战。

初见王瑜，她衣着简朴宽松，鞋和裤腿上沾有泥土和草屑，言语不多，是个有些腼腆的年轻人。但聊起刚开始育苗时遇到的困难时，她就打开了话匣子："育苗是一个完整的系统的过程，从苗床准备到品种选择、种子消毒，从催芽到播种、出苗、分苗、苗期管理等，都离不开严格的技术要求和关键的数据支持。一开始的确有许多困难，我就买来几本有关蔬菜育苗的书籍资料，一边看书自学，一边咨询专家老师，边摸索边实践。"王瑜的眼神中满是自信，"就拿基地最初进行的茄子嫁接育苗技术来说吧，嫁接工作完成了，但是其中的关键是嫁接后创口愈合的管理，得随时观察。尤其遇到太阳大、气温高的天气，大棚内的温度更高，需要及时给嫁接苗补水和降温。通过多次实践，我们才掌握了适合不同种苗嫁接管理所需要的温湿度。育苗过程中，育苗基质的选择非常重要，要选用透气性好、EC 值适合蔬菜生长的，而且不同蔬菜品种对于育苗基质的要求不一样，出苗时间也是不一样的，比如茄果类蔬菜种子冬季出苗大概是 3—4 天，丝瓜、黄瓜等种皮薄的瓜类种子是 4—5 天，南瓜、西瓜等种皮坚硬的瓜类种子是 5—7 天，十字花科蔬菜种子是 1—3 天等；育苗过程中，种子消毒也是必不可少的环节，种子消毒处理是综合防治蔬菜种苗病害的最简单易操作且经济有效的方法，无论是

王瑜

冬季育苗时易发生的猝倒病，还是春季分苗后植株特容易感染的立枯病，最好的方法是提前预防……"

王瑜侃侃而谈，多年的育苗经验，已经让她从最初的育苗"小白"成长为育苗"小百科"了。

2019 年，王瑜得知了浙江省种子管理总站"征集 2020 年省现代种业发展资金扶持项目（意向）"的信息，她眼前又是一亮：秧好一半禾，苗好七分收，她不能放弃这个育出更优质种苗的机会。

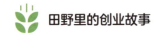

说干就干，对照基金扶持项目的申报要求，王瑜完成了申报。通过层层筛选，绿源蔬菜种植基地终于拿到了这个项目。基地投资 75 万余元，在育苗车间加装了加温、太阳能补光、雾喷系统等设备。之前冬季或初春育苗时，保持大棚里的温度是重中之重。如遇到极端的低温天气，每天凌晨两点左右，王瑜必须起床给育苗棚加温。早先采用烧柴火加温，木柴燃烧时间较短，需要不时往炉灶里添加木料，瘦小的王瑜穿梭在各个大棚之间，一边添柴一边查看温度实况，异常辛苦。即使后来使用燃烧块加温，对于大棚温度的提高依然微乎其微。现在引进了空气源加温设备，实现了智能化控制温湿度，通过手机即可对苗棚当前状态进行远程查看，王瑜有说不出的满足和高兴。

高科技赋能新农业，蔬菜育苗走向智能化。拿种子催芽来说，从前要把种子揣在贴身的衣兜里或绑在腰间，利用人的体温催芽育苗，后来发展到用催芽箱催芽育苗，现在是直接把种子播种在育苗盘中进行智能化温度控制育苗。从拼"体力"到拼"智力"，从"靠经验"到"靠数据"，"汗水农业"正朝着"智慧农业"加速转变。

2020年，王瑜的绿源蔬菜育苗基地在临安区农业技术推广基金会的资助下，开展了"山地蔬菜集约化育苗技术研究与示范"的项目研究。项目实施中，王瑜开展了适合临安区种植的 9 个樱桃番茄品种、6 个小西瓜品种的育苗研究和种植示范。她研究了加温保温补光降湿的设施、材料及其应用技术，改善了育苗设施内的温光湿条件；筛选了质优价廉的可再生育苗基质和适合各类蔬菜苗生长的配方；研究了育苗室小气候调控、肥水促控及病虫害防控技术。各类蔬菜苗最适合运输的苗龄及方式，引进不同大小的运苗周转箱也在她的研究范畴内，因为这样才可以提高运苗效率，为蔬菜苗跨区域远距离运输作准备。

王瑜在蔬菜基地工作

项目实施期间，王瑜每天都要实时关注收集与育苗相关的气象、大棚温湿度等数据，以便及时根据温湿度等变化调节育苗的温度与光照，提高种子的发芽率和育苗的成活率。开展不同作物的育苗试验，从中选出适合本作物育苗的最佳基质、温度、湿度等关键数据，以提高育苗效率。在基金会安排的专家李成清老师的指导下，经过一年的精心组织与实施，基地全部完成了项目建设任务，实现了当年种植、当年见效。

"山地蔬菜集约化育苗技术研究与示范"的项目实施，取得了各类蔬菜品种平均发芽率96%和成苗率98%的良好效果。更令人欣喜的是：项目重点实施育苗期小气候调控和育苗试验，通过调节温湿度合理选择育苗基质等方法，降低了苗期病虫害的发生，减少了用药，实现了绿色育苗，同时也减轻了植物在苗期所产生的抗药性，为实现绿色蔬菜种植提供了基础。该项目技术提高了种子的利用率，创新了蔬菜栽培技术模式，调动了农民种菜的积极性，为临安区山地蔬菜集约化育苗技术的推广应用贡献了力量。

除了山地蔬菜集约化育苗生产车间，基地还建成了集实验与展示于一体的玻璃温室，并作为省级山地瓜菜新品种展示大棚，种植了不同的蔬菜品种60余个。说起这些蔬菜新品种，王瑜如数家珍：它们的产量、效益、抗病性，以及适宜它们生长的基质，在生长过程中所需要的温度、湿度、光照、营养等条件，还有它们不同的成熟时间，不同的果型、颜色、口感……王瑜无不了然于胸！

三

"既然选择了，就好好做。"面对创业的艰辛，不仅需要有勇气，更需要有坚定的信念。对王瑜来说，困难就像铁犁一样，开垦着她内心的大地，虽然有着苦与痛，却可以播撒希望的种子。能培育出更多价廉品优的蔬菜种苗为菜农服务，她觉得每一分努力都值得。

如今的绿源蔬菜基地，是杭州市农业科学研究院的科技成果展示示范基地，是浙江省山地瓜菜新品种展示示范基地，也是先进实用技术集成试验应用的平台。基地通过每年举办瓜菜新品种展示、鉴品、培训等活动，加快了杭州地区瓜菜新品种、新技术、新设施、新模式的推广应用，推进了瓜菜产业的供给侧改革，起到了示范引领的作用。绿源蔬菜种植农场 80 余亩育苗基地，每年的育苗量达 180 万株，保障了临安及周边地区 300 余户蔬菜种植户近 3000 亩蔬菜种苗的用苗需求，形成了育苗、种植、示范、推广、销售一体化的研发产业链，已然是临安农业产业的一张名片。

"叮叮""叮叮"，采访中，王瑜的手机不时响起，原来是种植户在种植中遇到难题了：

"我的番茄植株蔫了，要拔掉吗？为什么长出的小番茄大小不匀啊？"

"王瑜老师，帮忙看一下，我家茄子长成这样，是什么原因？"

……

"卖东西讲售后，卖蔬菜苗呢，产前、产中、产后都需要服务。"王瑜说，"一些蔬菜种植新手，对种什么怎么种感到很茫然，我会根据季节、区域、气候、土壤、效益等帮他们筹划适栽品种，并进行搭配，一对一地育苗。"蔬菜苗售出后，就种植户关心的怎么浇水，怎么施肥，如何预防病虫害，怎么通过叶斑和果型来判断植株可能出现的虫害与病因等问题，王瑜一一指导解答。"种植户不是把苗买回去就能赚钱的，种植环节中有一个不到位，都会影响蔬菜的产量和品质。只有服务到位，才能达成双赢。"

"志之所趋，无远弗届，穷山距海，不能限也。"王瑜，一名 90 后新农人，一个用"新"用"心"专注蔬菜育苗的新园丁。2018 年，她取得了中级农艺师职称，目前正在积极申报高级职称。2021 年，她被授予第十三届"最美杭州人·十佳农村青年致富带头人"的光荣称号，同年 12 月获"杭州市创新农作制度示范带头人"的荣誉，2023 年入选杭州市新一轮农业技术创新与推广服务团队专家成员（蔬菜科技专家服务团队），同年被认定为杭州市 E 类人才。在她身上，我们能看到"晨兴理荒秽，戴月荷锄归"的辛苦与乐趣，更能看到以梦为马、不负韶华的青春志向。

（陈选琴　王凌尔　苏锡生）

流动的数字化土壤医院

林汉良快 70 岁了，已经做了爷爷，却依然有着青年人的旺盛精力，长时间奔走在山野田畴。他的老家在丽水，却在临安生活了整整 18 个年头。他创立了浙江聚贤盛邦农业科技有限公司，以服务农业农村为初心和信念，帮无数农民解决了实际问题。他一直保持着赤子之心，与农民们同吃同住，同甘共苦，农民朋友称他为"土专家"，视他为自家人。

结缘天目大地

林汉良是退伍军人，曾在东海舰队做通信兵，军旅生涯塑造了他豁达的品格与坚忍的意志。来临安之前，他在老家的供销社任职，主管肥料事宜，经常跟土壤打交道，对土质构成和肥料配方了如指掌。

2005 年，应朋友之邀，林汉良来到临安东天目旅游。站在昭明寺的大殿前，满目竹海让林汉良惊叹不已，俯仰之间，他萌生出留下来的冲动。林汉良与临安的不解之缘，就从这一刻开始。

朋友告诉他，太湖源的农民几乎家家户户种植雷竹，早些年好多人靠雷笋发家，生活奔了小康。然而好景不长，因为滥施化肥，土壤逐渐酸化，退化非常严重，土里甚至连蚯蚓都找不到了，雷笋的产量和质量双双下滑。

笋农的辛酸往事，听得老供销社人林汉良唏嘘不已，原来都是化肥惹的祸！在太湖源，竹林涉及千家万户，自己好歹是个肥料的行家，有这方面专长，临安或许会有自己的舞台。异地创业的冲动瞬间袭上心头。

经过一番纠结，林汉良辞去了老家的工作，背上行囊，单枪匹马来到临安。他在山上安营扎寨，吃住都在农户家里，白天跑地头，晚上访农户，只为尽可

林汉良在收集土壤检测样本

能地了解实际情况，拿出应对之策。

在乡村调研期间，林汉良有幸结识了临安区林业局高工王安国，学到了很多关于竹类植物的知识。从那以后，林汉良每遇技术困惑，便向王高工请教，久而久之，两人成为挚友。

寒来暑往三年，林汉良在反反复复的土壤检测中终于找到了问题症结：土壤的 pH 值过高呈碱性，而雷笋最适合的土壤是弱酸性的。

找到病因，开始对症下药。他用自己研发的有机肥，取代了之前竹农们使用的化肥。他的有机肥侧重土壤调理，注重营养均衡，在提高竹笋免疫力方面有显著效果。在看到试验田的成功后，当地竹农纷纷前来取经，用上了他的有机肥，整个区域的土壤问题获得重大改观。

林汉良以土壤生态修复技术、个性化测土配方技术、病虫害生态防治技术为基础，培育出别具一格的"水果笋"。不同于传统雷笋，水果笋清甜不涩口，剥开外壳就能吃，一经推出，便大受欢迎。每斤收购价比普通笋要高出 1 至 2 元，每亩能增产 1000 斤以上，既能增产又能增收。水果笋的开发让太湖源雷笋产业重获新生，乡亲们的致富盼头又回来了。

在解决雷笋的问题后，林汉良又遇到了更麻烦的山核桃干腐病。他靠着一双脚和一张嘴，跑遍了两昌地区，访遍了山核桃种植户，终于找到问题的症结，同样是化肥的过度使用，让土壤变成了强酸性，加之草甘膦的滥用，烧坏了山核桃树的毛根，也破坏了生态环境。不同于雷笋的弱酸性土壤偏好，山核桃树更适应弱碱性土壤。经过新一轮的土壤采样、检测，他又研发出适合山核桃的有机肥，将反复发作的山核桃干腐病彻底降服。

流动的土壤医院

为了土壤取样和化验，林汉良几乎天天都在山上跑。临安的山又高又陡，一脚踩空就可能跌落山崖，他没有退缩，还跟当地农户学会爬山技巧。

需要服务的农户越来越多，学会爬山技巧的林汉良还是渐感分身乏术。一位河桥镇的农民通过电视台找到他，恳求他传授技术。林汉良爽快答应，手把手教他取土、化验、配肥，来回跑了三趟，400多公里。

怎样打通测土配肥的最后一公里，更多更及时地为农户服务？林汉良琢磨了很长时间。有一天突然来了灵感：能不能造辆检测车开到田间地头，让农民在家门口就能享受农技服务？

林汉良说干就干，他将各种检测仪器安装到农用车上，开着它直接下地干活。2017年，第一代测土配肥直通车就这样造出来了。这款车装有一个大屏幕，车体笨重，看起来很怪，也很搞笑，农民们非常好奇。林汉良开着这辆"怪"车，一边取样测土，一边给农民培训，讲解车的工作原理和科学施肥的意义。

第一代测土配肥直通车虽然解决了检测自动化的问题，但性能一直不太稳定，经常停摆。加上农用车不准上路，更是限制了它的功效发挥。

通过一次次改良，林汉良和他的团队在2018年推出了第二代的车型。新款车是厢式车，长度只有4.2米，车体明显缩小，设备都装在车里。车越做越小的同时，功能也越来越强。采集的土壤样本先是被提升至料槽，通过传感器称重，再通过输送台输入混合机里混合，整套流程行云流水，干脆利落。

林汉良是个精益求精的人，为了迭代车辆，他专门成立了专家工作站，从浙江大学、浙江农林大学等院校请了8位专家，为这台助农的直通车不断赋能。很长一段时间，改装工作站建在田里，类似土作坊，非常简陋。林汉良和他的团队克服种种困难，装了试，试了拆，拆了再装，不达目标不罢休。

如今，测土配肥直通车已经升级到了第三代，配肥设备、移动气象站、GPS/北斗定位仪、农用无人机、植保设备一应俱全。三代车实现了联网运行，且配备远程教学系统，可以隔空为农户提供培训。通过与省农资集团的线上对接，

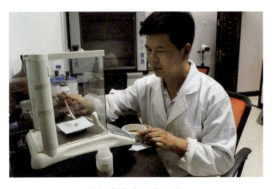

林汉良在实验室工作

以及大批专家团队的技术支持，三代车运用卫星遥感技术，通过对树叶进行拍照，将图谱传至数据库进行即时分析，能够当即诊断农作物病情。三代车测得更准，也算得更准，智能技术的应用，使它能不断地自动修正检测数据，对土壤做到对症下药，精准配肥。

第三代测土配肥直通车还可以根据每块地的养分情况和不同作物的需肥特性进行精准调配，高效施肥。临安地形复杂，土壤类型多样。团队在每亩田中，都设有五处以上的采样点，保证测土配肥的精准度。有了直通车的服务，农作物的化肥使用量减少了 30% 以上。

多年的口碑加上看得见的实惠，智能测土配肥车在临安多个镇街得到应用，成为农民们能上手、信得过的流动土壤医院。

十八年的坚持与拼搏

作为民间科技工作者，林汉良和他的聚贤盛邦农业科技公司做了科研院所的事情，产生了经济、生态和社会的多重效益。

创业是事业的冒险，更是人生的博弈。林汉良说，最初他奔赴临安异地创业，家人不是很理解，但是看到他的执着与坚持，家人慢慢地转变了态度，支持他放手一搏。

从创业初始到收获前夜，是漫漫无期的付出与煎熬，只有内心足够强大、意志足够坚强的人，才能坚持到最后。

2006 年，林汉良来临安的第二年，国内肥料巨头"田力宝"强势杀入临安，攻城略地，很短时间占领了临安市场。林汉良作为个体经营者，甫一交手，便处于劣势，当时劝他回乡的声音不绝于耳，他也有些灰心，真的回到丽水歇了一段时间。其间，一位临安横徐村的村民再三打电话来，恳请他帮助解决茭白田长势欠佳的问题，林汉良深受感动，感到农户们还是需要他的，只有在临安的田野里，他才能找到人生价值。使命的感召下，林汉良打起精神，重整旗鼓，再次回到临安。他下定决心，既然回来，就要把临安作为第二故乡，把下半辈子都奉献给临安的农技事业。

残酷的市场竞争曾动摇过林汉良的信心，资金的断流更是险些将他逼到绝境。搞科研是件烧钱的事，需要长期的不见回报的投入。在前期，林汉良都是自掏腰包，甚至退休金也搭进去。2008 年，由于科研经费长期靠自己承担，加上村里未能及时支付科技特派员经费，林汉良资金链断裂，连吃饭都成问题，靠 2 斤米、1 斤绿豆和 2 包榨菜，林汉良苦苦支撑了 7 天。

初创的小微企业融资不易，农企更是难上加难，当林汉良倾尽家用，借遍亲友依然一筹莫展之际，杭州市农业技术推广基金会及时伸出援手，帮他度过了最初的艰难阶段。

整整拼搏了十八年，才看见曙光。

连林汉良自己都坦诚地说，早知道要十八年，当初不一定会有勇气去做。

十八载的忘我与坚持，让林汉良在经济上初见起色，也让他和聚贤盛邦公司收获了不少殊荣。2021 年，测土配肥直通车获评杭州市十大应用场景，林汉良获得浙江省农技推广基金会设立的"万向奖"；2023 年，林汉良获得全国林产系统劳模称号。

林汉良是个实在人，对他来说，荣誉乃意外之喜，他最享受的还是奋斗中的充实感和农民获得技术服务后的开心笑颜。

今后的路还很长。他的愿景，是让公司从生产型企业向平台型企业转化，用数字化建设，服务现代农业。他始终认为，第三代测土配肥直通车还不够完美。接下来他要运用 AI 技术，建设云端数据库，运用云计算，支持手机下单，配置出每块地的个性化肥料，减少化肥用量，提高产品品质。他认为，中国有 18 亿亩耕地，"流动的土壤医院"有足够的施展空间。期待"流动的土壤医院"能够量产，成链成网，布局全国，这才是真正意义上的助力乡村振兴。

（马　骏　曹关跃　吴继来）

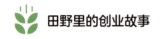

山核桃树的保护神

说起山核桃，杭州西部山区的临安享有"中国山核桃之乡"的美誉，几乎无人不知；说起山核桃林地病虫害防治的能人，山核桃果农们第一个想起的一定是孙卫东。

孙卫东是土生土长的湍口人，一个地地道道的山核桃果农。他常年行走在山核桃林地，与虫为"伴"，又因"虫"而名，被誉为国家林草乡土专家、国家林业和草原局森林病虫害防治优秀村级森防员，名副其实的乡土专家。

一

1994 年，改革开放的春风吹到了临安。高中毕业的孙卫东嗅到了商机，在家乡临安县湍口乡的小镇上做起了山核桃加工兼销售的生意，收入可观。笔者好奇地问：既然当初自己有了刚起步的生意，还管理着联产承包的 20 多亩山核桃林地，为什么后来又投身山核桃病虫害防治事业？孙卫东笑了笑说："当初发现山核桃虫害是个意外，后来执着地潜心研究虫害防治则是因为一份热爱，一份责任。"

那是 1996 年 4 月下旬，山核桃树正是抽枝长叶雄花盛放时。孙卫东无意间从邻家大叔口中得知，山核桃树的树干、树叶、花蕾上爬满了小蚜虫。当时敏锐的他心里"咯噔"了一下：自己家里的 20 余亩山核桃林不知道怎么样？此时节正是山核桃的盛花期，如果有了虫害，肯定会影响当年山核桃的质量和产量。

20 世纪 90 年代，山核桃是当地农户的主要经济收入来源，如果没有山核桃收入的支撑，许多果农的子弟就很难顺利完成学业，困在大山走不出去。

第二天，孙卫东叫上这位大叔一起实地查看，并取回一些嫩枝叶、花蕾和不同的虫子，向有见识的老农民讨教，还到昌化林业站去咨询。

当他对害虫还是一知半解的时候，最佳防治峰口已经过去，加上当时的农用喷雾器的喷洒高度非常有限，高大的树冠叶面根本无法触及，就这样眼巴巴地看着虫子祸害了山核桃林，原本是山核桃的大年，农户也未能获得好收成。

从那时起，孙卫东开始关注自家山核桃林地病虫害情况，虫害的发生、动态趋势、危害情况及虫害种类等。山核桃常见虫害有：山核桃花蕾蛆、蚜虫、眠斑钩蛾、胡桃豹夜蛾、蛀心虫、蝗虫等等。

山核桃树长了虫害，如果不及时治疗，就会慢慢侵蚀汁液、树干、花蕾、果实，最后至果树渐渐枯萎，直至死去。而且虫害如果不及时防治，会大面积传播，致使山核桃产量锐减，甚至会颗粒无收。

孙卫东说："我这人爱较真，发现了问题就想着必须解决好。"他除了向有经验的果农讨教，向专业技术人员咨询，还买来相关资料认真自学。以山核桃花蕾蛆为例，其又名山核桃瘿蚊，老熟虫子在表土或石砾缝中越冬，通常一年只有一代。经过长时间的仔细观察，孙卫东发现，3月下旬老熟幼虫开始羽化出土，4月初成虫羽化初时，飞翔能力较弱，先在地表飞绕交配，然后绕树干飞行上树，产卵于雄花序和雌花蕾中。花蕾蛆幼虫异常活跃，有弹跳力，在花蕾内汲取营养。花蕾蛆的主要危害是使雄花序受害部位弯曲、膨大、变色，雌花蕾膨肿、变褐色、枯萎，从而导致开了花不结果，使产量减少甚至绝收。找到原因后，孙卫东开始选用不同的农药进行对比试验，反复调整用药配比，细心观察防治效果。

二

有志者，事竟成。经过两年的观察、摸索、实践，山核桃花蕾蛆及其他虫害防治在孙卫东的林地里取得成功。当时附近被虫害困扰的果农纷纷上门找他讨教防治经验。孙卫东深有感触：山核桃作为当地果农的主要收入来源，如果病虫害防治跟不上，就很难实现增产增收，果农就会白白辛苦。从那时起，他开始关注山核桃林地的管理与病虫害的防治。

谈起山核桃林地的防治管理，孙卫东介绍说："山核桃虫害防治分两步走：前期，2月份蚜虫在树枝上，3月下旬开始大量繁殖，而花蕾蛆的发生期在3月下旬。这两种虫害的防治时间应在3月底、4月初，这时适用0.25％高效氯氰菊酯粉剂进行防治。后期的防治在5月底、6月初，这时主要针对蝗虫、量尺虫、毛虫、青虫和危害树干的天牛等虫害。这时适用0.6％高氯印虫威粉剂，每亩500—700克，低毒，高效，是实施综合防治的最佳方法。"

孙卫东的山核桃虫害防治技术迅速被推广应用，越来越多的农户学习他的防治技术，并且效果不错。通过系统的虫害防治，果农的山核桃产量明显增产，收入也有了非常显著的提高。

三

山核桃是临安两昌地区的特色产业，被称为"摇钱树""黄金果"，种植面积达50多万亩，是10多万农民的主要家庭经济收入来源。针对山核桃产业发展过程中存在的病虫害、土壤退化等问题，当地政府非常重视，并积极寻找解决办法。

湍口镇有7.9万多亩山核桃林。2000年11月，在镇政府的促成下，湍口镇成立山核桃协会，推荐孙卫东担任协会会长。

在其位，尽其责。当时通信不发达，孙卫东便组织人员用手写防治标语在全镇13个村张贴宣传，广播早晚播放虫害防治措施，组织村民培训防治技术等方式进行宣传，以提高林农的管理和防治意识。

山核桃协会成立初期，政府下拨经费少，对组织村民开展培训、学习及宣传防治活动而言是杯水车薪，孙卫东常常陷入"巧妇难为无米之炊"的困境。孙卫东说："那几年真的很苦，也很矛盾。奔波劳累不说，每年还得自掏腰包来做工作。当时家人也很不理解，放着自家蒸蒸日上的生意不管，整天忙碌着这些费心不赚钱的事。"他曾纠结过、迷茫过，但秋收时，看到累累硕果的枝头和喜笑颜开的果农时，又觉得自己在从事一件有意义的事，一件值得坚持的事！所有的纠结瞬间释然。

孙卫东（左二）

四

2009 年 1 月，临安市（今临安区）湍口山核桃专业合作社成立，孙卫东担任理事长。孙卫东认为，山核桃病虫害防治仅靠农户单打独斗是不行的，它需要专业的人来做。2012 年，孙卫东在合作社内部成立一支 20 人的统防统治服务队，为有需求的社员和基地果农提供防治服务，并让利于民，以保本微利收费。

作为亲历者，孙卫东从传统的单家独户病虫害防治，发展到专业合作社的统防统治，无论是药品还是防治工具的选用，他都一一体验，区别优劣，不断更新换代。比如，早期采用背包式喷雾器每亩用药水 3 背包，计重需 90 斤以上，而且只能防治低矮的树；为了选择更加适应山区作业、更全面的治虫打药器具，孙卫东四处寻找、比对。后来花了三千多元钱，买了一台比较理想的高压喷雾器。第二代喷雾器的扬程虽然提高了，但是增加一只汽油小马达，需要多人配合作业，且用水量每亩需要 200 斤左右，在地形陡峭的山林里作业，操作难度大，不安全，工作效率不够高。2016 年孙卫东又买来了一款高压喷粉器进行应用试验。正当他琢磨着新机器的功效性能时，更加诱人的消息传来。2018 年，有关部门和科技人

临安区湍口山核桃专业合作社合影

员把农用无人机稍加改进，应用到山核桃林地。他闻讯赶到昌北实地考察，发现改进的无人机还存在着诸多缺陷：第一，无人机在山区作业对气候条件要求较高，飞高了容易把药水吹偏，飞低了极易触碰树梢，直接受损跌落；第二，偏远山区没有信号的地方，会失去控制；第三，无人机洒落的药水基本上在叶面上，对处于树叶背面的蚜虫及林地草丛里的虫子防治效果不佳。

经过反复比较，孙卫东把自己选中的高压喷粉器当作第三代防治器具。这种喷粉器的优点：第一，用粉剂取代水剂，大大减轻了作业时的劳动强度；第二，杀虫半径扩大到 30 米开外，比以前增加了一倍多；第三，防治效果无死角。高压喷粉器的成功应用，实现了减轻劳动强度、节约人工成本、省钱、降低农残、降低安全风险等综合效应。

说起应用高压喷粉器的防治功效，孙卫东讲了一个小故事：淳安县梓桐镇姜桐村有个果农叫汪立功，他家有 205 亩山核桃林地。那年花期，他听说临安有支山核桃林地统防统治队伍，便电话联系了我。服务队派出了 3 个人 2 台喷粉机，轮换作业，仅用 2 个小时就完成了全部防治作业。当时汪立功惊呆了，说："以前我要雇 8 个人干 3 天，而你们 3 个人 2 个小时就能完成整片林地的喷粉作业！真是不可思议。"后来，4 月底的一天，汪立功在林地里拍了视频发给他，竖着大拇指说："喷粉防治后，雄花笔直，树叶平整，颜色翠绿，比以往的防治效果好，还节约了不少成本，不愧是高科技。"

2018 年，很多社员农户开始接受喷粉防治。经过广大果农的现场观摩，确实是省工、省力、省钱、效果好。

五

2020 年秋天，杭州市、区两级农技推广基金会的领导到湍口山核桃专业合作社调研社会化服务体系建设时，看好合作社的统防统治服务体系初具示范推广价值，决定 2021 年立项资助"山核桃林统防统治服务组织建设"项目。现在服务队已有人员 68 名，都经过系统培训，统一着装，还购买了工伤意外商业保险。服务队立足湍口，面向周边，实施跨乡镇、跨区域作业，发挥示范引领作用。

三年来，孙卫东带领合作社社员在山核桃经营管理服务领域进一步拓展，先后在清凉峰镇白果村、太阳镇武村、淳安县瑶山乡、宁国市宁墩镇等地建立统防统治基地 2.55 万亩，服务能力和社会反响得到很大提高。孙卫东算了一笔账：2021 年统防统治服务面积 2.6 万亩，2022 年是 3.2 万亩，2023 年达 4.3 万亩左右，三年累计服务 10.1 万亩，可节省工本费总计近 350 多万元，而且丰产增收近百分之二十。

金杯银杯，不如老百姓的好口碑。2022 年，淳安县瑶山乡爱国村的老书记方德富是山核桃种植大户，经人推荐请服务队专业人员进行喷粉防治作业。当时老书记半信半疑，担心药粉的防治效果。后来，老书记仔细区别药粉防治前后的效果，发现山核桃树叶变青变绿，雄花变长变直，雌花红润，当年秋收的产量得到了飞跃性的提高。次年开春，老书记专程从淳安赶到湍口亲自上门向孙卫东致谢。这样的例子数不胜数。

光阴似箭，孙卫东二十多年如一日，在乡间守望，在林间奔忙，与虫"共舞"。如今，他满怀憧憬地说："临安有 57 万亩山核桃林地，加上周边地区共计 150 万亩左右，统防统治这项工作，我们还在路上。"

（陈朝英　苏锡生）

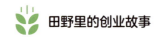
太子尖下见彩虹

作为临安人，"梅大姐"的名声久有耳闻，但与担任临安梅大姐农业公司总经理的梅慧琴却一直未曾谋面。临安创业的妇女不少，但能像梅大姐一样数十年坚持在高山深处从事蔬菜种植的并不多。交通、信息、劳动力、自然灾害等等，都是在高山上从事农业生产需要面对的问题，这些年来梅大姐是如何克服种种困难，如何一步一步发展壮大的？

带着这些疑问，我花了近一个半小时车程，进入华浪线，来到了海拔近1000米的梅大姐高山蔬菜种植基地，见到了梅大姐。

基地位于"浙西天路"海拔1558米的太子尖半山腰的玉山村，这里是昌化鸡血石的原产地。时值初夏，太子尖云海茫茫，高山梯田一片片郁郁葱葱，基地的玻璃大棚在一片绿色中格外显眼。

梅大姐正在工棚里分拣蔬菜。在一起工作的，还有几位上了年纪的老人。已经中午十二点了，梅大姐笑着说她们还没有吃饭呢。梅大姐的工作室、食堂和蔬菜分拣车间、装卸车间简陋地排列在一起，筐子里摆满了新摘的蔬菜，有青菜、蒲瓜、小辣椒等七八个产品。经年地从事农业劳动，梅大姐皮肤有些偏黑，但看得出来，梅大姐年轻的时候是个漂亮的山妹子，村里人称她为"蔬菜西施"。

梅大姐是一个既普通，又不平凡的劳动者，她是省、区党代会代表，曾获得过全国建功立业先进个人、浙江省乡村振兴带头人金牛奖，还被评为杭州市级劳动模范、三八红旗手等，获得的荣誉，足以摆满一间陈列室。

吃了简单的午餐，梅大姐陪着我在农场里转了一圈，边看着满山绿油油的高山蔬菜，边向我讲述着她的创业故事。

梅大姐说，数十年前，玉山村因出产鸡血石而名扬中国，村里人靠开采鸡血石而发财致富，玉山村是远近闻名的富裕村。

梅大姐当过村里的团支书和妇委会主任，她注意到挖矿石都是男人们的重活累活，村里的妇女有的在矿山上给矿工们打打下手，有的在家务农。为什么不能把村里闲散的妇女劳动力组织起来干点事？梅大姐想到了农业开发。上溪源头一带平均海拔在1000米以上，属于山地气候，夏天气候凉爽，病虫害少，适合种植高山蔬菜。20世纪90年代，随着改革开放的深入，中国城市化迈入了一个新的阶段，但城郊蔬菜基地受制于土地和高温气候、台汛自然灾害等因素，很难满足日益增长的城市居民的消费需求。省农科院曾到临安进行调研，会同临安县农业局到上溪、浪广两村开展过高山反季节蔬菜种植研究，有几个蔬菜品种的栽培获得成功，效益看好，有了一些经验。细心的梅大姐注意到了这个信息。

梅大姐召集村里的妇女座谈，向她们畅谈了自己想开发高山蔬菜种植的想法，得到了大家的支持。说干就干，梅大姐带领40多名妇女将村里荒置的田地利用起来，没有机械，硬是靠牛耕和刀锄开辟荒地30余亩，开始种植番茄、辣椒、茄子、扁豆、卷心菜等高山蔬菜。

创业伊始，考验接踵而来。有一年冬天，由于村里的耕牛是在山上放养，将基地绿油油的冬菜吃掉了一大片。还有一年夏天特别旱，由于灌溉设施尚未建成，梅大姐只能带着大家从山溪里挑水浇菜。2005年，台风"麦莎"强劲登陆浙西山区，将简易农用大棚几乎全部吹倒，台风过后暴雨引起的山洪又将蔬菜基地冲刷浸泡，菜地一片狼藉、病害猛发。初期的投资，因为自然灾害几乎损失殆尽。

这些困难在造成经济损失的同时，也给大家带来了心灵上的创伤。梅大姐不止一次地彷徨过，也流过眼泪，艰难的农业创业之路，是否有必要再坚持下去。有村民说，原本家庭有点积蓄，过过小康日子绰绰有余，何必在这深山土地上折腾呢？但想起自己在创业之初的慷慨激昂，梅大姐咬紧了牙关，决心一关一关地闯。

在农机部门的指导和帮助下，她引进了适宜于山地耕作的农业机械，逐步替代了畜力耕作，提高了劳动效率，还解除了耕牛对蔬菜基地的侵害。

简易大棚在山区农业中并不适用，山风强劲，容易被吹倒。她咨询有关方面专家，投资建起了农用钢化玻璃大棚。为对抗山区夏天常常暴发的山洪，她出资

重新修建了基地的灌排水设施，疏通沟渠，加固田埂。

基础设施问题解决了，梅大姐全身心投入到蔬菜种植和市场开拓中去。日积月累，梅大姐的高山蔬菜具有了一定的规模。到 2010 年，梅大姐联合村民成立了临安上溪慧琴高山蔬菜合作社，有高山蔬菜田上百亩，"梅大姐"高山蔬菜品牌在杭州地区有了一定的知名度。

2010 年到 2014 年期间，梅大姐继续在做大做强品牌上下功夫，坚持走"无公害→绿色→有机"渐进式的方法进行高山蔬菜种植，肥料以传统有机肥为主，禁用任何除草剂，全部采用人工除草。

2014 年，梅大姐成立了"临安梅大姐农业开发有限公司"，并做出了一个重大决定：扩大种植经营规模，在国石村、玉山村、峡谷源村再承包 300 亩撂荒耕地，作为连片种植基地。

这 300 亩土地已荒弃十多年，野草丛生，且分散在三个村中。要将这 300 亩荒地建设成为蔬菜种植基地，粗粗地估算了一下，总投资不下 1000 万元。她爱人觉得投资太大，有风险，劝其谨慎，但最终梅大姐说服了家人。在 2014 年

梅慧琴

的冬季，她全力开展了土地租赁工作。

租赁完成后，紧接着荒地的开垦、通路、通水、通电，一项项规模不小的工程在山村的荒地上如火如荼地开展了起来。工程完工时，梅大姐算了一下，这些年基地的经营收入，还有年轻时和爱人经营鸡血石的全部积蓄都被投了进去，而且不够，在区农业局的帮助下，向当地农商银行申请了贷款。

经过数月的紧张施工，基地建成了，面积扩大了好几倍。梅大姐觉得产品不能像过去一样单一，必须改进农作模式，优化种植结构，适应市场需求，才能提高产量和效益。梅大姐感到自己掌握的农业生产技术严重不足，于是决定走出去学习农业技术，并向有关部门申请技术援助。她结合农村农业局的政策，开始寻求与农科院、农林大学等技术合作。

梅大姐本身文化程度不高，但为了学习先进种植技术，她先后参加了中央广播电视大学农林牧渔类专业学习，并到省农业科学院、浙江大学研修班等专业进修。有时为了能赶上第二天的课，劳作了一天的梅大姐晚上搭乘运菜车到杭州市区，第二天参加学习。两年下来，居然没有落下一堂课。

种好梧桐树，引得凤凰来。经过十多年的创业，梅大姐的高山蔬菜名声远扬，基地成了浙江省农科院高山蔬菜新品种种植试验基地。

2015年以来市、区农业技术推广基金会对梅大姐农业公司给予了多次项目和技术支持，资助实施了多个新品种、新技术、新模式在高山适栽试验项目。梅大姐亲力亲为用心实施项目，总结摸索出了一套高山蔬菜种植的经验，优选出了一批高海拔地区适栽的蔬菜、瓜果优良品种。从此，梅大姐农业公司的生产逐步走上了规模化、多样化、精品化的发展路子。

梅大姐还从杭州市农业科学院等单位，引进推广了"杭茄2010"、"杭椒12"、"胜栗2号"南瓜、"钱江糯3号"玉米、"墨宝"青菜等30多个品种，丰富了"梅大姐"高山蔬菜种类。"梅大姐"品牌的番茄、四季豆、青菜、黄瓜、杭椒等品类先后斩获了省级博览会、展销会金奖。销售从周边地区扩展到江浙沪多个城市。2023年，梅大姐的公司成功与盒马生鲜蔬菜超市签约，正式成为盒马生鲜的高山蔬菜供应商。

大学生参观高山蔬菜种植

通过与大专院校、科研院所、农技推广部门的合作，进一步扩大了公司的社会影响。省农业厅、市区农业技术人员以及浙江农林大学的专家教授经常亲临田间地头指导，大大地提升了公司的产品质量、产量和效益。目前，公司的蔬菜种植面积超过 300 亩，盈利能力超过普通种植蔬菜，并获得市场的好评。梅大姐感慨地说，从事高山蔬菜种植 20 多年，从无到有，从小到大，从弱到强，靠的是党和国家的好政策，靠的是各级涉农部门和广大农技人员的大力支持。

一花独放不是春，百花齐放春满园。梅大姐在不断发展壮大自己公司的同时，不忘带领广大村民共同致富。她创立的高山蔬菜合作社，实行统一供种、统一标准、统一收购、统一销售的经营模式，目前，已吸纳社员 200 余名，带动社员高山蔬菜种植总面积超过 300 亩，年均销售收入突破 500 万元。多年来，她还亲自指导社员制定种植规划，布局品种搭配，开展生产技术指导，传授管理经验，共享"梅大姐"品牌，带动广大合作社成员增收致富。

白云生处，山峦叠翠。采访即将结束时，梅大姐带着我在核心基地绕了一圈，她指着对面山脚下一片大棚说，这几年几乎将村里的荒地全部"消化"了，我准备再用五至十年时间建成"千亩高山蔬菜现代化农业园区"，实现我的创业新梦想。

告别梅大姐，离开基地，一场大雨刚过，秀美的太子尖云蒸雾缭，山天之间出现了一道绚丽的彩虹。梅大姐那勤劳智慧的创业精神和乐善助人的崇高境界，宛如悬挂在白云生处的一轮彩虹，绽放着七彩斑斓的光芒，绚烂夺目，引人神往！

（汤向龙　苏锡生　王凌尔）

天目山下的幸福农庄

沙门坞生态农庄，坐落在浙江省杭州市临安区潜川镇海龙村一个风景秀美的山坳里，占地面积450余亩，四面是绿色的小山包。一片片绿树掩映着建在山坳里的猪舍和一幢幢建在半山上的鸡舍，一条条水泥小路盘旋在各个鸡舍之间。林木森森、蝶飞鸟鸣，和放养在林子里的母鸡咯咯叫声组成一曲交响乐，不时地在沙门坞生态农庄响起。

炎热的夏季，走进沙门坞生态农庄，顿感清凉袭人，各色花木、果树姿态万千，仿佛到了一座园林式公园，漂亮的山林木屋景观，盘山而建的石级小路，还有一群群散养在林地啄食的生态鸡，让你置身在山林画中，无风自凉，无雨自润，清爽至极。

沙门坞生态农庄能有今天的美景，是与潘陆根夫妻艰苦创业的奋斗历程是分不开的。

潘陆根1989年从临安中专土建专业毕业，为了增加生活阅历，就到玉环等地打工学技术。后回家，办起了阀门厂，因规模小、技术不过关、产品销路不畅，很快就倒闭，还欠下了不少的债务。为了还债，潘陆根夫妻俩重新创业，向亲戚和朋友借了3000元钱在於潜镇上办起了纤经车，加工被面。经过俩人辛苦努力，他们赚到了第一桶金，还清了旧债，还余了一些钱。

在20世纪90年代初，潘陆根听说养蛋鸡比较赚钱，他萌生了回乡养鸡的念头。在和妻子

潘陆根

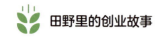

商量后，决定回潜川竺村家里养鸡。回家后，他因陋就简改建了家里的旧房，办起了家庭养鸡场，从 1000 羽蛋鸡开始养起，历尽艰辛。

夫妻俩起早贪黑喂鸡、起鸡粪，等蛋鸡开始生蛋，潘陆根又买了一辆三轮车走村串户上门卖鸡蛋。他天天骑着三轮车一村一村地跑，乐平、马山、昌化、洪岭几个乡村，他都跑了个遍。一次因为三轮车刹车不灵，在下坡的时候刹不住，他急中生智往山坎上撞，人受了伤，在医院躺了半个月，鸡蛋也成了蛋汤。

经过两年多的艰苦创业，夫妻俩积累了一些财富。第三年，蛋鸡存栏已扩大至 6000 羽，但就在这一年，他遭遇到一次滑铁卢，大规模的禽流感使他养的蛋鸡所存无几，又欠下了一屁股债。

痛定思痛，潘陆根认识到要干好养殖业，就必须懂得兽医知识。他下决心自学兽医。他买来兽医书籍开始自学，不懂的就向畜牧师请教。经过十多年的刻苦学习和钻研，他已成为临安区养殖户第一个有职称的高级畜牧师，这为他的生态农庄发展奠定了坚实基础。

经过不断努力，潘陆根的养鸡场得到了快速发展，三年跨了三大步。这让他感觉养蛋鸡是有奔头的，就开始琢磨扩大经营规模。可面临的问题很多：场地限制、垃圾增加、人禽共居不卫生、臭味大等等，在村里继续扩大规模办鸡场显然行不通。

夫妻俩商量，提出"退村进湾"办养殖场的想法，得到了当地镇、村干部的支持。经过跑山选湾，最后选定离村子 2 公里远的"沙门坞"。

沙门坞，有山地 450 余亩。这里三面环山，坐北朝南，像只"畚箕口"，阳光好，山前有水库，四周都是山林，离村子远，空气清新，是办养殖场的好地方。在村干部的帮助下，通过努力和沟通，他与 20 多家农户签订了转包合同，在 1999 年终于承包下沙门坞山地养殖权。

潘陆根申请注册了杭州潜川沙门坞生态农庄营业执照，开始了他的第三次创业。创业是艰苦的，刚来时夫妻俩住的是草棚，吃饭在一张旧方桌上。为了省点工钱，潘陆根每天和请来的泥水帮工在工地一道起早贪黑干活。

两个多月后，他投资 10 多万元搭建起了 3 幢 200 平方米的简易鸡舍。2 年后，又投资20多万元建造起800多平方米的4幢平房，一幢为猪舍，可养母猪12头，三幢鸡舍可养蛋鸡6000羽。他还把半山腰开成条形梯田，种上竹、果树、蔬菜、菜瓜、鱼腥草等，在鸡、猪舍之间栽种常绿树木，既美化了环境，又可以在夏天为猪、鸡舍遮阳降温。

经过几年的建设发展，养殖场有了一定规模，但他意识到笼养鸡蛋品质一般、价格低、利润薄、销售难，不利于农场今后发展，必须改进养殖模式。他在市场调研中发现城市人喜欢吃土鸡蛋、放养鸡蛋。此类蛋品价格高、销路好，于是，他萌发了发展林下放养鸡的想法。他去桐庐、建德、淳安和安徽歙县等地参观，学习放养鸡养殖成功经验，又寻求临安区农业技术推广基金会和技术人员的帮助指导，逐步由笼养向林下放养转变。他选购优良品种的仙居鸡在山地进行放养，进行了"畜禽生态养殖循环模式"试验，利用生猪粪便培育蚯蚓，采用蛋鸡树下放养和定时定点喂养蚯蚓饲料，既解决了猪粪出处又解决了蚯蚓饲料需求。

根据生态养殖技术要求，潘陆根又投入10万余元搭建一个面积800平方米的育蚓钢架大棚，可容纳上千担猪粪和垃圾，从外地引进"太平二号"蚯蚓种75公斤。他一门心思扑在大棚上，每天观察蚯蚓生长繁殖情况，及时改进饲养条件。经过精心喂养，科学管理，大棚当年就提供蚯蚓1万多公斤，基本达到每只蛋鸡每天可吃到1条（10—20克）蚯蚓的目标。

吃蚯蚓的蛋鸡，产蛋率明显提高，饲料也节省10%，潘陆根叫这种鸡蛋为"蚯蚓蛋"。它蛋白质含量高、营养成分好、口味佳，在市场上很受欢迎。

为了树立蚯蚓蛋品牌，他积极参加省农博会、杭州市农展会，扩大影响。现在蚯蚓蛋已畅销杭州、宁波等城市，供不应求。为适应市场需要，他开始考虑扩大养殖规模。而扩大蚯蚓养殖需要扩大生猪养殖，必须先解决猪舍流出的猪尿及冲洗猪圈废水废弃物的污染难题，不然就会造成环境污染。

为了解决这一难题，潘陆根跑镇里、市里，向有关部门寻找解决畜禽污水处理办法。在市科技局、环保局、农业局等部门的指导支持下，农庄向杭州市农业技术推广基金会申请资助实施"生猪—猪沼—蚯蚓—蛋鸡—林果—牧草"平衡生产生态养殖模式研究与示范项目。

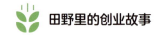

2010 年，潘陆根投资 40 万元，新建两个 160 平方米的沼气池和 2500 平方米的育蚓钢架大棚。将猪舍流出的污水全部纳入沼气池，经沼气池发酵产生气体用来照明和供雏鸡、仔猪保温取暖。多余的沼气用来烧饭，每年可节约煤气费用 2000 多元，还节约鸡仔、仔猪保温用电 2500 多度，节约成本 1500 多元。他在原有猪舍基础上，适度扩大生猪养殖，存栏达到 1200 头，解决了培养蚯蚓原料来源。

这种平衡生产生态种养模式，使沙门坞生态农庄得到了良性循环发展。沼渣沼液可以浇灌果园和牧草，又可以流入终端水塘放养浮萍，浮萍又是母猪、蛋鸡的好饲料，既增添营养，又节约精饲料，一年下来可节约饲料成本上万元。沼渣沼液在水塘里产生的微生物又是养鱼的好饲料。生态种养模式综合治理了污水、养殖废弃物，绿化美化了场区环境，为全省开展"五水共治"提供了示范样板，也为养殖业探索了一条实现生态与经济平衡发展良性循环的成功之路。

近几年，农庄的蛋鸡存栏量保持在 1.2 万羽左右。为解决鸡群过大、密度过高，容易造成植被破坏和疫病防控风险问题，农庄实施了分批、小群、多点的放养模式，在整个山坞里建造了 15 座鸡舍，点与点之间相距近百米，使鸡群之间批次分明互不窜访。鸡的活动空间大了，体质增强了，鸡蛋的品质也更好了，成为名副其实的放养土鸡蛋。

为了进一步打造花园式、智慧型、生态化牧场，农庄新安装监控设备 2 套，对生产实行全程监控；种植各种绿化苗木 850 余株，整座农庄苗木种植达 2 万余株，草坪面积 100 余平方米；还在山上搭建凉亭 2 座，长廊 150 余米，安放宣传画板 100 余块，指路牌 50 余块；建设休闲点及观景台；完善沿路及鸡舍音乐设施，给鸡群创造良好的生存环境。

生态循环经营模式改变了传统种、养单一结构，走出了种养结合、资源循环利用的高效农业之路。近年来，农庄年均农业综合生产值达 600 余万元，年纯收入 50 万元以上，不仅让一家人过上了好日子，还招录长期工人 7 名，农忙季节还需要临时用工，也帮助周边农户增加了收入。

潘陆根成功了！荣誉也纷至沓来：2010 年被评为杭州市劳动模范，2019 年

沙门坞生态农庄的母鸡

被评为浙江省劳动模范，2020 年被评为高级畜牧师。2012 年沙门坞土鸡蛋被浙江省质量技术监督局命名为"浙江名牌产品"。2016 年农庄被浙江省农业厅评为"美丽生态牧场"，2017 年被杭州市临安区评为"十佳美丽牧场"。

在荣誉面前，潘陆根没有停下前进脚步。近几年，他又投资猪粪自动装卸运输机械18 万元，实现猪粪运输自动化。他还准备投资80 万元，扩大蚯蚓养殖规模，让蛋鸡有更多的蚯蚓可吃，全面提高农庄鸡蛋的品质。

去岁曾穷千里目，今年更上一层楼。潜川沙门坞生态农庄探索了一户家庭、一个山坞、一座农场的适度规模经营模式，为山区农业发展提供了可供复制的样板；畜禽循环养殖，生态平衡种养模式，践行了"绿水青山就是金山银山"理念，为"五水共治"作出示范。

潘陆根信心满满地说：建设天目山下最幸福的农庄就是我的创业梦想。

（周建华　叶宏伟）

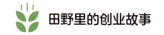

走进田园　乐享农耕

陈梅芳的爸爸怎么也不会想到，女儿最终传承了他一生都曾试想摆脱的种田这门行当。

这个初夏的一天，闲不住的陈爸爸熟练地用锄头把田垄挖了一个口子，上田的水就慢慢地匀到了下田，在欢快的流水声中，他望了望天空。天空的大部分被云遮蔽，小部分露出了很纯的蓝色，种了一辈子田的他对自己说，嗯，这是一个好天气。但是，晴空万里，一望无际的湛蓝，于他来说，并非是好天气，甚至有一种痛苦的回忆——双脚浸在水田里，毒辣的太阳从天上像鞭子一样抽下来，这还不算，水田似乎不愿意浪费这种毒辣的七色光，又把阳光反射到农夫的身上，种田人苦啊！

他是一位老党员，当年承包分田到户后，眼见农村劳动力转向务工经商，大量农田抛荒，实在于心不忍，就流转了两三百亩农田，注册了元生粮油专业合作社，操起了他的种田老手艺，形成了初具规模的家庭农场。一晃又是十几年过去了，随着年岁增大，渐感力不从心，女儿陈梅芳就是这个时节回来创业的。

现在，五月的和风吹在陈爸爸的脸上，他直起腰来，又以水平的视线望了望田野的尽头，远处立着几个比人还高的绿色的大字——"走进田园，乐享农耕"。要论以前，谁把"锄禾日当午，汗滴禾下土"描述成"乐享"，他一定会笑得把饭都喷出来，写出"乐享"这样的词，只能怪读书人四体不勤，五谷不分了。

然而今天，陈爸爸在女儿陈梅芳的"领导"下，重新认识了"农业"这个词汇的全新内涵与外延，对"走进田园，乐享农耕"这八个字，不得不心悦诚服。听得多了，熏陶得多了，这个近70岁种了一辈子田的农夫，也能说出"农文旅""生态农业"这些个的新词来。

如何拿捏节气，什么时候该播种了，什么时候该收割了，这类细节他还是女儿陈梅芳的"领导"。但整个农业园区的规划和公司的运作，应着市场的需求种植与养殖什么品种，精准采购农业机械这种大事，女儿陈梅芳更是他的"领导"。想起这些来，这位老农心里就有了几分欣慰与甜蜜。

十几年前，刚参加工作不久的女儿陈梅芳要从城里回乡来创业，而且执意要搞农业，甚至就是种田，陈爸爸吓坏了，一万个不愿意，举双手反对。他心想，自己在水田里忙乎了一辈子，日晒雨淋，怎么也不能让下一代再吃这个苦，何况还是女儿呢。想当初，他这个田间能人，从农户手上租下几百亩抛荒的农田，是因为老实巴交的他只拥有这么一个"手艺"，选择这么辛苦的行当实属无奈。为了什么？不就是为了女儿不要再受种田的苦，怎么也要让陈梅芳当个城里人。

而女儿哪里会不知父辈的劳苦呢，她时刻关注着现代农业发展的趋势，可以说是"身在城里，心在田间"。信息这方面，她肯定比父辈灵光。新世纪后，政府支持与鼓励农业已然成为最大的趋势，政府还成立了省、市、区三级农技推广基金会呢。

陈梅芳常常想，我本是一个农家女，为什么不能在农田里天然样，款款行？

还没有等陈爸爸的反对产生力量，陈梅芳已经辞职来到了家里，这个家的温馨自然增添了许多，但陈爸爸的闷气还没有消散。

2010 年，陈梅芳回到家里开始农业创业，她的方式当然与父辈不同，她相信种田不只是简单的劳作，而是一门科学，不但要提高效率效益，而且还要考虑让种田人少受累。一开始陈梅芳就对 70 亩水田进行机插秧试种，获得了成功。

邻地的农户们对一个姑娘家投身农田劳动很是好奇，第二季种植的时候都来围观，一看陈梅芳的机械插秧机速度可真是快，但机器插的秧苗每丛都又矮又稀，甚至有点歪斜不那么周正，农户们一个个直摇头，这现象完全游离于他们的常识之外。有些农户自小就是插秧好手，手艺炉火纯青，插好的田整整齐齐，秧苗茂密笔挺，简直像艺术品一样。他们哪里见得了这样的"田状"。

对人们的疑虑，"要么这样，"陈梅芳说，"你们已经种下秧苗的田里，让出一亩给我机插秧做个试验，用相同的苗种，相同的管理，最后对比一下，哪个产量高。有损失我承担。"农户们当然乐意。于是陈梅芳把他们已经种下的秧田

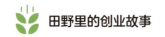

翻耕后进行她的机插秧操作。

收获的时候，农户们采取机插秧的试验田每亩收成约650公斤，而自己播种的田每亩收成不到550公斤。此刻，农户们不得不承认，植物的生长的确有一种"科学"的东西在里面。由于农户分散经营，劳动力紧缺，管理技术不足，种粮成本高效益低，许多农户纷纷要把田地流转给陈梅芳种。

2010年下半年，针对上述情况，陈梅芳经过慎重思考决定顺应农户愿望，以优厚的流转价格，开展了规模化的田地连片流转工作，不到3个月的时间就完成了600多亩农田连片流转的合同签订。从此，开始了粮食生产的规模化经营。2011年，陈梅芳在有关部门的支持下，顺利注册登记了"太阳镇梅芳家庭农场"。

按当时的形势，如果单单是种水稻，可以说是国家补助不高，成本极高。上千亩田，场面搞得很大，但每亩利润也就一百多元，谈不上经济效益。

2011年始，陈梅芳开始探索既能提高粮食产量又能增加经济效益的新路子：一是要改变农业生产模式——探索走种养结合的路子；二是要"接二连三"拉长产业链——走产销+农旅一体化的路子，变卖稻谷为卖大米；三是创建生态品牌——走品牌化优质生产的路子，进一步提高产品的附加值。

于是，她就迈出了第一步，积极探索种养模式和稻田套养。为此，她赴省内外有先例的地方去学习取经，先到丽水的青田。青田的水稻套养鱼类搞得最好，青田人爱吃田鱼，田鱼在青田餐饮中的地位，相当于临安人一进餐馆就问有没有石斑鱼。

考察回来后，说干就干，陈梅芳倾其所有，把仅有的15万元投入到大面积套养田鱼的试验当中。那些日子，她每天都要到田里去看田鱼的生长，简直到了对田鱼"嘘寒问暖"的程度。如果天

陈梅芳

天去看一种生物的生长，日子就会非常漫长与难耐。那种难受，陈梅芳至今想起来都挥之不去。

到了收获的季节，陈梅芳一看，她的田鱼产量远远没有青田田里的大。她反省总结一下，发觉青田是真正的山区，都是梯田，山水从高处下来一路灌溉，流动性好，水质十分适合田鱼的生长，而她们这里是山间小平原，水势缓慢易浑，田鱼不太适应。也正是地貌地理的不同，青田梯田养鱼不用考虑防逃，而她们则不一样，成片的稻田连着，防逃变成一项大成本的工程。最扎心的还是青田那边田鱼吃惯了，人们十分的喜爱。而她们这里人，看到颜色红红的田鱼，就完全不适应，下不了口，更是疑虑田鱼有泥腥味，销售竟然成了大问题。

一句话，稻田养田鱼，对陈梅芳来说，是一次失败，是一次沉重的打击。接下来，还能不能翻身都是一个未知数。

创新与试验总是要失败的，总结经验教训的意义就在于更好地指导下一步的行程。陈梅芳经验也总结出来了，原因也找到了，她连下一步的设想也想好了，那就是她认为临安太阳一带的稻田更适合养殖牛蛙和甲鱼。但下一步走不下去了，因为她的资金跟不上了。

时间到了 2012 年，陈梅芳勇于创新，敢于探索的精神得到区农业技术推广基金会的重视，区基金会立马组织相关农技人员来实地进行了调研，并决定给予申报的杭州市农技推广基金会农作制度创新——"稻鳖共育种养结合生态示范试验"项目以资助，通过基金会示范项目的试验，当年就实现了"千斤粮、万元钱"的目标，既提高了水稻的产量与品质，又显著增加了经济效益。

在基金会的支持下，陈梅芳渐渐实施了水稻生产全程机械化来降低劳动强度，提高生产力，应用沼液灌溉减少化肥的使用量，采用绿色防控降低农药使用量和残留量。

正是由于杭州市农技推广基金会给予了技术和资金上的支持，陈梅芳在种养结合模式创新、管理技术、品牌创造等方面积累起了经验，并为今后的发展打下了坚实的基础。

第二步就开始探索产销＋农旅一体化发展的路子，在太阳镇政府和有关部

门的支持下，陈梅芳办起了稻米加工厂，实现了从卖稻谷向卖大米的转变，第一年就卖掉了万斤大米，自销率达到了100%，经济收入增加了480万元。从此以后，大米销量越来越大。同时，她对农旅结合、发展餐饮业也作出了初步规划。

第三步就开始探索生态品牌的工作了。由于基金会"稻鳖共育（稻蛙共育）种养结合"生态示范项目的试验成功，城里的乡下的众多人士都在说："稻田里青蛙、甲鱼都生长得这么好，这种稻米肯定是安全的、生态的！"这时社会上已经认可，但怎样把这种优势转化为效益，就需要有一个叫得响的品牌。于是陈梅芳就多方请教专业人士策划设计，经过多方论证最后确定"太阳米"这一品牌名称，就这样一炮打响。从此，"太阳米"的售价比原来提高了30%。后来她就将这一品牌无偿授权给符合产品质量要求的合作社成员使用，使广大合作社成员都能受益。

为了输出自己的农业模式与管理技术，实现乡间共富，陈梅芳创办了合作社，她把7个村的7位种粮大户集结在一起，统一种子购买，统一物资购买，统一机器插秧，统一机器收割，统一加工稻米，统一销售，统一品牌的培育……水稻种植面积从2012年的2980亩，扩展到如今的8000多亩。

陈梅芳说，大米营销也有学问，合适的销售时机掌握，才能够让客户明察每

"太阳米"稻田

季"太阳米"的确是当季大米。陈梅芳还说，包装也有学问，我们的米与超市里卖相很好的米不同，我们不经过抛光诸类工序，我们的米就是天然样、朴素貌，叫作"真正儿时记忆中的大米"。

同样是传承农业，陈梅芳与陈爸爸肯定不同，不像老一辈人，只钉在一亩三分地上。陈梅芳在农业种植上会考虑规模化效应，在田间劳作上会选择机械化替代，在土地产出效益上会思考资源的充分利用，在外宣生态绿色产品上会巧借套养家禽水产动物，在产品深加工上，会用她的米做年糕、米糕、酿酒。这还只是种植与养殖以及加工的层面，是陈梅芳最基础的理想。

现如今，陈梅芳与人合作，在田间开办了餐馆"稻香别苑"。你若到二楼推窗一望，无际的田野，伸手一捞，皆是野风。这餐馆的价值非同可小，表面上看只是一个吃吃饭的地方，但它实实在在让客人品尝到了这里的农产品，这是餐馆又是展示厅，集中了太阳镇的优质农副产品，它其实是一个产品质量令人信服的宣传窗口。陈梅芳一个开办餐馆的举动，内含了共富的实质。

进一步延伸，在水平如镜的稻田上，陈梅芳搭建了景观平台与观景长廊，为瑜伽、舞蹈、茶席开辟了户外空间，这些雅集活动若深入到陡峭的深山并不实际，在绿油油的稻田之上不香吗？不是更接近生活的本质吗？更重要的是，这些设施为学生们的研学铺平了道路，为学校教育补充了一个更大的课堂，内容可以涉及生物科学、农事节气、美术创作甚至户外游戏等等项目。为此，游步道的那端，几乎是全景玻璃的太阳米咖啡厅即将竣工，陈梅芳欲将餐馆的合作模式复制到咖啡厅里来。

陈梅芳，优质稻米产销一体化的开拓人，走在实现着一、二、三产融合梦想的路上，她等时机成熟，有合适的合作者，还要搞直播呢！不过她新近着手的是办一个农机服务中心，让农机闲置的时间缩短，用点单服务的方式向全社会开放。

"临安，回乡创业的年轻人很多，这些年轻人中女人也很多，这些女人中做农业很成功的也很多，但做农业坚持以种水稻为主业的大概就一两个吧，我是其中之一。"陈梅芳如是说，有惆怅，也有自豪。

（陈 刚 翁东潮）

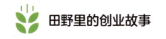
玩出来的茶叶新秀

一、烦恼与契机

36岁时候，项芳镇碰到了一个让他烦恼的难题。

项芳镇是个很能折腾的人。他老家就在本地的东天目光辉村。十多岁的时候，他去学习汽车驾驶技术，就成了一名货车司机，后来又给老家光辉村的老板朗洪才做小车司机。那时，恰好赶上新农村建设，老家的村里有很多改造项目工程需要人做。项芳镇想，做做工程，当个小包工头总比当个小车司机能挣得多吧。于是他就组织人手，把村庄改造中的一些河道整治、道路建设这样的工程接了过来。干着干着，手里有了一些积蓄，他又去开发旧电缆回收和销售的业务。反正折腾来折腾去，手里也确实挣到了一些钱。

但是，新农村建设，总有一个结束的时候，废旧电缆回收和销售的市场，竞争也越来越激烈。最要命的是，他在外面揽到的一些工程和销售出去的电缆废料，资金越来越难以回收了。一年到头"这头垫资，那头讨账"的日子，项芳镇深以为苦。本来想，生意这么难做，不如干脆收手不干了。以他之前这些年的努力，在家里过个小康生活的资本已经足够，但是，自己才36岁，难道就此"躺平"不成？

烦恼中的项芳镇，就去安吉的表弟那里散散心。和临安接壤的安吉县，隶属湖州，是享有盛名的"安吉白茶"的原产地。安吉县的茶产业非常发达，茶叶市场也空前地繁荣。项芳镇久慕安吉白茶的盛名，就去茶业市场转了一转。不想，无心的溜达，却让他发现了一个让他梦寐以求的商业模式。

原来，在安吉的茶叶市场上，项芳镇看到，茶农们背着刚刚采摘下来的茶青，来到收茶青的档口，老板远远就迎了上去。接着很顺畅地评估等级称重算账，然后，钱就直接装进茶农兜里去了。而来到出售成品茶的档口，又看到来这里采购的茶商们也都是用现钱现货，清清爽爽、干干脆脆的。项芳镇心想，这可真好，要是自己的工程款和电缆货款，也能有这么干脆的现金流交易，那该多好啊！

表弟告诉他说，中国的茶叶市场在之前咖啡、碳酸饮料、果汁等洋饮品的冲击下，曾经一度受到了市场下滑的打击。但是，那些洋饮品都不能算是健康饮品。如今，中国的经济长足增长，大家的生活条件也越来越好，人们对于生活品质与健康安全的饮食需求回升。而茶叶，不仅是世界公认的最为健康和绿色的饮品，还承载了中国传统养生文化的深厚内涵。所以这几年，茶叶市场需求在不断地上升。目前不仅是在中国，就是在全世界范围内来说，只要茶叶的品质好，品相佳，销路是绝对不愁的。表弟的无心之语，让项芳镇突然萌生了一个想去种茶的念头。

回到家里，项芳镇就一直想着这个问题。恰好这时，原光辉村一片承包给他人的经济林山地到期了。原先种植的杉树伐掉以后，土地就暂时成了一片荒山。这正好是个难得的机会！他就打算把这一片山地接手过来种植茶叶。但是家里人却并不赞成他这个想法。家里人对他说，手头上的要事是讨要欠款，欠款全部收回后，就是后半辈子不干活，也不会缺吃少穿的。何必要自讨苦吃，冒那个险呢？

项芳镇考虑了两天，就和家里人说："是的，我现在就是不创业，守着原先的老路子走，也不会过得很差。但是你们看，我才三十多岁呢，人生还有半辈子，就这么得过且过下去有什么意义？你们只当是让我闹着玩吧，反正闲着也是闲着不是？"

二、玩就玩出点新名堂

项芳镇种茶的主意这么坚定，其实也不是他一时心血来潮。上次从安吉的茶业市场回来之后，他就留心关注了关于茶叶的一切信息，私下里早已做了不少功课。

原来，在临安，历来就将茶叶称作"三宝"之一。临安地理位置优越，气候适宜，最有利于茶叶营养物质的富集。特别是在 1979 年，临安对"天目云雾茶"进行挖掘研究和创新，恢复生产后，定名为"天目青顶"。"天目青顶"形似兰花、

项芳镇

叶质肥厚、色泽绿润，芽叶匀齐成朵，滋味鲜醇爽口、清香持久，汤色清澈明亮。

不过，虽然天目青顶有知名度，但他作为一个后来者，必定会受到已经成熟的茶产业链的挤压。于是，项芳镇想，反正自己也是带着一种试试看的心态，不如找另一种更加有特色的茶叶品种来种植，没准会实现弯道超车，有自己独一份的特色。

老实说，从创业的角度来说，项芳镇的这个想法是相当冒险的。因为一个种茶人如果照着已有的模式来做，起码各方面的风险，都要比自己找一个新的茶叶品种要小得多。但是，项芳镇却认定了，反正基于自己目前的经济状况，种茶的目的不是谋求温饱，要干，就干点新名堂。弄成了固然是锦上添花，正好让自己现有的业态平稳过渡转移，弄不成，也不危及自己的生存。

因为他已经瞄上了一个近几年在市场上风头更劲的茶树品种：黄金茶！

三、引进新品种，从被质疑到被关注

原来，在当时的安吉的茶业市场，除了白茶以外，有一种新的茶树品种正在悄然兴起，这就是"黄金茶"。

安吉黄金茶指的是黄金芽，而黄金芽是国内目前培育成功的唯一黄色变异茶种，是一种堪称"天授异彩"的新兴茗品。它具有独特的口感和香味，在当时的茶叶市场，非常受欢迎和追捧。此外，黄金茶还含有比其他茶种更加丰富的氨基酸、维生素和矿物质。这些营养成分不仅可以增强人体免疫力，还可以预防疾病，对人的身体健康有很大的帮助。在当时的市面上，黄金芽因为口感鲜爽，以及独特的高氨基酸含量，已被人们当作新型特色茶礼，用来赠送他人。

其实项芳镇这么笃定地想选择黄金茶品种来种植，私下里还有点小心思：黄金茶是一种珍稀黄化茶树种质资源的品种，也是一种新兴的中国名茶。以它目前强劲的市场现状，将来必然会有越来越多的人想种植这个品种的。那么，对于茶苗的需求也会逐渐扩大，只要自己能把这个品种引进种植成活，相信将来即使只出售茶苗，也会是一笔不小的收入，这对于自己种茶的风险，是一种不错的保障途径。

说干就干，项芳镇主意已定，就果断地着手将光辉村那片采伐后空出来的山地承包过来。2013年下半年，项芳镇挨家挨户进行拜访，恳请当地村民将山地流转给他。很多村民一听说他是用来种茶叶的，虽然嘴里不说，但内心并不看好。

经过多方努力与耐心说服，2013年的8月，项芳镇终于从当地47户村民手里流转承租了400亩荒山，不到一年后，他又流转承租了周边的近200亩荒山，承租面积达到了600亩。

2014年1月，前期准备工作完成后，项芳镇先后引种黄金芽、黄金叶、御金香等无性系黄化茶苗200多万株，分片种植。

万事开头难，项芳镇当然也知道开发农业的艰辛，但是，没想到真正干上这一行以后，他所碰到的问题却是出乎意料的多。如果单单只是体力上的劳累，那只要自己挺一挺就过去了，但是，一些人力所不能左右的因素，却是始料未及的。

因为气候对茶叶生产的影响非常之大。2016年秋后的一场霜冻，把一批栽种不久的新茶苗给冻坏了，这让项芳镇心痛不已。紧接着2017年的夏天，持续的高温干旱，又让近400亩的茶树"元气大伤"。为了降低干旱对茶叶的影响，项芳镇几乎24小时都在山上，既愁水源，又愁浇水工，每天凌晨两三点钟，就头戴矿灯，手拿水管去给茶树浇水，辛劳和日晒使得他一下子瘦下去十几斤。

"你们看我这张脸，这四五年来老得多快，都赶上这山上的茶叶杆子了。"项芳镇指着自己的脸，对着朋友们自嘲道。然而，开弓没有回头箭。项芳镇依然坚持每天一边上山管护茶园，一边忙于用工人员的农事安排。但是茶园太大，管理员都请了好几个，有时候还是管不过来。项芳镇一边是种茶人，一边还要做管理员。起早贪黑地精心管理着每一片茶山，所幸，引进的茶苗在他辛勤的付出后，成活得不错。

有人在做，当然也有人在看。项芳镇弄了一片茶山，种植的茶树却是与人家不同的新品种。这个新生事物早就引起了大家的关注。当然，很多人对他的选

项芳镇在茶园工作

择还是抱有一种幸灾乐祸的态度。到了 2015 年，项芳镇的茶山已经拥有茶苗共计 160 万株，其中黄金叶 260 多亩，黄金芽 100 多亩。茶苗平均成活率达到了惊人的 99%。辛勤劳作之后，茶山的茶苗终于成活，并且势头不错。这件事引起了当地政府和农业部门的注意。

2015 年，项芳镇正式成立了"临安市芳镇家庭农场"。政府部门对他的农场也给予了极大的关注，因为在临安种植黄金茶品种的人不多。经临安基金会考察推荐，杭州市农业技术推广基金会认为符合创新农作项目的资助条件，于是就将"临安市芳镇家庭农场"列入了当年的资助名单。

四、创业初步成功，扩大种植面积

在大家的帮助下，"临安市芳镇家庭农场"逐渐走上正轨。到 2017 年，项芳镇种下的茶苗已经长成，可以投产打顶采摘了。当年亩产干茶 5 斤，产值达到了亩产 7500 元。到了 2018 年，亩产干茶达到 20 斤以上，产值也达到了 3 万元以上的水准。经济效益显现出来了。这个茶叶优新品种的引进与发展，比原有种植的茶叶品种经济效益更好。一下子就带动了临安本地茶叶种植户们引进和扩大名优茶叶品种种植的积极性，继而也改变了临安茶叶种植大户们的思想，起到了良好的示范作用。

冬去春来，如今，位于光辉村苦竹坞的 400 余亩荒山，已变成了一片翠绿的茶园，早已全面投产。几年的付出终于结出了硕果，这里被授牌成为"浙江省茶叶优质新品种引进示范基地"。

项芳镇尝到了敢为人先的甜头，种茶的劲头更足了。内心期望着再扩大茶园的种植规模，并向太湖源镇政府表达了意愿，为了扶持和加强本土茶叶新品种的种植力度与规模，政府决定出面协调，通过置换对调等方式，协调出1200亩山地，用来支持项芳镇的茶叶种植需求。

这一次茶叶种植规模的扩大，项芳镇再也不是出于玩玩而已的心态了。在新开辟的茶园里，他合理地调整了区块种植结构，分别种植了白茶、"白叶1号"、黄金芽、黄金叶、"新安4号"等五个茶树品种。其中"新安4号"极白茶种植了200亩。

事业做大了，他在家庭农场的基础上，注册成立了"杭州临安镇农业开发有限公司"；其申报的"'新安4号'茶树品种引种示范"，再次被立项为杭州市农业技术推广基金会资助项目，茶树生长态势强良好；还探索总结出了"新安4号"茶树新品种在当地的生长特性、园地建设、茶苗种植、树冠培育、光照管理、土壤管理、病虫防治、灾害预防等一系列种植技术要求，并在此基础上，制定了《"新安4号"茶树栽培技术规程》。

五、不甘躺平，还有梦想

通过近几年来的努力，茶园基地建设已初具规模，并获得了各方好评，但是项芳镇又有了一个新的梦想，他想建设一个与基地配套的茶厂。

原来，项芳镇的茶叶销售在一开始的时候，主要还是依托安吉的茶叶市场，以卖鲜茶叶为主，鲜茶叶大部分直接卖给安吉的制茶厂家去了。

也就是说墙里种花，最后却是香在了墙外。虽然项芳镇自己也制作一些黄金芽的成品茶，但是由于规模太小，成品茶产量上不去，终究没能在终端市场上形成多大的影响。

在采访聊天时，项芳镇说，临安有句歌谣：东坑的茶叶，西坑的水。我们为什么不能深入地发掘茶叶和水融合发展的新的经济业态呢？

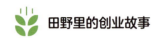
愿项芳镇这个玩出来的茶叶新秀，在"玩茶"的路上走得更远，"玩"出更多的新名堂来！

（聂　峰　曹关跃）

05

桐庐

"杏"福来敲门

2022 年 5 月，桐庐县富春江镇金家村的凯特杏大丰收！

敞亮的大棚里，一个个金黄色的杏子密密匝匝地挂满枝头，随手摘一个尝上一口，味道那叫一个鲜甜！最令人啧啧称奇的还是这些杏的个头大：平均每个果实有 3 两重，最大的超过 6 两重，足有小孩子的巴掌那么大！货好价也俏，这杏每斤卖到 30 元，可产品仍供不应求，网上订单不断，上门购买的人更是络绎不绝。顾客说得最多的一句话是："哇！从来没见过这么大个的杏！"

见此情景，最高兴的是富春江镇先跃家庭农场主陶先垚先生。人逢喜事精神爽，他笑哈哈地介绍，今年金家村的"凯特杏"杏园亩产有 1600 斤左右，算下来每亩效益可达 4.8 万元。

这样的效益令人振奋，难怪有人叫这种杏树为"摇钱树"了！可陶先垚却感慨地说："凯特杏是北方的水果，别看这杏树现在是宝，可几年前它还不如草！它能有今日的'翻身'，得感谢桐庐县农业技术推广基金会的支持和帮助！"

一、令人沮丧的凯特杏

北方水果在南方土地上"出彩"，背后有个精彩的故事。

那年，陶先垚当上了金家村的党总支书记。这位土生土长的憨厚汉子，想得最多的还是如何要为村里寻找一条致富路。金家村的水土特别适合种植水果，想当年"金家枇杷"就曾经闻名一方，因此他想在种果树这上头动动脑子。

2003 年，当地传出一个新闻，说某农户家有三棵杏树，结的果子又大又甜，户主开出了 15 元一斤的高价，人们还是抢着买，一共卖了 7000 多元。

这消息让陶先垚心中一动！他一路打听，找上门去打探情况。这是他第一次听到"凯特杏"这个水果名，还得知那三棵杏树来自北方。于是他买了几斤杏子拿回家尝尝，果然酸甜爽口、风味独特。陶先垚发现了蕴藏在金黄色杏子后面的巨大商机，内心像发现新大陆一样冲动和惊喜！

于是，陶先垚"三顾茅庐"，与那家农户进行合作商谈，最终以3000元的高价买下了一些杏树枝条作接穗，当年就开启了凯特杏的嫁接和育苗工作。此后，他不仅自己带头栽植了50多亩凯特杏，而且发动本村七八户村民和他一起种植，其中还包括几户残疾人。有几户原本种蔬菜的农民，也转型改种了凯特杏。

小小的杏树，承载着大大的希望！

陶先垚一有空就往地里跑，看到自己亲手嫁接和培育的凯特杏枝条冒芽了、长叶了，他心中激动难抑。经过精心照料，凯特杏在金家村这片土地上茁壮成长，很快就长得枝繁叶茂，这真是一片"希望的田野"啊！

一晃三年，凯特杏终于到了开花结果的时候。

可令人大惑不解的是，繁花满树的凯特杏，一遇下雨就落果，最终一个果子也不剩。第一年是这样，第二年、第三年、第四年依然如此！每年随着杏树的花开花落，陶先垚和种植户们饱尝了"从希望到失望"的沮丧。

陶先垚心有不甘！为了解决杏树"只开花不结果"的问题，他又投入大笔资金在杏园盖起了大棚，为的是阻隔春季雨水对凯特杏的"袭击"。有了大棚作"保护伞"，杏树长得更好了，花开得更艳了，可依然是只开花不结果！

陶先垚也曾心急火燎地赶到那家农户去讨教种植经验，可那农户却哭丧着脸说："我哪有经验啊！我家三棵杏树，种了十来年，只结了那一茬果实，后来每年都是开花不结果……"听了这话，陶先垚内心

陶先垚

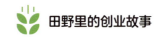

的疑惑更深了。

问题到底出在哪里？陶先垚转而求教农技专家，可当时全省种植凯特杏的唯有金家村一个地方，果树专家也给不出解决的办法，真可谓是"求技无门"。陶先垚听到最多的一种说法是："凯特杏是北方水果，不适合在南方种植。"

就这样，陶先垚连续"折腾"了六七年无果，满怀的希望落了空。最让他难受的还是跟着他的种植户同样遭受到了损失。这时候，村里什么难听的话都出来了，有的人说他"想出政绩，好高骛远"，有的人说他"不顾本地实际，劳民伤财"，还有的人说"跟着陶书记倒霉嘞"，更有的种植户干脆把树砍了。

此时的陶先垚，真可谓有苦说不出，进退两难。

二、雪中送炭的人来了

正所谓"山重水复疑无路，柳暗花明又一村"。让陶先垚惊喜的是，事情居然出现了转机。那是 2020 年 12 月初，陶先垚家来了几位特殊的客人，他们是桐庐县农技推广基金会的负责人，此番是来家庭农场搞调研的。他们像家人一样亲切地与陶先垚拉家常，还向他了解生产中有什么困难。这让陶先垚内心感觉分外温暖，他情不自禁地大吐苦水，如竹筒倒豆子般地诉说了这些年种植凯特杏遭遇的无尽苦恼。

基金会领导说："带我们到果园里看看！"

杏园靠近山脚边，是一片平整的田园土地，沿边是一条小溪，离水源很近。

陶先垚在详细介绍了凯特杏种植中遇到的难题之后，恳切地说道："请想办法救救我们的果园！"

县基金会的同志临走前一再安慰说："别急，我们帮你想想办法。"

说句大实话，基金会同志一句"帮你想办法"，令陶先垚感动得想哭，但他也不敢抱太大的希望，心想他们能想出什么办法呢？

但让他万万想不到的是，仅仅过了数小时，基金会的领导就打来了电话，说县农技推广中心水果技术专家葛有良，搜索到了有关凯特杏的信息，在山东省果树研究所有一位专门研究凯特杏栽培的专家，基金会可以带他们到山东取经！

这真是一个天大的好消息！陶先垚高兴得跳起来，心想终于找对人了，如能获得"种杏良方"，他们的果园就有救了！

说干就干，实干兴邦。12月13日，县基金会领导带领水果技术人员和陶先垚等种植大户一行6人，冒着风雪严寒，奔赴地处泰安市的山东省果树研究所考察学习。

县基金会领导带着考察组一行拜会了山东省果树研究所杏栽培专家苑克俊教授，并随他来到研究所的凯特杏种植基地，听他耐心、详细地讲解凯特杏的生长特性、栽培技术要点。他深入浅出的讲解，让人一听就懂。

听了苑教授的专业指导，陶先垚有一种茅塞顿开的感觉。终于解开了金家村凯特杏"光开花不结果"之谜，原来症结就在于"温度"。

凯特杏开花时，最佳温度是在15℃至22℃之间，超过22℃就不授粉。而那个时间段正是南方温度忽低忽高且多雨的季节，温度达不到要求，凯特杏就"罢工"了。至于那年农户家三棵杏树的一次偶然大丰收，正是因为那段时间的温度，恰好满足了凯特杏的授粉需求。说到底，是因为"老天爷"凑巧帮了个忙。

第二天，基金会领导又带着陶先垚等种植大户，驱车数百公里到一处凯特杏种植基地现场学习取经。让陶先垚深为感动的是，山东的杏农非常热情，毫无保留地向他们介绍了种杏的实践经验，以及杏产业的发展状况。

山东种植户还告诉他们，凯特杏树虽然耐旱耐寒，却经受不住南方的多雨，要用科技手段，有效地进行花期控温、授粉坐果、肥水调理。此外，下半年6℃以下的低温要满足600个小时……山东专家和种植户介绍的经验，陶先垚一条条记在本子上，生怕漏掉了一点点。

跟着基金会的领导走了一趟山东，陶先垚感觉自己上了一堂生动的凯特杏种植技术实践课，体会到种什么、养什么，都是技术活；只有掌握了技术的"金钥匙"，才能取得丰硕的成果。这下种植户们心中也有底了，个个信心百倍。

县基金会趁热打铁，联合县农业农村局、富春江镇政府，帮助金家村进一步做好凯特杏的发展规划，改善基础设施，提升产业发展水平。

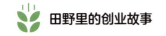

2021年县基金会把"凯特杏丰产栽培技术培训"作为资助项目立项实施，于当年4月份联合县农技推广中心，在富春江镇金家村凯特杏基地，举办了"凯特杏优质高效栽培技术培训班"，特邀山东省果树研究所苑克俊教授、浙江省农科院果树专家前来授课讲学，传授丰产栽培技术，现场为农民答疑解惑。

在专家的指导下，陶先垚一马当先干了起来。他首先在自家的杏园里搞起了试验，在控温上下大力气。其次，又在每个大棚里都挂上了温度计，并雇专人每天紧盯温度计上的数字变化，以便及时采取措施。与此同时，他边学边干，遇到问题随时请教专家。在杏树开花季节，当大棚温度超过22℃，他就给杏树掀棚散热；温度再往上升一点儿，他马上用黑色遮阳网遮阴，甚至进行喷水降温，千方百计把温度控制在22℃以下。此外，怕杏树授粉不完全，他还到北方买来凯特杏花粉进行人工辅助授粉。因地制宜，慢慢实践，根据当地的环境、土壤、气候等特点，他自己总结出了一套"花期控温、授粉坐果、肥水管理"的栽培技术。

功夫不负有心人。2021年，陶先垚的杏园试验区块的凯特杏，终于开花结果了。5月中下旬，凯特杏成熟时，金灿灿的果实挂满了枝头，虽然果园只有30%的结果量，但那情景看着仍然十分喜人！这可是杏树种植第九年后的第一次结果！

最令人称奇的是凯特杏的大个头，单果重有4两至5两，味道更是鲜甜可口，一上市就受到了消费者的青睐。售价30元一斤的凯特杏，供不应求，许多城里人自己驾车赶到金家村购买品鲜。至2022年，果园平均亩产已接近1500斤，售价每斤30元，亩产值约4.5万元。这真是一个令人振奋的数字！

浙江省农科院的专家赶来，目睹硕果累累的景象，以及凯特杏受市场青睐的程度，笑着说："我们引种凯特杏六七年了，也一直没有解决好'只开花不结果'的技术难题，想不到你们金家村攻克了这些难题，成功挂果，为浙江省特种水果杏产业的发展作出了贡献，真厉害！"陶先垚谦虚地说："人们常说'十年磨一剑'，我们是'十年磨一果'。这是丰收的果，也是辛勤的果，更是幸福的果。'北杏南种'能成功，我们的辛苦也算没有白费。"

转眼到了2023年，在取得成功种植经验的基础上，经过精心培育管理，金

凯特杏

家村的凯特杏真正迎来了大丰收。产量比 2022 年翻了一番，亩产量约 3200 斤，售价 30 元一市斤的凯特杏，亩产值约 9.6 万元。金家村的杏农还通过线上电商将凯特杏卖到了全国各地，个个眉开眼笑！

三、栽下更多的"杏福树"

吃水不忘挖井人，凯特杏成了"摇钱树"，金家村的杏农忘不了县基金会的一路扶持，可当他们表示感谢时，县基金会的同志却说："扶新、扶优、扶小、扶农民，是我们的职责所在，农户的需求就是我们努力服务的方向。"

真心助乡邻，齐奔致富路。在栽种凯特杏的过程中，陶先垚深得村民的认可，也为金家村杏农带来了好收益。

村里有家低保户，一家三口都是残疾人，也是凯特杏最早的种植户之一。多年来，跟着种杏没有收入，日子不太好过。想不到 2023 年他家仅售卖凯特杏一项，就有 3 万余元的收获，生活有了较大的改善。陶先垚也特别关照这户人家，金家村的凯特杏实行统一销售后，陶先垚总是把他家的杏果先卖掉。

金家村的杏园，还带动了村里劳动力的就近就业，村里一些上了年纪的低收入农民，在杏园里劳动每天可收获 200 元报酬，在家门口就可赚到钱。

看着杏农脸上的笑容，最高兴的是陶先垚。作为村总支书记的他，让村民们实现共同富裕是他始终不忘的初心。对杏产业的未来发展，他也有了新的谋划，一是为凯特杏统一注册了"金家蜜杏"的商标；二是引进智能化管理技术，用数字化手段改造控温、控湿、控肥大棚设施，提高凯特杏的产量和品质；三是因地制宜，适度引扩杏的新品种和扩大种植面积；四是设想开发杏酒、杏汁、杏酱、杏脯、杏花等深加工产品。

他将带领金家村的杏农，进一步实行精准种植、精细管理，探讨延长采期管理技术，种下更多的、可持续发展的"杏福树"！

（王斌鸿　彭长凌）

菌菇屋里的"彪悍人生"

桐庐县凤川街道有个翙岗村，是个历史悠久、风景秀丽的古村落，桐庐富达食用菌有限公司生产基地"落脚"在这方土地上，已有整整 20 年。

走进富达公司生产基地的工厂化智能菌菇房，你会有一种春风扑面、暖意融融的感觉。只见那些码得齐齐整整的菌棒上，一簇簇鲜嫩的菌菇探出头来，清新如花儿一样。

富达公司的主人名叫王钟鸣，"结缘"食用菌已三十余年。他醉心于他的食用菌菇王国，从未间断对菌物奥秘的探索。

一

王钟鸣已至花甲之年，看上去依然精神抖擞，浑身充满着朝气。人们常说"三句话不离本行"，说到食用菌，他双眼发亮，话匣子一下子便打开了。

20 世纪 80 年代，王钟鸣高中毕业后，被分配到县供销社下属的食用菌公司工作。当时公司生产的食用菌菇主要是制成罐头销往国外。爱学习、肯钻研、不怕吃苦的他，通过食用菌技术培训，很快就掌握了蘑菇种植技术和外销市场的"门道"，成为公司的骨干力量，挑起了蘑菇种植技术指导和销售工作的重担。

王钟鸣（右）

227

可天有不测风云，1989 年，蘑菇罐头的国际市场行情突变，大量产品滞销，这使得我国的蘑菇出口外贸受到了严重影响。王钟鸣所在的食用菌公司，由于外销路子被堵死，而内销路子又没有打开，因此面临倒闭。

当时摆在王钟鸣面前的有两条路：一是"随大流"，在县供销社干一天算一天，"做一天和尚，撞一天钟"；二是留职停薪，下海自谋职业。

当时改革开放的大潮正在祖国大地上涌起，一些怀揣梦想的年轻人奔赴沿海城市成为新时代的"弄潮儿"。趁着年轻离开公司下海经商，确实是个诱人的选择。

这两条路，一条能够"图安稳"，一条也许可以"赚大钱"。可面对这两种选择，王钟鸣却摇头说"不"，他选择的是自己看准的第三条路：继续从事自己热爱的食用菌事业，更努力地学习新技术，种植更多品类的菌菇！

他有自己的判断：食用菌是鲜美可口的食材，在餐桌上永远不会过时。过去食用菌主要销往国外，而国内市场基本还是空白，这恰好说明国内市场有无限的前景。外销市场之"窗"虽然关上了，但通过努力，他们完全可以打开内销市场的"门"！

王钟鸣设定了自己人生道路的方向。

1993 年他离开原单位，应邀进入桐庐县农村科技开发公司下属的食用菌公司任主管销售的副总。可以继续从事自己热爱的事业，他浑身充满干劲。通过对食用菌市场的深入考察研究，王钟鸣最终把目光锁定在香菇上。

王钟鸣决心大干一场。可万事开头难，当时发动农民种植香菇并不容易。许多人问王钟鸣，种香菇难不难？种好了能不能卖掉？一辈子与庄稼打交道的农民，要"转型"种香菇，一时间都感觉心里没底。

说一千，道一万，不如做给大家看。王钟鸣这样想着，马上就行动起来。他向亲朋好友筹集了启动资金，自己购买菌种，在桐庐县原三源乡，组织几户农民试种了 10 万袋香菇。好事多磨，刚开始，有几户菇农菌棒接种失败，甚至还有几户人家的菌棒大部分坏掉了。可是功夫不负有心人，在王钟鸣的指导下，通过不断试验，精心管理，很多农民栽种香菇获得了成功。

看着长得密密麻麻的香菇，菇农们非常高兴，但高兴之余，新的担忧随之产生，怎么把香菇卖出去？

为打消大家的顾虑，王钟鸣凭着自己的人脉，迅速打通了销售环节，栽种的香菇都卖出了好价钱，菇农们别提有多开心了！

为让大家吃下"定心丸"，王钟鸣在为菇农提供产前、产中、产后一条龙服务的同时，还与他们签下合同，实行最低保护价收购。这极大激发了大家种植香菇的积极性。越来越多的农户加入了种植香菇的"大军"。当时全县有近10个乡镇引进香菇种植项目，栽种菌袋达100多万袋。

桐庐的香菇产品，不仅打开了内销市场，还重新出口到了国外。农户喜滋滋数钱的样子，成了王钟鸣内心最美的风景。

他早出晚归，东奔西忙，浑身仿佛有使不完的劲，内心充溢着成功的喜悦。

可没想到的是，接下来王钟鸣面对的却是失败的考验。

由于各地一哄而上，全国菌菇产业发展过快，产品结构单一，产品供大于求，业内打起了价格战，恶性竞争频频发生。1997年受市场行情影响，香菇产品的销售价格下跌，劳动成本上升，整个行业快速滑入了谷底。

王钟鸣作为桐庐县菌菇行业的"领军人物"，首当其冲受到强烈冲击，他多年积累的资金全部赔了进去，还欠了银行一大笔贷款。

面对菌菇产业"哀鸿遍野"的现状，国内从事食用菌生产行业的公司重新洗牌。有的"激流勇退"及时止损，有的总结经验，调整菌种结构，做人无我有、人有我优的产品。

这时，王钟鸣的家人也劝他换个安稳的工作，不要再"折腾"了，可他却坚定地选择"不改行"。

他说："菌菇是餐桌上的美食、人类健康的食材，人们对它的喜爱不会改变。市场不振是因为供大于求，如今大批企业退出，这也是市场自然淘汰的一种规律。行业内竞争少了，留下来的企业就有机会，我要抓住这个难得的机遇。"

坚守事业，王钟鸣是认真的。从1997年至2003年，虽然种植香菇利润微薄，但他坚持下来了。他认真钻研国内外菌类新产品、新技术、新市场，不断提升自己，用心为菇农解决各种技术难题，在菌菇业埋头耕耘。

2003 年，王钟鸣创办了"桐庐富达食用菌有限公司"。新的探索又开始了，这一回他瞄准的是"经营模式"。

最初他沿用原有的"公司加农户"经营模式，即企业与农户签订购销合同，企业提供菌种和技术指导并负责销售，农户负责栽种。产量随着市场价格的波动而波动，因此，农民种菇的积极性也忽冷忽热。许多时候王钟鸣看准了时机，可农户的认知与他无法"同频共振"，因此也只能眼睁睁地看着机遇溜走。

到了 2007 年前后，由于整个市场不景气，食用菌产业再次陷入低谷，一家一户式的栽培模式基本被淘汰，王钟鸣又面临重大挑战。

食用菌产业发展近十年的大起大落，种菇人的市场意识也在不断增强。王钟鸣意识到要稳定生产经营，推动食用菌事业健康发展，必须建立自己的生产基地。一句话，就是自己要掌握自主权，起到领头羊的作用。

说干就干。缺资金，他向银行申请贷款；缺技术，他与杭州市农科院合作；缺场地，他东奔西走租用土地。经过不懈努力，2014 年，他终于在凤川街道的翙岗村建立起面积达 50 亩的食用菌生产基地。

有了自己的食用菌发展根据地，王钟鸣可以甩开膀子大干了。

在杭州市农科院和桐庐县农业技术推广中心的指导下，王钟鸣采用"稻菇轮作"的模式种植大球盖菇。每年种一季水稻，然后将废弃的稻草薄摊覆盖于稻田畦面，这样不仅收获了粮食，还收获了大球盖菇，走上了"千斤粮、万元钱"的国家要粮稳社会、农民要钱过日子的新路子。

在此基础上，他还与周边农户合作，将基地种植规模迅速发展到 300 多亩，合作的菇农达 100 多户。公司的经营模式开始步入正轨，经济效益也逐步提高。为了优化设施，加快发展步伐，2015 年，他开始搭建生产大棚，利用轻简化避雨栽培模式种植香菇、秀珍菇、姬菇等食用菌。

二

大棚栽种菌物，使菌菇生产朝前迈了一大步。可传统的大棚种植菌菇，一年只能种一茬，能不能"破圈"多茬栽种？王钟鸣又在"多茬"上动起了脑筋。

2016 年，他引种栽培秀珍菇，除了在实践中摸索，还不断向专家请教，经过多次试验，秀珍菇的反季节栽培终于喜获成功！

再接再厉，王钟鸣又把目光锁定在了"羊肚菌"。

羊肚菌，素有"菌中之王"的美誉，属珍稀食用菌之一。凭着多年的经商经验，他预测羊肚菌将成为菌物市场的"宠儿"，而野生羊肚菌，根本无法满足市场的需求，他尝试引进这一珍稀食用菌品种。不过，羊肚菌种得好，赚钱快，种得不好，会颗粒无收，投入的资金有可能全部"打水漂"。

面对挑战，王钟鸣向来不服输。经过前期筹备，他引进了羊肚菌种，全力以赴"侍候"这个基地的"新成员"。

由于羊肚菌对温度湿度环境要求高，而他缺乏经验，第一次尝试以失败告终。可他并不气馁，在总结经验教训的同时，他多次到周边县市相关的种植基地去学习取经，一次又一次搞种植试验，成功的曙光终于出现！

平整湿润的大棚内，一颗颗黑顶白杆如小伞的羊肚菌，密密麻麻地长满了一地，把整个大棚"妆点"出一片勃勃生机。王钟鸣凭着不断进取的精神，又一次成功"破圈"！

在菌物栽培的道路上，王钟鸣攀登的脚步始终不停息，接下来他又与"老天爷"杠上了。

原来，食用菌出菇的最佳温度是 10℃至 20℃，在自然气温的条件下，出菇时间集中，加之受到天气等不确定因素影响，菌菇的优质率下降，经济效益也因此下降，有时甚至要赔本。一句话，栽种菌菇能否赚到钱，还得"老天爷"说了算。

王钟鸣决定要做"自己说了算"的设施改造工程。

他思考着如何采用工厂化栽培技术和智能化数字化管理技术，来改变食用菌产业的传统生产方式，能让自己"控制温度"，实现食用菌常年生产，既可以提

王钟鸣培育的菌菇

高劳动效率、降低生产成本，还能提高产品的质量和效益。

2019年以来，王钟鸣先后投入500多万元，在县农业农村局的支持下，率先建造了1000多平方米的工厂化菇房，同时又购置了调温调湿等设备，实现了人工设定式的自动控温、控湿、通风，为菌菇常年生长创造了适宜的环境。

"数字化种菇"的生产方式，令人大开眼界！第一年试验栽种的香菇便大功告成。但这仅仅是个开始。由于各种菌物品种的不同，对通风、控温、控湿的要求也不同，为了探寻各类食用菌最适合的生长环境，王钟鸣索性在基地安了家，以便于观察记录、实时监控，做到在技术上精准把控。

笔者在采访中，问到他是如何实现菌菇"数字化转型发展"的目标时，王钟鸣情不自禁地说："县农业技术推广基金会的领导对我们农企是真心真情地提供帮助和支持，他们一次次上门，不仅帮助我们牵线搭桥，对接各相关专家解决技术难题，而且还为企业未来发展出谋划策，同时根据食用菌产业发展需求，及时提供资金支持。"

2022年，在政府职能部门和县市基金会的支持下，王钟鸣又投入300多万元，实施"食用菌数字化栽培技术示范"项目，在基地建起了20个数字化管理菇房。

应用数字和智能化管理技术，依托物联网平台，通过 5G 手机，便可直接对菌菇房所需的温度、湿度和二氧化碳浓度进行实时操控。

数字化栽培管理新技术真是太神奇了！这一年，王钟鸣的项目实施区，一共栽种 24 万袋香菇、20 万袋秀珍菇、10 万袋姬菇、3 万袋黑皮鸡枞等，生产各类菌菇 25.9 万公斤，创产值 355 万元，获利 111 万元。菌菇的质量和产量，都冲上了一个新高度。

如今，公司通过科技的力量，补齐了菌菇生产的短板，可根据市场需求适时生产出客户所需数量的菌菇，真正走上了"数字化农业"的新道路！

为了报效社会，助力乡村振兴，王钟鸣又携手当地农民走上了"公司＋家庭农场＋农户"的共同富裕之路。以市场为依托，为菇农提供菌种及技术指导，开通信息共享通道，辐射周边乡镇，带动农户创业增收。

公司目前已建有数字化管理的菌菇工房 4000 多平方米，每年种植各类菌菇约 80 万袋。王钟鸣对公司未来的发展始终信心满满，他正在谋划发展桑黄、灵芝、灰树花等具有高价值的珍稀食用菌物。

祝愿王钟鸣在探寻栽种食用菌物技术的道路上，越走越顺，心想事成！

（周小华　江校尧）

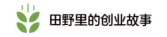

奏响稻田"协奏曲"

金色的稻浪，在他眼中是世界上最美丽的风景；山区那一块一块高低起伏的稻田，是他人生发光发热的大舞台。他在稻田里探寻着现代农业的"盈利空间"，内心涌动着深深的自豪感，那是因为，他的事业与"大国粮策"紧紧相连！

今年五十出头的方雪勇，是桐庐县百江镇联盟村人，其父辈是新安江水库的移民。他是高级农技师、桐庐农发粮油专业合作社社长、桐庐县百江镇现代农业产业协会会长、桐庐县农民专业合作社联合会会长，还先后获评农民专家、水稻种植能手、优秀种粮大户等称号，他头上的"光环"全都连接着两个字——稻田。

点亮"新型农业"之光

小时候，方雪勇最大的梦想就是"走出大山"。

19 岁那年，他辞别父母出门创业，先后开过货车、做过生意、开过蛋糕坊，足迹遍布江苏、安徽、千岛湖等地。凭着山里人诚实、勤劳、肯吃苦的秉性，他生意做得红红火火，赚了钱，成了家，在城市里一干就是十多年。

2006 年，他遵循父亲去世前的嘱托，告别城市，带着妻儿回到村里。默默接过了父亲承包的十多亩地，重新拿起锄头成为"田把式"。20 年前他走出大山时是个懵懂少年，20 年后回归大山时已成为有见识、有格局、有思考的人，他发下誓愿：种田也要种出个"名堂"来！

方雪勇雄心勃勃、脚踏实地，说干就干。2007 年，他在县农业部门和百江镇政府的大力支持下，带头组建了桐庐农发粮油专业合作社并担任社长。合作社社员有 150 多户，耕地面积达 300 余亩。合作社最初只是一个服务型的组织，他一心扑在合作社苦干一年，可最后反倒亏了 6 万元。当时年轻人大都外出务工创业，家中只有妇女、老人和儿童，没人种田，有不少土地撂荒。

虽然出师不利，但方雪勇看明白了一件事，在农村的新形势下，合作社仅凭"田保姆"式的服务，很难发挥农业龙头作用，唯有改变一家一户式的分散经营模式，实行土地流转，采取规模化经营，引进新技术和新品种，方能由传统农业向现代农业转型发展，才能真正实现农业增效、农民增收！

目标明确了，第一步该怎么走？方雪勇设想，首先是进行农田流转的"制度创新"。

2008 年，合作社正式张榜上墙，推出了土地流转细则，即农户每一亩耕地入社，获得的收益有三个选项：一是 225 公斤湿谷，二是 200 公斤干谷，三是600 元现金。村民们看着细则，七嘴八舌地议论开了，有的在掐指算账，有的说有遗漏，有的应声附和，有的静静地在听……大家仔仔细细地盘算了一番，辛苦一年，除去化肥、农药、种子和工本等，每亩稻谷纯收益也就五六百元，如果把土地入社，不用操心就可获得这笔收益，而且到合作社打工，还可获得劳动报酬，何乐而不为呢？村民心动了，纷纷报名，愿意把土地流转给合作社。第一年就有60% 的村民办结了土地流转的合同。

方雪勇

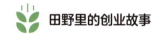

桐庐农发粮油专业合作社，从此脱胎换骨，转型成为新型农业经营主体。1000 多亩土地集中到了合作社，作为合作社领头人的方雪勇，在看到希望田野的同时，也感受到了巨大的压力，他决心背水一战！

第二步，解决在一块一垄界限分明的土地上，如何实现农业机械化的问题。

农田的基础设施建设是当务之急。修路、建水渠、平整土地……把原先小块的土地连成了片。新建了 1500 平方米生产用房，购置了 8 台 10 吨量的生物颗粒烘干机，并与其他联合社联营，确立了由合作社统一包装、统一销售的方式，以提升合作社粮油产品的附加值。

规模化、专业化的生产方式，使这方土地发生了深刻的变化，合作社生产经营效益快速提升。村民看到了合作社的发展前景，于是更多的人心动了。3000 多人口的联盟村，共有十几个生产组，在农户的要求下，这些生产组的组长们竞相向桐庐农发粮油专业合作社伸出了"橄榄枝"，主动要求将土地集中流转到合作社，合作社的土地像滚雪球般扩大到 2000 余亩。

成功地实施土地集中规模经营后，家底大了，人员多了，社长的责任和担子更重了，就是有三头六臂，也难免挂一漏万，更难有精力思考合作社的发展之路。如何将"一人点灶"变为"众人拾柴"，调动全体社员的积极性，各负其责地做好农业生产管理？

方雪勇在合作社内部，按照市场机制进行了改革，即"公司＋合作社＋农户"的生产经营模式：公司负责第二、三产业，合作社和社员负责第一产业，合作社的土地评估后入股公司，年终按照生产和经营情况，进行分红。

2016 年，他着手成立了杭州博润生态农业开发有限公司，下辖桐庐农发粮油专业合作社、桐庐中村畈粮油专业合作社、和诚食用菌专业合作社，外加 5 个行政村。

为了提高农民种田技术水平，

方雪勇在机器前封装粮食

用现代农业技术武装农民，方雪勇聘请大专院校和省、市有关农业专家，定期授课与实地指导，培养出了一大批"田秀才"，有效地提高了生产培育管理水平，实现了粮食产量提高，生产成本下降的目标。

写好"种养结合"文章

粮食产量上去了，方雪勇开始考虑在"农业多元化发展"上做文章。为了实现亩产"千斤粮、万元钱"的发展目标，他决定走农业种养结合、生态循环发展之路。

2016年，和诚食用菌专业合作社购买了大球盖菇棒菌，在晚稻收割后，每棒瓣成十几个小块，种植在稻田里，然后铺盖上稻草，开始了"稻菇轮作"试验。大球盖菇长好了，也有了产量，但市场又出了问题，只好将盖菇腌制储存。第二年，他又到丽水龙泉市买了5万个黑木耳菌棒，在晚稻收割后，摆放在稻田里，但由于技术管理失误，当年还是亏了8万元。

虽说满腔热情被当头浇了一盆冷水，可他却不认输，通过认真总结经验查找到了原因：一是大球盖菇不是大宗食用菌，二是与当地饮食习惯不符，三是食用菌生产结构单一，四是栽培技术没有掌握。

失败的原因找到了，心中也有了底。经过公司领导层研究，决定把香菇和黑木耳作为重点发展方向。

食用菌作为"菜篮子工程"的菜品之一，政府部门有相应的扶持政策，合作社也争取到了扶持项目，还专门从丽水请来了栽种香菇和黑木耳的师傅，把育秧后闲置的大棚充分利用起来栽种食用菌菇。行之有效的"稻菇轮作"模式，向"千斤粮、万元钱"的愿景迈出了第一步。

"稻菇轮作"合理地利用了稻菇栽种的"时间差"。每年金秋十月，当单季稻收割完毕后，事先接种培育完成的香菇和黑木耳菌棒，紧跟着"登场"摆放田间，一个月后，香菇和黑木耳就到了采收期。香菇和黑木耳的采收期很长，可一直延续到来年五月，等菌棒田间收回后，单季稻又开始种植了。香菇和黑木耳上

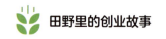

市场，菌棒用作肥料还田，成了种植单季稻最好的有机肥。

现在，合作社每年制棒接种香菇百余万棒，社里栽种约 70 万棒，出售给当地农户约 20 万棒，外来加工十几万菌棒。

除"稻菇轮作"外，方雪勇还先后带领社员开展"水稻＋泥鳅""稻虾共生""稻鳖共生""稻鸭共生"等多种模式，为土地利用效益最大化积累经验。原先一亩稻田产出纯利最多约几百元，通过这些模式，可实现亩田产值万余元。稻田种养结合模式，还能肥沃粮田，产出的有机稻米，是深受市场青睐的高端"绿色"大米。方雪勇的"稻鳖共生模式技术示范"项目，被评为 2014 年度杭州市农业技术推广基金会优秀项目。

在稻田创新"掘金"方法，使他的合作社拥有了粮食、食油、香菇、木耳四大农产品。

于是，他又在创品牌上下大力气。

2016 年，公司注册了农产品品牌"红亩墩""百江稻香樱语"商标。方雪勇先后投资 300 万元，购进了一整套日均深加工大米两吨的生产线，建设了一座可保存 50 万斤稻谷的大型保鲜库，打造了一条粮食产供储销的全产业链。

为了进一步打响品牌，方雪勇除了在城乡设立大米经销店外，还通过参加农博会等方式，不断扩大公司和产品的知名度。

2017 年 11 月，农发粮油合作社的"红亩墩""稻鳖共生米"被浙江省农业厅评选为"2017 浙江好稻米"金奖；2018—2019 年在杭州市"十大好味稻"品鉴评比活动中又荣获"金奖大米"殊荣；2021 年获全省"浙江好稻米"优质奖。

方雪勇还建起了"数字农业综合平台"，客户可通过微信扫码追溯产品，查看产品所用的农药、化肥是否安全。2020 年"稻鳖共生"种植模式技术，被中央电视台第十七频道致富经栏目推选播放。

难忘"雪中送炭"的情义

谈到自己一路攻坚克难的创业历程，方雪勇总会提到市、县农业技术基金会和县农业部门对他的鼎力支持。他说："2014年是刚开始实施'稻鳖共生'项目的关键时刻，县基金会负责人陪着市基金会领导到我们基地考察，了解到生产存在的技术难题后，马上牵线搭桥，带我们到临安的基地参观'太阳米'品牌建设，现场考察'稻鳖共生''稻鸭共生'等项目，此后还带我们到建德参观育秧流水线……一次次考察参观，让我极大地开阔了视野！在市、县基金会和县农业部门的支持帮助下，合作社的'种养结合'项目获得成功！"

方雪勇还说："多年来，基金会不仅给予我们技术上的帮助，每年还对新项目给予一定的资金支持。每当我们遇到技术难题，县基金会的同志会马上来实地了解，还把省市农业专家请到现场'把脉问诊'。当我们有了技术成果，县基金会又大力进行推广。每年县基金会和县农业部门负责人都会下乡'探亲'，倾听我们的心声，为我们出谋划策，如同家人一样。"

他由衷地说："合作社事业的每一步发展，都离不开政府和社会的支持，我们唯有把事业做得更强，方不负各方的期望。"

在方雪勇的带领下，合作社发展步伐越走越快，规模越来越大。至2022年底，合作社流转百江镇、横村镇2个乡镇10个村土地共计4800余亩，社员2100余户，受益人口1.9万左右；年生产稻谷420万斤，交售给国家约300万斤；同时还为区域内2500余亩面积的粮田提供农机服务。合作社获评"杭州市规范化农民专业合作社"和"浙江省规范化农民专业合作社"。2021年荣获第三届全省"十佳合作经济组织"称号，百江镇联盟村片获评"省级粮食功能区"。 杭州博润生态农业开发有限公司还被列入"浙江省中小学劳动实践基地暨学农基地"名单。

让社员享受"三金"

合作社发展了，方雪勇首先考虑提高社员的收益。

近年来，合作社对核心区块1000余亩农田分配年收益，从每亩600元提高到720元，其他区块农田分配年收益从每亩500元提高到600元。每年春节，合作社还对村里60岁以上的老人进行慰问，每人10斤大米、1斤干黑木耳和1

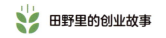
斤干香菇。此外，合作社还对社员实行"二次返利"。最近几年，合作社每年用于给社员分红的现金达到十几万元，让合作社社员真正享有了"三金"：即土地有租金，打工有佣金，分红有股金。

为了方便合作社社员，方雪勇推出了新举措：变发大米实物为发米票，他们可随时拿着米票到合作社领米，省去了储粮防虫的不便。

合作社不仅为粮田带来了一派丰收的景象，同时也改变了农民的生活状态。年轻人少了土地的"羁绊"，能一身轻松地外出创业打工。上了年纪的农民，可以到合作社上班。目前，合作社有固定的工人50多人，季节工100多人，多为六七十岁的农民，每人每天平均可挣170元。一年四季都有活干，成了领工资的"职业农民"。

最令人感到振奋的是，合作社培养了不少农业科技人才：一些原本在外创业的年轻人回到家乡，在现代农业实践中成为合作社的"土专家""田秀才"，成为有文化、懂技术、会经营的新型农民。方雪勇的女儿原先在阿里巴巴公司上班，如今也被"希望的田野"吸引，毅然回到农村创业。

在5000亩稻田里，方雪勇完成了自己的人生"涅槃"，成为新型农业实践者、粮油产业领头人。2016—2017年，他被浙江省农业厅、省农业技术推广基金会授予优秀工作者"万向奖"荣誉；2020年被浙江省发改委聘请为浙江省山海协作乡村振兴致富专家辅导员；2021年合作社设立了桐庐县农业界首家"杭州市院士专家工作站"，合作社也被认定为"中国绿色食品认证基地"。

二十多年坚持不懈的努力奋斗，让方雪勇成为桐庐县粮油生产线上的杰出人物。在他带领下，合作社的规模，从最初的100亩扩展到现在5000余亩，从一个乡镇扩展到三个乡镇。谈起未来他充满自信：照现在的势头，合作社三五年内的粮田面积将达到一万亩，受益农民达到三万到五万人！而让他愈加光荣自豪的是，自己能为"乡村振兴""共同富裕"出一把力！

一望无际的稻田，是他心中最美的风景！

（周明亚　何丽娟　申屠兰欣）

稻田里的"农博士"

他是一个两脚沾泥的"职业农民"，也是一位名副其实的稻鳖种养模式的"农博士"。在迎来一个又一个粮鳖丰收的同时，他还参加了一次又一次的全国稻鳖种养模式的经验交流与技术研讨会。多年来，他先后获评农民高级技师和高级工程师技术职称，享受杭州市政府特殊津贴。2019 年度，他被聘为浙江农艺师学院创业导师；2022 年度，他入选由中科院院士桂建芳牵头组建的"科创中国"稻渔生态种养产业服务团队，是仅有的 5 名农民专家成员之一。2024 年 6 月，由他主编的《半山区地貌多元化稻渔综合种养模式技术与实践》一书，由海洋出版社出版。这位颇具传奇色彩、能文能武的农家子弟，就是杭州昊琳农业开发股份有限公司的总经理——金建荣。

一

刚过"知天命"之年的金建荣，是土生土长的桐庐县百江镇人。由于小时候家境困难，他没上完高中就辍学外出谋生，做过木匠，炒卖过茶叶，卖过皮鞋，还跑过运输，苦没少吃，钱也没少赚，成为父老乡亲眼中的"能人"。

可他并不满足于吃穿不愁的生活现状，内心深处始终藏有"干一番事业"的冲动和梦想。到底是一个什么样的梦想？他那时的心中并没有清晰的指向，只是在时刻准备着。

机遇总是稍纵即逝，只留给有准备的人。梦想中的事业契机，正悄无声息地出现在这一方田野。

2002 年，他开拖拉机跑运输，每天忙着给方兴未艾的瑶琳镇温室甲鱼养殖场运送燃料和饲料。其间，他看见来自上海、江苏、广东等地的客户，用麻袋装

金建荣

着现金到各个甲鱼养殖场谈生意。这情景触发了他心中的创业梦想，他看准了这个新兴行业，一心想着要养殖甲鱼。

2007 年通过产权转让，金建荣成为瑶琳镇一家温室甲鱼养殖场的主人。他虚心向甲鱼养殖前辈请教养殖经验，向养殖专家学习养殖技术理论，同时自己认真看书琢磨，并把学到的知识用于养殖实践。虽然是刚刚入门，但他养殖的甲鱼，一点儿也不比人家差。

2008 年的春节前夕，首批甲鱼要上市了！生意出乎意料地红火！看着一个个客商，背着用麻袋装着的现金纷至沓来，他心里别提有多高兴了！那几天，天气特别寒冷，可他却忙得头顶冒热气，湿透了一身内衣。等到他把第一批甲鱼卖完，送走了客商。老天爷纷纷扬扬地下起了鹅毛大雪，像似向他道喜一般，落下一地白花花的"碎银"。

这不是做梦吧！不是，是真的银子。

接下来，当然是数钱，金建荣看着一沓一沓的百元大钞，数啊数啊，屈指一算，扣除养殖成本，第一批甲鱼净赚了 27 万元。

旗开得胜，他的干劲更足了。此后，他在养殖温室甲鱼的同时，还养起了外塘甲鱼，事业干得红红火火。

可慢慢地，问题出现了。温室养鳖固然赚钱，但换水排放对外环境水体影响很大。随着浙江"五水共治"和"剿灭劣Ⅴ类水"的生态环境整治决策部署的推进，温室养鳖业的前景日渐暗淡，他最终痛下决心，关停了自己的养殖鳖场。

二

下一步"转型"之路该怎么走？金建荣感到有些迷茫，决定向"高人"

讨教计策。

他到省城找到了省农业农村厅渔业处相关负责人，说出了心中的困惑。那位负责人建议他尝试一下"稻鳖共生"的技术，并介绍了外地的成功经验。他不由眼前一亮，种稻谷是农家子弟的老行当，养甲鱼又是自己的专长，如果把两者结合起来，让稻田既能产粮又能养鳖，该有多好啊！他感觉前方的路，一下子明朗了。

金建荣的心中，又激起了创业的干劲。

2014 年，他回到自己的家乡，承包了百余亩农田种植水稻，选取其中 10 亩作"稻鳖共养"的试验田，与他一起干的两个合作伙伴共筹得 80 余万元资金，干劲十足地忙活起来！他一心扑在稻田里，每天早出晚归，常常日晒雨淋，但从不觉得辛苦，只感觉浑身有使不完的劲，心中充满着对"稻鳖双丰收"的憧憬。

可是，"稻鳖共生"里头的学问大着呢！且不说对农药、肥料等方面都有严格的要求，仅稻田用水就有很高的技术含量。种植水稻和养殖甲鱼的关键都在水，但两者之间有需求矛盾：甲鱼常年需要水，而水稻对水的需求是阶段性的，即前期水养，中期干湿结合，后期必须"搁田"让水稻田没水干着，可甲鱼怎么办？

要实现"稻鳖双丰收"，刚开始弯路没少走，脑子没少动，汗更没少流，结果是水稻没种好，甲鱼也没养好，钱没赚着，反倒贴上了钱。

这样的结果实在令人沮丧。看不到发展的前景，两个合作伙伴先后散了伙。此时，村里有些闲言碎语，甚至拿"稻鳖共生"模式当笑话。面对"损兵折将"的现实，金建荣不但没有灰心丧气，反而加大了设施投入力度，坚定地认为：自己选择的路，方向正确，只是技术环节出问题，可以总结经验再干。他决心背水一战！

三

关键时刻，县农技推广基金会了解到情况后，经过现场考察和前景预估，决定为他的"稻鳖共生"模式助一臂之力，连续五年给予小额资金支持，这可真是"雪中送炭"啊！

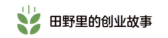

基金会不但鼓励他勇于实践，还为其牵线搭桥，对接相关农业职能部门，请水产和水稻技术专家到田间地头调研，现场解决甲鱼和水稻套种套养的技术难题。

接下来他与省、市、县农技专家合作，继续在大山里开展"多元化稻鳖综合种养标准化技术模式"的试验，并根据当地实际，他把"稻鳖共生"的想法，转变为"鳖稻综合种养"的理念。一字之次序排列的前后变动，为他打开了一扇致富的大门。

他凭借多年的实践经验，独创性地在稻田进水口方向建造了养鳖池，通过原农田渠道引水到养鳖池，与养鳖池平行的稻田，设计了一条深水沟，沟底低于养鳖池底部10厘米。这样，养鳖池的养殖尾水在深水沟初步沉降后，可以经多条浅水沟均衡渗流到稻田肥田，如果肥水过多，可以利用农田落差外排到单独水稻种植区域进行肥田利用，以达到零排放目的。

这样种养模式既清洁了养鳖池，也培肥了水稻田，还解决了鳖的越冬场所。同时，在鳖池利用浮床种植水稻，可起到遮阳作用，降低鳖池夏季水温，也可供鳖上岸晒背。还可在田埂种植芝麻和黄豆。一句话，水稻等种植物都能参与改善鳖的生长环境，形成"一水多用，稻田有鳖，池中有稻，田中有景，田埂花开"的生态布局。

望着一片绿油油的鳖稻套种套养的大田，金建荣感慨万千，自言自语道：田野就像一个大舞台，只要瞄准市场，多动脑子，勤劳巧干，也能舞出炫丽的人生，也能用汗水谱写出"丰收曲"。

金建荣"鳖稻综合种养"技术模式，经过不断试验和完善，日臻成熟。120亩的鳖稻套种套养田块，亩均产稻谷约600公斤，碾米约400公斤，售价每公斤约12元，亩均产值4800元；年均轮捕每只约1.5公斤的鳖10000公斤，每公斤售价约200元，亩均产值1.67万元。鳖稻合计亩产值约2.15万元，实现了亩田"千斤粮、万元钱"的愿景。

自2018年以来，他注册的"鳖鲜稻香"品牌的大米，连续三年斩获全国渔稻综合种养优质米评比金奖；同时获"浙江好稻米"优胜产品奖，杭州市"十大好味稻"金奖，桐庐县首届金穗奖、丰收奖等荣誉；其"昊琳牌"稻田鳖由浙江

鳖稻综合种养

省市场监管局认定为"浙江省名牌"产品。

田野里的事业发展了，鳖稻套种套养面积已扩大到 500 余亩。最让金建荣感到欣慰的是，公司为当地一批闲置劳动力解决了出路，许多"留守老人"和残疾人在他的鳖稻田里上班，在家门口挣到了过日子的钱。

四

创新创业，不但让金建荣实现了"财富自由"，而且还获得了"技术收益"。

金建荣与农科理论和实践经验的写作结缘，还得从省里的一次技术培训班说起。

那是 2016 年，金建荣被推荐参加省农科院举办的第二期针对家庭农场的技术培训。参加培训的都是全省各地的农场业主，授课的都是农技理论深厚、实践经验丰富的专家教授。他们懂农村、懂农业、爱农民，为学员讲学和释疑解惑时，语言生动，一针见血，往往让人有一种"拨云见日""脑洞大开"的感觉。

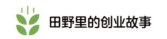

那一期培训，不仅让金建荣学到了很多农业和管理知识，而且结交了一批从事农业生产的朋友，大家都说受益匪浅，戏称自己是农技"黄埔军校二期"的学员。

自此，金建荣便迷上了农业技术研究。他钻研了大量的农业技术理论书籍，并不断地在实践中找"论据"，努力让理论与实践相互融通、相互促进。一年四季，他几乎每天都是凌晨四点钟起床，一边安排新一天的农事，一边在田间地头转悠，记录观察早中晚的气温、水温和物候变化，为总结鳖稻实用技术做好数据实证。

金建荣在深耕土地中体会到，种地之事，虽然人人都会、种瓜得瓜、种豆得豆之道理，人人都懂，但要种好它养好它，满足动植物各个生长期所需的营养、水分、温度以及气候变化应采取的应对措施，还是处处有学问。

他心想学问学问，不就是不懂就学、不懂就问，把自己实践中的经验，总结好写成文案，就叫论文吗？政府不是也提倡"把论文写在大地上"吗？于是他坐在办公桌前，泡上一杯尚好的"雪水云绿"绿茶，打开电脑，尝试着握紧鼠标，敲打键盘来写论文。可怎么写，写什么啊？说说容易，当白纸黑字要写上去时，顿感写作之笔重千斤的说法。

俗话说：万事开头难。金建荣虽说书读得不多，但他实践经验丰富，又有自己独到的思考，肯动脑筋。

那就把自己鳖稻种养的实践经验写出来吧！他翻阅大量论文资料，参考论文写作格式，通过数十天的时间，多易其稿，终于完成《半山区地形稻鳖共生模式关键技术》一文。论文完成后，总要投稿发表，投哪本刊物呢？还好他订阅了《中国水产》杂志，于是，他就按照杂志上的投稿邮箱把论文投发出去。

论文是投发出去了，但能不能录用，心里还是七上八下、忐忑不安。这是一个农民写的第一篇论文，也是他第一次投稿。等啊等啊！哪知道等待的心情是这么的焦虑！

有一天，金建荣突然接到一封信件，迫不及待地打开一看，是《中国水产》杂志的录用通知书，上面写着：该文将在 2019 年第 N 期刊用，请您不要一稿多投。

"我的论文在中国开头的水产杂志发表了！"金建荣高兴得手舞足蹈，心想今晚一定要清蒸甲鱼、炒几个好菜，和夫人好好地喝一盅，共享写作成果带来的喜悦。

有了第一次的写作经验和录用发表的畅快感,金建荣在写作上一发不可收拾,渐渐地进入了写作的佳境。他有很多鳖稻共生的创新理念和实践经验,需要总结写成文案。

他在五年间,写作完成了《稻鳖共生—浮床水稻种植技术探讨》《半山区多元化稻鱼综合种养技术探讨》《稻鳖综合种养模式下三段式养殖技术探讨》《稻鳖综合种养简便型基础设施构建与应用》等5篇论文,发表在《中国水产》杂志,荣获了2019—2022年《中国水产》杂志优秀作者称号。他还参与编写了由海洋出版社出版的《浙江省新型稻鱼综合种养模式与典型案例》技术专著。

他主持完成的"半山区多元化稻鳖综合种养模式关键技术创新与示范应用"项目,有创新有效益,荣获2021年度浙江省农业科技丰收一等奖。

他在稻鳖综合种养田里,日积月累,融入许多技术创新点,为此,申请获得国家授予的发明、多用途实用技术、外包装等专利8项,申请省科技厅成果登记备案5项。他的公司也被省、市科技厅局认定为高新技术企业。

一边学一边干,一边总结一边写作,不仅给他带来了快乐,还带来了荣誉,更是给他的鳖稻带来了品牌效应。

对金建荣来说,最幸福的事莫过于在实践中,总结出的一套稻鳖综合种养技术模式,能为全省乡村的经济振兴出一把微薄之力,做出了可借鉴的典型案例。

于是乎,本省各地农业部门带着种养户,来参观学习的多了,还吸引了邻近的安徽、江苏、江西、福建等省的人来参观学习。他也因此结识了一批农民和科技人员朋友。

金建荣说:"稻鳖综合种养技术模式之路,探究没有止境。今后,我将把重点放在可持续、高质量发展上面。在确保稻米、甲鱼高品质的情况下,努力对接科研院所,使其成为他们的试验田。常来常往,在互动中学习,在互动中接受新技术新知识。"

朴素的语言,蕴含着金建荣美好的心愿。

(方赛群　叶生月)

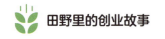

别样的"衣锦还乡"

20多年前，他拎着简单的行李，离开家乡到大城市打工，从普通快递员干起，一路打拼，最终成为在北京拥有两家公司的老板。可事业有成的他，却选择"脱下皮鞋重穿布鞋"，回到家乡当了一名村干部，用整整七年时间，让家乡旧貌换新颜。这位"不当老板当村干部"的"拧巴"人，名叫麻樟生。

老板回归大山

年过花甲的麻樟生，是桐庐县钟山乡高峰村人。2000年，他和钟山乡许多年轻人一样，告别大山，加入了"快递大军"。凭着庄稼汉的吃苦劲头，他最终在大城市牢牢立住脚跟，成为北京申通快递公司亚运村片的负责人。一家老小也先后跟着他离开家乡，成为"新北京人"，小日子过得红红火火。

可谁也没想到，他会在此时选择"回归大山"。

那是2017年，他回家乡过完春节，正准备回北京，这时候钟山乡党委书记上门拜访。见乡领导登门，麻樟生很是高兴，赶忙热情招待。大家在一起谈天说地，聊得很开心。可聊着聊着，屋里的氛围有了变化，笑声渐渐收敛，麻樟生的神情，也变得凝重起来。

原来，乡领导这次上门，"主题"是邀请他回村担任村委党支部书记。

乡领导认真地向他介绍了高峰村的现实情况：高峰村总人口1042人，随着快递业的迅猛发展，青壮年都外出从事快递业，全村留守人员仅300

麻樟生（左）

多人，其中有 200 多人是 60 岁以上的老人和一些孩子，土地撂荒严重。由于一些历史遗留问题得不到解决，村里还出现了几个"上访专业户"。村两委班子人心涣散，上级布置的工作无法落实，村里非常需要一个"领头人"……

事实上，这些情况麻樟生早已有所了解。看到昔日热闹的村庄变得日益寂寥，看到肥沃的土地长满了荒草，他内心也很不是滋味。可感慨归感慨，要让他放下自己在北京开创的一番事业，回到村里当一名村干部，这毕竟不现实。他婉言谢绝了乡领导的提议后，如期返回北京。

让他想不到的是，此后乡领导"三顾茅庐"般诚心相邀，一次次地打电话，还亲自跑到北京找他，再三恳请他回家乡当村民的"主心骨"。

乡领导的一片诚挚之心让人感动，报答家乡的激情在麻樟生的内心油然而生。经过思考，他决定把北京的业务交给女儿管理，自己回村担负新使命。

家里人想不通："你好不容易走出大山，在城里挣下家业，为何又要回到山里吃苦？"他说："我是中共党员，也是喝家乡水长大的，如今靠党的好政策过上了好日子，为家乡尽点力也是应该的！"他还向家人承诺说："我只当一届，期满就回北京！请你们理解我、支持我！"

可让家人没想到的是，麻樟生这一干就是七年！

当时，为了践行诺言他只身离开京城，毅然回到高峰村当起了"领头人"。当时的高峰村，是矛盾丛生、人心涣散的"后进村"。全村共有 10 个生产组，9 个自然村 328 户。村里农户居住较为分散，集体经济更是薄弱，不仅没有资金积累，还欠着不少外债……用麻樟生自己的话来形容就是"管理一个村落，比管理企业难多了"。虽然困难重重，但麻樟生暗下决心：我既然在乡领导面前立下了"军令状"，再困难也要干好！

走马上任后，麻樟生做的第一件事就是带着村两委干部走访农户。高峰村三百多户人家，他挨家挨户走了个遍，与父老乡亲们促膝交谈，了解村里急需解决的困难，村民们的所想所盼。

摸清情况后，麻樟生心中有了底。经村两委商议，他决定以"改变村容村貌"为突破口，并且制定了振奋人心的目标——创建精品村。这在当时听起来有点"痴

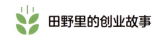

人说梦"的味道。

亲友们私下里劝他："不要把自己整得那么苦。"可他却说："创建精品村困难肯定大，吃苦是肯定的。可话说回来，没有困难，要我回来干什么？"

在上级相关部门的大力支持下，麻樟生领着村干部们突破重重难关，在高峰村修建了一条长约 1500 米的彩色游步道，并且改建了原先的危险护栏，还拓宽修建了 2 条长约 5000 米的柏油路。与此同时还做了两件事，一是完善了村里的自来水设施，二是对村里一些老旧房屋进行了改造。

这几项工作可谓"招招出彩"，村里乡亲连声叫好。

高峰村一改往日灰头土脸的模样，变得洁净亮丽，风景秀美。2018 至 2019 年，该村成功创建精品村，2022 年成功创建了省级 2A 级村庄景区。这一来村干部士气大增，村民气顺了，心齐了。在外创业的乡亲们，纷纷回村看新景，朝着麻樟生竖起大拇指。

解决果蔬"售卖难"

村庄面貌越变越美，麻樟生肤色越变越黑。原先常在京城开着豪车赴宴的他，如今总是穿着布鞋在山路上和田埂上奔走。为了壮大集体经济，带领村民共同致富，他决定利用环境优势，发展种植"山地蔬菜"。

2020 年，村里流转土地 100 余亩，搭建了 5 个蔬菜大棚，创建了"山地果蔬基地"。村干部都是农民出身，来基地工作的多是村里六七十岁的农民，也都是种瓜种菜的老手。基地当年便种上西瓜、土豆、茄子，还试验种上了新品种辣椒。这个蔬果基地，承载着高峰村发展的希望，麻樟生一天往大棚里跑好几趟，看着蔬菜瓜果长枝了、开花了、结果了，他心里头有说不出的高兴。

丰收如约而至，可麻烦也接踵而来。

8 月初，20 亩山地西瓜喜获丰收，又沙又甜又爽口，可山高路远又没名气，西瓜虽好却找不到销路。时间不等人，瓜卖不出去，数月辛苦就要付之东流。为这事，麻樟生急得嘴里起泡。

果蔬基地

解决"销售难"成了压倒一切的重要工作。每天下午四点，麻樟生带着村干部和农工采摘西瓜，第二天凌晨两三点起床，装车开到桐庐县城江南蔬菜批发市场卖掉后，又忙着找其他客户推销。有时候他刚从县城回到家，县城有客户打来电话说需要50斤瓜。他二话不说，马上开着私家车，返回县城送货上门。

紧要关头，"飞鹰户外登山协会"帮了大忙。该协会负责人了解了高峰村的难处后，马上在平台上号召会员"爱心助农"。会员们一呼百应，在购买的同时，还友情推销，很快就将十万斤西瓜销售一空。

西瓜卖完了，麻樟生却无法松一口气。基地的瓜果蔬菜一茬接一茬成熟，麻樟生亲自跑卖场找买家。托亲靠友，联系机关食堂，与饭店老板接洽，还在微信群、朋友圈上发布消息寻求帮助，虽然也推销掉一些，但还是不能解决根本问题。

有人开始说风凉话："高峰村委是不是'疯了'，搞农业是最没有出路的！""他们反正不花自己的钱，都是公家的！"连家里人也撑不住了，都埋怨他"一根筋""自讨苦吃"。对此，麻樟生一笑了之，他不后悔自己选择的路。可眼前的情形，确实让他感到忐忑迷茫。

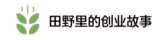

"农基会"鼎力支持

转机，终于出现了！

2021年在桐庐融媒体中心钟山分中心记者盛彦虹的引荐下，麻樟生与桐庐县农业技术推广基金会取得了联系。得知了高峰村的困境后，县农基会负责人立刻带人来到高峰村实地考察，他们被村委积极发展村集体经济的精神深深感动，同时指出："你们利用环境优势发展山地果蔬方向对头，但光靠埋头苦干是远远不够的，要为瓜果蔬菜找市场，还要学习外地的先进技术和成功经验！"一番话，让麻樟生茅塞顿开。

更让麻樟生和村委感动的是，几天后，县基金会领导就带他们到临安区、分水镇、余杭区等地参观考察学习，帮助对接。在参观考察过程中他们就确定了种植水果玉米、日本南瓜等高阶农产品的发展方向。到临安考察引种后，县基金会又帮助联系了临安等地的农技专家，指导高峰村在大棚顺利播种。

2022年6月8日，县基金会再次组织高峰村两委赴分水镇、百江镇蔬菜基地考察，还把分水镇蔬菜种植大户、经营者请到高峰村，帮助查看土壤的酸碱度、水源、气候以及种植的品种。有一次，了解高峰村遇到了种植技术和品种等一些具体难题后，县基金会负责人亲自出面，帮他们把临安清凉峰的技术人员请到村里，现场传授种植技术。

县基金会还为果蔬基地提供资金十万元，并且帮助基地的产品找销路。扶农助农的一片至诚之心，让村两委干部深深感动。

在县基金会的指导下，高峰村果蔬基地从原先种植低产、低效、品杂的产品，改种高产、品质好、效益好的新品种果蔬，发展前景喜人。基地产品深受市场青睐，分水、桐庐、杭州等地客户主动打电话来要货，有的还上门收购，很快实现了效益翻番。麻樟生带着村民趁热打铁，在原有的基础上又新建10亩的蔬菜大棚，分别种了西瓜、花菜、番茄、黄瓜等。

2022年，通过县基金会的牵线，高峰村与鲁瑞蔬菜公司及其他蔬菜配送公司成功对接；2023年高峰村两委和桐庐山乡农业开发有限公司签订了合作协议……"种得出来，销不出去"的问题终于得到缓解。更令人高兴的是，2023年桐庐县农村农业局，还为高峰村的果蔬基地的数字化管理提供技术支撑，让高峰村向"现代农业"又跨出了一步。

如今，麻樟生更忙了，通过非粮非农土地整治，高峰村多出了365亩土地，其中130亩由村民选择流转给村集体管理。村两委利用这些田地，种上大片的油菜、黄豆等农作物。新整治出来的土地无法使用农机，农活只能靠人工，而高峰村大多数留守村民都是老人。因此每到作物收割时，村干部就成了田间"主力部队"，他们挥汗如雨地忙碌着，但脸上全是笑意。

丰收的喜悦总是醉人的。麻樟生从京城"回归大山"一晃已有七年。与当"大老板"时相比，他看上去变黑变土了，但高峰村却在他的带领下，实现了华丽转身。

高峰村连续两年被评为先进村，村党委班子也评为先进集体。村集体经济壮大了，年年超额完成县里规定的集体经营性指标，九个自然村，村村通公路。村民收入增加了，村里有劳动能力的老人，都能在果蔬基地干活，可以在家门口赚到钱。有一位83岁的老人，名叫徐贤照，他年轻时就是劳动能手，如今不仅在果蔬基地打工，而且还是麻樟生农事安排的"高级参谋"。老人高兴地说："干点农活，不但让我身体更好，而且一年还能赚三万多元钱呢！"村民的幸福感大大提升，外出上访的人没有了。一幅乡村振兴的美丽画卷，正在高峰村徐徐展开！不少村民也从当年对麻樟生"回山"行动的质疑变为赞美："你是真正的衣锦还乡！"

看到高峰村美起来，老百姓生活好起来，麻樟生觉得自己的付出有了丰厚的回报。最让他高兴的是，家里人对他由不理解变赞同。如今妻子带着两个孙女回到桐庐生活，麻樟生多年的"独身"生活终于结束了！提到这一切，麻樟生还是那句话："感谢上级部门和县农基会、县农业部门的支持，让我有了回报家乡、实现新的人生价值的机会！"

（王斌鸿　麻燕青）

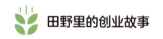
在"桃花源"里耕耘

2023年3月22日，漫山遍野的桃花，把阳山畈村染成一片粉红。山上山下到处是游客的欢声笑语。第八届中国休闲乡村旅游季暨十三届桐庐山花节正在这里隆重举行。这天，王金根忙着接待一批又一批特殊的"赏花人"，他们从全国各地赶到这里，不是为了观赏美丽的桃花，而是通过"看花"预测今年阳山畈桃子的行情。事实上，他们都是王金根的老客户。

一

王金根是阳山畈蜜桃专业合作社社长。在他带领下，阳山畈的蜜桃从农村走向城市，又通过互联网走向全国。阳山畈的蜜桃也成就了他：他先后获评浙江省第七批农村科技示范户、全国科普惠农兴村带头人、桐庐县劳动模范，并作为"特殊人才"享受杭州市政府特殊津贴。

现年六十出头的王金根，是土生土长的阳山畈村人。阳山畈村种桃子有150余年的历史。这里的水土好，种出来的桃子鲜甜爽口，特别美味。

但直到20世纪90年代，阳山畈桃子的销售还全靠村民肩挑手提，到桐庐县城、分水镇街上现场叫卖。桃农们早出晚归，磨破了鞋子，喊哑了嗓子，一天也挣不了几个辛苦钱。碰到天气不好，即使桃子低价也无法脱手，有时甚至眼睁睁看着桃子烂在树上。因为看不到希望，

王金根（右）

有的农户甚至砍掉了桃树。

就在阳山畈桃子日渐式微时，王金根却逆势而为，决定种桃子。

王金根爱动脑筋，高中毕业当过工人、做过生意、种过水稻，是村民眼中"有见识"的人。他认为阳山畈发展水蜜桃产业，有得天独厚的水土优势，只要找准了市场，桃子不仅不会被市场"埋没"，而且会"走俏"！

2000 年，他在自己承包的 100 多亩地里，种下了桃树和梨树。

原先，阳山畈村桃子品种单一，只有当地人叫"红桃"的品种。王金根建起了自己的果园后，除了红桃以外，还引进了日本有名的蜜桃品种"仓方早生"。在县农业部门技术人员的指导下，他像呵护孩子似的悉心培育着这些"希望的小苗"，每天在园中不停忙碌，用心观察果树生长状况，严格按照科学的办法施肥、治虫、疏花疏果。他一边学习种植技术，还一边研究市场销路。

让他没想到的是：许多村民看见"特别有头脑"的王金根大面积栽种桃树，觉得这事靠谱，于是不声不响地跟着干，结果这一年不但没人砍桃树，全村还多种了上千亩！

2003 年，阳山畈村的桃树开始进入盛产期，沉甸甸的桃子压满枝头，摘一个咬一口，又鲜又甜，特别是新品种的桃子，味道更是别具一格！桃农们喜上心头，却又愁上眉头：桃子种出来了，可市场在哪儿呢？

大家齐刷刷地把目光投向王金根。他二话没说，就承担起了给阳山畈桃子"找婆家"的重任。他说："我们发展水果产业，不能再以'做小买卖'的心态和方式经营，阳山畈的桃子一定得'敲开'大市场的门才行。"

王金根带着村里几个种桃大户，租了辆车，装满一筐筐的桃子，信心满满地直奔杭州水果批发市场去试销。

令人喜出望外的是，批发商们尝了阳山畈桃子后连声叫好："这桃子味道好，而且卖相也好！我们全要了！"那天的桃子很快销售一空，大家回到村里，满脸自豪，就像得胜回朝的将军！

可惜高兴太早了！第二次他们如约把桃子送去时，商家脸色很不好看，话说得更难听："你们的桃子我们不要了！"问其原因，商家冷冷地回答说："你们

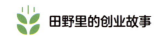

以次充好，缺乏诚信！"原来有人装筐时，为了卖个好价，把大桃子放在上面，下面却"填充"了一些品相不好的桃子……

那天，商家话难听，果农脾气躁，谁也不肯相让。最后，好桃子没卖上好价，还受了一肚子窝囊气！

就这样，这一季阳山畈的桃子在市场上既受"追捧"又挨"贬损"。王金根四处奔走，两头受气，最终市场的大门还是没打开。自此他明白了一个道理，好产品还是要用"诚信"托底，否则就会在市场上"触礁"。

二

王金根下定决心，要带着村民打一场"品牌保卫战"！

一转眼，2004年的桃子又成熟了。王金根把村里的8个种桃大户组织起来，成立了阳山畈蜜桃协会。通过统一思想，桃农们一致同意改变原先"混拢卖"的销售方式，实行"大小分拣，分级销售"的方式卖桃子。大家凑了2000元钱，买了一批定制的筐子，按桃子大小分拣装筐。大桃子、小桃子分别标价，一目了然！这一招真灵，实行分拣出售后，骂声消失，价格上去了：从原先的平均两元一公斤，提高到平均六元一公斤！这下种桃大户们都笑了！

2005年，在县农业部门和横村镇的大力支持下，王金根带头成立了阳山畈蜜桃专业合作社，并注册了"阳山畈"牌水蜜桃商标，打出了"科学种桃、品牌营销"的旗帜。随着品牌效应的不断提升，专业合作社规模也不断扩大，刚开始社员只有59户，而目前，该合作社共有社员170多户，全社桃林总面积达到2600亩。水蜜桃一跃成为阳山畈村的支柱产业。

为了提升村民"科学种桃"的本领，在横村镇和县农业部门的重视支持下，社长王金根请来省市县果树专家给果农们讲课，又带着大家先后到浙江奉化、嘉兴等地参观，学习外地先进经验。通过学习借鉴种植技术和经验，阳山畈村的桃子种得越来越好。

2005年桃子大丰收，同时却出现了大难题：桃子摘下后，要连夜人工分拣装车，天亮运到杭州，有时一天要分拣装运十几车。人工分拣不仅速度跟不上，而且"以小充大、以次充好"的现象仍时有发生。这让王金根很着急。为了保护品牌声誉，他在县农业部门支持下，当年先后引进两台果品分拣机，保证了分拣质量和速度，使这个难题得到了彻底解决。

为了确保蜜桃品质，合作社规定：桃园一律使用经县农技推广中心监测的农家有机肥和商品有机肥。这让阳山畈的桃子品相越来越好，口感越来越鲜美，知名度越来越高，来自省内外的客商越来越多。

<h1 style="text-align:center">三</h1>

好景不长，阳山畈的桃产业还是遇到了发展瓶颈。

阳山畈水蜜桃的主要品种为6月初上市的"苍方早生"。上市时正逢梅雨季，存在难采、难卖、口感受影响、不易久放等难题，一直深深困扰着果农。作为合作社长的王金根为此总是坐卧不安。

这时，县农业技术基金会伸出了援手。了解阳山畈村的发展难题后，基金会

阳山畈蜜桃树

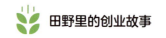

负责人多次到村考察调研，并组织省市县农技专家"会诊"，为他们解决技术难题，还帮助村里改良水蜜桃品种，引种适合该村土壤特质的新品种水蜜桃。使阳山畈桃子不仅口感更鲜美，而且上市时间变得"错落有致"：原本集中在6月份的一个月销售期，拉长到5月底至8月底近4个月的销售期，大大提高了鲜桃的销售收入。"新川中岛""赤月""白丽"等一大批新品种桃子，也变成了阳山畈桃子中的"台柱子"。

多年来，县农业技术推广基金会和县农业部门，一如既往地关心关注阳山畈蜜桃产业，不但在技术上解难题，而且每年根据项目提供一定的资金扶持。如，助力合作社实现"农机升级"，配备了遥控耕地机、打药机、割草机，合作社的人工成本大大下降。

还有一件事让王金根深为感动。过去，为方便蜜桃的采摘及方便果实套袋、疏花疏果等，果农在桃树生长过程中，会人为地将枝条压低。这样做虽然方便生产，但对桃树伤害很大，流胶病频发，不但影响丰收，而且使桃树"减寿"——桃树原先盛产期有20年，压枝后，第十年就开始衰老，给整个产业带来严重影响。

在县基金会及县农技部门的支持和指导下，王金根在自己100多亩农庄里，率先引进了桃架式和网架栽培技术。采取此项技术后，大大提高了果园的通风透光能力，桃树光照充沛、营养均衡，不仅减轻了病害发生，而且产出的桃子果形更大、口感更好！

在王金根的带头下，桃架式和网架栽培技术在阳山畈蜜桃专业合作社迅速推开，配合此项技术的实施，合作社还引进了生产管理升降机，以方便果农采摘。此项新技术省工省力，有效地缓解了果农"用工难"的问题。新技术的运用不仅增加了产量，而且延长了树龄，为阳山畈村的蜜桃产业高质量发展打下了坚实的基础。

在县基金会和县农业的帮扶下，蜜桃产业突破了发展瓶颈！近年来"阳山畈"牌蜜桃，先后获得了国家无公害农产品、绿色食品认证，浙江省精品水果展销会金奖和浙江省农业博览会优质奖，同时通过ISO9001认证，被认定为"杭州名牌产品""浙江省名牌农产品"。

四

新技术、新品种让阳山畈桃产业大放异彩！

阳山畈桃子"身价"狂飙。如今阳山畈的桃子平均每公斤售价20元，蜜桃生产人均收入超过了1.8万元。通过网上销售，阳山畈的桃子越"走"越远，销到了黑龙江、吉林、广州、深圳……王金根的金鑫家庭农场，每年的回头客踏破门槛。最多时，每天可售出100多箱。村民发展蜜桃生产的积极性高涨，把原来的荒山都开发出来种上了桃树，如今全村桃树种植总面积达到2000余亩。

好戏还在后头！随着"美丽乡村"建设步伐的不断加快，尤其是"山花节"连续多年的举办，阳山畈村的桃花美景名闻遐迩。每年春季，四方游客纷至沓来。旺季时，小小村落每天有数万人来赏花，游客都赞赏该村是名副其实的"桃花源"！阳山畈村的桃子好吃，桃花好看，好生态变成了"聚宝盆"！

依托桃产业开展的乡村游为阳山畈带来了滚滚财源。村里的农家乐生意红红火火，民宿让越来越多的游客停住了脚步。不少外出打工的村民也回村创业了。村庄越变越美，村民越来越富，不变的是县基金会扶持"三农"的情义。县基金会的同志经常来到阳山畈村"探亲访友"，大家见了面亲热得就像一家人。

一个桃子，"撑"起了一个产业，致富了一方百姓。王金根带着村里的农民春"卖"桃花，夏卖桃子，生意越做越大。他深情地说："吃水不忘挖井人，阳山畈村的农民会永远铭记党和政府的关怀，更忘不了农业部门及县基金会的扶持！"作为蜜桃专业合作社的领头人，他有信心带好头，让阳山畈村的蜜桃产业更强，让村庄更美，果农的钱袋子更鼓！

（周明亚　吴钫杰）

从"羊妈妈"到"水果西施"

徐淑萍是桐庐县合村乡琅玕家庭农场的场长，她模样长得温婉大方，性格更是热情开朗，就连她的绰号也充满了喜感，有人喊她"羊妈妈"，也有人叫她"水果西施"。不过，在这有趣的绰号后面，却有一段艰辛的创业史。

勇敢的"羊妈妈"

已过"不惑之年"的徐淑萍，是合村乡大琅自然村人。外表柔弱的她，内心却充满了不服输的劲头，读高中时就立下了创业志向。结婚后她便与丈夫一起，走出大山，在上海等地跑运输。几年后手里有了一定的积蓄，夫妻俩又怀揣梦想回到合村乡，决定一边陪伴孩子成长，一边创业。可是"万事开头难"，这第一步该如何跨出去呢？正当他们苦苦思索的时候，机遇来"敲门"了。

2008年底，徐淑萍与丈夫一起去余杭看望朋友。那位朋友是在当地开餐馆的，他用店里的一道特色菜——红烧羊肉来招待他们。这道菜肥而不腻、细嫩爽口，夫妻俩品尝后不禁齐声夸赞："好鲜好鲜，真是美味啊！"

朋友笑着说："我们饭店生意火爆，与这道特色菜是分不开的。"他还说："这儿的饭店到了下半年，家家都有红烧羊肉，养殖湖羊的农民都发了！"

言者无意，听者有心，徐淑萍不由眼前一亮！

她不由想到，若论湖羊养殖的环境优势，合村乡可谓得天独厚！大山里不仅空气清新、山泉水甘甜，更有随处可见的笋壳、玉米秆、番薯藤、黄豆叶等取之不尽的优质青饲料，湖羊的市场需求如此旺盛，这不就是自己正在苦苦寻觅的创业好项目吗？她的想法和丈夫不谋而合。从余杭回家的路上，夫妻俩越聊越起劲，下决心要创办一个湖羊养殖场。

2009年初，经过一番细致的市场调查和紧张的前期筹备，徐淑萍启动了湖羊自繁自养项目。夫妻俩分两次从嘉兴引进大大小小300头种羊。看着欢快吃草的种羊群，徐淑萍憧憬着"丰收"的美景，在心里美滋滋地盘算着：这批种羊很快就能生小羊，小羊长大了再生小羊……真是越想越高兴！

但她很快就笑不起来了。难题像排着队一样接踵而至，且不提资金、技术造成的诸多困扰，仅"湖羊扰民"一事，就让徐淑萍头痛不已：湖羊爱叫，而且只要有一只羊领头叫，群羊就跟着一齐叫，那叫声此起彼伏，就像大合唱一样"激昂"。尤其到半夜，群羊的叫声显得瘆人，引得附近村民齐声抱怨："这羊实在太吵了！还让不让人休息了？""听着让人害怕！晚上都不敢从这儿过了！"

为这事，徐淑萍不知陪了多少不是，说了多少好话。慢慢地她发现，湖羊爱在夜里叫唤是因为饿，那是它们在向她"集体抗议"呢！此后她掌握投喂的时间节奏，让羊吃饱喝足就睡，羊不叫了，村民的抱怨声也消失了。

创业辛苦是常态。为了解决湖羊青饲料，她经常在凌晨三四点钟起床，开着车子到分水镇等地摸黑收割从农户手中收购来的玉米秸秆，捆扎好，装好车，然后分秒必争地运回养殖场，保证早上六七点钟让羊群准时吃早饭。

徐淑萍

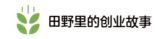

她从早到晚忙个不停，搞卫生、消毒、防疫……晚上就睡在羊圈边上的工棚里。有时候一个晚上五六只母羊同时生产，她在各羊圈中来回奔波，既当"接生婆"，又要照顾好新生的小羊，常常一直忙到曙色微明……

经历无数辛苦的日日夜夜后，她养殖的第一批湖羊出栏了！

这本该是她最高兴的日子，可她却差点哭出来了。

原来，联系好的买家上门后，看到她养的湖羊就紧皱眉头："你家羊这么瘦，叫我们怎么销？饭店怎么烧？叫客人啃羊骨吗？"买家毫不客气地说："如果今后你家养的湖羊都是这个样子，我劝你的养殖场趁早关门算了！"

客户的话糙理不糙，她养的湖羊确实比别家瘦。原因是湖羊的主食是青饲料，要想羊儿肥壮必须添加一定比例的精饲料，而她为了降低成本，尽量让羊吃青饲料……

创业历程中的教训很深刻，也很"值钱"。此后她通过请教养殖湖羊的老师傅和县农技部门同志的指导，很快学到了青饲料和精饲料的科学配比方法，使湖羊的身段"丰满"起来。随着湖羊一批批出栏，客户脸上的笑意也越来越浓："这羊养得真肥壮！"

闯过一关，她又开始思考另外一个问题：怎样才能既养出肥羊，又压缩成本？经过一番考察，她觉得"种植养殖一体化"生态模式不错，决心试一试。

她租下了一大片地，开始种植玉米、番薯、黄豆等作物，同时还采用土地轮种的方式，大量种植黑麦草。而湖羊粪，便是种植园里最好的有机肥。"生态农业循环模式"的优势很快就显露出来了，她不但收获了数量可观的玉米等精饲料，而且收获了一批又一批的青饲料，大大降低了养殖成本。

虽说创业的历程异常艰辛，但成功的收获也很醉人，尤其是湖羊"自繁自养"项目成果亮眼。就拿繁殖来说，母羊原本都是一胎只生一只，可通过采用科学配种技术，母羊一般都能一胎生两三只，最多能生出四只。

母羊奶水不够，徐淑萍就进行人工喂养，照样把小羊养得活泼乱跳。最多的时候，养殖场存栏量达到1000多头，可谓"羊"丁兴旺。小羊崽此起彼伏的"咩咩"声是那么美妙，大家都把敬佩的目光投向这个有着坚韧意志的农家女，还送给她一个有趣的绰号——"羊妈妈"。

湖羊的"咩咩"叫声，也唤醒了村民们的致富梦。

怀着回报家乡和"共同富裕"的美好愿望，徐淑萍热情动员乡亲们和她一起干，共同把湖羊养殖产业做大，越来越多的农户心动了，纷纷跟着她养起了湖羊。

2009年，在合村乡政府及县农业部门的重视和支持下，徐淑萍牵头成立了桐庐合村湖羊养殖专业合作社，吸收了周边30多户农户参加。徐淑萍的养殖场还获得桐庐县唯一一家种羊场的资格，成了湖羊养殖的"龙头企业"。她卖种羊，农民养湖羊，出栏后由她负责收购销往各地。合作社让一批劳动力实现了"家门口就业"。

身为合作社社长的徐淑萍既要负责组织收购、销售合作社成员及同类生产经营者的湖羊，还负责引进新技术、新品种，经常开展与生产经营有关的技术培训、技术交流活动，并向社员提供信息咨询服务。此外，她经常上门帮助社员，解决各种各样的技术难题。

就这样，凭着新时代妇女的气魄、胆识、激情，"羊妈妈"徐淑萍带动农民一起发"羊财"，大步走出了可持续发展的"羊"光大道。

可敬的"水果西施"

2015年，徐淑萍的事业面临转型。由于她的养殖场靠近河道，为积极配合全县的"五水共治"行动，身为中共党员和乡人大代表她，主动关停了湖羊养殖场。

"羊妈妈"与湖羊养殖业告别，但她"田园富裕梦"始终不变。

此时，恰逢合村乡的"全域旅游"战略正在加快实施之中，她在"哗哗"流动的山溪水中看到了新商机，决定投身到蓬勃兴起的乡村旅游事业中去。

她看好合村乡漂流项目不断攀升的人气，在旅游沿线承包了100多亩地，创办了"生仙里精品果园"，种植下大批精品水果，并且注册了"生仙里羊妈妈"品牌。从此，精品果园成为徐淑萍人生历程中的新"坐标"。

从养殖"转型"种植，徐淑萍的创业之路再次面临新的挑战。

徐淑萍采摘樱桃

要保证精品水果品质，每个种植环节都不能疏忽，并且前三四年只有投入没有产出，她不仅要筹措足够的资金，还需要学习掌握各种水果的种植和管理技术。虽然对新事业了充满信心，但面对重重困难她也时常感到茫然。

正当此时，县农业技术推广基金会向她伸出了援手。基金会领导多次到果园考察，通过牵线搭桥帮她联系县市果木专家，为"精品果园"解决各种技术难题，还提供相应的资金支持。通过县基金会的大力推荐，果园项目还获得了市农业技术推广基金会的支持。

有几件事令徐淑萍终生难忘。

——2021年，她的"精品果园"遭受大风袭击，葡萄大棚被吹倒了，建筑屋顶被吹掀掉了，原本一片生机勃勃的果园，大风过后变得一片狼藉。县基金会的领导第一时间赶到果园，认真了解受灾情况，积极联系有关方面帮助果园恢复生产，还向市里申报扶持资金，雪中送炭。

——2022年，果园引进"太秋"甜柿，县基金会不仅给予资金支持，而且会同农业部门帮助引进新技术，解决栽培过程中各种难题。

——2023年，由于气候原因，樱桃晚熟了几天，与"五一"旅游旺季"擦肩而过"，造成了樱桃滞销，徐淑萍心急如焚。县基金会领导得知情况，马上与县融媒体中心取得了联系，通过线上推销，成功吸引了城乡顾客，樱桃滞销"危机"得以缓解。

说到这些，徐淑萍动情地说："县农业技术推广基金会对创业者如同家人，急我们所急，想我们所想。早在养殖湖羊的时候，就给予了大力支持……我们永远不会忘记他们扶农、助农的一片真心！"

在各级政府和农业部门及市县基金会的扶持下，徐淑萍的精品果园一派生机勃勃：樱桃、水蜜桃、葡萄、李子……各种果品在果园落了户，春有百花开，夏有百果采，叶绿花红，果甜树香，真成了世外桃源，人间仙境。她从一个养殖湖羊的专家，已然变成管理果园的"高手"。

2018年，"生仙里水果采摘园"进入盛产期。

果园靠近雅鲁漂流、竹溪乐园等景点，水果成熟期与"暑期冲浪期"高度重合。6月底至7月初,这里的葡萄、水蜜桃相继成熟,随着暑期的到来,游客也纷至沓来。游客们畅享漂流的快感之后，往往会乘兴来到徐淑萍的果园体验采摘的乐趣。

游客又吃又买，回家后还在网上订购水果。随着"回头客"不断增多，生仙里的水果通过互联网，远销上海、江苏、北京、广州等各大城市。

每年暑热未至，徐淑萍的手机就先成了"热线"。很多游客打电话问她果园里的水果几时成熟，计划等水果一熟就马上过来品尝购买。更有老顾客早早预订水果赠送亲友，说要叫他们都尝尝"大山里的水果"！

每年果园水果成熟的时候，也是徐淑萍最忙的时候。她早上四点半就起床采摘，先把预订的水果采摘好，七点多游客就进园了。

三年疫情期间，杭州"短途旅游"火爆，合村"生仙里"的好山好水好空气，吸引杭州城区游客蜂拥而至。徐淑萍和员工们不辞辛苦，热情接待，为游客提供细致的服务。徐淑萍笑着说："那时候啊，果园内外都是人，我们忙得连吃饭的工夫都没有！"

在游客此起彼伏的欢声笑语里，徐淑萍的笑容最美。不知什么时候开始，徐淑萍继"羊妈妈"之后，又多了一个"水果西施"的绰号。

从"羊妈妈"到"水果西施"，徐淑萍在创业历程中，尝过酸甜苦辣各种滋味，也获得了成功的欢乐和幸福。她说，作为一名共产党员，为振兴乡村出一份力是自己的责任和使命所在。在今后的日子里，她会一如既往地拼搏奋斗，继续为家乡的共同富裕发展贡献力量。

（方赛群　周明亚）

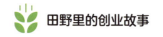

"老兵哥"的共富创业路

他是一名退役的老兵，"建设家乡"四个字寄托了他一生的情怀；他是合岭村的老书记，"让村民过上好日子"，是他拼搏奋进的不竭动力；他是带领乡亲创业致富的"领头羊"，为合岭村民宿业的蓬勃发展做出了重大贡献。

他，就是桐庐县旧县街道合岭村原党总支书记张关荣。

一

已过"古稀之年"的张关荣，曾经是浙江舟山守备部队一名解放军战士。他在部队表现优异，服役六年中多次立功受奖，并在部队光荣入党。1976 年，他光荣退伍，回到了日思夜想的家乡——桐庐县旧县街道合岭村。

阔别六年，合岭村依旧很美，也依旧很穷。这里四面环山，夹抱一个山塘水库，山清水秀，是元代画家黄公望笔下的《富春大岭图》实景地。由于地处偏僻，村民零散地居住在周围山上，只有一条蜿蜒崎岖的小路通往山外，雨天更是泥泞不堪，只能步行，农副产品和生产资料出入村庄都要靠肩挑背扛，村民生活很艰难。

见此情景，张关荣心中沉甸甸的。作为一名中共党员，作为一名部队培养多年的退役军人，他觉得自己有责任、有义务为改变家乡穷困现状做点事情！他毅然放弃了外出工作的机会，选择留在合岭村。不久后，街道任命他为合岭村的党支部书记。

张关荣

退伍兵走上了"新战场"。村里各种矛盾错综复杂，发展的难题层出不穷，村集体经济薄弱，干群关系紧张，这个"穷家"该如何当？工作虽说千头万绪，但张关荣认准了一点：团结村里的党员干部，努力为村民办实事，用真情凝聚人心！

"干"字当头，张关荣目标清晰：一是建村委办公楼，二是建学校。

长期以来，合岭村委没有房子，村干部开会就像"打游击"，今天在你家，明天在他家。村里的学校是危房，刮风下雨时，雨水泥沙都会落在课桌上。听说要做这两件事，村民都拍手叫好。

可建村委办公楼、建学校都需要钱，钱从何来？张关荣的回答是：事在人为！他开始四处奔走筹钱，最终得到了县领导和社会上热心人的支持，资金问题解决了。村民也热情相助，有钱的出钱，有力的出力。不久后，300平方米的村委办公楼和400多平方米的教学楼拔地而起。合岭、尹岭两个村的70余名孩子的"上学难"问题，得到彻底解决！

办成了这两件实事，村里党员干部的威信大增。提到张关荣，村民纷纷竖起了大拇指："这个退伍兵书记有本事啊！"

打赢了第一场"战役"，村干部士气大振。张关荣开始动脑筋谋划合岭村的未来发展，想方设法要为村民寻找一条"发家致富"的路子。

那时是1981年，我国改革开放浪潮已波涛汹涌。张关荣通过外出考察调研，觉得办服装厂"有钱途"。说干就干，经过村两委讨论，村里筹资建起了450平方米的厂房，还到江苏请来服装师傅，到上海大商场买来西装做样品，又挑选了一批村民进行技术培训。村民们肩挑背扛，把一台台缝纫机，一批批布料运进山村，寂静的山村很快就热闹起来了。

不久，"大山里的西服厂"正式投产了。

合岭村的农民祖祖辈辈没有穿过西装，可经过师傅的严格培训，他们制作的西服质量却很高。产品不仅销到桐庐县城，还销到上海、杭州等大城市，因价廉物美，受到市场欢迎。北京一家知名服装企业找上门来了，与合岭村洽谈联营事宜，一同办起了桐庐服装总厂，还开办了5家分厂，带动了数百人就业。那时整

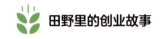

个村子，缝纫机的"哒哒"声彻夜不停，就像在不停地弹奏着快乐音符。农民的日子好过了。

那是合岭村第一个"高光时刻"，来村里参观取经的人络绎不绝。可好景不长，由于北京那家联营厂的老板涉事被查，企业被关停，合岭村的服装厂也跟着倒闭了，厂里积压了大量服装，村里欠下了一屁股债。身为村党支部书记的张关荣骂声听了不少，还要到处筹资还债。那些日子，他饱尝失败的苦涩。可他并不气馁，依然决心寻找一条真正适宜合岭村的发展路子。

二

退伍军人的字典上，没有"认输"二字。

1986年，张关荣带领全村干部启动二次创业计划，做的第一件事是修路。村里计划用三年时间，修通长达3.5公里的主干道。时任旧县人民公社水管站书记、站长并兼任合岭村党支部书记的张关荣，反复向村民讲一个道理：要致富，先修路，我们只有打好基础，过好日子的梦想才能变成现实。有人提出：修路要钱，我们村哪有这个条件？他还是那句话：事在人为！

他是这样讲的，也是这样干的。1987年他努力争取上级部门项目资金支持，同时还发动群众主动出钱出力。在村两委的带头下，全村老老少少肩挑泥土、背扛石头，干劲冲天地投入到义务修路之中。

全村干部群众的共同拼搏奋斗，三年计划一年完成，合岭村拥有了一条乡镇级的公路！举行通车仪式的时候，杭州市交通部门的领导还亲临剪彩！

路修好了，张关荣想乘着改革开放的春风，外出闯一闯。

他辞去了村里的职务，与妹夫到桐庐县城办了一个皮件厂。企业慢慢初具规模，有100多名员工，年产值600余万元。但作为一名中共党员、一名退伍军人，他心里始终忘不了"改变家乡落后面貌"的初心。因此，1998年街道领导找他谈话，要求他重新回到村里当书记时，他毫不犹豫地答应了。

张关荣重新挑起"推动合岭村发展"这副重担。在外办厂多年，他的视野更开阔，行动能力更强。当时的合岭村，村民主要经济来源是种毛竹、开石矿，人均年收入不到一万元。由于长期开矿，全村水土流失严重，自然环境遭到破坏，这条路显然走不通了。张关荣依托合岭村的优势，与村干部们设计了"开发乡村旅游"的发展新蓝图。第一步是推动"村落集聚"，把村民从山上搬到山下沿水库一线。

当时，水库沿线只有一所学校，一个畜牧场，缺少建房场地。在上级部门的支持下，村里花 7000 元收购了畜牧场，然后沿湖平整出了一片土地，统一规划设计，无偿提供给村民建房。

要把祖祖辈辈居住在山上的村民"请下山"，谈何容易。张关荣带领村干部们不厌其烦地上山入户，一户一户耐心做村民的思想工作：我们村的合岭水库那么美，今后可以发展休闲旅游，可以开办农家乐，可以开办民宿，大家都可以在家门口挣钱……村民却说："我们祖辈都住山上，山上可以养鸡、养猪、养羊等，住山下我们生活不习惯的。"就这样，说服动员工作整整做了三个月，硬是没有一个村民肯下山。

张关荣明白了，说一千，道一万，不如自己做出样子给大家看。他和村干部带头把家从山上搬到了水库边，一些左邻右舍看到后跟着下了山！村里还因势利导，出台了一系列搬迁优惠政策，如困难户可以由村里担保，贷款造房子；在规定时间内搬下山的，每户还可以奖励 4000 元等。正所谓"村看村，户看户，群众看干部"，在张关荣和村干部带动下，一年之中，村民们全都下山了，一座座风格独特的新民居拔地而起，环绕着水库形成完整的村落，一个山清水秀美丽的新合岭村出现了。

村落集聚，为合岭村"转型"发展打下了坚实的基础。通过换届选举，合岭村迎来了年轻的新书记，张关荣任副书记兼村委主任。他积极配合新书记开展美丽乡村建设，拓宽改造了通往山外的 3.5 公里主干道，道路两边实行亮化美化，对村里 95% 以上的村路进行"硬化"，沿路、沿沟、沿坡绿化率达到 85% 以上，建成了 4800 平方米的休闲公园。村两委下决心把"好山好水好空气"做成好产业。

2004 年，村两委开始实施"以高山湖为中心，发展旅游度假、农业观光产业"

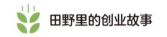

的发展战略。发展目标是：在5至10年内，沿湖一带家家户户开办农家乐和民宿，每天的游客人数达到500至600人！

三

发展乡村旅游，合岭村"底子"有了，战略目标确立了，如何能把游客引上山？大家都一筹莫展。发动村民开办农家乐，更是无人响应。不少村民怀疑：城里人，为啥会到我们这深山冷坞里来？面对这些茫然和疑虑，张关荣延续了他的一贯风格：做给群众看，带着群众干！

2005年，张关荣开办了合岭村第一家农家乐——高山湖饭店，成了村里第一个"吃螃蟹"的人。但他的满腔热情却被泼了一盆冷水，整整半年时间，饭店很少有客人光顾，每天只能靠卖早餐维持饭店运营。

张关荣内心很沉重，他深知"输不起"，因为这是合岭村第一家农家乐，牵动着全村未来整个旅游业发展。如果第一个"农家乐"倒了，要想带动农民发展休闲旅游，岂不是一句空话？可怎样才能让饭店生意"火"起来？张关荣苦苦思索：看来应该在"特"字上做文章。

他不禁想到童年吃过的腌猪头。那时家里很穷，一年到头吃不上几回肉。为了不浪费珍贵的猪肉，而且能让家人吃得时间长些，巧手的妈妈学会了腌猪头。她腌制的咸猪头非常香、非常鲜，特别是刚出锅的时候，更是香气四溢，大老远就能闻到，令人垂涎欲滴。那时候每年春节，妈妈会烧煮一个早已腌制好的猪头，下酒菜为猪耳朵、猪舌头、猪口唇、猪脸肉，肉不油有嚼劲，家人能美美吃上一餐。可不可以将童年的味道找回来，将腌猪头打造成合岭"农家乐"的特色菜？

张关荣在果园视察桃子

他马上到市场上买了猪头进行腌制处理，可烹饪后却不是记忆中的味道。他再次买猪头搞"试验"，好像味道好一点，于是接二连三买来猪头，一次次腌制，一次次做着试吃，不断调配盐的比例和腌制的时间，还试着把猪头分割开腌制，把腌制时间延长到 20 天……最后终于获得成功！咸猪头烹制起来香气四溢，吃起来咸鲜满口，连路过的人都被这香气吸引，有的干脆到饭店来吃，吃过的人都连声叫好。一传十，十传百，越来越多的桐庐人来到合岭村尝鲜，杭州、上海等地的客人也慕名来享"口福"。

有时候客人实在太多了，没有座位，许多人只能站在路边啃猪头肉，啃一口咸猪肉，喝一口冰啤酒。那样子虽然不够文雅，却也十分喜庆。腌猪头这个"合岭土味"，彻底火了！

市场的大门打开了，张关荣的农家乐，每天都有十几桌客人，一天的营业额最多时达到一万多元，而当时打工者日均工资只有 15 元。看到张关荣饭店生意这么红火，村民们再也坐不住了，不少人跟着行动起来。到了 2006 年，全村就有 6 户村民开办起了农家乐。旧县街道领导因势利导，带了村里 24 户村民到外地参观民宿，回来后，就有 12 家农户办起了民宿。

一个特色菜引发了合岭村的"逆袭"。

"土气"带来了财气，乡村休闲旅游带动了乡村振兴。随着游客越来越多，山上的竹笋、家养的土鸡、土鸡蛋和自家种的菜，都搬上了游客的餐桌。合岭村的民宿日渐红火，特别是 2008 年，湖南卫视在合岭村拍摄了"向往的生活"后，小山村更成了远近闻名的"网红村"，游客更多了。逢年过节，山里的民宿都要提前半个月预订，每天接待数千游客，停在路边的车子一眼望不到头。

目前，合岭全村民宿有 60 余家，其中普通型民宿 41 家，中端精品民宿 7 家，高端民宿 3 家，精品民宿 9 家，床位总量 1300 多张。全年接待民宿游客 9 万余人次，全村营收超过 1400 万元。随着民宿日益火热，外地来合岭的"投资客"也不断增多。最近村里与太空舱行业的天花板私宿品牌——方圆集团签订了合作协议，准备打造太空露营基地，建设胶囊民宿。

如今的合岭村，已然成为远近闻名的美丽乡村休闲旅游打卡地，"向往生活"

拍摄地，还被认定为 3A 级景区。村民的日子好过了，去外地的打工者如今全部回乡创业。合岭村也先后获得了"浙江省小康示范村""浙江省善治示范村"等诸多荣誉称号。

看着乡亲们富了，最高兴的人是张关荣。他虽然上了年纪，且早已从村干部岗位上"退役"，但他的创业干劲不减。

在市县农业技术推广基金会的大力支持下，张关荣家庭农场的百余亩果园长势很好，为游客采摘提供了好去处。前些年他将高山湖饭店改名为"裸心园"，项目二期投入使用后，可供 400 人同时用餐。他家民宿从最初的 7 个房间 14 张床位，发展到了如今 80 多个房间 160 多张床位。他家生产的腌猪肉批量销往外地大饭店，腌猪头每天的批发量达到四五百个，本地的猪头不够用，还要到江苏、安徽等地采购。

岁月流逝，梦想依旧。张关荣靠着敢想敢干、不断创业，不仅让自己过上了幸福生活，还带火了合岭村的民宿业，带火了乡村旅游，让家乡父老过上了好日子，走上了乡村振兴、共同富裕之路。作为一个老党员、老退伍军人，还有什么能比这更令人高兴呢？而今，他依然每天忙碌地接待南来北往的客人，他的笑容中，洋溢着一个老兵对田野和故乡的深情。

（张振华　陈瑞昕）

大洲畈上的"老兵新传"

他是一位身材健硕、皮肤黝黑，脸上有着灿烂笑容的年轻人。

退伍前，他是中国人民解放军空军某部的一名技术人员，凭着在部队掌握的精湛技术，退伍后要在省城谋个高薪的工作并不难，可他却毅然选择回家乡当"职业农民"。他与父亲一起创办了家庭农场，把自己最美的年华和人生梦想，都"安放"在了瑶琳镇大洲畈这片希望的田野上！他也在9年的辛勤耕耘中，开拓了新的人生事业，实现了新的人生价值。他先后获得了浙江省模范退役军人、浙江省农技推广"万向奖"杰出人物、杭州市"乡村产技能大师"、"桐庐县劳动模范"等诸多荣誉称号。他就是桐庐县兴荣家庭农场场长向毅。

田野里，有人生出彩的机会

向毅是位80后，家住桐庐县瑶琳镇皇甫村。他2006年当兵入伍，服役于杭州笕桥军用机场。在部队这个大熔炉中，凭着优秀的表现和亮眼的业绩，他不仅入了党，而且被授予"优秀士兵""优秀士官"等荣誉称号。

在部队干了8年，向毅于2014年光荣退伍。当时部队首长挽留他，希望他继续留在部队干几年，回地方上还可按相关政策获得分配工作的机会，他笑着婉言谢绝了。也有朋友建议他留在省城找个高薪的工作，他也谢绝了。因为他内心早有了选择，就是听从父亲的建议，回乡种地当农民。

向毅的父亲是县里有名的种粮专业户。

向 毅

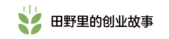

他对儿子说，国家对农业支持的力度越来越大，桐庐县正实行农村土地流转机制，这是一个非常好的发展机遇。他还说："三十六行，行行出状元，当农民一样有前途！"

向毅理解父亲对土地的深情，更看好农业的发展前景，因此坚定地做出了"子承父业"选择，决心和父亲一起，当一个新时代的"庄稼汉"。

离开部队那天，他细致地为心爱的战鹰作了最后一次维护，依依不舍地告别了军营和朝夕相处战友，义无反顾地踏上了返乡之路。他服役的部队在杭州，离家乡也就两个小时的车程，他上午离开部队，下午便跟着父亲下地干活了。早上还在深情仰看飞上蓝天"战鹰"的他，午后已在低头认真观察田里苗壮生长的庄稼。短短半天时间，他完成了从军人到农民的"转型"。

此刻的向毅，内心只有一个想法：我是一名共产党员，在部队我是一个好兵，回乡务农也要当一个好农民，决不能给部队丢脸！

2014 年，在离开部队的第一年，他与父亲通过土地流转，承包了瑶琳镇大洲畈 500 亩粮田，创办了桐庐县瑶琳镇兴荣家庭农场。退伍兵成了"职业农民"，他"兵心不改"，干起农活来也有一股子"打冲锋"的劲头，而当了一辈子农民的父亲，成了他的"高级参谋"。

兴荣农场主要种植水稻、油菜、小麦等粮油作物，为了掌握先进的管理经验和新技术，提高粮田效益，向毅除了传承父亲的种粮经验以外，还积极参加县里的各种农技培训，认真研读相关书籍学习种田技术。

在家庭农场里，向毅的父亲分管大田耕种业务，向毅主要分管大型的农机具的使用和维修。他在部队就是搞战机维护的，因此要完成这一"任务"可谓驾轻就熟。每当他驾驶着大型农机在大田作业时，就像是在驾驶战鹰在蓝天翱翔，心里感觉就是一个字：爽！

可是，开办家庭农场并没有想象中那样容易，困难和考验接踵而来：种粮投入高，效益低，风险大，靠天吃饭。而辛苦就更别提了，季节不等人，干农活常常要与季节"赛跑"，到了抢收抢种的时节，向毅常常晒得背上脱皮。不过这些辛苦对军人出身的他来说，都算不了什么，最让他叫苦不迭的是"老天爷"的变幻莫测。

2015年4月份，农场小麦刚到扬花期，却碰上连天阴雨，好不容易天放晴了，又暴发了赤霉病，400亩小麦颗粒无收。那年秋季，1000多亩水稻到了收割期，可刚开镰不久就遭遇了连日阴雨，再收割时地里稻谷都发芽了，农场因此损失惨重……接连出现的打击，让他内心颇感沮丧，但当兵人特有的坚强意志品质，却又始终激励着他：不畏艰难，迎接挑战！

种粮食，也要有创新精神

早出晚归，风吹雨打，日晒雨淋……

艰苦的农村创业，反而激发了向毅的奋斗激情。

为了让自己能成为有文化、懂技术、能经营、善管理的"新农人"，一方面他积极参加各种培训，并利用业余时间刻苦学习新知识新技能，另一方面将自己的所学及当地种植经验与家庭农场生产经营实践结合起来，推陈出新，找到了不少管用"新招"，不但保证了粮食稳产高产，还很好地解决了环保、病虫害等问题。

过去农民庄稼收割完毕后，往往采取焚烧的方式处理秸秆，对环境造成了污染。禁止秸秆焚烧后，种粮大户们采取秸秆粉碎还田。这是减少环境污染，增加土地有机质的好办法，可带来的问题也不少。如秸秆粉碎后，厚厚地铺在地表，极大地影响了种子的发芽率，还容易造成田里积水较多，容易引发小麦赤霉病和油菜菌核病等，影响了粮食和蔬菜质量产量。能不能找到一个既能很好地处理秸秆，又能避免病虫害多的办法呢？

向毅积极开动脑筋，想出了一个办法：在种油菜之前，先把油菜籽和肥料拌一下，在水稻收割之前一天，用设备将油菜籽"喷撒"进田里，第二天大型机械收割水稻后，正好将稻草均匀地盖在上面……他决定先在几十亩田里搞实验。当时父亲觉得他太大胆："你这样搞，百分之一百会失败！"可他却倔强地说："就是失败，我也要试试！"

让父亲想不到的是，儿子的"新招"居然成功了！

向毅在田间劳作

运用这种播种方法，地里的油菜苗出得特别齐、特别壮，长势特别好。父亲服了，指着大片还没收割的水稻说："那些地，都按你的方法做吧！"

第一次试验成功了，但向毅并未满足。他又想了一个种植油菜的新点子：水稻收割后，把油菜籽喷洒在秸秆上面，然后用新式开沟机翻地，翻上来的土正好均匀地洒在油菜籽的上面……这个方法又获得了成功！

田头的"小革新"，不仅节省了大量人力，而且大大降低成本。如过去人工撒籽一天最多 30 亩，每天人工费 160 元，采取喷撒法，一天一人可撒七八十亩。原先种植一亩油菜，人工、机损不算，仅大型机械油费就要 40 元，现在不仅油费下降了一半，而且播种效果好，效率高。目前，他自创的这种秸秆还田方式已在全县推广开来。

打虎亲兄弟，上阵父子兵。在向毅父子的科学管理下，兴荣农场日趋繁荣，经营规模不断扩大，目前农场流转承包土地已达到 1800 余亩，地里的庄稼一年比一年长势喜人，收入也年年增加。几年前，他参加桐庐县粮食示范高产竞赛，并荣获第一名的好成绩。2018 年瑶琳大洲畈的水稻亩产量达 800 公斤，小麦由前些年的平均亩产 360 公斤增加到 2018 年的 450 公斤。2022 年农场上缴国家粮食订购量达到 800 多吨。看着一车车颗粒饱满的粮食出售给了国家，向毅像军人打了大胜仗一样喜悦自豪！

基金会，助力"农机升级"

在向毅眼中，农机有如战士手中的武器，粮食要丰产，必须要有先进的农机。而提起农机，他对县农技推广基金会充满了感激之情。

人们常说"人误地一时，地误人一年"，不误农时农事，是家庭农场粮食丰产的关键。但随着时代的发展，年轻人外出创业的越来越多，农村人口老龄化日趋严重，农忙时招不到人，农机现代化水平又不高，这些都给家庭农场发展带来严峻的挑战。

向毅下决心要提升农场的农机设备现代化水平。

"农机升级"关键是资金，而家庭农场的自有资金却不足，只能望洋兴叹。令人振奋的是桐庐县对"三农"支持力度逐年加大，政府专门出台相关政策，鼓励家庭农场引进先进农机。在县农业部门大力支持下，家庭农场先后引进了烘干机、插秧机、收割机、拖拉机等一批大型机械以及先进的育秧流水线。但随着家庭农场规模不断扩大，还需引进一大批配套农机具，农场的资金压力骤升。

2017年，县农技推广基金会领导来到兴荣农场考察。了解到农场在农机引进上存在的具体困难和问题后，县基金会积极为他们排忧解难，数次提供扶持资金，帮助农场购买先进的配套农机具。

向毅兴致勃勃地举了个例子：那年，农场在市、县基金会扶持下引进了现代配套机具"撒肥机"。这是一种挂在大型拖拉机上的新型机械，虽然"貌不惊人"但威力不小。人工撒肥一天最多只能完成二三十亩，撒肥机"上场"后，一天轻轻松松就可以完成两百余亩，而且相比人工撒肥，均匀度更加好。

向毅满怀感激地说：县基金会的领导很关心农场，每到农忙之前都会打电话来，询问我们粮食收割准备工作做得怎么样，有什么实际困难，等等，还带领我们到临安等地考察家庭农场运营新模式，使我们的视野不断扩大……

在政府部门和市县基金会的帮助下，瑶琳兴荣家庭农场的农机设备现代化程度越来越高。不仅保障了农场自身的工作效率，也为周边的农户带来了福音，帮助当地农民解决了耕地难、插秧难、植保难、施肥难、收割难等问题。

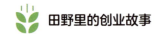

　　向毅如数家珍般地算了一笔账：至目前，兴荣农场为当地农户7000多亩粮田提供了农机服务。每年为周边农户服务面积达到18万亩次，其中收割6500亩，机插1500亩，机播8000亩，统防统治每次16.4万亩，大大提升了当地农业的现代化水平。如今，向毅有了更高的目标，计划在1500亩粮田中，实施"稻鳖共养"，为农场实行多元化发展打好基础，让粮田效益实现翻番。

　　时光如梭，向毅退伍回乡已九年。从回乡第一天开始，"粮田"就成为他生活的核心。他从年头忙到年尾，农忙时早上五点起床，一直忙到天黑回家，吃过晚饭又开始烘干粮食，常常通宵守在烘干机旁。农闲时他忙着维修各式各样的农机具。雨天农户在家休息，可他却背着锄头奔走在田埂上，为的是给庄稼排水……他心里只有粮田，有时外出几天，睡梦中也是摆动的稻穗，而出差归来，他必定放下行李就往田间跑。他与父辈一样，对粮田有着浓得化不开的深情。

　　九年间，他累计向国家提供商品粮6600吨。他创办的兴荣农场，先后被评为"浙江省省级示范性家庭农场""桐庐县绿色防控基地""两壮两高基地""全程机械化基地""绿色科技示范基地"等。

　　如今，国家提出建设农业强国，推进乡村全面振兴的战略目标，让新时代的"职业农民"向毅觉得越干越有奔头。2023年8月，农场开始建设1000平方米的"农事服务中心"。这里将引进更先进的农机具，将安装对农场可实时监控系统的大屏幕。向毅面前的，将是"数字农业"的无限风光！

（管国兴　周明亚　尹　微）

稻海里的"冲浪者"

2023年10月20日至10月22日，分水镇大路村"呱呱叫欢乐农场"热闹非凡，第六届"中国农民丰收节"桐庐县主场活动正在这里举办。活动内容很丰富，有割稻、运稻、打稻穗、分拣稻穗、扎稻草人、分五谷等田间趣味亲子运动会，有最让孩子着迷的"萌宠派对"，还有"稻田秋拾·风味人间"百桌丰收宴……活动中，人们看见有个人坐着轮椅在场内不停"奔走"，四处张罗。虽说由于脚开刀不久，行动不便，但他笑容满面，就像家里要办喜事一样开心！

他就是王樟强，桐庐大路粮油专业合作社的负责人。

"小田"变"大田"

大路村是一个宁静而美丽的村落，这里稻田绵延伸展。丰收时节，稻田像金色的大海，稻浪随风起伏。闪烁着"农旅结合"异彩的"呱呱叫欢乐农场"，就设在该村中心区块的600亩稻田间，而王樟强的人生，就与这片最美的田园风光紧紧连在了一起。

今年五十出头的王樟强，是土生土长的大路村人。他高中毕业后，跑过快递，经过商，2005年，通过竞选进入村委会，成为大路村分管农业的村委委员。他下决心一定不辜负父老乡亲的信任，要通过自己的努力，让村里的粮田更肥沃，种粮技术更先进，粮食产量"更上一层楼"！

可这事做起来并不容易。大路村共有

王樟强（中）

2000 余亩耕地，分属 300 多户村民，人均只有 5 分田。每户的粮田面积虽少，但种粮的"程序"却一个也不能少，插秧、植保、施肥、灌溉、收割……必须紧跟时令，环环相扣。

由于一家一户的承包制，把大田"切"成了一块块小田，一条条田埂形成的"分界线"，常常会变成引发矛盾的"导火索"。日常耕种时，村民们各顾各家，各说各话，矛盾纠纷免不了，尤其到了稻田灌溉的时候，争水矛盾就会频频上演。更令人头痛的是，每家每户的水稻品种和成熟期不一样，机械化作业根本无法实现，只能依靠人工。在这样的情形下，粮田收益上不去，"农业现代化"更是无从谈起。

小农经济已成为大路村实现农业现代化的"拦路虎"。王樟强深知，要实现大路村粮食增产和农民增收，必须改变这种"一家一户自顾自"的生产模式。因此他在分水镇政府和村两委的支持下，开始筹备组建合作社。2008 年 6 月，大路村粮油专业合作社宣告成立，王樟强被推选为社长和法人代表。

合作社刚成立时，村民们加入合作社的意愿并不强烈，首批社员人数并不多，只整合了 150 亩左右的连片粮田。有村民直言："现在人均只有四五分田，各家各户种点粮食吃吃就行了，何必搞什么合作社。"还有人说："就这片稻田，合作社能折腾出什么名堂来？"

王樟强想：说一千，道一万，还不如做个样子出来。

在王樟强的带领下，社里首先平整了粮田，原先那些纵横交错的田埂消失了，无数块"小田"连成了一片"大田"。合作社实行"五统一"的农作制度，即统一品种、统一播种、统一管理、统一植保、统一收割。当地的农机专业合作社，则负责为合作社提供全程机械化服务。

新品种、新技术、新的耕作模式，很快就让这 150 亩粮田焕发出了勃勃生机，粮食增产增收，经济效益大增。收获季节，每个社员领到了每亩 430 斤稻谷和 150 元现金。到合作社"打工"的村民，还可以按日领到工资，年底还能分红。

这一方现代农业的"试验田"，像一把火"烧"热了村民的心。90% 以上村民主动要求把土地交给合作社经营，大路村粮油专业合作社迅速壮大。2010 年，大路村实现了整村土地流转。村民们从繁忙的农事中解脱出来，不仅粮田收益有保障，还可以无牵无挂地在外打工挣钱。

请来"科技财神"

合作社不断发展壮大，社长王樟强肩上的担子加重了。

从年头到年尾，他紧扣二十四节气抓农事，一颗心全都扑在了那一大片粮田上。不过他心里很清楚，要实现粮田丰收、村民增收，光靠"埋头苦干"是远远不够的，一定要依靠先进技术，请来"科技财神"才行！

在县农业部门和分水镇政府的大力支持下，王樟强带领合作社完成了很多"大动作"，先后启动实施了"省级粮食生产功能区"系列建设项目：建立了杭州市单季晚稻"肥药双控"和"测土配方施肥技术"推广示范区，创建了"单季晚稻新品种"示范展示基地，设立了县粮油生产科普示范基地……每一个项目都如同"推进器"，推动合作社向"现代农业"的高峰不断攀登！

为了占领先进技术"制高点"，王樟强邀请了市县两级农学会的相关专家到合作社指导，推广应用了一系列粮食生产的先进技术，共同开展了一系列科技试验，其中包括"单季晚稻'3414'试验"和"绿先机生态有机肥肥效对比试验"。通过不断探索，"肥药双控"和示范区建设成效显著，合作社的粮田良种覆盖率达到100%，单季稻"五改"技术、重大病虫害综合防治、测土配方施肥等技术到位率达到100%，植保统防统治面积也达到了100%！

王樟强还致力于提升"农机现代化"水平。2015年，合作社首次用上了植保无人飞机，成为桐庐县农业"机器换人"新亮点。新技术的生产力令人惊叹：一亩农田只需1.5分钟便能喷施完毕。看着无人飞机像银鹰般在一片绿油油的稻浪上空翱翔，王樟强内心充满了喜悦。

田还是那些田，与"现代农业"牵手后，一切都变得不一样了。合作社粮食产量和质量，获得了大幅度的提升，水稻亩产由办社前的不足900斤提升到1100斤以上。

为了提升粮食的品质和附加值，王樟强为合作社的稻米注册了"横山翠谷"

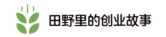

的商标，并投入大量资金购买了烘干机等设备，开展农产品深加工。

为让粮田产出更好的经济效益，王樟强还带领合作社推行"种养结合"的新模式，引进了"稻菇轮作""稻鳅共生""稻鱼共生""稻蟹共生""稻鳖共生"等新技术并获得喜人的收益。如，2011年合作社引进木耳种植技术以及技术管理人员，创办了60余亩的食用菌生产基地。此后每年在收割水稻后种植木耳、香菇等食用菌达30余万棒，在保证粮食生产的同时进行经济作物轮作，仅此一项增加亩收益8000余元。

推行水稻与水产"互利共生"新模式，还让粮田收益大幅提升。鱼、鳅、鳖在稻田中自然生长，消除了田间杂草及害虫，提高了土壤肥力，减少了稻田农药使用，不仅降低了生产成本，而且使稻米品质更优！就拿"稻鳖共生"来说，每亩土地能够生产出1000斤价值2000元的稻谷，同时，还能生产出150斤价值9000元的甲鱼，真正实现了"千斤粮、万元钱"的目标。

合作社推行的这些新型农作模式，还形成了非常好的示范效应和辐射效应，带动了周边20余户农户和1000余亩土地实施新模式。合作社已成为桐庐县实现"千斤粮、万元钱"高产高效种植模式的一个范本。

现代化种植模式，让合作社的粮田焕发出巨大的活力，而提到这些，王樟强会情不自禁地由衷感谢桐庐县农业技术推广基金会的扶持和帮助。他说："县基金会整整帮了我们十年，我们取得的每一点成功，都有他们的心血！"

据王樟强回忆，早在2013年，县基金会就与大路村粮油专业合作社牵手了。他说："县基金会帮助我们引进的第一个项目是水稻和马铃薯的轮作。水稻收割后，利用冬闲田，实行稻秆还田种马铃薯，获得了很好的收益！基金会不仅仅是提供技术支持，每年还根据项目给予我们一定的资金扶持。"

此后，县基金会的同志就像合作社的"娘家人"，在合作社需要帮助的时候从不缺席。这一帮就帮了十年。这期间，基金会不仅对"稻鳅共生""稻鱼共生""稻蟹共生""稻鳖共生"等新项目给予一定数量的资金扶持，同时，还为合作社争取到了市基金会的资金支持。县基金会还带合作社骨干成员到临安、余杭等地参观，学习外地的先进经验和成功做法，让合作社在项目实施过程中，少走了很多弯路。

王樟强还说："十年来，县基金会的领导换了，人员也有变动，但扶农助农的初心从未改变。基金会负责人经常会打电话来问我，有什么新项目，有什么新想法，需要什么帮助，就像关心家人一样时刻关心我们。前不久我的脚不慎受伤，县基金会的领导来村里探望，让我深受感动。"

一片粮田"一幅画"

时光如梭，王樟强担任分水大路村粮油专业合作社社长已18载，当年风华正茂的他，如今已经头发花白，但合作社近千亩粮田却朝气蓬勃。秋日暖阳下，这里处处洋溢着丰收的喜悦：金色的稻田里，稻浪翻滚；绿意葱茏的山间地头，瓜果飘香。让王樟强开心的是，这片粮田还搭上了"农旅结合"顺风车，分水镇的"呱呱叫欢乐农场"就建在这片最美的田园风光里。

如今，这里已打造成为集稻渔休闲垂钓、稻渔餐饮加工、乡村民宿、游玩观光于一体的乡村休闲旅游度假区。每年接待游客5万余人次。合作社中心区块已成为"农旅结合"的大平台。这里有观光农业园、休闲绿道、农家民宿、农家乐、

大路村农田

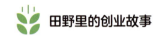

天然浴场、夜色横山等独具特色的乡间休闲项目，还推出了田园小火车、太空漫步、滑索、烧烤露营等丰富多彩的乡间旅游活动。每年举办"丰收节"时，这里更是处处欢声笑语，白天有田间趣味亲子运动会，让孩子体验农事农耕风俗，夜间还有"稻田篝火晚会"……

"农旅结合"推动了周边的第三产业发展，当地餐饮、民宿、农产品销售等跟着火爆起来。村里仅民宿就有三四十家，共有 200 余个床位。三产的兴旺不仅增加了农民的收入，更壮大了村集体经济。

在王樟强的带领下，大路村粮油专业合作社"火"了。

2010 年获评浙江省优秀粮食专业合作社，2011 年获评浙江省十佳示范性粮食生产功能区，2012 年获省级示范性植保服务组织称号，2013 年获评桐庐县模范集体，2019 年荣获杭州市模范集体，2021 年获评杭州市示范性合作社。

王樟强本人先后被评为桐庐县农技协先进工作者、桐庐县十六届人大代表，2019 年获得首批"杭州市乡村产业技能大师"称号，2020—2021 年度荣获省基金会设立的基层农技推广"万向奖"先进个人。

作为大路村粮油专业合作社的"当家人"，他至今每月只领 4000 余元工资，但这片粮田"升值"了，村民们的钱袋子鼓了，村集体经济"腰杆子"硬了，这比什么都令他高兴！

更令王樟强开心的是，看好现代农业的发展前景，回乡的大学生越来越多。他们的回归，让原本慢慢冷落的乡村又热闹起来，这些"新农人"知识水平高、观念新、有见识，他们的青春激情和广见博识，让家乡的土地变得更加多姿多彩。他们见了王樟强亲热地喊"师傅"，而王樟强则把自己的实践经验倾囊相授。

常言道"子承父业"。王樟强的儿子原先在外创业，受父亲的影响，也回乡当了"农创客"，2016 年在天英村创办了总面积达到 1500 亩的家庭农场。2020 年，王樟强的女婿也在横村创办了一个家庭农场。他们成了"农二代"，王樟强则成了他们的学习榜样和"高级参谋"！新老两辈人同守农村"希望的田野"，王樟强内心的喜悦难以形容：自己辛苦的付出终于有了最丰厚的回报！

（管国兴 王云丽）

青春，就在那一缕茶香里

2023 年中秋、国庆"双节"并临，恰逢第十九届亚运会在杭州隆重举办，桐庐迎来了如潮涌动的游客。瑶琳乡间民宿之一的 "茶宿"异常火爆。来自天南地北的游人除了观看亚运马术比赛、游览瑶琳仙境之外，还在这里游茶山，品茶香，享"茶宴"，体验制茶，玩得其乐融融！

"茶宿"的主人名叫喻泽灵，是一位浑身充满阳刚之气的 80 后。他是桐庐县瑶琳镇姚村人，现任桐庐恒信农业开发股份有限公司总经理。从部队退伍后，他扎根茶山十六载，埋头耕耘，创业创新，获得了喜人成绩，先后获"十佳返乡创业先锋""十佳农创客""青年学堂首季导师"等荣誉称号。

茶山是我的"人生舞台"

喻泽灵的创业故事很励志。

"我这辈子与茶结下了不解之缘。"他这样说。

他的祖父、父亲都是当地的资深老茶农，几代人以种茶、制茶为生。他很小就跟着大人到山上采茶，个子还没长到桌子高，他就学会了"杀青"技术。"一叶一芯""两叶一芯"成为他儿时的口头禅。到了上学年龄，每逢星期天，他就跑到茶厂帮忙，

喻泽灵

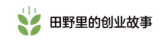

干起活来有模有样，引得厂里的大人常夸赞："这孩子，将来准是个制茶的大师傅！"对"茶"的热爱，从小像种子一样在他心里生根发芽。长大后他在杭州农校读书时，选择的也是茶学专业。

从茶山中来，到"茶书"中去，喻泽灵的领悟能力特别强。无论是茶园管理技能、茶叶加工，还是六大茶类的品鉴，老师说的他一听就懂，一学就会。实习期间，老师带他们到大观山现场了解龙井茶的加工制作，他上手就会干，并能精辟地分析工艺特点，连当地制茶师傅都说："这学生娃了不得！"

2002年，喻泽灵当兵入伍，成为一名光荣的解放军战士。在边防线上，他以军人的忠诚和勇敢，肩负着"保家卫国"的使命与担当。军营生活很紧张，偶有闲暇，他常常会泡一杯茶慢慢细品，在缕缕茶香中寻觅家乡的味道。

喻泽灵光荣退伍后，为了接触社会，开阔视野，他做过快递、搞过旅游，在"社会大学"历练了几年后，于2007年回到家乡。对于创业，他早就胸有成竹，经过一番谋划，他与父亲一起在当地承包了一座荒山开辟茶园。

虽然重拾"老行当"，但他有新见解。他对父亲说，我们这里的农户，祖祖辈辈都按传统的老方法种茶，用老方法制茶，把茶叶销给老客户。我们的茶叶也没有形成自己的品牌。时代在发展，社会在进步，我们种茶和制茶，也要紧跟时代"求新求变"，搞出自己的特点和亮点来！他的发展理念，得到了身为瑶琳茶厂厂长父亲的赞同："儿子，你大胆干，爸爸支持你！"

新人、新思路、新茶园，喻泽灵的创业之路开启了！

他的第一个大动作就是引进茶树新品种。原先当地种植的茶树都是老品种，最大的缺陷是赶不上"时间节点"：每年当市场上新茶价格高又抢手时，瑶琳当地山里的茶树才刚刚冒芽，而等到这里的茶叶可以上市了，市场上的茶叶已是"遍地开花"，很难卖上好价……按照老方法种、制老品种茶，只能种出没有优势的"大路货"。

喻泽灵下决心要改变这种现状。他马上行动起来，赴省市农研所考察后，引进了"安吉白茶""白叶一号"等新品种。与老品种相比，新品种茶树优势明显，那就是茶树抽芽早，茶叶上市早，市场售价高。

建成一个新茶园，种下一片新希望。

他精心培育小茶苗，把在学校学习的技能与知识应用于实践，并诚恳地向经验丰富的老农请教。他对茶园严格实行有机化管理。为了总结出一整套科学管理的新经验，他每天白天跑山头、晚上查资料……功夫不负有心人，在科学管理下，引进的新品种茶树苗长得郁郁葱葱。

"安吉白茶""白叶一号"果然不同凡响！早春时节，新品种茶早早就冒出了新芽，比当地茶上市早、价格高，为公司带来了好收益。

为了创新产品，他加强院企合作，研发出一款"黄金芽龙井"新品茶，2015 年又同时上线了两大新品类：黄金芽和红茶。公司产品不断丰富。

品牌是产品的核心价值体现，是产品参与市场竞争的有力武器。喻泽灵感到，要让瑶琳的茶叶有市场、有竞争力，不能只有好品种，还要有自己的品牌，要创名牌。

2009 年，喻泽灵成立了恒信农业开发股份有限公司。注册"恒信瑶池"商标，正式走上创业之路，经营起了自己的茶品牌。茶园进入生产期后，他引进新设备和新工艺，严格按标准进行茶叶加工。他整天泡在车间，紧盯每个环节、理顺每一道工序……面对困难和问题不畏缩、不气馁，不断学习新知识，解决新问题，像一支满弓在弦的箭，一次次打掉了创业历程中的拦路虎。

酒香也怕巷子深。为了争取优质客户，喻泽灵打起了"攻坚战"，一家家地跑客户，面对面做推销。由于他公司的茶叶品质好，他本人又是种茶制茶的行家里手，能把自家产品优势说得清清楚楚、明明白白，因此深得顾客信任和信服，市场大门逐渐打开了。

喻泽灵从田间管理到生产加工，从品牌培养到市场销售，一步一步稳打稳扎。他的人脉越来越广，客户群体不断庞大。公司与国内外多家企业合作，产品打入了高端市场。"恒信瑶池"茶叶不仅走出了桐庐，走出了浙江，还走出了国门。

为把茶产业不断做大做强，2012 年喻泽灵建起了第一座现代标准厂房，机器设备也按现代标准配备；2016 年修建第二座厂房，引进了更高端的机器设备。公司不断更新、引进先进的制茶设备，为生产更高品质的茶叶奠定了基础。现代

茶 园

化和标准化建设，使公司产能获得了大幅提升，产品质量也有了更好保障，为有机茶大规模出口打下了坚实的基础。

十六年坚守茶山，喻泽灵备尝艰辛，但也收获了成功的喜悦。

他创办的桐庐恒信农业开发股份有限公司，如今已经成为桐庐县茶产业的龙头企业。2023年，公司已拥有茶园总面积1280亩，白茶、黄金芽、龙井43、银霜、鸠坑等新品种成了茶园的"主力军"。公司已形成了一个从茶树培育维护、茶叶采摘炒制到销售的成熟体系。每到生产季节，采摘下来的青茶，可以马上投入生产线，机器24小时不停运转，确保了生产的高效能和产品的高质量。公司年产优质茶叶近140吨，产值达800余万元。

基金会助力"农旅结合"

回忆创业经历，喻泽灵总会提到县农业技术推广基金会。

他说："2009年，公司刚刚成立，茶园新品种茶刚刚开始进入生产期，面临的困难和挑战非常多。这时，县基金会负责人在调研中了解我们的情况，给予正处在'爬坡期'的公司很多支持和帮助。"他扳着指头如数家珍：帮助引进茶树新品种，介绍和联系引进制茶新设备，帮助联系专家指导红茶、白茶、黄金茶制作的先进技术。同时，还根据项目给予资金支持……"

喻泽灵特别提到发展"农旅结合"项目过程中，得到了基金会很大的帮助。

那是 2020 年，公司发展已形成规模。千亩茶山郁郁葱葱，片片新芽翠绿欲滴，晨雾笼罩茶山如诗如画，夕阳映照茶园金光闪闪……面对这些独特的美景，喻泽灵有了发展茶业旅游的想法。

可这事该怎么搞？心里却没有谱。他把自己的打算和困难告诉了县基金会领导。令他感动的是，县基金会领导不但积极鼓励他，为他出谋划策，还亲自带他和公司几位同事去福建武夷山、开化等地调研，使他学到不少开展农业旅游经验，增强了他发展第三产业的信心和决心。

在县基金会的鼓励支持下，喻泽灵搞起了以"茶"为特色的民宿。

他把原先老茶厂的职工宿舍，改建装修成了民宿，推出了茶香鸡、龙井虾仁、红茶扣肉等"茶主题"的餐饮，还搞起了"游茶山""采茶叶""品茶香"等体验活动。公司已建成的 6000 余平方米茶体验区，设有大型多功能厅、体验式制茶区、茶叶品评区、茶叶表演区等功能区。

在具体推进过程中，他还碰到一个难题，由于原先通往茶园的道路狭窄，影响大巴车通行，急需拓宽，县基金会了解情况后，与县交通局部门多次沟通，将其列入改造项目。

"茶民宿"一经推出便广受欢迎，游客纷至沓来。近 30 间民宿，常年平均入住率达 94% 以上，节假日更火爆到"一房难求"的地步。许多游客评价"茶民宿"是"可以安放心灵的所在"。

喻泽灵走出了一条"以茶兴旅、以旅促茶"的发展新路。

喻泽灵改变了一片茶山的命运，而茶山也成就了他的人生。

如今，他创建的茶园已经通过了绿色食品认证、产地产品有机认证（欧盟），还获评"浙江省茶叶精品园区""浙江省现代农业精品园""浙江省生态茶园""浙江现代农业科技示范基地"。他本人先后获"十佳返乡创业先锋""十佳农创客""青年学堂首季导师"等荣誉称号。

提起这些，喻泽灵十分感慨："我是一名退伍军人，如果没有政府的重视，县农业部门和县市基金会的支持，我的创业之路不可能走得这样顺畅！"

为了回报社会，弘扬博大精深的茶文化，喻泽灵开展起了"茶研学"活动。他在茶体验区设立了古法制茶区域、点茶学习及展示区域，在茶园里整理出茶苗栽种区、茶叶对外采摘区，专门提供给学校老师和学生进行研学活动，游客也可以根据自己的喜好，参加特色研学课程，感受中国茶文化的魅力。

"茶研学"活动受到社会高度评价。公司先后获评"浙江省农民田间学校""杭州市乡村产业技能大师工作室""杭州市中小学生研学旅行基地""杭州市青少年劳动教育基地"等。

喻泽灵以茶山为舞台，不仅实现了人生价值，而且为实现乡村振兴和共同富裕做出了积极贡献。公司现有数十名技术工人，他们都是经过培训的本地农民，如今已成为公司的技术骨干。采茶季节，公司每天可雇用数百人采茶，他们也都是当地农民。喻泽灵让父老乡亲在家门口赚到了钱。公司还带动了20多户农户，让400多亩茶园焕发了生机。

舒家湾村原先集体经济薄弱，山上都是五六十年代种植的老茶树。喻泽灵了解情况后，主动提出与他们合作，开发出"老树茶"，把原先的劣势变为了优势。如今该村每年可有20多万元的固定收入，集体经济大大增强。提到喻泽灵，该村的村民总会竖起大拇指。

说起今后的打算，喻泽灵满怀信心和期望：他将带领公司"对接"现代智能技术，推进茶产业的数字化进程，把产业做得更大更强，带动村民实现共同富裕。

这美好的心愿中，蕴藏着的正是一个退伍军人的拳拳赤子之心。

（张振华　江　岚）

06

淳安

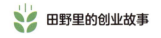

一颗"小青柑"创出一片天地

　　入秋以后，传统茶叶制作已接近尾声，但方晓国的"小青柑"共富工坊制茶车间依然忙碌，一个个匀称的小青橘、一根根茶香四溢的苦瓜红茶，在工人的灌装、打包之后成为茶友们网购的"新宠"，一颗"小青柑"就卖出了10—60元不等的好价钱。

　　方晓国所创的杭州千岛湖鸠农茶业有限公司，目前茶叶年销售已突破3000万元，其中新开发的小青柑陈皮系列茶就占了800多万元。绿水青山就是金山银山，千岛湖茶与千岛湖柑橘的有机融合，为果农和茶农开辟了增收致富的新途径，也将方晓国呕心沥血多年的"农业梦"照进了现实。

千里回"乡"，他跨界搞起了农业

　　初见方晓国，一身工作服、言语不多，实在让你联想不到他就是淳安茶叶销售的"龙头"，还"统领"着一支遍布全国且有近千人的茶叶销售"电商大军"，年销售茶叶100多吨。

　　而除了"销冠"的头衔外，方晓国还有诸多身份"傍身"，杭州千岛湖鸠农茶业有限公司董事长、工程师，浙江农艺师学院创业导师，杭州市紧缺实用型人才，杭州市新农匠，淳安县五星级乡土人才和文创新农人，等等。工作室里，一项项发明专利、一张张获奖证书和一个个产品展示，绘成一面"故事墙"，见证着方晓国的农创之路，也时刻激励着他"不忘初心、

方晓国

砥砺前行"的脚步。

"我不是土生土长的淳安人,我是淳安县的女婿,但淳安是我的第二故乡。"打开话匣子才知道,1981 年出生的方晓国来自距淳安数千里之遥的广东省揭阳县。

那是 2011 年冬天,远在广州务工的方晓国陪伴妻子金春凤,回淳安老家鸠坑乡过春节。看着那白雪皑皑中的小山村,让他忍不住与好友分享那清澈见底的溪水和石斑鱼,还有那"春山半是茶""荒野半是橘""山脚一壶水"的茶果湖之景。

鸠坑茶历史悠久,底蕴深厚,是唐代贡茶产区,也是国家级有性系茶树良种"鸠坑种"的发源地。在这里,挨家挨户都种茶、采茶、卖茶,以茶为生。与此同时,鸠坑的"南赋蜜橘"在淳安当地也是小有名气。

资源丰富的乡村,本应生活富足,然而丈母娘不经意的一声叹息,却颠覆了方晓国对茶乡的美好想象。"茶叶和橘子的销路都不好,市场价格也不稳定,一年高一年低的,我们老百姓就靠天吃饭,茶叶、橘子都越来越没有盼头。"就是这个让老百姓看不到的"盼头",无意间戳中了方晓国的初心,萌生了"辞职来淳安制茶助农"的创业念头。

那年,"三十而立"的方晓国,说干就干。春节过后,他从广东省大型外企研发工程师岗位毅然辞职,带着妻子金春凤还有满腔热血,再度返回淳安,租地、开荒、种茶、炒茶、卖茶,跨界成为一个他乡的"新农人"。

农创之路,奈何满是"荆棘"

在妻子金春凤眼里,方晓国始终是一个"吃苦耐劳而又不轻言放弃"的人,这也是她创业 12 年来不离不弃支持丈夫的最大原因。而想起创业之初的那几年,金春凤沉默了一会说:"那叫一个苦啊!"

回到鸠坑,方晓国和妻子拿着早年的积蓄,承包了丈母娘以及亲朋好友 200多亩荒废的茶园,做起了有机茶。考虑手工炒茶效率低,技术不稳定等因素,工

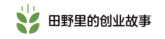
程师出身的方晓国一口气买了 10 台全自动制茶机器,走上了晚上炒(收)茶、白天卖茶的茶农之路。然而从小吃茶点长大的方晓国,从不曾想过,原来炒茶、卖茶竟藏着那么多的辛酸和无奈。

"那时候淳安交通不便,天还没亮我们就要赶大巴车晃晃悠悠去茶叶市场摆地摊卖茶叶。市场竞争厉害,价格基本是买家说了算,成本都难收回。我扛着几十斤辛辛苦苦熬夜赶制的干茶,因价格高不成低不就,最终重新背回了家不说,还见不得路边茶叶卖不出去的老夫妇伤心抹眼泪,用身上仅有的现金把他们 20 多斤茶叶给买了回来。"这是方晓国第一次去市场卖茶叶,卖了一次就再也不想去了。"我那时就想总有一天我要来市场收茶叶而不是卖茶叶,回家我就买了 10 台大冰柜,专门用来存放茶叶,做好了当年茶叶卖不出去的准备。"

但这一次无奈的卖茶也让不服输的方晓国看到了"差距",要想茶叶卖得好,炒茶也很关键。10 台机器买来时,方晓国连怎么开机都不知道,从小好研究的他对着说明书"现学现卖",总是一不小心就研究到天明,起初的茶叶也是炒了扔,扔了继续炒,炒到"像样儿"为止。可人生哪有那么多无师自通,制茶零基础的他,在倒春寒的夜晚,顶着寒风一遍遍去 10 公里外的"老师傅"家拜师学艺,手上磨出血泡、脚上满是冻疮、眼里都是红血丝,这让妻子金春凤看在眼里、疼在心里。

功夫不负有心人,几年磨砺下来,方晓国的茶叶越做越好,在妹妹妹夫等"电商人"的助力下,销售渠道也从线下转为了线上,微商、淘宝、拼多多的一路长虹更是为方晓国的农业梦插上了腾飞的翅膀。

苦尽"甘"来,闯出一片天地

"12 年摸爬滚打,我首先想着就是怎样帮助身边的父老乡亲,让他们多一些收入,然后就是怎么把千岛湖茶的潜在价值挖掘出来,探索出一条千岛湖茶高质量创新发展的新路子。"凭着与生俱来的那股子"钻劲",方晓国硬是从一个炒茶的"门外汉"变成了制茶高手和小有名气的"农创客"。

春长、夏发、秋收、冬藏……一片片茶叶从云雾缭绕的茶园到走进千家万户,生长管培和炒制加工过程冗长而复杂。如何突破传统，拉长产业周期，让更多人受益是方晓国不断探索的方向。这些年来，他的茶厂不仅仅在千岛湖茶的口感上有了新突破，还开发了多种特色茶如小青柑系列茶和夏秋茶，高效增值利用，大大拓展了茶产业链。

"小青柑"

淳安除了茶叶，柑橘也很多。每次经过柑橘林，看到 11 月树上还挂满橘子方晓国就很心疼，辛辛苦苦种下的，最后怎么就浪费在了树上？多方了解后才得知，当地柑橘市场价格不好，柑橘采摘人工贵，也没有什么制作工艺，销不出去只能作罢。

在广东地区陈皮可以当佐料去腥、制作茶饮，用处极大，从小就饮用陈皮并耳濡目染其加工方法的方晓国，哪里见得喝"农夫山泉"长大的柑橘满枝头浪费。2014 年前后，善于创新的方晓国就琢磨着怎么就地取材，把千岛湖柑橘与千岛湖红茶有机结合，创新制作一款新茶——"小青柑"。

经过自己不断研究试制，方晓国创制了公司小青柑的制作新工艺，采用低温烘焙，设定烘焙温度间歇性阶梯变化，让小青柑拥有更大的后熟转化期，提高小青柑柑香的优点，品质更好。研发改良新的烘焙和工艺，经历杀青（减轻柑皮的苦涩感），再烘干、提香，根据不同品种的柑、柑果的不同生长阶段，用工艺来调整柑的香气和水分与茶叶的融合度。

没想到，产品一上市，广受好评和热捧。千岛湖柑橘和千岛湖茶的有机融合，使其成为"网红"产品，每颗小青柑卖到 10 元甚至 60 元，且供不应求，大大提高了农产品的附加值和品牌力。

目前，方晓国承包了 500 余亩柑橘园及 800 多亩茶园，均开展绿色食品溯源认证，专门用于潮鸠小青柑开发，并且在基地新建了气象站，生产车间也配备好监控系统，让客户可以"云上"多方位、全透明地深入了解千岛湖小青柑等系列产品生产全过程，加深消费者对千岛湖小青柑系列茶的了解与信赖，提高客户黏性。

科技赋能，造富一方百姓

"千岛湖的好山好水出好茶。千岛湖茶的市场竞争力与日俱增，近几年来，公司每天都有近千个订单从库房发往全国各地。千岛湖茶的前景愈发向好，也让更多当地百姓得到了真实惠。"方晓国笑着说。

方晓国公司采用的模式与其他茶企不同，大多数茶企一年忙两三个月就闲了下来，方晓国的公司则全年都在忙生产：春季忙名优茶，夏秋季生产小青柑茶，冬季生产茶树花，贯穿全年的营销自不必说。

"千岛湖柑橘园特别多，但是由于缺乏多元化产品开发，落花落果浪费严重，为此我们开发了小青柑系列茶，鼓励村民合理科学疏花疏果，果实由公司统一收购，形成了茶叶深加工的产业链模式。"聊起小青柑系列茶时，方晓国言语中透着欣喜。

从滞留树上无人问津的柑橘到采摘统一收购，再到搬上电商走红网络，千岛湖茶叶与优质农产品的创新有机结合，促就了"1+1>2"的良好效果，为果农和茶农创造了新的增收渠道。当下，每年仅疏花疏果"变废为宝"就能为当地柑橘户增收135.46万元，尤其是小青柑的制作为当地村民创造了200多个就业岗位，带来300多万元的直接经济收入。

目前，公司的制作车间已遍布鸠坑乡、金峰乡等多个乡镇，并获评"浙江省示范直播共富工坊"；成功创建杭州市专家工作站，特色茶文化研发基地；荣获浙江省产学研合作工匠精神奖、淳安县电子商务贡献奖、2021"招商蛇口"杯中国·淳安青村创客大赛三等奖等多项荣誉。同时，在淳安县委县政府、淳安县农业技术推广基金会等多方指导和帮助下，持续深化校企合作，创建浙江农艺师学院示范实训基地、浙江科技学院实践基地等，不断为公司发展注入新活力、增添新动能。

12年的4000多个日日夜夜，农创客方晓国离他"发展高质量绿色农业、带领村民致富增收"的农业梦仿佛又近了一步……

（刘灵敏　肖建京　邵萃）

"半夏"爱上"覆盆子"

半夏是一味中药材，也是一个村庄名。位于浙西山区的淳安县临岐镇是"浙江省中药材之乡"，镇里有一个远近闻名的中药材村——半夏村。相传这里田间地头、茶园果林遍地都是野生半夏，祖辈人在劳作之余就挖些半夏贴补家用，加上该村海拔较高，温度较低，素有半个夏天之称，历史上都称"半夏源""半夏保"，和中药材有着不解之缘。

然而，半夏人不爱种半夏，爱种覆盆子。近十余年来，半夏村11个自然村，450多农户，1500多人，家家种植覆盆子，全村覆盆子种植面积达4000余亩，人均近3亩。半夏人为何爱上覆盆子？这里面的缘由，还得从当地农业公共服务中心农技员郑平汉说起。

一

郑平汉是地地道道的半夏村人，爷爷奶奶就懂民间草药，爸爸是20世纪六七十年代村里的"赤脚医生"，因此他从小对中草药有着浓厚的兴趣。自1987年参加工作，郑平汉就一直扎根于临岐镇农村一线从事农技推广工作，30余年潜心钻研，从未离开过家乡，也从未脱离过中药材。

半夏村是山茱萸的原产地，在月工资还是四五十元的20世纪80年代，山茱萸疯涨到300元/公斤的"天价"，那时的郑平汉主攻山茱萸、前胡等中药材种植栽培技术的改良和推广工作，对覆盆子的关注不多，因为覆盆子市场需求量不大，长期依赖野生资源的采摘，还不曾有人去尝试野生驯化和家种栽培。

2000年开始，山核桃价格上涨，当地村民纷纷开始开山种植山核桃，2009年半夏村新岭脚自然村村民俞双平、俞清平、俞国宾三位堂兄弟也开始新建山核

郑平汉（左）

桃基地。但山核桃树成林慢，见效周期长，头几年林地要如何利用？郑平汉在下村时遇上了发愁的俞家三兄弟。正好那几年，覆盆子收购价好起来了，药用干果价格维持在 15—30 元 / 公斤，经济效益不错，郑平汉就引导他们在山核桃林地套种覆盆子。

"把山上野生覆盆子挖回来在山核桃林地套种驯化，而且这覆盆子生长迅速，对土壤要求不高，适应性强，荒山野地最先长出的往往是它。根据覆盆子习性，引种成活不会有问题，成熟周期也短，当年种下，第二年就能挂果，第三至第五年进入盛产期，套种在新种的山核桃林再合适不过了。"俞家三兄弟对郑平汉的想法很是赞同，立即开启第一批覆盆子的引种驯化实验。或许他们并不知道自己这么做的意义，但是郑平汉知道，如果驯化成功，对于覆盆子也许有着划时代的意义，预示着覆盆子家种时代的到来。

二

正当俞家三兄弟满山挖苗，引种掌叶覆盆子到自家山核桃基地的时候，中国的中医药行业和保健品市场蓬勃发展，多种温阳补肾类中成药和保健品热销市场，不断拉高覆盆子收购价格。覆盆子药用干果 2009 年才 20 多元 / 公斤，2011 年涨到 120 元 / 公斤，2015 年 180 元 / 公斤，2017 年 3 月价格顶峰时达到 350 元 / 公斤。

七八年时间，覆盆子价格以肉眼可见的速度直线上涨。那种欣喜和疯狂，花甲之年的俞双平可以说是刻骨铭心。2009 年，他在自家山核桃林里套种了 3 亩覆盆子，第二年就有了效益，第三年就采了 300 多斤干果，卖了 20000 元。

2012年，他干脆把家里种着桑叶的1亩多田，都挖了种覆盆子，前前后后种了10余亩。最多那几年，每年覆盆子收入差不多有20万。"那个时候，卖覆盆子收到的现金一沓一沓的，一沓就是一万，最多的时候一天能收两沓。"俞双平说，"弟弟俞清平家里地多，种的面积大，最多一年光覆盆子就创收30多万。"

俞家三兄弟最早开始家种覆盆子，尝到了甜头，成了第一批"吃螃蟹"的人。同村的农户纷纷效仿，迅速跟风，短短几年时间，家种覆盆子遍布全村。半夏村家家户户水田坡地能种的都改种上了覆盆子，全村覆盆子种植面积达4000余亩，人均近3亩。

有数据显示，2010年前，淳安县覆盆子产量并不突出，全国所占比重不超过10%。但经过2014年后半夏村大面积发展家种覆盆子，带动整个镇以及淳北周边乡镇种植高潮，仅临岐镇覆盆子产量就占到了全国近50%。可以说半夏村以一村之力，撬动了整个覆盆子市场。

三

为什么是半夏村，而不是其他地区其他村？除了俞家三兄弟偶然引种起了示范作用外，科技的引领、政策的扶持、政府的推动同样功不可没，这其中郑平汉起了关键作用。

引种驯化首先要解决的是种苗和定植问题。半夏村山林面积广，野生覆盆子品种有上百种，郑平汉认为掌叶覆盆子最为适合。

掌叶覆盆子叶片分裂，一般3—7裂，5叶居多，形似掌，故称掌叶覆盆子，是国家药典唯一确认的药用覆盆子品种。郑平汉根据野生掌叶覆盆子的生长习性和中药材种植的常规技术，为第一批覆盆子引种驯化实验提出了初步指导意见：野生种苗尽可能选择成熟根蘖苗、无病虫害、根系健壮，主根长度不小于20厘米，鲜活的根数6条以上，带有毛细根。坡地宜采用挖穴栽培，行向应与等高线平行。行距2米，穴距1.5米，每亩控制在150—200穴。种苗从野外挖来后应尽快栽植。定植穴直径30厘米、深40厘米为宜。沿定植穴外圈做土埂，形成浇水盘。

郑平汉为村民讲解覆盆子种植问题

浇足定根水，保持土壤湿润，防止穴内积水。园内要注意排水，必要时需挖排水沟等。

郑平汉的专业指导，保证了引种的成活率，为后续实验打下了基础。

覆盆子是蔷薇科悬钩子属多年生藤本灌木，可药用也可食用。覆盆子果实是宝，但其枝条茎干遍长刺钩，被它钩破衣服、划破皮肉是常有的事。种植农户为了便于采摘果实常常把长果茎干整株砍倒再采摘，郑平汉看到了这个问题，又从茶叶修剪技术得到启发，通过对比实验，创立覆盆子打顶整形修剪技术，并在实践中不断优化完善。

整形修剪原则是除病株、去伤枝，在170厘米处截枝梢，促进侧枝生长，主枝70厘米以下侧枝予以修剪，修剪后使得每主枝保留12—15个均匀分布的健壮侧枝。果实采收后，剪去全部的当年老枝，每丛仅保留当年新萌主枝2—3枝。为防止新枝倒伏，又开发出"立柱绑缚"技术，覆盆子家种技术走向成熟，给覆盆子田间管理带来巨大便利，也给家种产量带来显著提升。家种初期，药用干果亩产量在35—40公斤，通过技术改良，药用干果平均亩产达到了50—60公斤。

在郑平汉的努力下，覆盆子种植技术在很短的几年时间内实现突破并快速走向成熟，是半夏村民大胆抓住覆盆子发展机遇，迅速形成产能优势最重要的底气。

四

有了半夏人的底气，临岐镇中药材产业蓄势待发，并在2015年迎来了重大转机。2015年7月，临岐镇中药材产业研讨会在镇政府会议室召开，郑平汉召集全镇30多位中药材经营商参加会议，时任镇党委书记王跃平亲自到会讲话。这次会议被临岐中药材产业界称为临岐中药材发展史上的"遵义会议"，会议确立了中药材产业在全镇特色产业发展中的主导地位，明确了党委政府大力扶持中药材产业发展，决定建设一个中药材市场。

同年 5 月 24 日，首届覆盆子节在半夏村召开，几百名游客受邀进入种植基地开展覆盆子采摘游活动，品尝覆盆子鲜食红果的香甜美味。半夏村家种覆盆子成果首次受到外界关注。同年 9 月 15 日，临岐镇党委政府成立中药材产业发展领导小组，下设中药材管理办公室，郑平汉兼任中药办主任。至此，覆盆子种植热潮从半夏村扩展到临岐全镇，甚至扩展到了省内外。

2017 年 3 月，位于临岐镇的千岛湖中药材交易市场建成投入使用，总投资3800 万元，占地 4700 平方米，建筑面积 15000 平方米。市场开业头一年，入驻商家 60 多家，全年交易量近 3 亿元，规模已是浙西最大的综合性中药材交易市场，也是全国最大的覆盆子交易市场，覆盆子交易量超过全国总量的 50%。这一年，覆盆子价格达到了顶峰，药用干果买出了 350 元 / 公斤的"天价"。这一年，临岐镇覆盆子种植面积超过了 20000 亩，产值约 10500 万元，直达顶峰。

五

随着种植面积的快速扩张，产量随之暴增，市场行情开始逆转，覆盆子从供不应求迅速逆转为供过于求。2018 年覆盆子收购价格出现断崖式下跌，2019 年跌至谷底，药用干果每公斤收购价跌至 40 元，一下子仿佛又回到了起点。

由于价格的跌落，很多人开始唱衰覆盆子，一些地方出现了毁苗退种情况。经历过大起大落的郑平汉和大多数半夏人一样，笃信覆盆子家种时代已经开启就绝不可能倒退回去。他利用可利用的一切研究资源，继续前行。

2017 年之后，他先后攻克了覆盆子常见病虫害防治、8 年以上老植株产能退化、家种果实药用品质下降等难题。郑平汉发现覆盆子家种之后，果实的鞣花酸、山柰酚 -3-0- 芸香糖苷出现不达标情况。于是通过大量对比实验，找出了施用化肥是主要因素，就推广施用菜饼、草木灰等土肥农家肥有效解决这一难题。依托引种驯化实验的科研成果，郑平汉先后主持制定了中华中医药学会团体标准《覆盆子规范化生产技术规程》、浙江省地方标准《掌叶覆盆子生产技术规范》、杭州市地方标准《掌叶覆盆子生产技术》、淳安县地方标准《掌叶覆盆子有机栽培技术》，以标准指导生产，促进覆盆子种植提质增效。

为了解决覆盆子的销路问题，郑平汉希望提高鲜食红果的销售比重，加大鲜食红果保鲜技术的研究，制定淳安县地方标准《掌叶覆盆子鲜食红果质量标准》、浙江省农产品质量安全学会团体标准《鲜食掌叶覆盆子红果》，开发了覆盆子酿制酒产品，申请了覆盆子酒生产专利，以延长覆盆子产业链。

在推广覆盆子生产技术同时，积极推广前胡、黄精、重楼、三叶青等其他中药材生产技术，通过近10年的努力，临岐镇中药材面积达58000余亩，中药材产值约2.5亿元，中药材市场交易额约3.55亿元，人均中药材收入约1.2万元。

（肖建京　邵　萃　何建红）

从"桑枝黑木耳"到"桑黄"的
转型发展之路

而立之年回乡创业，扛起父亲的"老本行"；18年来潜心研究菌物助力发展，梦想终成真。

他就是被当地誉为"农民研究员"的淳安千岛湖桑都食用菌专业合作社创始人、杭州千岛湖桑之宝农业开发有限公司董事长、"千岛桑"品牌创始人王建功。

子承父业　入行菌类

群山叠翠，千岛竞秀，以绿水青山为名的浙江淳安，是有着一大批抗战英雄的红色革命根据地。王建功的父亲是位老红军，家有四个儿子，王建功排行老末。20世纪80年代初，勤劳的淳安人民开始栽培蘑菇、香菇等食用菌，王建功父亲也是栽种人之一。

有了吃的，就需要解决住的。小时候的王建功做梦都想造一幢大房子，于是18岁高中毕业后，他就去学了可以"讨生活"的木匠，经过十几年的打拼，拼成了一个不大不小的老板。但老父亲儿时"落叶终究要归根"的话早已根深蒂固，2005年年底，王建功放弃了大城市里的事业，回到老家淳安，干起了父亲养活一家子的"温饱"事业——栽培食用菌。

2006年正值淳安县开始研发利用废弃桑枝条栽培食用菌的试验年，王建功在老家威坪镇岭脚村，租用10亩左右桑园作为菌棒排田基地，又租用原叶家乡政府的房子作为菌棒生产基地，并在政府的协调下，请来了"云和师傅"，就这

王建功（左三）在介绍桑枝黑木耳

样开始了桑枝黑木耳的研究和栽培。有着刻在骨子里的"父辈传承"，再加上"云和师傅"的指导，王建功的桑枝黑木耳试验取得非常好的成果，引起了县农业局、浙江省农业技术推广基金会等部门的关注，桑枝食用菌产业在全县得以推广。

2007 年 6 月，"淳安千岛湖桑都食用菌专业合作社"成立。王建功利用"合作社＋基地＋农户"的合作栽培模式，以基地生产为榜样，迅速带动了周边农户利用桑枝栽种黑木耳。同年 11 月，央视 1 套《新闻联播》以食用菌栽种为由作了报道。

2008 年，王建功在威坪镇上租了两间店面，一间作为展示、销售用，一间作为仓库，用于堆放基地采收的以及农户手上收购来的桑枝黑木耳。2010 年注册"桑都""千岛桑"品牌之后，王建功在千岛湖茶叶市场租了店面，开启了他的新征程。

随着企业的发展，菌类品种的增加，基地面积也逐渐扩张，出现了桑枝香菇、桑枝秀珍菇、桑枝白灵菇、桑枝猴头菇、桑金耳、桑猪肚菇等菌类。

多年来，桑都食用菌专业合作社始终坚持"朴实、求真、创新、惠民"的企业宗旨，力争永做"菌类研究、生产"的绿色先行者，成为带动百姓致富的"领头羊"。合作社被授予淳安县农业龙头企业、浙江省科技型中小企业、国家农民专业合作社示范社、国家高新技术企业、国家科技型中小企业等诸多荣誉。

厚积薄发　栽培桑黄

随着桑枝食用菌产业在全县的推广，栽培食用菌的个体、企业也越来越多，竞争越来越激烈，王建功就想着做一些珍贵的、稀有的、能卖好价钱的菌类。

2010 年，在一次食用菌大会上，王建功结识了浙江工业大学的周立平老师，周老师告诉他，当下有一种食用菌叫桑黄，在日本、韩国已经卖得很火，据说桑黄在对抗肿瘤、抗肝纤维化、增强免疫力方面具有很好的功效。

王建功听了很受启发，回到千岛湖后，便开始到处寻找野生桑黄。在得知安徽金寨县有段木栓皮栎栽培的桑黄后，他还多次前往交流学习。功夫不负有心人，2011年4月，王建功终于在自己老家对面山上的桑园里找到了野生桑黄。此后他几乎每个月都试验菌棒10000棒，但是由于桑黄是珍稀药用真菌，生长习性难以掌握，所做的这些试验最终都化为了泡影。

一次次的尝试，一次次的失败，并没有击垮王建功的信心，终于在2012年下半年，大棚里4000个菌棒让他看到了成功的希望。当年12月，王建功带着栽培成功的桑黄菌棒，参加了浙江省农博会，这是全国人工袋料栽培成功桑黄的首次亮相，实现了袋料栽培桑黄从"0"到"1"的突破。

来年春暖花开，万物复苏，大棚内的桑黄菌棒个个金黄，宛如俏皮的孩子对你吐着舌头。王建功看在眼里，美在心里。与此同时，一波又一波的记者闻讯赶来采访、一个又一个专家慕名前来观摩交流。2013年10月，基地更是迎来了近百名全国专家、学者、食用菌行业领导，以及著名菌类分类学家吴声华教授一行的参观考察。2016年3月，央视7套《科技苑》栏目组慕名而来，对王建功进行了专题采访报道。

王建功说，2016—2017年，他先后两次带领桑都合作社桑黄团队参与淳安县人民政府与浙江省农科院的院县合作项目，参与浙江省"十三五"食用菌新品种选育项目，项目中"浙黄1号"桑黄应运而生，在2020年4月通过了浙江省农作物新品种认定。

"浙黄1号"系浙江省首个通过认证的桑黄品种，也是全国范围内，有据可查的第一个桑黄认定品种。该品种是从野生杨树桑黄系统中选育出来的，抗逆能力较强，出黄率较高，活性成分含量较高，适宜在浙江省袋料栽培，且一年可栽培春秋两季。

蓄力前行　引领行业

多年来，王建功带领的桑都合作社坚持"种植为本"战略，传承"以食为

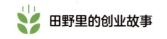

天"使命。目前已有"浙黄1号""千岛桑1号"等5个优选菌种，其中3个桑黄菌种由国家保藏中心保藏；现获批国家发明专利近10项，获浙江省科技成果登记2项；现有"中药名镇"临岐溪口基地、仰韩高山林下基地和威坪叶家基地等六大培植基地；有千岛湖千岛桑运营总部、中国千岛湖中医药博物馆——桑黄馆、千岛湖中药材交易市场旗舰店、千岛湖桑黄直营店及其他省市代理旗舰店，加盟进驻浙江省各地世纪联华超市。同时，还建立了野生桑树桑黄专业采集和收藏体系……

2018年9月13日，王建功被授予中国民族医药学会科普分会常务理事。

2019年9月，在首届中国桑黄产业发展大会期间，中国菌物学会、上海市农业科学院食用菌研究所、中国菌物学会桑黄产业分会易菇网授予王建功先生"最具网络影响力桑黄人物"称号，颁发荣誉证书；并将他被聘为"中国菌物学会桑黄产业分会副会长"。2023年4月，第二届中国菌物学会桑黄产业分会第二届理事会中，王建功继续当选副会长。

2020年9月，中国科学家论坛组委会授予王建功先生"2020创新中国桑树桑黄野生驯化桑枝袋桑黄领军人物"荣誉称号；并授予杭州千岛湖桑之宝农业开发有限公司 "2020创新中国桑黄产业发展特殊贡献奖"。

行业喜事　桑黄入药

桑黄具有提高免疫力、抗癌、护肝等功效，是目前国际公认的生物抗癌领域中有效率排在第一位的菌类。由于高食药用价值，桑黄的市场价格很高，每斤已超过万元。

但是桑黄只有古籍记载的功能，现代医学研究的功效却没有国家层次的"正名"，一直是民间用药，即所谓的"草药"，王建功对此也一直"耿耿于怀"。

2014年，王建功从浙江省药品检验检测院的领导那里得知，2015版的浙江省中药饮片炮制规范正在修订，桑黄要正名，最快的办法就是要先申请浙江省的桑黄炮制规范。但是很可惜，由于收集的资料不够充分、整理不够到位，最终评审没能通过。

好在随着桑黄在市民中认知度的提高，桑黄的价值逐渐被人们认可，在 2020 年浙江省炮制规范增补之际，王建功也得到了淳安县人民政府、淳安县市场监督管理局、临岐镇人民政府的支持，联合了省内 3 家桑黄销售企业，委托浙江省中药研究所有限公司申报，终于在 2022 年颁布了浙江省

王建功（左）

桑黄标准暨《浙江省桑黄中药材标准和饮片炮制规范》。

浙江省桑黄标准中明确桑黄功能与主治：活血止血，和胃止泻，软坚散结；用于崩漏带下，脾虚泄泻，症瘕积聚。桑黄在浙江省得到了"正名"，在医药行业可以使用，且明确了功效与使用范围。

健康共富　扬帆起航

实现全民共同富裕，首先要有个好身体，要全面推进健康中国建设，标志着以"疗"为中心的健康产业格局正快速向以"防、治、养"模式的大健康产业转变，营养、保健、养生等大健康产业迎来新的发展。

作为一家致力于"为人类健康做储蓄"的品牌企业，王建功的"千岛桑"桑黄产业又将迎来新的发展机遇、新起点、新征程。

中医养生包含有天人合一的养生观、阴阳平衡的健康观及身心合一的整体观，而"千岛桑"养生在此前的养生观基础上又衍生了四点：一是动静有常，和谐适度；二是调整阴阳，补偏救弊；三是天人相应，形神兼具；四是未病先防，未老先养。健康是生命的延续，是幸福的保障，也是幸福的源泉。相信王建功先生和"千岛桑"桑黄产业将满载社会各界的希望，满载广大客户的厚爱与期望，同时也满载他们的理想和信念，致力于"振兴民族健康产业"，扬帆起航，乘风破浪！

（肖建京　邵萃　方锦旗）

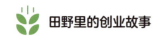

一个种茶人的致富梦

一

20世纪50年代末，我国自行设计的新安江水力发电站建成，淳安形成了一片580平方千米面积的水域，内有1078个大小岛屿，后来，这里被称为千岛湖而闻名于世。

徐建美就出生成长在千岛湖畔的美丽村庄——威平镇厚屏村，过去叫唐村，毗邻安徽黄山市。

20世纪五六十年代，像他们家一样居住在后靠新村的农民，生活极为清苦。徐建美是家中老么，上有三个哥哥两个姐姐。其人性格内向，不善言谈，但为人厚道，做事情比较直爽，按现时说法，就是执行力强，而且认真。16岁的他初中毕业后，便在家里务农。他的父亲见小儿子毕业在家，可庄稼地那么一点点，种地糊口还成问题，总有些担忧。老话常说："天旱三年，饿不死手艺人。"曾经靠手艺吃饭的农村人比比皆是，比如木匠、泥瓦匠、篾匠、石匠等等。

1987年的某一天，父亲把小儿子叫到身边说："建美，学门手艺吧，好歹也能讨个生活。"他默默地点头答应。父亲便去打探本村最好的泥瓦匠师傅，不久，便传来了消息，说有位师傅愿意接收建美为徒。其实，这个师傅是建美本村的连亲，是他大哥的小舅子，手艺也是小有名气。虽是连亲，但按照习俗要行拜师礼，父亲便去镇上置办猪肉、长寿面和烟酒等，带着小儿子去师傅家见面，算是行拜师礼，也是了结老父亲的一桩心事。

健美茶场

他就从这里开始，跟着师傅走村串户去建农房。初学阶段，他都是干下手活，从搭建毛竹脚手架学起，用篾片捆扎横竖毛竹，做到横着的竹竿不滑落，这可是个技术活。拿着砖刀劈砖上泥砌墙，让房子四周呈90°的墙角，是师傅的活；中间段沿着砖的厚度拉着的横线，拿一块砖，用砖刀捞上石灰泥糊到砖上，一块一块地砌墙，是徒弟的活。一手拿刮板，一手拿刮刀糊墙，他感到特别累。冬天高空作业时，风又大又冷，脚抖手酸。夏天太阳晒，汗流浃背。不过他还是坚持住了，这样一学就是三年。俗语说：三年徒弟，三年伙计。他可以出师，独闯江湖了。

二

话说到了 1990 年的采茶季，徐建美无意中看到有人在村茶厂培训名茶手工炒制技术，学习的村民很多，他瞬间动了心思，开始接触茶叶。

原本家里就有联产承包责任制的茶园一亩有余，茶季里，都是把采摘的茶青通过评定等级后再称重，由村集体统一加工制成炒青绿茶出售，待茶季结束后，按茶青数量拿取分红。由此，徐建美走上了茶叶生产、名茶炒制加工之路。

初学炒制手工扁形名茶，可是一样的辛苦，与泥瓦匠比较，唯一不同的就是手脚不冷，可是很烫手啊！手脚抱牢电炒锅，青锅时温度200℃，手要轻轻摁着茶叶在锅里翻炒，一不小心手碰到铁锅，不是白点就是血泡，时间久了就成老茧，不过等那时炒茶的痛感就轻多了。

正是这年秋茶季，县茶叶技术推广站技术人员下乡，来到厚屏村培训辅导扁形名茶炒制技术，有了炒制基础的徐建美主动参加培训学习，向技术人员请教交流心得，结合操作，炒制技术有了长足的进步。这一年他收获了本村同期学习手工炒茶姑娘徐红梅的爱情，又收获了炒茶技术，还结识了茶叶技术干部，建立了朋友关系，为今后的茶叶之路，找到了技术支撑。从此，他一门心思钻在茶里，像海绵吸水一样，听到哪里有炒茶培训，就去哪里学。有一年，隔壁考川村请了杭州师傅来传授龙井茶加工技术，徐建美闻讯赶去，仔细地揣摩翻炒手势，一边学控温，一边学手势，一边评茶，反复实践。为了学到炒制龙井茶的"真经"，

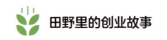

他还专程去杭州，到梅家坞村，观摩炒茶师傅炒制西湖龙井茶的全过程，用心揣摩技术要点。

1992年的春茶季，妻子徐红梅怀孕了，在家休养待产。可此时，徐建美被遴选上参加淳安县首届手工炒制扁形名茶大赛，这让他很为难，妻子知道后，二话没说鼎力支持，让丈夫去县里统一磨练炒制技术准备参赛；她自己则挺着大肚子，站灶头，炒茶叶，承担起里外一摊子的茶事。功夫不负有心人，这年的参赛，总算得奖了，奖虽然不大，但鼓舞了信心，他用这份奖迎接了他们儿子的诞生。

<h1 style="text-align:center">三</h1>

茶叶手工炒制技术有了，目标客户有了，但茶园就那么一小点，生产量不够啊！当时厚屏村有200余亩茶园，还有隔壁村的茶园加起来至少有400余亩，于是他就动起了收购茶青的念头和拓展手工炒制龙井茶的脑筋，这是当时政府职能部门大力提倡推行的一项提高茶叶炒制质量的技术措施。为了能改变各家各户采茶制茶，一户一个样，质量不稳定的现状，让茶叶逐步向名茶炒制能手集中，提升炒制质量，同时，也解决了采茶、炒茶、卖茶的难题。

收购茶青的消息发出之后，徐建美早早就准备了收青现金、放青竹匾、摊青用具，拿着秤杆，在自家门口等着投售青叶的乡亲，但却没人来，他不由得自言自语："哎！怎么回事？"

突然，夫人的手一指，叫道来了来了！只见两个中年妇女，背着方竹篓来到了徐建美跟前，把竹篓一放，当他的面问："茶青多少钱一斤？"建美说："要看采得是否匀称，老嫩程度，不带老叶等杂物，价格分三个等级。"

中年妇女说："那要早告诉我们，今天采是什么标准，明天采是什么标准啊！"

"是啊！是啊！对不起，明天改进。"建美连忙回应。经过翻看查验，他觉得这些茶青总体可以，就是有点大小不匀，需要自己分拣一下，再分别炒制。

建美说："拿来称吧，今天第一天，给个开门红利，都算一级，每公斤40元。"

手持秤杆，拨弄着秤砣上的细绳，"看，平着呢！你2.8公斤，112元；她2.6公斤，104元。"

两位中年妇女，一边拿着早上投售茶青的钱，一边嘟哝着、笑着走了。

一传十，十传百。收购茶青的事，就这么传开了，并扩散到周围邻近村庄。

第二天，来投售茶青的茶农比前一天多；第三天，更多；第四、五天，还要多。最多的一天，他们收购了 500 公斤茶鲜叶。

等到第二、三、四年……最多时，他们春茶一季收购茶青叶 2000 公斤。

茶鲜叶收购达到这个量级，可炒制场所还是原来的模样，真好像"螺蛳壳里做道场"。再者，茶鲜叶时多时少，很不稳定。

不行！要想办法承包茶园和建一个名茶厂，但资金又是问题，怎么办？刚好，1997 年，县政府出台了发展茶产业扶持政策。

徐建美得知后，与妻子商量着承包事宜。妻子说："村里不是有一座做炒青时建的集体初制茶厂吗？现在改制名茶后，已经闲着几年不用了。"

哦！村里一个叫牛形山的地方，有一片集体时种的茶园，不是也荒废多年？说干就干，于是第二天，他就跑到村委会与其商量承包茶厂和茶园之事。那时的年轻人，几乎都外出在城里打工，家里留下的不是年纪大的，就是年纪小的，这些茶事无人问津。村委会很快商量一致，同意让徐建美承包，并与其签订了 20 年的承包合同，承包费分年度上缴村委会。

牛形山茶园，离村不远，约 3 里地，山弯不大，呈倒山形，山脊上有柿树、板栗树，中间那一竖就是约 29 亩的茶园，品种为"鸠坑种"。徐建美后来又流转约 3 亩荒山，种上"龙井 43"茶树品种。

茶园所在的村子是水库形成后的后靠村，农业资源相对较少，因此是县政府农业产业重点扶持村，列入县委常委领导的联系点，同时也是县农业部门茶叶技术推广站的帮扶对象。有了政府领导的关心、茶技部门的支持，徐建美感到很满足，更坚定了从事茶叶产业的信心，踌躇满志。

两年后的 1999 年，该荒芜茶园经过精心培育管理，生产高中档扁形名茶 290 公斤，销售产值 11.6 万元，创亩产值 4000 元。同时，他还带动乡邻周边村农户进行低产茶园改造，成为全县茶叶发家致富示范带头人。徐建美带出的龙井茶炒制徒弟有二十几个，他们都成为威坪片扁形名茶炒制的主力军。

徐健美在制茶车间工作

到了20世纪90年代末，县政府又出台了支持库区后靠村农业产业发展政策，解决经济迟滞问题，其中有一项就是支持早生茶生产发展，为有意向种植的农户免费提供"乌牛早"等早生茶苗。

徐建美又一次找到村两委会，商议租赁承包荒山事宜。在村两委会的支持下，他承包了45亩荒山，一次性买断了50年的租赁合同，用于种植早生良种茶园。先后引种"乌牛早""鸠坑早""龙井43"等无性系早生茶树品种。

五年后，经过精心培育的早生茶园，亩产龙井茶24.5公斤，每亩产值达8000元；"乌牛早"茶树品种，每亩产值达1万元。此外，他还带动本村、邻村农户发展早生良种茶园千余亩。

四

生产茶园规模慢慢地扩大，收青数量增加，鲜叶原料质量提升，手工炒制机器辅助炒茶技术，也在不断完善中。这时他敏锐地觉察到，要用市场指导生产，不能我生产什么茶，就买卖什么茶，而是市场需要什么茶，我就生产什么茶。

2005年，徐建美在千岛湖茶叶市场租赁了一间20平方米的营业房，牌号为"杭州千岛湖健美茶场"。利用这个市场窗口，他收集各方茶商、客户对茶产品的需求和建议，再反馈到茶园和茶厂，全过程、有针对性地进行改进提升，精准提高茶品质量。

两年后，其生产的千岛湖龙井、银针、毛尖、红茶等四大茶品，销往北京、上海、江苏、南京、浙江、西安等大中城市，年销量突破4000公斤，销售产值突破200万元。

2011年，组建淳安千岛湖翰林园茶叶专业合作社。

因为掌握技巧，徐建美练就了一身过硬的制茶技能，先后获得高级农民技师和评茶员证书，获得浙江省第二届手工名茶现场炒制大赛二等奖。

市场客户群有了，销售渠道有了，新的问题又来了。有的客户要求走访茶厂，去看看我们是怎么炒茶的。

哎！一声叹息。

只因承包的茶厂，是 20 世纪 70 年代建造，那时是炒青初制厂，土墙及门窗已破败不堪，设备已不能用于名茶炒制；现在的炒制机械，只是利用其空间摆放而已。怎么能带去看呢？他只有找不是理由的理由搪塞过去。

一次可以，两次怎么办？

再者加上现在茶厂，都要求 QS 认证，清洁生产。

考虑到茶厂机械设备陈旧，场地卫生条件受限等情况，也为寻求新突破，更好地服务茶农。2006 年，徐建美和妻子决心借助茶产业政策，筹建无公害标准化茶厂。特向村两委和当地政府提出新建名茶加工厂的用地申请，在县有关部门的支持下，择址新建茶厂。新茶厂占地面积 300 平方米，三层建筑面积约 800 平方米，内设加工、摊青、包装、储藏、检验、更衣室，引进各类茶机 38 台，建立龙井茶、毛尖毛峰茶、针形茶、红茶四条流水生产线，进行多茶类组合生产加工，总投入 65 万元。

一年后，茶厂日加工名优茶的能力增加到 100 公斤，年生产名优成品茶突破 4000 公斤，销售额突破 300 万元。

威坪一带家家户户都种桑养蚕，在当时是农民的主要经济收入之一，时过境迁，桑养西进的产业衰落了；有部分农民养蚕，也只是为了翻做丝绵被。

不过，徐建美清楚，那桑芽可是个好东西，落在地里浪费。于是，他按照炒茶工艺，采下桑芽将其加工成桑叶绿茶、桑叶红茶，拿到城里试销。别提，还真有一定的客户群，因为药书上说常喝桑叶茶对"三高"有好处。继而，徐建美又开发生产了茶树花，有蒸制和晒制两种，常喝同样对"三高"有好处。这就是资源利用增值。

如今，在春茶季，妻子徐红梅负责茶园采摘、炒制加工和收购青叶；徐建美负责清早出货，运茶至千岛湖茶叶市场门店，批发销售；晚间协助茶叶炒制加工及收青；闲季培育管理茶园；一家人的生活过得蛮惬意。整整 32 年的创业历程，他和妻子携手共进，实现了从市场门店到名优茶炒制厂再到生产茶园的华丽蜕变。

（胡新光　徐爱凤　徐金城）

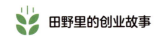

90 后的种田新农人

"春种一粒粟，秋收万颗子。"8 月初，淳安县汾口镇射墩村 100 余亩"再生稻"喜迎丰收，田间地头处处都是繁忙的丰收景象，大规模的机械作业更是为水稻收割按下了"快进键"。

"今年我们合作社种了 1300 余亩水稻，全程机械化播种、插秧、施肥、收割，预计年产量 1000 吨左右。"

2013 年参军、2020 年大学毕业毅然回乡种田的张腾，如今子承父业成了新生代农人，大规模的机械化作业也为淳安水稻种植掀开了现代农业的新篇章。

一

三年前刚回村里种田那会儿，很多人不理解，一个大学毕业生做什么不好想着回家种田？而张腾之所以选择回家种田，和父亲张清有着密不可分的关系。

2011 年，淳安县各个村庄响应号召，轰轰烈烈开展土地流转，将早年种植桑树等作物的农田进行恢复性改造，成为稻田，守护粮食安全。时任仙居村主任的张清，面对本村 100 多亩流转土地无人承包的艰难局面，本着村干部带头的念头，咬牙承包了下来，从此与种植水稻结下了不解之缘。那时，1996 年出生的张腾正在读初中。

"我爸那时候包地种田，干了一辈子农活的爷爷是第一个反对的。我爸 18 岁外出打工，好不容易学了点本事成了火电技术工，那会工资还挺不错的，偏偏回家当村干部种起了田，在老一辈人看来似乎又回到了面朝黄土背朝天的农民日子，没啥盼头。"虽然谈的是父亲，但 12 年后的张腾似乎也有过这样不被理解的心境。

"但我还是挺佩服我爸的，选择了的事情就坚持到底，这么多年来勤勤恳恳、

张腾（左）

踏踏实实的，就一心种田，还因此先后获得淳安县委、县政府'五星级'乡土人才和淳安县'十佳农村实用人才''带富好标兵''淳安县五一劳动奖章'等荣誉称号，还是淳安县第八届政协委员、十六届县人大代表，'杭州市乡村技能大师'。2011 年成立的淳安县千岛湖仙川农产品专业合作社还获得了'省级现代化农业工程示范基地''省级农机示范合作社''十佳农民专业合作社'等荣誉。"说起父亲种田种出的"成绩"，张腾的话语里满是骄傲。

父亲言传身教的榜样力量或许早已在儿子张腾心中播下了子承父业的"种子"。2020 年初，浙江农林大学电商专业毕业的张腾在某公司担任一段时间销售岗位后，果断拨通了父亲的电话："爸，我想回家跟你一起种田。"这粒回乡创业的种子从此在淳安县汾口镇大大小小的稻田里生根发芽……

二

"我们一个天天在田里干活的农人，哪里有心思搞那么多数据、资料、评选啊什么的，儿子回来我省事了不少，进进出出给我算得明明白白的，尽管经验不

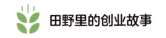

足，但想法跟得上时代，现代化农业很需要这样的年轻人。"自2020年回到汾口，张腾以实际行动获得了父亲和乡亲们的认可。

如今，父亲张清当初创办的合作社已从最初流转承包的100多亩农田发展为现在的1300多亩，2021年张腾甚至带动周边乡镇种植水稻总面积超3000亩，成了名副其实的种粮大户。育秧、种植、打药、收割，如此大的种植面积如何实现高效管理？张腾和父亲决定大胆尝试机械化。

"初中那会，我放假经常来田里和父亲做伴。那时候技术不好，基本全靠人工，暑期高温天正是水稻'赶花'的时候，100多亩水稻前前后后需要百来个工人，拿着竹竿来来回回的人工授粉。最后产量也就顶多300斤每亩，人工成本高不说，招不到人还耽误种植，利润可想而知。"认识到问题所在的张腾果断"怂恿"父亲，要想产量高收益好，必须借助现代机械。

"以前我们插的秧都是歪歪扭扭的，现在用智能辅助插秧机，定个点位，机器就可以自己插秧了，成活率还高。"除了插秧之外，张腾还用无人机来喷洒农药和肥料进行农业植保，"我自己操作无人机，然后一个人帮忙充电，一个人帮忙配药，一天就可以搞定四五百亩的农田。"不同于以往的人工操作，张腾运用现代农业机械，大大提高了效率。

这些年来，张腾的合作社已投入资金400余万元，用来购买各类新机械，聘请相关资质操作员约8人。而这其中，最让张腾花心思的还要属建立育秧大棚。

早年淳安人种田，都是传统的室外稻田育秧方式，如年景不好，遇到缺水、病虫害什么的情况，当年的秧苗就不好，收成也大打折扣。为了提高秧苗的整体质量，起初张腾搭建了小拱棚专门用于育秧，但由于没经验、控制不好温度等原因，秧苗成活率只有80%左右，损耗较大。为此，张腾一是通过学习，二是通过农业农村局、汾口镇政府、县农业基金会等牵线搭桥，积极联络农业专家前来指导等方式，最终决定引进机械化管理，建设一个1920平方米的育秧大棚，通过现代科技手段严格把控病虫害和温度，实现秧苗100%成活，且育秧一次可种植300—400亩农田。张腾说，现在合作社已经100%达到水稻生产全过程机械化，目前正在向智能化机械靠拢。

三

目前，张腾和父亲经营的合作社水稻种植面积已达 1300 余亩，分布在汾口镇仙居村、寺下村及射墩村，种植"甬优 17""甬优 1540""嘉丰优 2 号""中浙优 8 号"等水稻品种，配套有 440 平方米的烘干、育秧车间，配备耕作机、植保机、施肥机等各种生产机械 30 台（套）及日加工 3.5 吨的小型米加工流水线，是一家集产、加、销一体的综合性专业合作社。通过多年的努力，2019 年和 2020 年，合作社分别实现生产水稻 100 万斤和 110 万斤，稻谷产值分别达到 150 万元和 165 万元，两年的水稻种植与加工等综合利润 50 余万元。

为了充分利用现有资源，当下张腾主要采取稻谷和油菜、小麦错峰种植的方式，实现粮油作物的多丰收。现在普遍种植的再生稻，3 月育苗，4 月插秧，8 月收割第一季稻，11 月再收割第二季稻，可实现产量翻番。而 5 月种植的另一批稻谷，10 月收割完后正好可以种植油菜或者小麦。张腾说，这样一来，就可以让土地流转后无田地的当地百姓，能够年年吃到家门口的正宗菜籽油了。

2021 年，在淳安县农技推广基金会的助力下，张腾成功建立有机稻米生产示范项目，2022 年成功种植有机稻面积 60 亩。"目前种粮效益比较低，开展有机稻米生产示范，是提升稻米附加值，增加种植收入，稳定种粮面积，确保粮食安全的好方式。全年生产有机稻谷 18 吨，加工成米 12.24 吨，实现总产值 36.7 万元，比原种植方式增收 17.14 万元。"张腾为我们算了一笔账。

除了机械化农业之外，张腾也在积极尝试生态农业，探索"稻鸭共养""稻鳖共养"的新模式。在 40 余亩"稻鸭"田里，500 多只鸭子来来回回穿梭于稻谷之间，吃掉害虫不说，产生的排泄物直接还田利用成了水稻的天然有机肥，既减少了化肥的使用，提高了大米的品质，又使得鸭子的市场价高于一般水平，可以说是一举两得。而"淳山淳水牌"大米也先后获得"杭州市十大好味稻"金奖、"浙江好稻米"金奖等诸多荣誉。

随着乡村游的日渐火爆，2020 年张腾回乡后，结合原有的水稻基地，在汾口镇政府的支持下，积极创建了稻香公园，引进游乐观景设施，全年免费开放。

张腾种植的有机稻

每年8月，水稻基地的"艺术稻田"进入最佳观赏期，"田园汾口"等特色图案成了汾口乡村旅游的亮点。游客们纷至沓来，有的是来拍照取景的，有的是来体验收割的，有的是来预定大米的……

四

十余年来，张清与张腾父子始终牢记当初承包稻田种植水稻的初衷，是为了带动父老乡亲一起富起来。如今，1300余亩稻田每年要支付百姓租金70余万元。尽管现已大规模机械化作业，但为了保证大米品质，张腾始终坚持人工养护、浇灌、除草，每年雇佣当地百姓50人次左右，支付工资约60万元。许多农户流转了农田当起了农工，一年有两笔收入。

就在水稻基地育秧大棚的旁边，有一个技能大师工作室，那是张清把新的种植栽培技术分享给周边村民的地方。在二楼的省级农民田间学校，专家每年会前来基地给村民培训农业知识，帮助他们提高农业技能。而张腾尽管目前还没有成为"技能大师",但他很多现代化的农业生产技术和自己学到的知识也在慢慢地予以实践并得到大家的认可。

四年的时间,张腾在稻田里亲力亲为,历经年复一年的春种秋收,与稻谷共成长;四年的时间,张腾不断拓宽农作物种植的种类,从水稻到油菜再到大豆,紧跟政府导向、百姓所求,让有限的农业资源生长出无限的可能;四年的时间,张腾已经深深爱上了日日早出晚归、看秧苗茁壮成长、盼来年五谷丰登的田园生活;四年的时间,张腾也靠着自己的努力,成为杭州市、淳安县人大代表,并于2023年被授予全国优秀共青团员称号。

谈及未来,这个扎根稻田的90后小伙也有自己的梦想。"综合考虑气候、水源等因素,目前汾口镇的稻田种植已基本饱和,下一步我想通过农旅结合等方式,打造一个具有田园稻香的'家庭农场',让更多的人感受淳安的'纯'生态,让淳安生态的'金名片'更好地成为发展的'金饭碗'。"

(邵 萃　何爱珍)

"鸠坑茶"的传承人

走进淳安县鸠坑乡，沿途山水环抱，茶园错落有致，这里是国家级有性系茶树良种——"鸠坑种"的原产地。

每年 7、8 月，虽然茶季已过，但淳安县鸠坑毛尖制作工艺非遗传承人陆发田依然很是忙碌，一批又一批暑期实践的大学生慕名而来，他们实地考察鸠坑茶园、非遗传承人工作室、茶厂车间、千年茶树王，深入调研鸠坑茶 2000 年的历史、文化与发展，还有非遗传承人陆发田 30 年来潜心制茶的心路历程。

正如陆发田所说："茶不仅是一种饮品，更是一种文化的传承和创新。"

一

鸠坑茶历史悠久，始源于东汉时期，兴盛于唐代和宋代，在唐代被称为十四种贡茶之一，至清代发展至鼎盛时期。

1971 年，陆发田就出生在"贡茶之乡"的鸠坑乡凤山村（现为严村村）程家山自然村，一个没有马路、车马都不通的偏远山村。全村 110 人在这个小山村里靠着漫山遍野的茶叶，过着穷苦的生活。陆发田的父母就是靠茶吃茶的老辈之一，那时的茶叶多、茶叶好，但就是不值钱，他们总自嘲说自己是捧着"金饭碗"讨饭吃。那些起早贪黑、含辛茹苦的父母还有父老乡亲，陆发田从小就看在眼里疼在心里，幼时的他便想着，如果有一天这么好的茶叶

陆发田

能走出大山，卖出好价格多好啊。

35 年前，当越来越多的农民跟随改革开放的热潮一个个奔向大都市，刚刚初中毕业的陆发田却毅然选择留守家乡。让陆发田始终放心不下的，除了日渐年迈的父母，还有那云雾缭绕间青翠可人的茶园。"看着村里年轻人一个个都往外走了，我觉得很惋惜。大山虽然穷，但是鸠坑茶真的是非常的好，只是外面人不知道，作为鸠坑茶的后人，我要把鸠坑茶发扬光大，把茶农带上致富之路。"陆发田志气满满。

然而万事开头难，现实总是"骨感"的，决心"留下来"的那几年总是比想象的更为艰难。十八九岁的青春年华，他和父母一起，白天采茶、晚上炒茶、第二天卖茶，结果忙忙碌碌大半载，到过年时还是两手空空，甚至沦落到要借钱过年的地步。鸠坑"贡茶"的名头，与销售市场的惨淡现状产生了强烈的对比，冲击着陆发田的满腔热情。"动摇过，真的动摇过，特别是看着那些外头打工的年轻人，一个个赚了钱回来过年的时候，感觉留在乡下的自己都抬不起头。"陆发田虽然这样说，但他并没有真的放弃。

二

鸠坑种是国家第一批审定的浙江省唯一传统有性系茶树良种，为浙江省栽培面积最大的品种，全省约有 274 万亩鸠坑种茶园。作为新生代茶农，陆发田意识到无论是茶树还是制茶，都必须要跟得上时代发展。要想茶叶好，卖出好价格，茶鲜叶很重要。由于村里基本是几十年的老茶树，培育管理跟不上，鲜叶质量更是参差不齐。陆发田首先从茶园管理入手，浅种、除草、施肥有序管理，茶叶产量增加不说，鲜叶品质和价格也明显提高了。此后，村里不少茶农也纷纷效仿陆发田，重现茶园的肥培管理。

茶叶种好了，鲜叶价格上去了，如果干茶炒不好，没有好的卖相和口感，卖不上去价格，那也是要亏本的。一心学习制茶工艺的陆发田自从认准茶叶的致富之路后，便一发不可收拾，从此与茶叶结下了不解之缘。"刚做茶叶那会，父母

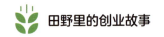

和村里的茶农就是我最好的师傅，每年茶季我都会抓住机会，挨家挨户地通宵学手工制茶。最难忘的一次是通宵制干茶，一双手十个手指炒茶炒出二三十个水泡，吃饭的时候碗都拿不住。"陆发田回忆说。这样的吃苦耐劳，也让陆发田真正学到了手工茶的精髓，为日后成为鸠坑毛尖传承人打下了良好基础。

但是就是这样用血汗炒出来的茶叶，拿去茶叶市场卖，最后算算最多一次亏本了600元，这对于20世纪90年代的茶农来说可是一笔巨资，当时的市场价真的对不起那一手血泡。但就是这样的"血亏"，也让陆发田看到了鸠坑茶的不足，制茶工艺跟不上，手工茶对火候、技术等要求太高，不同人炒有不同的色泽和口感，质量悬殊太大，必须要跟上机器制茶的步伐。1994年，陆发田凑集了2000块钱，咬牙买了两台机器，和妻子胡秀荣在海拔600米的高山上办起了小型茶叶加工厂，解决了村里茶叶无人统一收购的问题，带领村里茶农们打开了新格局。

三

机器有了，茶叶产量也上去了，怎么卖出去又成了陆发田的一块"心病"。那时候他听说上海茶叶市场价格好，从来没有出过大山的陆发田背着七八十斤茶叶果断出发了。初生牛犊不怕虎的他挑着一担茶叶，赶三轮车、坐船再坐车，历时两天终于抵达了上海。

"第一次到上海真的是乡巴佬进城，啥也不懂，啥也不是。大都市的茶叶市场的确比淳安景气很多，价格也不错，就是没经验，第一次卖茶叶就被骗了。商贩看中了茶叶，说先拿去看看，结果山里来的人单纯得很，让他们拿走就拿走了，人生地不熟的，我压根找不到他们了。想想那么多钱真是可惜，我就在市场不停转悠，白天喝水充饥，晚上为了省钱，就在车站里、马路边对付一宿。最后不情不愿地还是回来了。"现在说起来当年的遭遇，陆发田觉得又好气又好笑。

屡屡遭遇重创的陆发田之所以能坚持到现在，和妻子胡秀荣也有很大的关系。作为贤内助的胡秀荣，每次看到陆发田唉声叹气时就说："只要你肯好好干，不管遇到什么困难，我肯定跟着你一起干！"两夫妻凭着这股子干劲，随之也遇上了好时机。淳安的茶叶技术人员从 20 世纪 80 年代开始就着手第一轮鸠坑种优良单株的选育，2005 年前后，针对性状表现突出的"鸠 20"（现名"鸠坑早"）、"鸠 16"两个单株进行试种推广。"鸠 16"毛尖有着清鲜回甘的滋味与鲜嫩带甜花香的香气；"鸠 20"毛尖则是有着鲜爽透香的口感以及清鲜带花香，这两种茶都颇受市场喜爱。在各级政府农业主管部门和农技基金会的支持下，陆发田种下了产量高、品质好的"鸠坑早"。青叶价格也因此一路叫好，原本 30 多元的青叶一度飙升到 80—100 元的收购价，"苦苦挣扎"多年的茶农们终于"守得云开见月明"，看到了希望的曙光。

2008 年，陆发田夫妇也将高山茶厂搬到了交通便利的山脚，2012 年成立了淳安县鸠坑唐圣茶叶有限公司，公司由小小的作坊变成了 1200 平方米的大厂，拥有茶园面积 2300 亩，是一家集种植、加工、销售、文化传播、工艺传承等一体的综合性茶企，不仅承接国内业务，同时也具备出口资质，打通跨界电商。严村村乃至周边村落的茶叶都有了"好去处"，大伙的日子也是越过越红火。

四

茶叶生意越做越大，但潜心研制茶工艺的陆发田始终没有忘记当年的初心，既要帮助村民富起来，也要把鸠坑茶传承下去。

多年来，在茶产业风生水起的同时，陆发田还积极带动身边的父老乡亲们共同致富。他以"公司＋农户"利益共同体的方式进行合作，每年邀请行业专家开展多场为期 2 天的理论＋实操培训课程，既让茶农在家门口学习科学的茶园培管方式，又带茶农外出开拓视野，到各个产茶区学习他们成功的经验。他每年免费为茶农提供技术服务、免费发放有机肥、保底保量收购、年底分红等，每年累计带动周边农户 150 余人实现就业，带动周边 300 余户农户增收。在他的努力下，茶农茶园亩均产值由 2010 年的 2000 元增长为现在的 8000—10000 元，茶农平均收益也从 2010 年 6000 元／户增加到现在的 20000 元／户。优质的鸠坑茶成了老百姓增收致富的"金叶子"。

鸠坑茶树王

三十年如一日，陆发田始终坚守在茶叶的一线，坚持把控好每一杯茶。他炒制的茶叶先后获得各种奖项，在 2015 第一届千岛湖斗茶大会中荣获"千岛湖鸠坑毛尖"金茶王，在 2016 年第二届千岛湖斗茶大会中荣获了"千岛湖毛尖茶""千岛湖红茶"双金茶王，在 2022 年第十一届"中绿杯"名优绿茶产品质量推选活动荣获特别金奖。与此同时，还有杭州市劳动模范、淳安县首届"千岛湖工匠"、淳安县领头雁、淳安县匠心茶人、县五星级乡土人才、带富好标兵等诸多荣誉称号。而在诸多荣誉中，最让他引以为豪的还是 2019 年成功当选的"淳安鸠坑毛尖非遗传承人"，他说传承鸠坑茶才是他一辈子的事业。

作为非遗传承人，他不仅在自己的专业技术上下苦功夫，同时也在文化技艺传承上贡献着自己的力量，他建成了淳安首个非遗传承馆，免费供大家参观，先后培养了 10 多位鸠坑毛尖技艺传承人，每年免费为学校学生讲授茶叶方面的科普知识等。在技术方面，他写下自己的制茶心得与淳安的茶企交流，将去涩增香、改善颜色、如何保存等等经验不断地和淳安茶企分享，他总是说："一个人好不是真的好，大家都好淳安茶叶才能更上一层楼。"

除了寒暑假，会有大批大学生、小学生前来参观学习了解鸠坑茶文化外，每年茶季也是陆发田最"吃香"的时候。尽管春茶茶期短、时间紧，但陆发田依然同意让职高学生前来现场学习做课题，他一边指导流水线根据不同客户需求调整制茶工艺，一边指导学生各个环节需要注意的方方面面，有时忙得饭都没时间吃。为了将鸠坑茶文化更好地传承给下一代，陆发田只要有空就积极联络学校，免费赠送茶桌、茶具，组织学生学习鸠坑茶历史，学习种植茶树，让孩子们从小懂茶、爱茶。在陆发田的感染和带动下，他的女儿如今也毕业回到了家乡，开启新一代的传承之路……

（肖璐璐　邵萃　胡多）

"万头羊场"的二次创业

"上下两层的自动化羊圈里，万头湖羊吃喝拉撒井然有序，生机勃勃；山谷里新开张的度假酒店，旅客们迎来送往，日渐繁盛；数百亩生态庄园，春种秋收，自给自足……"

"心血来潮"回乡创业，一朝走上"不归路"的徐红仙，转眼间已在淳安县梓桐镇石川坞这个山坳坳里摸爬打滚了十余年。眼下，曾经无人问津的"荒山野岭"摇身一变成了令人羡慕的生态庄园，四星级酒店拔地而起，万头羊场初具规模，突破层层"关卡"的徐红仙终于露出了一丝欣慰的笑容。

一

20 世纪 80 年代末的梓桐镇，交通极为不便，一天只有两班客船通往大山外的县城，山里的东西卖不出去，外面的东西进不来，是个典型的"穷山僻壤"。也就是在那时候，徐红仙第一次走出大山，前往绍兴柯桥看到了繁华都市的便利交通，生意往来，暗下决心一定要出去闯一闯。

1994 年，25 岁的徐红仙生下大女儿黄秋霞不过一年，便将她托付于母亲，和丈夫一同前往绍兴开启了第一次创业生涯。众所皆知，绍兴柯桥因布而兴、因布而名，是目前全国最大的纺织产业集群，拥有化纤、印染、面料、服装、家纺等完整的纺织产业链，销售网络遍布 192 个国家和地区。而这里面，也有入行纺织业距今 30 年的徐红仙的一份辛劳。

刚创业那会，徐红仙像是一个"中介"，想尽办法把淳安的基础布料销售到绍兴。做着做着，她创建了自己的加工厂，为大小企业生产布匹订单。再后来，生意越做越大，抓住时机的徐红仙直接做起了外贸，和中东等地客户生意往来频

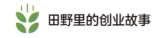
繁。转眼数十载，徐红仙创业之路风生水起，一家人也在绍兴落了脚、安了家。

二

在绍兴有公司、有生意、有家人，为何突然又跑回离别十几年的老家来搞农业？说起这里面的缘由，徐红仙每次都忍不住自嘲——"真的是脑袋一热，想当然了"。

2000年初，央视农业频道是老百姓的关注热点，一个个或种植或养殖的致富故事，让大家看得是跃跃欲试。"爱拼爱闯"的徐红仙自然也不例外——找个地方养养鸡种种菜，有的吃还能赚钱，多好。

那年回家看望老母亲，久居城市的徐红仙发现淳安老家山好水好空气清新，但因年轻人大多外出打工，家中老的老小的小，山地无人打理，茶叶、果树日渐荒芜，甚是可惜，于是她便又萌生了养鸡种菜的意念。"回乡创业，在老家搞点农业"的想法得到了丈夫的支持。2007年，她满心欢喜地回来了。

在多方考察和政府的帮助下，另辟蹊径的徐红仙最终选择了老家梓桐镇所属的石川坞，一个十余年前没电没信号，只能划着船才能抵达的原始山坞。承包土地、开垦农田、修建马路，回乡二次创业的徐红仙这才发现，搞农业远没有自己想象的那么轻松自在。承包土地难免遇到农民不愿配合，有地难收；开垦的农田不肥沃，种的东西收成不佳；而后一次次的失败经历更是让她有苦难言，后悔自己的"想当然"。

2008年前后，因自己还要兼顾绍兴的纺织生意，徐红仙便雇人在山坞养殖土鸡。但因用人不当，鸡蛋被人偷偷卖了不说，最后数千只鸡也被人恶意变卖，损失惨重。后来，徐红仙依托石川坞的原始生态又养了穿山甲，但因经验不足、技术不过关，穿山甲

徐红仙（左一）

逃的逃、死的死，几乎血本无归。那些年，徐红仙顶着压力一直在付出。

三

尽管如此，徐红仙依旧没有气馁，她相信自己的选择，既然做了那就要坚持下去。

养殖需要饲料，常年无人打理的山地，荒芜贫瘠，种不出什么好庄稼。为了让土地肥一点，秉承绿色生态理念的徐红仙到处打听"土法子"。起初想养猪利用猪粪，但猪粪味道浓污染多。都说"鱼羊鲜"，常年与中东客户打交道的徐红仙，听说他们爱吃鲜美羊肉，羊吃草且羊粪肥沃又干净，于是在2012年开始，她尝试养殖湖羊。

这一次无心尝试让徐红仙意外嗅到了湖羊的商机，淳安有千岛湖鱼头，如果能把"鱼羊鲜"中的羊也打出品牌，那岂不是好事一桩。但残酷的现实再一次给了徐红仙"一记响亮的耳光"。2014年，她初建羊场，购买600余头湖羊开启规模化养殖；2017年，全县大力发展农家乐，她在湖羊养殖的基础上配套建成餐厅，刚开业却遭遇大面积环境整治，餐厅被迫停业；2018年，她紧跟时代步伐，咬紧牙关创新建成蒙古包，开创烤全羊特色佳宴，却面临大棚房整治，苦心搭建的蒙古包被迫拆除；2019年，疫情弥漫，游客稀少，湖羊滞销；2020年，淳安遭遇洪水突袭，汛情严重，羊场位于山涧之上，洪水暴发，2000头湖羊随时面临着立于洪水之中的危急情况，徐红仙几天几夜没合眼，待在羊场时刻准备"抢羊"，救一头是一头；也就是在同一年，山顶上投资3000多万元的酒店开工建设。几经波折的徐红仙不但没有放弃，反而越挫越勇，咬紧牙关也要再做一番拼搏。

这些事情，一生好强的徐红仙鲜少跟人提及。但就是再强大的内心也难敌这一次次"致命"的打击，徐红仙说，不知道多少个夜晚，她一个人在被窝里偷偷地哭泣。殊不知，十余年来，她付出的不仅仅是"无底洞"的金钱投资和日渐消瘦的身体，还有一个农业创业者的满腔热情和梦想。

"万头羊场"

四

开弓没有回头箭，那个在丈夫眼中"哭完了睡一觉，第二天又满血复活"的徐红仙，2021年再次铆足了劲，决心重建羊场。在一次次重创中得出经验的她，乘着淳安县"万头羊场"的政策春风，充分考察地理位置，引进先进自动化设备，历时两年建成了可养殖10000头湖羊的现代化羊场。

2023年，新建的羊场正式投入使用，该羊场远离湖区，分上下两层，喂食喂水、处理粪便全程自动化，并设有专门参观区，既避免游客打扰羊群，又可以满足参观、投喂需求。目前，徐红仙正在申报屠宰场的建设需求，满心环保理念的她还花费巨资建设净化设备，充分循环利用净化水，将庄园内的各种生活、生产、养殖污染降到最低。

也是在同一年，历经2年建设的酒店开门营业，迎来了首个火爆的暑期夏令营。至此曾经杂草丛生的石川坞，在徐红仙日复一日的坚守和开发中，变成了一个集休闲垂钓、酒店住宿、亲子采摘等于一体的农文旅综合体。

"这么多年，庄园已从最初的80多亩发展为现在的1000多亩，那片地方我们打算做个跑马场，引进一些马匹做个亲子区；这边是我们的种植区，各种时令蔬菜、农作物应有尽有。现在我们已经实现玉米、菜籽油、山核桃、茶叶、桃子等各种果蔬自由。农作物的秸秆不仅能喂羊，还能废物利用做肥料，主打绿色有机无污染……"走在庄园里，这边那边"指点江山"的徐红仙无不彰显她创业"女强人"的气质。今天的庄园也让她终于看到了希望的曙光，离最初的农业梦想又近了一步。

五

然而最让徐红仙欣慰的或许还是大学毕业的子女陆续回到家中，协助父母打理生意。从小在梓桐老家长大的女儿黄秋霞对老家也有着特殊的情怀，目前企业管理专业毕业的她，已回到老家帮助母亲管理酒店。

在女儿黄秋霞眼中，母亲是实打实的"女强人"，印象中没有什么事情是母亲解决不了的，母亲是她一生的目标。"吹吹山谷的晚风，听听大自然的声音，尝尝就地取材的烤全羊，感受山城独一份的美好……"与大多90后不同，早年就参与酒店规划、筹建等工作的黄秋霞，或许早已习惯"山坞里"这份独有的安静与美好。她说，她想把大山里"一个人、一本书、一杯茶"的惬意生活传递出去，让更多的人来淳安享受"漫生活"。

如今，"万头羊场"、酒店都在一步步步入正轨，庄园里100多名员工，每月工资就达20多万元。大规模的湖羊养殖又给徐红仙带来了新的挑战，如何更好地产销是个问题。目前，徐红仙正在积极筹备建设"预制菜"加工生产线，她想把喝农夫山泉、吃秸秆长大的羊，加工成味道鲜美的半成品，通过邮寄等方式，分享给更多喜欢吃羊肉，但不会做、做不好吃的羊肉爱好者。未来，她还想建一个羊场博物馆（小羊村），让小朋友大朋友们来认领湖羊，亲自喂养，体验养殖快乐。

她是这么想的，相信她也一定会努力去实现。

（王瑛姣 邵萃）

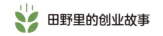

我与严家大方的那点情愫

淳安县王阜乡严家坪村坐落在被誉为"天下第一秀水"的千岛湖,"仙人潭""金呑幽谷"之美景,清澈的溪水,陡峭的悬崖,其风光令人陶醉。这里的龙井茶前身为"严家大方",又称"闻家大方",至今已有一千余年历史,在古代即为贡品名茶。

从最初一个简易收购点到现在接二连三的厂房和琳琅满目的产品展览,做了20余年膏方的姚洪坤或许自己都没想到,2015年一次无意的扶贫竟让他来到了这个淳安县最偏远的乡村严家坪村创业,并与当地盛极一时的"严家大方"茶展开了一段前路漫漫的"爱恨情仇"……

一

2015年,大学毕业即从事膏方产业的姚洪坤已小有成就,作为省级龙头企业代表,姚洪坤应杭州市农办邀请及公司安排,对口帮扶淳安县王阜乡。

"记得那是一个八月的清晨,我们驱车从杭州市区出发前往王阜乡,抵达时已是中午12点,在当时乡镇党委书记张日军的接待下,确定了帮扶王阜乡中药材发展的结对任务。"当初前来扶贫的情景,姚洪坤记忆犹新。

当时,闻家村和板桥自然村是王阜乡种植紫菊的传统村落,那一次,姚洪坤徒步近2个小时去看了海拔1200多米山巅上的紫菊。看到山区崎岖的道路与种植的不易,让城市长大、工作的姚洪坤一行人

姚洪坤(左一)

倍感当地百姓的艰辛。"这么好的药材却卖不了好的价格，还受到各种药贩子的挤兑与盘剥，山区百姓怎么能不苦？"于是那一年，姚洪坤就把老百姓手里的山茱萸、菊花等药材按市场合理的价格全部收购了。

2015—2016 年间，姚洪坤的公司先后在王阜乡当地收购黄精、山茱萸等中药材及菊花 100 多万元。就是这次实打实的扶贫，不仅解决了乡镇的燃眉之急，还帮助当地老百姓渡过了产销困难。这次成功的对口帮扶"任务兑现"，也为姚洪坤及后来的创业故事拉开了序幕……

二

古有刘备三顾茅庐，现有书记三访公司。这次对口扶贫后，王阜乡党委书记张日军看到了"机遇"，事后三次到访姚洪坤的公司寻求合作，再三邀请姚洪坤能投资一部分产业到王阜乡，帮助解决王阜中药材出路问题。

山那么高，路何其远，作为帮扶，姚洪坤或许已经尽力，但他总还想帮助老百姓做点什么。公司的体制摆在这里，不可能轻易投资到王阜来，不帮又不行，帮又不知道如何帮。当初的姚洪坤很是纠结，他说："晚上真的睡不着觉，老想到山里那些老百姓虽然说着似懂非懂的'八都'普通话，但一个个勤劳淳朴，无论走到谁家都会拿出最好的茶热情地招待你，他们确实很需要专业的知识和专业的团队来帮助种植、销售中药材。"

最终，姚洪坤做了一个重要的抉择——个人出资来王阜建一条生产线，生产中药材紫菊及中药膏方。就这样，浙江敬存仁生物科技有限公司应运而生。

2016 年 9 月，公司开始建设工厂，2017 年 6 月拿到食品生产许可证。从建厂到采购设备到试生产，再到拿到生产许可证，做事果断的姚洪坤以惊人的速度前行。

三

姚洪坤虽说是一个商人，但浑身散发着文人的气息。这种感觉从你走进他公

品鉴严家大方茶

司大门那步起，就会扑面而来。

公司所在地就在村子中间，但那里既不是新建楼房，也不是民房老屋，而是当地严家中学的老校址。他修旧如旧，把1957年建设的严家中学老校舍作为企业文化与研学基地，后面新建的厂房作为现代化生产的工厂。过去与现代两种文化的有机结合与深度交融，不经意间成为淳安保护保留历史建筑与现代工业的一种美学结合与典范。

他的公司叫敬存仁，乍一看似乎有些突兀，但细细听来，着实别有一番意味。"公司本着一心为农，一心向农，因而取'敬存仁'：敬业修身存为德、仁满天下，为企业愿景。还有一个谐音的用意：敬存仁即敬淳人、进淳人，尊敬淳安人民，走进淳安的人。"姚洪坤的初心，是让淳安的老百姓充分感受到公司时刻和大家融合在一起，并一心与淳安王阜的老百姓共同建设美丽乡村，共同建设美好家园。

数年来，他是这么想的，也是这么做的。公司除了研发中心、产品展示中心以及挂满证书的获奖墙之外，还有两个地方让人禁不住驻足，那就是膏方和大方茶资料展厅。小到一幅幅中药古方、一张张茶叶收据，大到一个个炒制工作，公司小小的展厅里藏着古往今来的膏方史和大方茶史，也装着姚洪坤的创业史。"我们姚总特别爱研究，阅览室里都是各种专业书籍，闲暇时总喜欢看书，还喜欢收藏古籍和探寻制作工具。"员工的评价一点都不假。

四

或许就是这股刻在骨子里的"爱研究"，让姚洪坤在这个小山村里的故事越写越长。在严家坪村的日子里，除了做药材、做膏方，姚洪坤还经常跑到农户家串串门聊聊天。热情好客的村民，经常拿出自家最好的严家大方茶给大家喝，那原汁原味的甘甜、醇厚、爽口，让姚洪坤久久不能忘怀。

都说深山里出仙茗，如此的好茶为何无人问津？当地老百姓更是讲不清道不明，只知道是好茶，年长的老者告诉姚洪坤说，村子里的茶曾经还是贡茶，这让他顿时来了兴致。如果真的是贡茶，那肯定是有文化的好茶，肯定大有可为。

姚洪坤回去就翻阅了大量的文献，还前往淳安县档案馆查阅资料，果然在《淳安县志》里面就有"严家大方"茶的记载：《旧五代史》"乾化五年（公元915年）五月十二日，两浙进大方茶二万斛"，此大方茶，乃是淳安的严家大方茶。在《茶经》中他还找到：1751年乾隆下江南时饮大方茶后，钦赐"大方"作为茶名，并每年进贡；还有慈禧太后与茉莉花大方茶的故事；等等。大方茶由兴盛到停业衰亡的历史变迁，在姚洪坤的展厅资料里均可详见。

如此一来，雪藏深山多年的大方茶，又被姚洪坤再度挖了出来，且一发不可收拾。他远赴北京找到了与故宫有交集的朋友，去天津找到了历史大方茶的老茶铺，到山东找大方茶的过往，在杭州佑圣观路29号找到了当年严家大方的老茶铺。就这样，姚洪坤与严家大方茶结下了解不开的因缘，除了膏方外，他在严家坪村建设了一条严家大方茶叶的生产线，立志"大方做人，大方做事；做大方茶，为大方人"。

五

严家大方茶制作工艺简单分为杀青，揉捻，磨矾锅拉胚、炒直三个步骤，其中关键在于初制的第三道工序，即拉胚、炒直。鲜叶通过杀青，酶的活性钝化，内含的各种化学成分，基本上是在没有酶的影响条件下，由热力作用进行物理化学变化，由揉捏弯曲的茶胚，通过松柴，烧至高温的磨矾锅手工拉直提香，从而形成了严家大方茶独有品质特征。

严家大方茶，不同于一般茶叶，形似龙井，长扁成片，似竹叶，有锋尖，色铁黑，有油润，含有熟栗之香气。其内质，味浓香烈，酷似炒青，汤色绿黄明亮，叶底黄绿匀称。大方茶不仅色香味形俱佳，是茶中珍贵饮料，而且营养价值和药用价值都超过一般茗品。

为佐证这一点，姚洪坤邀请故宫专家到严家大方实地考证，并请题写：翠叶长芽最芳香，严家好茶名大方！2019年，严家大方茶再次进驻故宫永和宫，重返昔

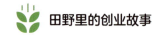

日风光。2022年，严家大方制茶工艺还入选第17批杭州市非物质文化遗产保护名录。

公司目前拥有有机茶叶基地300余亩，基本为农户废弃的茶园。同时，每年茶季公司在当地收购茶鲜叶约30万斤用于生产大方茶，茶叶产值达1000万元左右。为了将这一份传统炒茶工艺传承下去，姚洪坤每年都会邀请村里的老手艺人前来指导、教学，在当地培养更多的传承人。

六

品牌宣传是一个漫长而又艰难的过程，哪怕是曾经享誉中外的大方茶，在沉寂数十年后想要"重获新生"，也不是一件容易的事。这些年来，公司所生产的传统大方茶主要供应茶馆等渠道，知名度并不算太高。

这两年，公司积极迎合市场需求，经过多方市场调研，慢慢创新恢复花茶制造，如玫瑰红大方茶、茉莉绿大方茶等新品。销售渠道也由茶馆等有限范围转向大众化的年轻市场。产品不再一味注重外观和包装，而是以青山绿水间的好茶叶，以简约大方的环保包装，打造与淳安特别生态功能区生态环保理念相吻合的大山里的"网红茶"。

追逐着时代的浪潮，姚洪坤带领公司打造了电商平台，从微信小店到天猫旗舰店及抖音官方店、直播平台等，全力推广王阜特色农产品，推广严家大方品牌，希望更多人认识并喜欢大方茶的同时，吸引更多年轻人来到淳安王阜这个小山村体验宁静致远的美好。

王阜乡有2万多人，目前留在村里的估计只有五六千人，未来，大面积茶园可能面临无人采摘、无人看管的局面。年轻人回来太少，用工难的企业如何在这种境遇中打开销路，让大方茶得以延续，是姚洪坤一直思考的问题。

从扶贫到创业，姚洪坤始终没有忘记自己的初衷。扎根淳安的他目前兼任两个村的"名誉村主任"，肩负带领村民共同致富的重任。每年重阳节等特殊节日，姚洪坤都会去村里看看老人，为60岁以上的老人带一点礼物；教师节了，他也会带着自家的膏方和茶叶慰问一下教书育人的老师。

（王瑛姣　邵萃）

创新发展山地农业融合新模式

初见王保卫，一张黝黑的脸庞下，身着一件"建军95周年"纪念服，虽然退役多年，但浑身仍散发着一股正义凛然的军人气质。

"喂！我在山上，喂？我在山上……"他一边和人打着电话，一边示意大家尝尝他刚泡好的新茶。山上信号不好，他和他的农业创业故事，便也从这一句重复多遍的"我在山上"开始了……

一

从千岛湖城区出发，兜兜转转一个多小时，终于抵达梓桐镇练溪村云岭之上。沿途的茶园里，偶遇当地茶农采摘夏秋茶，他们说自从"王总"来了村里，老百姓的茶叶从春季采到秋季，一年四季不愁卖。

他们口中的"王总"，就是从部队退役后，进入国企做到了中层管理，而后又决然"下海"经商，如今满腹情怀回乡创业，和老百姓一起探索山地农业发展新模式的王保卫。

2018年，在外经商多年的王保卫，积极响应党委政府淳商回归、退役军人回乡创业带头致富的号

王保卫（右二）

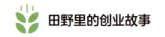

召，毅然回到淳安老家，租下了梓桐镇练溪村 400 余亩山地，开办起浙江园泽农业科技有限公司。

承租的山地位于练溪村云岭之上，顺着王保卫所指的方向俯视，主屋周边菜地、果园、茶园、泳池、凉亭应有尽有，恍如一个与世隔绝的世外桃源。但这是在王保卫到来之后的样子，五年前这里的山地与其说那是山地，不如说是闲置了十余年、杂草丛生到连信号都找不到的荒郊野岭。他初来乍到，找人修路、雇人开荒，用了整整五年时间才种下了 250 余亩茶园，修好了山路，还办起了小型茶厂。每年茶季，带领方圆几里的百姓炒茶卖茶，增收致富。

谈话间，隔壁尹山村的老严又背着百余斤村民的夏秋茶上山来了，让路子广的王保卫帮着卖卖。"荒山变现对咱老百姓来说是件大好事，400 余亩山地承包出去，每年村里有 200 多户农家可以收到几百上千的租金；村里的剩余劳动力还可以来王总的农场除草种地，多一份收入；特别是茶叶季的时候，村民自家茶叶可以拿到王总茶厂卖个好价钱不说，帮他的茶园采茶也是个家门口的好生计。"老严的几句话道出了当地百姓对王保卫扎根云岭的满心欢喜。

二

王保卫的浙江园泽农业科技有限公司隶属于其一手创办的园泽实业旗下的生态文旅农业新版块，与园泽传媒、园泽物业、园融园林、园泽钢结构并驾齐驱。稳定的公司管理结构，丰富的社会渠道，广阔的人脉资源，都为王保卫回乡创业奠定了扎实的基础。

作为土生土长的淳安人，王保卫对素有"锦山秀水、文献名邦"之称的千岛湖有着难以名状的情愫。他看中千岛湖得天独厚的文化底蕴及旅游资源，感恩于淳安百姓的淳朴友善和热情好客。多年的"闯荡"阅历和敏锐的经商头脑，让他想要通过引进先进的现代化机械设备及专业人才，助推老家的农业项目建设，致力打造一个集文化传播、旅游、现代化农业三位于一体的现代化新型产业示范区，让淳安百姓真正享受到家门口的"红利"。

2021年，在当地政府的精心指导和县农业农村局、县农业技术推广基金会的支持下，王保卫的"山地农业体验园建设——云岭十里示范项目"拉开序幕。示范区不仅有陈硕真故里和山顶的练兵遗址以及环绕项目的云岭古道等历史文化资源，还有利于打造溯溪、环湖骑行、垂钓等项目的天然水库、环湖绿道等。王保卫就是想借助这些资源，打造观景平台、景观大道，在坡地以苗置景，建设游客服务中心、游步道、登山道、垂钓区、溯溪道、四季果园、高山有机蔬菜基地、茶叶园等农文旅综合产业园。

此外，800平方米的园泽农业农产品展示馆也基本成型，展馆内无论是精美包装的茶叶还是四季轮回的桃子、玉米、西瓜、南瓜、冬瓜等有机果蔬，都仿佛是一个个"景点"，大大增强了山地农业园的体验感。

三

农文旅综合产业园是一个浩大的工程，不是一朝一夕就能完成的"梦想"。都说王保卫是个军人，他的身上有着不服输的军人品质，这五年对他来说或许只是创业的开始。王保卫也是个商人，他做任何事情都有自己的长短期规划和风险评估，他相信未来五年农业生产可以实现收支平衡。王保卫还是个有远见的新农人，2022年下半年他趁着茶叶淡季之时更新设备、进一步扩大了茶厂规模，在内销基础上不断拓宽销售渠道，期待他从带动一个村到梓桐镇乃至整个淳安的茶产业发展。

值得一提的是，在这个漫长的过程中，王保卫前期就十分注重对山地土壤的保护以及绿色有机的要求。园区种植严格采用无公害栽培新技术，从选择抗病性强的品种到以生态防治、生物防治为主的农业防治再到园地灌溉和增肥，王保卫都参与其中，亲力亲为。

新改良的山地受气候影响较大，难免水分不足，土壤不肥沃。为此，王保卫利用园区水库的高位差，通过引水管将水库水引到农业示范区，建设蓄水池和泵站，在水池与各地块之间铺设管道，每个田块装出水口，装滴灌带或喷灌，再根

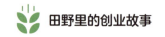
据作物生长对水的需要进行灌溉，这不仅可节水，还利于作物根系生长，提高蔬菜瓜果产量与品质。

为了让瓜果地施入土中肥料不易流失，不会发生土壤障碍，影响作物生长期，王保卫利用生态羊场的沼气渣施入土中，可提高肥力，减少化肥施用量，改良土壤；实行平衡施肥技术，合理施用氮、磷、钾肥等措施，防止土壤障碍。建在荒山之上的果园，地形复杂，坡度较大，土层较浅，肥力不足，蓄水能力差，王保卫大举进行土地平整，修筑梯田，修纵横竹节沟，施足基肥，成效良好。

四

夜幕降临的云岭，工人们陆续回家，只留下王保卫还有零星几个人留守山顶。晚饭过后，一弯明月渐渐爬上山头，乌漆墨黑的山地田园之外，层层叠叠的山峦在月光下依稀可见。窗外，或野猪或蟋蟀等不知名野兽的叫声和虫鸣声忽远忽近。

山地农业体验园

这样的夜晚，对于大多人来说，或许住一天是享受，但要住上几个月几年，难免无聊而又寂寞，但王保卫似乎很享受这个过程，用他的话说："这样的夜晚我早已习惯并乐在其中。"

一个天天西装革履出入高档写字楼、久居繁华都市的老总，不惑之年为何只身一人带着 2000 万资金来到山顶，跟村民一起挖地种菜、采茶叶，一开始很多人都不理解，包括他的家人。转眼五年，时光荏苒，王保卫从坐办公室开会的公司高管变成了种菜卖茶、皮肤黝黑的"地主"，他用坚定的决心和实际行动证明了自己的选择。

五年前王保卫刚来山上时，手机信号很差，更别说什么无线网络。手机、电脑联络办公的时代，他觉得自己好像突然和外界断了联系，公司的人找不到他，想要给家人打个电话也要跑到山下或者山顶信号好一点的地方去。起初他总是忍不住看手机，十分钟没收到信息就很焦虑，总觉得肯定又有人有事情找不到他了，每天都要找个时间下山回复一下大家的信息，再后来变成几天甚至一周才下山一次。最后，越来越多的人知道"他在山上"，他也越来越习惯甚至享受手机没有信号的清静时光。"山上有自产的土菜，吃喝不愁，现在一个月不下山我都很淡定。"王保卫自嘲地说。

白天忙着施工、干活，晚上的时间王保卫其实也没有闲着。每隔一段时间，王保卫就会和伙伴一起炒两个小菜，喝点小酒，顺便商讨一下近期的工作安排，哪里需要改建了，哪里需要开发了，哪里需要多少资金，做到心中有数。闲暇时，除了喝茶聊天，王保卫还喜欢练习书法，临摹学习，自成一派，接待室里笔墨纸砚格外醒目。

王保卫说，宁静致远的黑夜给了他很多思考的时间。40 岁之前他一直奔波于积累财富与人脉，以至于缺席了孩子的成长历程，就连父亲离世都没能陪在身边。这五年他一直在"支出"，虽然没有赚钱，但他却实实在在感受到了来自村民一根黄瓜、一把蕨菜的淳朴真心，他收获了陪伴家人的幸福与快乐，也意识到了自己除了管好企业做好事业，还可以做一个对家乡父老乡亲真正有益的人。

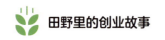

五

这五年的乡野生活，可以说让王保卫真正回归了本真，也让他的妻儿看到了他日渐健硕而高大的体格，让老家的母亲感受到孩子就在身边的天伦之乐，更让周围朋友们纷纷羡慕起云岭之上的蓝天白云和青山绿水，还有他悠然自得的生活状态。

五年来，王保卫一步一个脚印，用心耕耘着淳安的山地农业，在他的感染和带动下，一拨又一拨朋友从大城市来到淳安，体验农业项目，感受农村生活，有的还跟着他投资创业、开发项目，共同助推淳安乡村振兴和共同富裕的前行步伐。

这么多年，王保卫初心不改，在他的梦想里，最大的心愿还是利用自己的社会资源，动用社会力量筹集约5000万资金建造一座康养型酒店，借助当地的历史文化资源优势，打造观景平台、景观大道、建设游客服务中心，游步道、登山道、垂钓区、溯溪道、四季果园、高山有机蔬菜基地、茶叶园等一应俱全的"云岭十里示范项目"，把集文化传播、旅游、山地农业体验于一体的现代化新型产业示范区真正建立起来。

"面朝黄土背朝天，说起农业，总会不自觉地想起父辈们年复一年的日落而息、日出而作。农业发展投资大、见效慢，似乎总给人遥遥无期的挫败感。但父老乡亲们收获劳动成果后那一张张淳朴的笑脸，一阵阵爽朗的笑声，一次次坚定我扎根乡村的信念，我知道我深爱着这片土地，深爱着我日夜守护的'孩子'。我以及像我一样默默坚守山头的回乡人应该相信，淳安山地农业未来一定可期。"王保卫说。

（邵国昌　李红俊　邵萃）

把水果培养得如珠宝般"精"贵

春种秋收，每年金九银十之时是"农场主"宋华英最忙的时候。偌大的农场里，一个个种植大棚鳞次栉比，一边是个大匀称、硕果累累的红心猕猴桃，一边是颗粒饱满、妖艳欲滴的晴王葡萄，另一边金灿灿的红美人竞相"出鞘"。宋华英是这头加班加点采摘猕猴桃、葡萄，分装销售，那头忙着为2880立方米的"空中草莓"种上新一季草莓秧，以填补冬季"果荒"。

"我种的水果都在高标准塑料大棚里，大都牵引上架，就像一个个挺拔的'卫士'。这些水果都是我的'孩子'，我要么不种，要种就立志把它们培养成像珠宝一样的精品。"一茬接着一茬，一季赶着一季，种了整整十年水果的宋华英，如今越种越起劲，越干越自信。

一

"未见其人，先闻其声"，用这句话来形容性格爽朗、热情好客的宋华英或许再合适不过了。还没走近农场，宋华英"哈哈哈"待客的热情瞬时间拉近了彼此的距离。

宋华英出生于淳安县千岛湖镇汪家村，高中毕业后，在针织厂上过班，但不甘留守农村的她最终选择了外出做生意，她做过中介，在深圳卖过珠宝、玉石，开过婚介所，甚至还在四川开过矿。作为一个女子，风风火火闯九州的宋华英，人生阅历极为丰富。

在外闯荡的这些年，宋华英的老家千岛湖镇汪家村也在政府的大力扶持下快速发展。汪家村地理位置优越，距离千岛湖镇主城区仅15分钟车程，素有千岛湖"后花园"之称。早在2009年，千岛湖镇便招商引资大力引进淳品果园，致

力于种植无污染、原生态的有机水果，并成功打造出以有机红心火龙果为特色的淳果小镇。

宋华英说，她做农业纯属是一种偶然。

记得 2014 年的一天，她回汪家村看望母亲，在经过马路边一片空地时，宋华英"灵光一现"，这名副其实的淳果小镇，有葡萄、有红心火龙果，假如我再回来种上一些其他水果岂不是更好？"这里本来就是我的家乡，乡里乡亲的见面又倍感亲切，沟通啥的都不是问题；村子离千岛湖高速也只要十分钟，交通方便，以后游客指定越来越多；加上自己也非常喜欢吃水果，要是能吃上自己亲手种的有机水果，那真是想想都开心。"就这样，宋华英成功说服了自己。

在外闯荡多年，风风雨雨见了不少，宋华英雷厉风行的个性更是在这次创业中展露无遗。她说干就干，凭着多年生意磨炼出来的"三寸不烂之舌"以及过硬的人品，她仅用一个星期就把汪家村村口那块涉及四十余户农户的空地，签了合同租了下来，"双英农场"也由此创立。

二

种水果的地是有了，那么接下去种什么，是个问题。

"水果里面我最喜欢吃红心猕猴桃，所以一开始我就想着要种猕猴桃。"宋华英的"执念"很快受到了打击，"毕竟是第一次种水果，我还是找了专业人士咨询的，可是老师一听我从来没有做过农业，就直言劝我不要种猕猴桃，特别是红心猕猴桃，因为它太难管理，很容易得病，像溃疡病这种，一旦感染上就全园覆灭。"

后来，老师建议宋华英种桃子，管理较简单些，收成见效快。但宋华英还是对种植猕猴桃念念不忘，她多次联系老师，还去了他的果园考察，当她看到老师果园里刚种下的猕猴桃苗时，再次下决心要种红心猕猴桃。

宋华英

"虽然说种猕猴桃不是件容易的事,可是我喜欢搞这个,而且我觉得兴趣是最大的老师,只要我有信心,一定能种好的。" 宋华英当场向老师,也向自己的内心表了态。老师看到她诚恳的眼神和骨子里透出来的坚定信念,最终答应了宋华英的请求。

整地、买苗、种植,就在宋华英还没来得及为秧苗发出了嫩芽欣喜之时,突然发现所有的芽儿两天时间被虫吃了个精光。心头刚燃起的熊熊之火,骤然来了一阵倾盆大雨,宋华英瞬间心里凉了一大截,饭吃不下,觉也睡不着,闭上眼睛满脑子都是那些光秃秃的杆子。

"没办法,我到处寻访'良药',发动大家天天杀虫、抓虫,好不容易秧苗又长出了新芽。眼看同行们一起种下的猕猴桃秧都绿油油一片了,我的还是一点点芽,心里那个着急啊!老公周末休息的时候,我就叫上他一起帮忙施肥,加强营养。没想到,老公也是个外行,一不小心肥放多了,而且放得离苗太近,好不容易才长出来的嫩芽又被肥给活活烧死了。"提起十年前的水果种植"初体验",宋华英满满的心酸。

在和哥哥、姐姐多番商量以及请教他人后,宋华英最终决定多请些工人,去农户家挑大粪水来浇猕猴桃苗,这样既长得快,也相对安全。功夫不负有心人,历经三番五次的挫折,农场里的猕猴桃苗再次冒出了新芽,而且一天一个样,很快就绿油油的一片了,这让宋华英终于看到了希望。

三

一个没干过农活的人,好好的生意不做,偏要回家种水果。这个选择,让早年的宋华英备受周围人非议。同时,大家也不看好小山村种红心猕猴桃能够种得好且能卖得出去。

"听说猕猴桃人家早种过了,整大箩筐的卖不出去,全倒垃圾筒了。种猕猴桃肯定要亏,没人吃的。"周边人议论纷纷,家里的亲戚也跟着担心。

"没事的,我们品种好,肯定供不应求。" 每当大家质疑时,宋华英总用

这句话回应别人。直到后来，宋华英才坦言，其实那时候她心里也没谱。可是她清楚不尝试永远也不会成功，选择了就要义无反顾地坚持种到底。

第二年，日渐长大的红心猕猴桃树陆续开花、结果，宋华英小心翼翼地授粉、疏果。直到那年六月底，农场干活的姐姐在果树下面捡到了一颗软软的猕猴桃，忍不住扒开咬了一口，感觉特别甜很好吃，赶忙让宋华英也尝尝。"不可能吧，到猕猴桃成熟期还有一个多月呢，怎么可能现在就已经好吃了？"宋华英半信半疑地从果树上摘下一个看似成熟的猕猴桃试吃起来，"真是太出乎我的预料了，这猕猴桃竟然那么鲜甜，口感那么好。"

口感好，品质好，果子就不愁卖不出去。当年八月底，大棚里的红心猕猴桃陆续成熟。亲戚串门、朋友送礼、旅游采摘，宋华英的猕猴桃第一年仅半个月时间就卖完了。这下，宋华英心中的大石头终于落了地，当初的选择和坚持没有错。

四

农村有句土话叫"机会来了挡都挡不住"。而勤劳勇敢、乐观向上的宋华英，正好擅长抓住机会。

2016年前后，淳安县围绕"一村一品、一源一特"的要求，按照每条源的气候条件、产业基础、人文环境等特色资源，大力发展农村特色产业，助力当地农业发展、农民增收。2017年年初，淳安县委县政府根据"人依源居、业以源兴"的实际，提出了"百源经济"工程，并将其列为县政府为民办实事的头号工程和淳安发展康美产业的重要板块，首批启动实施的10条县级示范源中就包含双英农场所在的千岛湖镇汪家源。

"百源经济"工程主要是通过富丽乡村、小城镇综合整治、绿道经济等联动推进，提升城乡统筹、富丽乡村等建设成果，培育一批特色鲜明的"百花源"。同时，通过培育，力争建成一批省市知名农村产业发展品牌，打造三产融合综合体，推动"百源经济"成为农业农村活跃产业和税源经济的主平台，打造一批环境优美、生态高效、业态繁荣、农民增收的县级农村特色产业带。这利好的政策福利无疑给宋华英的双英农场插上了腾飞的翅膀。

有了政府的"搭台"唱戏，双英农场口感绝佳的红心猕猴桃可谓是酒香不怕巷子深，大家一传十、十传百，每年成熟期的猕猴桃全被来旅游的游客们采摘完了，根本不需要外送促销。品质最好的年份，她的红心猕猴桃卖到平均每公斤96元，小果每公斤达到56元。一颗颗小小的猕猴桃，用口感和热销，成功让乡亲们折服："他们家的猕猴桃是好吃的，跟牛奶一样香、比蜂蜜还要甜。"

淳果小镇、双英农场、汪家葡萄园、火龙果基地、车厘子基地……如今，淳安县千岛湖镇汪家源已经成为一条名副其实的"淳果源"，双英农场的精品水果也是越卖越好，越卖越远。

五

"喝"的是"农夫山泉"，"呼吸"的是千岛湖清新空气，双英农场的水果之所以口感好，卖得出好价钱，这和农场主宋华英的种植理念密不可分。

"种水果最重要的就是要把好质量关，严格控制农药用量，化肥多用水果有机肥，园内禁止喷洒锄草剂。另外水果品种也很重要，人无我有，人有我优，品质跟上去了就不愁卖不出去了。"谈起这些年的经验，宋华英也小有心得。为了提高水果的产量和质量，满足游客的采摘需求，这十年，宋华英也没少花心思。

2021年天气极为寒冷，当果农们为果树防冻忧愁时，宋华英却显得格外淡定。双英农场是当地少有的高端精致果园，2022年前后成功创建"市级专家工作站""高品质科技示范基地"等诸多科技成果。农场里都是高度智能化的温室玻璃钢化大棚，实施智慧农业数字化管理，电脑大屏监控着水、温、光、肥。最厚实的钢化玻璃，冬有丝棉，夏有遮阳，不怕酷暑也不惧严寒。大棚里的水果也是顺应社会发展不断地"优胜劣汰"，种植的都是进口的优良品种——红心猕猴桃、阳光玫瑰、妮娜皇后葡萄、空中草莓、红美人橘子。地面上，铺着白色的塑料布，干净整洁。如果说一串串水果就像是训练有素的卫士，那么游客进园采摘，就感觉像是首长在阅兵。

双英家庭农场

2023 年，千岛湖镇政府大力推广"果园、菜园、乐园"三园经济文章，宋华英再次搭乘政策的春风，将双英农场建成集文旅活动、休闲和采摘于一体的中小学生研学旅行教育基地。此外，她还推出智慧农业课程，让青少年在农事体验中了解现代化农业知识。这几年，农场还采用"企业＋村党组织＋农户"的共富工坊模式，带动村里农户共同受益。

如今的宋华英，在一步步永不言弃的创业中，在家人朋友的关爱中，再次活出了自己的模样。"努力奋斗，永不言败，吃得住苦，成功也就离我们不远了。"宋华英为女性创业者树立了典范。

（汪末根　邵萃）

07
建德

一片树叶的情怀

每到阳春四月，茶树吐绿，我站在家乡的山岗，望着一个个腰间挎着采茶篓的背影穿梭在一行行茶陇间，双手飞快地起落，像鸡啄米似的把刚刚长出的茶芽采下，放入茶篓。

这采茶的情景，把我的思绪带回到梦回千转的小山村……

我叫黄玲仙，我的出生地是一个美丽的小山村——建德市梅城镇洋尾的赵村。我家乡的村口有两棵生长百年的风水桂花树，一棵金桂、一棵银桂，每到天高气爽的秋天，整个村庄的家家户户都能闻到桂花那沁入心扉的雅致香味，正如"桂子月中落，天香云外飘"所言，它们就像一对月中下凡的夫妻，护佑着赵村村民的安康幸福。

记得小时候，每当春天采茶季来临时，我的父母亲便带上我，上山采茶，把我安顿在相对平坦的山地，嘱咐我不要乱跑。大人们由近至远地采茶，我只能傻傻地在原地看着，等他们采远时，我便有点不安分了，时而学着去攀茶树上长出的枝芽，时而去采小野花，时而去抓小蝴蝶，是不是有点像"小猫钓鱼"里的故事情节，这都是孩提趣事。终于等到母亲采满整框茶叶，已经是中午，我便牵着母亲的手，屁颠屁颠地跟着跑回家，感觉肚子已经在咕咕唱歌了。

采了一天的茶青，被摊放在大匾上，满屋

黄玲仙在表演茶艺

子都散发着茶叶特有的清香。晚饭后，家里人就开始炒茶、揉茶、焙茶。然后，我会跟着父亲品茶，说是品茶，实是茶水熏陶，结果就是"瞌睡虫"不知哪儿去了。这就是在我幼小的心灵中，对茶的美好记忆，从此，也种下了我对这片东方神奇树叶一生的情怀。

在十九岁那个青春年华的茶季，我随着家乡那股绿色的"茶流"，走进了新安江这座度夏纳凉的小城。小城不大，两山夹着一条狭长的清澈见底的江水，江水一直向东、向着大海的方向流啊流，流向了富春江，流向了钱塘江，流向了大海，滋养着大江两岸的人民。

县城沿江而建，沿江发展。20 世纪 50 年代末，我国第一座自行设计、自行建造的大型水力发电站的坝址在此，大坝的上游就是千岛湖，因而闻名于世。

因为一杯茶，更因为心底里那份对家乡的情怀，我选择留在了美丽的新安江畔，开始了我"一杯茶"的寻梦之旅。

喝茶，在我们国家，是平民百姓日常生活中的习惯。闲时，泡一杯绿茶，和家人、同事聊天聊地，聊农事聊人情；客来敬茶，也是中华民族的礼仪，每当家中来客人时，第一件事便是泡茶敬茶。

因此，茶的文化习俗，已经深深地融入我的血脉。

从茶树的栽培技术、茶艺技巧，到茶叶品鉴等知识，我像着了魔似的，开始在茶路上不停地奔跑。

2003 年，我斗胆向当地银行贷款 5 万元，开始了创业之路。基于我对未来建德旅游业的分析判断，创立了华玲土货坊，主营茶叶，兼营当地农特土产品。

其实当时的想法很简单，就是想尝试一下，能否用这几年学到的茶叶知识去挣一份属于自己的收获。就这样，我把自己推入了茶叶行业，心想一边带着小孩，一边守着热爱的茶叶门店，一边憧憬着未来。

但现实并非如此简单，经营是一门学问。诸如营销对象、货源选择、质量保证、山货储存、价格计算、客户维系等等，真是说说容易，做做难啊！更不像在路边摆摊卖菜，从看中、到谈价格、再到谈成、最后一手交货一手交钱，一单买卖做成。

我对这些是一无所知的"小白"，只能相信"船到桥头自会直"，在实践中

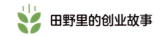

摸索营销规律，在实践中吃一堑长一智。

最闹心烦心的还有小孩的"闹剧"，我每天都会被他搞得焦头烂额、疲惫不堪。大约在 2005 年夏天的一个傍晚，儿子在嬉闹推搡中摔跤，胳膊肘骨折了，赶紧送医院。望着术后儿子苍白的小脸，我终于崩溃了，泪如雨下，我知道这是因为母亲心里的那份疼爱、那份自责。

我不停地扪心自问，我是否该放弃谋生的门店，做一个全职妈妈？这时，儿子醒了，睁开眼的第一句话就是："妈妈，你不去店里啦？"我连连点头，当然要去！真没想到，当时那么心生纠结的我，就在回应儿子的一瞬间，做出了抉择，而且是那么斩钉截铁。

二十多年的时间过去了，在经历了无数次深思熟虑后，凭借勤学好问和勇于实践，我从一名对茶叶零基础的"小白"、一个农家姑娘，成长为一名高级茶艺技师、评茶技师，创业业绩也颇有成效。

家大业大，"野心"也大了。由于我经营销售的都是本地绿茶，感觉营销面特别窄小，有的客户也经常问询：红茶有吗？普洱茶有吗？白茶饼有吗？乌龙茶有吗？……

我开始感觉自己对绿、红、青、黄、白、黑六大茶类太缺乏了解。从 2011 年开始，便到杭州参加了茶艺、品质审评等相关专业知识的系统培训。通过学习提升，我对茶品的质量要求也越来越高，每年的茶叶收购季，我发现农户送来的茶样普遍存在采摘不标准导致的干茶大小不齐、色泽复杂、干燥度不够等问题。如何从源头上控制茶叶品质？我开始了积极的对策思考。

刚好那一天，我接到父亲的电话，要我回老家一趟。当时正值茶季，村口的那对"夫妻"桂花树依然坚挺，值守着村庄，但茶山上、茶丛间却一片寂寞。等见到父母，从他们的一脸忧虑中，我似乎读出了答案。如今的洋尾农村中，留守的几乎都是上一辈离不开土地的农民，他们守着自己的茶山，就像守着一份期望，但当下的茶叶销路却让年迈的他们一筹莫展。

海拔 300 多米，山水环绕的百余亩生态茶园，已然要荒芜，于是，我毅然决然地再次踏进了陪伴自己成长的这片茶园。

生产茶园

我于 2016 年承包了这片茶园，创办了集茶园种植、茶叶加工、茶坊品茶、展销展卖为一体的专营茶业的"聚茗轩"家庭农场，也即所谓的"前店后场"。

"聚茗轩"茶坊开张的那一天，小姐妹们着实帮我靓丽打扮了一番；张灯结彩，放彩条炮，可热闹了。我怀着一颗忐忑的心，既兴奋又期盼，迎接着嘉宾来往，泡茶点烟，忙乎了一天，真有点累！可心里却是幸福的，庆幸有一个懂我的老公，有帮我的老爹老妈，还有给我希望的儿子。

"聚茗轩"家庭农场和茶坊张罗完了，接着基地茶事又开始了。

回到赵村，忙着组织联系留守老人，嘱咐今天采摘的芽叶标准，再让他们上山采摘，还得招呼一下注意安全，下山要查验茶青好坏。忙着收购茶农投售的青叶，按等级称重定价。不一会儿，茶鲜叶摊满了整个竹席，散发着茶叶的清香。

晚上，茶厂灯火通明，炒茶机械隆隆作响，师傅们有条不紊地操作着各个工序的机械，等茶青加工完毕，已是后半夜，天都快亮了。"嘿！今天不错，干茶有百十来斤；色泽又好，绿中显嫩黄，有板栗香，拿到新安江定能卖个好价钱。"嗯，这话我爱听！

当天空泛白，裸露出一丝红霞，采茶老人们背着茶篓，又在晨曦中结伴上山，穿行在茶树间，开始忙碌的新的一天，计算着今天能采多少，能有多少收获。这也是我心中最美的一道风景，你采摘我付钱，一个茶季下来，每个老人都有数千元不等的收入。看！他们脸上的笑容多灿烂。

原料是基础，工艺是关键。在这 130 多亩茶园里，我选用了珍稀黄化茶树品种——黄金芽，一年只采春茶一季。从茶园养护、鲜叶采摘、加工制作到成品品鉴评级，我严格把控着制茶的每一个环节，为的是让大家喝到的每一杯都是好茶。有人说，我这个人很简单，一句"好茶"，便会让我开心好一阵。这是真的。

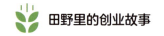

不是说茶品如人品吗？茶做好了，人做好了，荣誉也来了。建德市首席茶叶技师专家库成员，茶艺师，评茶员职业技能考评员，杭州市诚信茶楼、杭州市茶楼协会优秀会员，建德市茶文化研究会理事，茶产业协会理事，建德市文化创意人才协会会员……当各种荣誉和头衔接踵而来的时候，我却总在想，这一路走来，我从未想要获得什么，只是希望让自己家乡好的农产品获得市场的认可，有个好收成；只是希望看见父老乡亲们满足的笑脸，仅此而已。

茶季过后的茶闲时节，有许多茶艺爱好者慕名而来"聚茗轩"，我们因茶缘结识，一起识茶、习茶、评茶、爱茶，我也孜孜不倦，倾囊相授。为满足广大茶艺爱好者习茶的愿望，2017年，我又开设了营业面积300多平方米的"聚茗轩茶庄"，专设茶艺演示室，开展茶技茶艺培训及茶事指导。在此基础上，2022年，我又创建了"黄玲仙茶艺师技能大师工作室"，并参加了建德市技能大师志愿团，为响应茶文化进机关、进社区的号召，为家乡培育更多的茶艺技能人才，马不停蹄地奔波起来。

在一次茶艺展示中，有一位大妈带着她的孙女观看，小孙女那认真的劲，引起了我的关注，没想到这位小女孩对中国传统茶文化、茶艺表现出这么大的兴趣。

这件事对我触动很大，怎么把最重要的小茶人给忽视了。我感到肩上的责任更重了，便以莲花镇幼儿园为试点，开始了茶文化进校园的探索实践。我按照不同的年龄段，量身定制了不同的茶叶教材和授课内容、采茶体验等活动；参与拍摄"茶文化"纪录片系列活动，《寻一杯好茶，传共富茶香》《云雾深处茶飘香，娃娃寻春采茶欢》投稿中宣部《学习强国》平台被录用，《莲花幼儿园的萌娃们进山采茶啦》投稿人民日报新媒体《人民号》平台被录用。孩子们在阳光下流着汗的辛劳，了解家乡茶叶生产和文化的魅力。看着孩子们在阳光下流着汗，体验采茶劳动的兴奋劲，以及在了解茶叶生产和文化时的"萌"劲，不仅"萌"翻了我，也在不知不觉中把我带进了大自然。

小茶叶，大学问。我将为这片神奇的东方树叶而不懈努力！

（胡新光　黄玲仙）

"掏马蜂窝"的致富经

一

建德市李家镇沙墩头村西坑源自然村地处深山，这里虽然比不上广西、贵州的十万大山，但也群山延绵，林木丰茂，生态独特，生物多样。这里有珍惜的野猪、黄麂、野兔、石蛙等野生动物，也有小孩们喜爱的野生猕猴桃、野生蓝莓、山楂、栗子等山货，不过，当地人最感兴趣的却是马蜂。

马蜂，学名"胡蜂"，又被称为"蚂蜂"或"黄蜂"，是一种分布广泛、种类繁多、飞翔迅速的昆虫，属膜翅目胡蜂科。雌蜂身上有一根有力的长螫针，在遇到攻击或不友善干扰时，会群起攻击，可以致人出现过敏和毒性反应，严重时可导致人死亡，人见人怕。大山是马蜂的乐园，高大的树梢上常见有硕大的马蜂窝挂着，黑大的马蜂频繁进出蜂巢守卫着家园。山里人对马蜂已见多不怪，到秋收时节都想掏个蜂窝，取些蜂蛹做下酒菜，也算是山珍，蜂巢还可拿到收购站换点钱买油盐。马蜂可食，味甘辛，主治风湿痹痛，蜂巢可作中药材，有定痛、驱虫、消肿解毒功效，主治惊痫、风痹、乳痈、牙痛、顽癣、癌症等；马蜂酒有祛风除湿，专治急慢性风湿痛、风湿性关节炎，药用价值较高；蜂蛹味美，具有滋补强身的功效，对身体虚弱、腰膝无力、阳痿遗精等病症有一定疗效，健康人食之能强壮身体，减少疾病。

张光华，1977年1月出生在西坑源，大山之子的他注定了此生与马蜂结缘。童年时期，张光华最开心的事就是跟在父亲后面看大人们掏马蜂窝。每到深秋时节，听说要去捣蜂窝，张光华就屁颠屁颠跟在父亲身后，去看那朝思暮想的场景。父辈们采用最原始的方法，先在有蜂巢的树下点燃柴火，用烟熏把马蜂赶跑，然后上树取下蜂巢，回家后取出蜂蛹，再用油炸至金黄，香喷喷的蜂蛹算是上等的

马光华（左一）

下酒菜了。这时张光华也会站在桌子旁，两眼直勾勾地瞪着盘中的蜂蛹，等待父亲给他几粒解解馋。

到了十多岁，有了气力的张光华就敢独自上山，他喜欢山里的一草一木，然而最感兴趣的是马蜂。每当走在山路上看到远处的石崖上或树干上有黑乎乎的东西，他就会怦然心动、情不自禁地跑上前去看一看是不是马蜂窝。到了十五六岁，张光华就开始自己掏蜂窝了，而且他不用烧火的方法，而是等天黑马蜂都归巢了，再上树用编织袋套住蜂巢整个取下，到家后把蜂巢放进冰箱一冻，一窝成百上千只马蜂就麻木不动了，再把马蜂取出泡酒，蜂蛹做下酒菜，收获比父辈们多。但这种方法要天黑再行动，在深山的黑夜里爬到高大的树上去取蜂巢，险情随时会出现。

记得 1996 年深秋的一天，张光华发现在半山腰的石崖上一棵高大的松树顶端挂着一个硕大马蜂窝，根据他的经验判断，这个蜂巢中至少有 10 多斤的蜂蛹，上千只马蜂。他想当天就去掏，于是回家以后就到村里电工那里借来了爬电线杆子的脚踏，备好了防护服、编织袋、绳子、砍刀等用具，吃好晚饭后独自一人出发了。走到树底下，仰天望着树顶端黑乎乎的马蜂窝，足足有 15 米高，再看看脚下 5 米多高的石崖，张光华心里难免有点发怵，但从小练就的胆量让他不会退缩。他熟练地穿好防护服，整好装备，套上脚踏一步步往上爬，开始觉得还蛮顺当，就差两三米了，这时脚踏突然被树丫子绊住了，怎么使劲也动不了，张光华此时感到了紧张，再一用力，一只脚险些滑出脚踏，他真的害怕了，在 10 多米高的树上悬着，上不去也下不来，全身气力好像被用尽，在这荒山野林里他感到孤立无援。但勇敢且富有经验的张光华马上冷静了下来，他先停下休息一会，当体力有所恢复后，再用一只手抱住树干，一只手慢慢地把脚踏移出，套在脚上，险情终于排除了。最后他成功把蜂巢取下，不过这次历险真是惊心动魄。惊吓之余，他萌生了一个人工养殖马蜂的念头，他想如果能人工养殖，就不用冒险掏马蜂窝了，兴许是个好产业。

二

1997 年，当地政府实施了下山脱贫的政策，西坑源村整体搬迁到了李家镇上。张光华的父亲是个能人，一直担任村书记、村主任，有较好的商业头脑。搬到镇上后就开起了超市，一家人的生计有了着落。20 来岁的张光华没能考取大学，就帮着店里进货搬货，后又做茶叶买卖，但生在大山长在大山，张光华的心还是在大山，一有空闲他就骑着表哥的摩托车回到西坑源，到自家的老房子里发发呆，爬到树林子里找找马蜂窝，而念兹在兹地想着有一天能养马蜂，开发这沉睡的大山。这些年来，张光华看报纸、看电视、上电脑，想找的就是关于马蜂的信息，与朋友谈得最多的是马蜂的话题，他老婆也调侃说他是个"蜂痴"。

功夫不负有心人。2017 年春节的一天晚上，张光华吃好晚饭就到房间打开电脑浏览信息，突然一则关于马蜂养殖技术培训的信息跃入了他的眼帘，让他兴奋不已。他马上与对方取得联系，询问了具体事宜后计划过了元宵节就去学习，早日实现自己的梦想。会做生意的张光华，到了年初七机关上班后，就申请注册了"马蜂"商标，并把"马蜂"两个字的横写法、竖写法的商标全注册了。尔后，又注册了"马蜂酒""马蜂窝""马蜂皇"等商标。

过了元宵夜，正月 16 日一大早，张光华就独自一人驾着自家老旧的皮卡车，急匆匆地奔赴云南保山拜师学艺。从建德到保山行程 2660 多公里，途经浙江、江西、湖南、贵州、云南五省。张光华不顾天气寒冷，一心只想着早点到保山，饿了困了到服务区休息一会，填饱肚子灌满水又出发，两天半的时间就赶到了保山市龙陵县的黄氏蜂业有限公司马蜂养殖培训基地，拜见了师傅黄国忠，交了9000 元学费，开始了为期 15 天的学习。这一期学员有 30 多人，来自全国各地，云南、贵州、湖南的学员居多，浙江学员就张光华 1 人。听、做、问、思，张光华如饥似渴，每一个细节都记得很清楚，15天下来，他初步掌握了蜂种选育、蜂箱预制、种蜂交配、孕蜂越冬、辅助喂养等马蜂养殖技术，经过严格的考核获得了结业证书，算是持证上岗的从业者。临走时张光华又花了2800元从师傅那里买了两个品种的50只种蜂，回到西坑源，开始了马蜂养殖，开启了浙江省人工养殖马蜂的先河。

浙西山区林地资源丰富，尤其是下山脱贫政策实施后，大山里已基本无人居住，满目的青山郁郁葱葱，然而绿水青山如何变为金山银山，需要勤劳的人们寻求转化的通道。马蜂喜爱大山，以山林里的鳞翅目幼虫和果汁、树浆为主食，本来就是大自然的精灵。人工饲养、产业化发展马蜂，可以有效利用山林资源，发展林下经济，造福于民，充分实现青山的生态价值和经济价值，为山区农民开辟一条致富新路。

学成回家后，张光华马上到西坑源把自家老房屋顶的一个房间整理出来，设置了育蜂房，开始繁育马蜂，又制作了蜂箱。到5月份蜂王、公蜂和职蜂配置基本完成后，300来个蜂箱全部挂树或埋设山林，张光华的马蜂梦开始启航。

马蜂分地蜂和树蜂，地蜂个大、巢也大，一般巢的直径60公分，高1米左右，但地蜂要求地域开阔，每巢之间要间隔2公里以上。树蜂个小、巢也相对较小，一般巢的直径40公分左右，高60公分左右，但树蜂可以高密度养殖，一亩林地可安设10个蜂巢。

张光华饲养的马蜂主要是从师傅那里买来的缅甸"红娘"和本地的"金环"两个品种，"红娘"个大产量高但较难养，"金环"适应性强、成活率高但产量较低。凭着对马蜂的熟悉和钟爱，张光华精心饲养，马蜂生长得非常好，基本上取得了成功。于是到了9月份，张光华又在自家的自留地上建起了60多平方米的筑巢篷，10平方米的越冬房，25平方米的交配房，准备来年大显身手。

2018年，张光华认为是个吉利的年份，他的信心高涨，一下子扩大到500巢。正当他满怀信心实现创业梦想之际，马蜂却与他开了个玩笑。6月中旬的一个早晨，张光华在巡查育蜂房时突然发现一些蜂蛹从蜂巢里掉了出来，不少蜂蛹体表发黄，一些幼蜂呆头呆脑甚至死亡，过了两天大部分蜂巢都出现了这种情况，而且越来越严重，染病的巢里有90%的蜂蛹死亡。这莫非是师傅讲的掉蛹病？张光华感到有些慌乱，仔细观察后马上与师傅联系，经分析确认是掉蛹病，主要原因是筑巢房太小而蜂群数量过多，且晒不到阳光，又遇梅雨季节，高温高湿，造成细菌感染而致蜂蛹死亡。职蜂在野外采集食物并不吞食，而是回巢嚼碎后喂养蜂蛹，自己则以蜂蛹的分泌物为食，蜂蛹死亡后，马蜂也就断了食物而被饿死。这次掉蛹病张光华损失惨重，除了已外挂的十几巢还存活，其余的基本上全军覆没。

三

面对挫折张光华毫不气馁，他认定养殖马蜂是他一生为之奋斗的事业。择一事，终一生，他又鼓足了勇气，潜心研究马蜂养殖的各个环节，不断改进养殖设施，创新养殖方法，对繁育房、交配房、筑巢箱、捕蜂箱、辅助喂养料等进行了一系列改良。对于筑巢箱，师傅教的是用纸片作盖顶，张光华改用木板，起到了防雨、防晒、防潮的作用，且可以直接挂到树上，省事省力。繁育房则设置了"控皇片"，蜂王出不去，职蜂则可以出入采食，使蜂王营养全、体质好、产卵多。捕蜂箱调整了孔眼，野生马蜂进得来出不去，可有效补充蜂王，改良蜂群质量。尔后，张光华又让外来妹"红娘"与本地仔"金环"交配，即将野生蜂与养殖蜂交配，产生了新一代杂交马蜂，其体格更健壮，抗病性更强，产卵率更高。最近，张光华又试验"一巢双王"养殖法，用物理隔离使两只蜂王在一个巢中相安无事，蜂蛹数量大幅上升，有望实现高产高效。经过一系列改良创新，张光华获得了三个国家发明专利，实操养殖技术已超过师傅，真可谓：师傅领进门，修行靠自身。

设施和技术的改进，促进了产业的稳步发展，近几年张光华的马蜂养殖数量稳定，质量提升，他开始把着力点放在马蜂产品的开发和营销上，努力提高经济效益。他陆续开发了"幽谷农夫"牌马蜂酒、马蜂蛹、马蜂巢、马蜂种、鲜马蜂等产品。2022年，在第15届中国义乌国际森林产品博览会中，马蜂酒荣获金奖，幽谷蜂王家庭农场获得"浙江省级示范性家庭农场"荣誉称号。

马蜂窝

利用大山资源人工养殖马蜂绿色生态，资源丰富，产业独特，前景广阔。张光华的马蜂养殖场引起了当地政府和有关部门的关注，李家镇把人工养殖马蜂作为发展林下经济的重点项目加以扶持。2021年和2022年，建德市农业技术推广基金会、杭州市农业技术推广基金会相继资助张光华开展"马蜂人工养殖及产品开发技术提升示范"研究，旨在总结推广张光华的马蜂养殖技术，培育新兴特色产业，促进农民增收致富。张光华养殖马蜂300巢，其中地蜂30巢，树蜂270巢，10月开始陆续收获，通过卖种蜂、鲜蜂、蜂蛹、蜂巢和蜂酒，一巢树蜂的产值近万元，一巢地蜂的产值2万—3万元，经济效益可观。

张光华的马蜂产品市场畅销，尤其是蜂蛹供不应求。张光华的养殖技术声名远播，向他求学者络绎不绝。张光华也乐于施教，他觉得自己养殖马蜂成功了，有责任和义务把养殖技术传授给求学者，让更多的人参与到马蜂养殖的队伍中来，共同来开发森林资源，造福人类，让更多的人通过发展马蜂产业受益致富，实现共同富裕。他的理念是"一花独放不是春，百花齐放春满园"。一个富阳的小伙和一个诸暨的小伙慕名来到幽谷蜂王家庭农场求学，张光华毫无保留地将养殖技术传授给两位求学者，经过一段时间的现场观摩学习，他们初步掌握了马蜂养殖技术，诸暨的小朱买了20只种蜂办起了马蜂养殖场，张光华经常询问养殖情况，并不断指导。为了促进马蜂产业的发展，当地政府给农场审批了740平方米的建设用地。张光华计划改善养殖设备，配备教学设施，申办民间研修培训平台，开展系统的马蜂养殖技术培训，使新的牧蜂人不断取得成就。

（何有良　张光华　赖志斌）

山沟沟里飞出金凤凰

一

春天来了，万物苏醒。

听！咯咯咯咯哒咯……咯咯咯咯哒咯……鸡鸣声此起彼伏。一群红着脸的鸡妈妈，仿佛在告诉主人："我生蛋了！"

汽车沿着杭衢高速，由建德航头镇的大店口驶出，向东沿着弯弯曲曲的山间乡路行驶约半个小时，再向南拐继续行驶约1里地，顺着鸡鸣声，一座现代化的蛋鸡场便呈现在我们眼前。

蛋鸡场坐西朝东，两面环山，地势西高东低，西北与东南向形成一个通风口。站在山塘坝址往下看，约5里地外就是石木岭村。

蛋鸡场共建有排列整齐的5幢生产鸡舍，每幢约1800平方米。其中东边一幢为在建的两层楼鸡舍，养殖总面积约10800平方米。每幢鸡舍设置5列4层6个过道，笼位54720羽；设备为"必达（天津）家畜饲养设备有限公司"生产。

蛋鸡场的主人翁叫邹夏珍，是位四十出头的中年妇女。她经常穿着牛仔裤，有着黝黑的脸庞，中等个头，身材不胖不瘦却结结实实，性格柔和，是一位精明能干的女强人。

她既是养殖30万羽蛋鸡的建德市宏羽家庭农场有限公司的总经理，还担任了包含7个自然村、299户农户、1018人的航头镇彭家村的党总支书记，中共建德市第十二、十三、十四、十五届党代表。

笔者在和她闲聊中得知，她最遗憾的事情是很少有机会穿上裙子，打扮自己；最幸福的事情则是在鸡棚，拿着铁锹铲着鸡粪往拖拉机上装；最想哭的时候，是在新建蛋鸡场的过程中，部分石木岭村民围着她，七嘴八舌并无理取闹地索要额

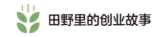
外补偿。

邹夏珍的老家在大同镇盘山村，她的父亲在基层供销社工作。本来，小时候的她在农村生活得还算无忧无虑，但天不遂人意，在 20 世纪 90 年代时，因为父亲早逝，19 岁的她为了生计，被迫随着进城打工的潮流来到杭州城里，找到了一份从事纺织工业的工作。她那时心里可高兴啦！因为每月和曾经的父亲一样，能按时拿到属于自己的劳动薪酬。

人逢喜事精神爽，青年邹夏珍恋爱了。她在工作中结识了航头镇彭家村的小伙黄开祥。一年后他们各自回到老家，继续着爱情的故事，不久便步入了婚姻的殿堂。

恋爱是美好的，但生活是现实的。按照农村的习俗，结婚后的兄弟要分家。黄家只有四间土泥墙屋，邹夏珍一家人分到了两间，这与她娘家相比，生活可要困难多了。而且，她还要带着小女儿，即使整日劳作，日子也还是过得紧紧巴巴的。她想着：要么就认命吧，可心有不从；但不认命的话，又有什么好办法呢？

这些都被邹夏珍的大哥看在眼里，疼在心里。趁着她回娘家省亲时，邹大哥不无深情地对小妹说："咱们家原本就养鸡，你要么养鸡吧！"

邹夏珍却说："可我没有养殖经验。"

邹大哥说："没有经验，我会帮到你！为了创造你自己的美好生活，小妹你大胆地往前走！"

蛋鸡养殖场

有了大哥的支持和鼓励，邹夏珍决心创业的那颗心脏便萌动了一股冲劲。可蛋鸡养在哪里？她现在连搭个养鸡棚的钱都没有！那时农村都不富裕，"万元户"离农民很遥远，她心中的那个蛋鸡场，在那时看来，或许只是一个很天真的梦想。

不过，有梦就有想，有想就有动力，有动力就会千方百计地去寻找办法。山村静静的夜晚，土坯房昏暗的灯还亮着，夫妻俩商量着：如何筹措资金。贷款吧！拿什么作抵押？借钱吧！到哪里去借？

人们不是常说"办法总比困难多"吗？所思所想，必然会反映在一个人的日常生活的言行之中。邹夏珍的倔强言行，没逃过同一个村民小组组长柯大爷的眼睛。他是看着她嫁到本村黄家，挑起了生活的重担，一步步走到现在的，而黄家人又是本分厚道的村民，于是，柯大爷决定帮帮他们。

有一天，柯大爷来到黄家，邹夏珍急忙引他到桌旁入座，给他泡茶、递烟。柯大爷也爽快地说明自己的来意，他愿意去信用社为邹夏珍担保贷款1万元，作为她养蛋鸡的起步资金。

一个慧眼识人才，一个贵人有福相，成就了一代养殖蛋鸡的大王。

二

2002年，邹夏珍尝试着走出了第一步，用1万元的贷款，在祖屋的墙外搭了一个简易棚，开始了土办法养鸡。

创业的初期，养蛋鸡的设施既简陋又粗放，在大哥的支持下，她选择和引进了当时产蛋量较高的鸡品种500余羽进行试养。山村因为早晚温差大，苗鸡需要用生火煤饼炉保温取暖。几个脸盆放饲料，几个脸盆放水，供鸡啄食饮水。在邹夏珍的精心饲养下，数月后，随着苗鸡逐渐长大，都能生蛋了。她看着鸡棚里满地的鸡蛋，提着篮子弓着腰一个一个地拣，小心轻放入篮，不一会儿就放满了鸡蛋，然后再一篮一篮地往外拎，别提心里有多高兴了。

邹夏珍夫妻俩一年辛勤劳动，不光收获了成果，还积累了养殖经验。第二年养鸡棚继续扩大，养殖量增加到2000余羽，生产的鸡蛋多了，鸡粪也多了。因为养鸡棚简陋，没有相应的鸡粪处理设施，他们只能把鸡粪堆在棚外。苍蝇漫天飞舞着，堆场爬满了蠕动着的蛆虫，恶臭笼罩着整个鸡棚，三里地外的人就能闻到味道，知道那有个鸡场。可就是在这样恶劣的环境中，邹夏珍也没有皱眉。

她身着牛仔裤，穿一双高筒雨鞋，肩脖上搭一块毛巾，拿着铁锹铲着鸡粪，一铲一铲地往拖拉机上装。她觉得，这是最幸福的事情。因为，那时农田、果园需要大量的有机肥料，用于改善土壤团粒结构，提高土壤透气、蓄水和蓄肥性能。每一拖拉机的鸡粪，可以卖到 240 元钱。这是一笔宝贵的财富，可以让她及时回笼资金，以便再投入生产。

正当夫妻俩踌躇满志，准备在蛋鸡养殖事业上大干一场之时，天有不测风云：2004 年因为小孩玩火，一个小小的火苗便把鸡棚外烧锅煮饭的一堆柴火烧着了，然后风吹火旺地迅速吞噬了养鸡棚。

真当是欲哭无泪，邹夏珍呆呆地站着，木讷地望着一地的"烧鸡"，心如刀割：刚刚有起色的养鸡棚，就这样没了！

但是，这场火没有烧掉她养鸡的意志，因为，她必须坚强啊！夫妻俩伤心过后，决定撸起袖子继续干，清理了火烧后留下的燃烧物，重新搭建了一个能养殖5000—8000 羽的鸡舍。鸡舍是扩大了，但还是十分简陋，因此也埋下了许多隐患。

果不其然，2006 年的一天，因风大吹了几张废旧纸进到用于苗鸡保温取暖的生火煤饼炉，从而引起了第二场火灾，烧死了一舍的雏鸡。为此，邹夏珍整整哭了一天，她责问老天爷为什么？让这接二连三的不幸之事，总是降临在她的头上！难道她做错了什么吗？

是的，她明白自己确实有错。错就错在设施太简陋，错就错在经济实力没达到，错就错在没有抗灾能力。"没灾没事拣来的，有灾有事就没了。"

总结经验之后，邹夏珍对简陋的设施进行了一番提升改造，如将保暖用的生火煤饼炉改为红外线灯泡。就这样，在先天不足的条件下，她磕磕碰碰地饲养着她的蛋鸡，只是，她在管理上更加精细，在技术上更加到位，来弥补设施简陋的不足。

她的蛋鸡场养殖量最高时，能达到 8000 羽。到 2009 年，这时的邹夏珍，已经不可同日而语了，她学会和掌握了蛋鸡的整套防疫和免疫技术，积累了原始资本，也收获了蛋鸡行业的人脉资源。

邹夏珍

三

2008年春节过后，彭家村党支部换届选举，作为支委会候选人的邹夏珍，当选了彭家村的党支部书记。

村委会的工作千头万绪，诸如环境整治、五水共治和美丽乡村建设规划与实践等等，对邹夏珍来说都是不小的挑战。虽然她身上为村民谋福祉的担子重了，但心里却感到很欣慰。因为，这是彭家村全体党员对邹夏珍蛋鸡养殖事业的肯定，也是航头镇党委对邹夏珍工作能力的信任，更符合对她这样乡村振兴领头人的要求。

邹夏珍还是感受到了不小的压力，因为她不光要作为一村的当家人，也要为自己的蛋鸡养殖谋发展。原有简陋设施的养殖量已经到顶了，超量养殖会留下很多隐患。有句俗语叫"事故过一过二不过三"，前车之鉴的教训深刻。于是，选择新址建设更大规模的蛋鸡养殖场迫在眉睫。夫妻俩经过商量和踏勘分析，看中了本村山岗底自然村的一个小山湾。2010年经过协商谈判，他们一次性付款流转承包了100余亩山坡地、30年的经营权，其中约30亩规划建设标准化蛋鸡场，70余亩的板栗园改种油茶，作为今后散养鸡基地。

投资1000余万元，于2011年建成的每年能养殖50000羽的初具规模的标准化蛋鸡养殖场，采购了广州广兴牧业设备集团有限公司生产的9CLXY-4288型标准化、自动化、四层层叠式蛋鸡养殖成套设备。蛋鸡场坐西朝东，呈西高东低地势，两面环山，形成一个封闭的鸡场，拥有6幢鸡舍和配套用房；围墙外建有数间生活用房，视野开阔，环境优美；略显不足的是，蛋鸡场离村民住宅距离比较近。

邹夏珍日思夜想的梦，建设一个美丽的、清洁的、自动拣蛋的现代化蛋鸡场，在经过11年的艰苦创业后，终于实现了。她给鸡场取名为开祥蛋鸡生态养殖场。

值得一提是，邹夏珍养殖蛋鸡是有前瞻性思考的，那70余亩油茶林，就是预留给蛋鸡产蛋量下降后，淘汰母鸡的好去处。把分批淘汰的母鸡，放养到油茶林中散养，改善肉质，数月后作散养鸡出售。这个创新的做法，为她增加了一笔不薄的收入。

这时的邹夏珍，工作特别忙，初创期的规模鸡场设备的调试、蛋鸡品种的选定、防疫免疫、鸡蛋的销售、饲料的采购和加工等，村支部届中的事务处理，都需要亲力亲为。她白天忙村里的事，晚上忙鸡场的事，干得不亦乐乎，因为心里有底气啊！

但她终究分身乏术，长期这样下去两头工作都会干不好。因此，在2013年，在五年一届的彭家村党支部换届选举中，邹夏珍希望专心致力于企业的发展，无意再参选支部书记职务，最终得到了航头镇党委和村全体党员的理解。

又过了7年，邹夏珍的规模鸡场逐步走上了常规的生产阶段，年均能生产绿色鸡蛋约1353吨，实现产值约980万元，利润约百万元，为村民提供就业岗位6人。

2018年，又到了彭家村党支部换届选举年，邹夏珍再次当选为党支部书记。这时邹夏珍的蛋鸡场已经走上了正常的生产，同时也有管理村里的工作经验，于是，她开始谋划两件事：

第一件事，便是建一幢村委办公楼，以及对 7 个自然村的道路进行硬化美化，为美丽乡村建设奠定良好的基础。让浙江省 3A 级景区村庄、杭州市精品村创建奖、杭州市垃圾分类示范村等荣誉实至名归。

那时村两委会没有像样的办公场所，在向航头镇党委、政府汇报后，得到首肯和支持。于是邹夏珍跑镇里、跑市里，上上下下地忙乎，推进规划、环评、设计、资金等顺利落实，最终三层楼的村委办公楼落成；村道美化按照规划，逐步实施，美丽的彭家村雏形显现。

第二件事，便是建一个更大更先进的现代化蛋鸡场，正是因为她女儿黄慧从金华职业技术学院畜牧专业毕业回家后，母亲问其是到城里找工作，还是跟着父母养殖蛋鸡？女儿回答愿意接班父母辈创下的这份养鸡产业，而这个回应给了邹夏珍夫妇莫大的安慰和继续往前走的信心和动力。

邹夏珍夫妇通过调研分析，认定在建德养殖蛋鸡是有前景的优势产业。在谋划了数年后，他们选定了航头镇石木岭村一个叫水碓底的山塘水库及其上沿的山地。这里有山有水，远离农村居民点；水库的北边，有农户搭建的简易棚，饲养着数十头山羊。还有就是彭家村老家到水碓底，基本上是直线距离，开车约 20 分钟，离家比较近。

"就这里啦！"邹夏珍夫妇俩坚定地说。

邹夏珍很快跑到镇政府，向书记、镇长汇报："我想建一个 30 万羽以上的规模蛋鸡养殖场。"

镇领导先是一愣："是真的吗？这可是建德第一的规模化蛋鸡养殖场，可要想好了？"

邹夏珍爽快地回答说："不但想好了，场址都选定了。"

"在哪里？"

"石木岭村一个叫水碓底的山塘水库区块。"

接着他们商讨了关于土地流转、技术、资金准备和贷款等事宜，镇领导的表态是鼎力支持。

　　很快，一份 40 万羽标准化规模蛋鸡养殖场的规划书送达镇政府。在建德市政府和航头镇政府的协调下，2020 年底邹夏珍便完成了土地流转审批、动物防疫核准、环境评估和用地备案等手续。

　　基地规模 200 亩，鸡场用地 69 亩，按照年饲养量 30 万羽的规模，共规划建设生产鸡舍 6 幢，集蛋库、饲料加工、有机肥料、废污处理中心、蛋鸡文化展陈馆、办公和生活等配套建筑，估算总投资 5800 余万元。

　　一切手续都落地后，2021 年 3 月，蛋鸡场开始了紧张的施工，等到同年 11 月，就有部分蛋鸡入场饲养。你说快不快？就这样边建边养，等到了 2023 年，鸡舍基本建成，实现了年养殖 30 余万羽（蛋鸡品种为"大午金凤""海南灰""京粉六"等），每天生产鸡蛋约 15 吨的目标。

　　其间，邹夏珍荣获建德市"百名农村科技带头人""航头镇最强领头雁""航头镇优秀共产党员"等称号，2021 年荣获杭州市"巾帼建功标兵"称号。

　　为了讲好蛋鸡的故事，笔者再次来到水碓底，邹夏珍带着我们边走边看，激动地说道："这里的道路两旁将间隔种植桂花树和香樟树，山脚那边将种植'太秋'甜柿，这边将种植枇杷……"在她对未来愿景兴奋地描绘中，笔者仿佛已经看见了那花园式的绿色生态蛋鸡场，就像在山沟中涅槃重生的凤凰，正准备振翅翱翔。

（胡新光　邹夏珍　赖志斌）

田野牧歌的幸福梦

"田野牧歌"是建德市新安江街道建伟家庭农场场长、浙江省人大代表李建伟的 QQ 网名，记载着他从事草莓产业 26 年的酸甜苦辣、矢志不渝的创业经历。今天，李建伟遥望着自己辛勤培育出来的位于建德市大同镇西乡的 200 多亩草莓园，凝视着一颗颗又大又红的草莓，心里在规划着上海崇明岛、江苏南通的 150 余亩草莓苗和远在乌兹别克斯坦的 60 余亩草莓生产基地。400 多亩的草莓产业，倾注了他 26 个春夏秋冬的日日夜夜，浸透了他多少艰辛的汗水！他感慨万千、心潮澎湃……在各级政府和相关部门的关心和支持下，他终于圆了自己 26 年来执着的"幸福梦"——那就是要种出品质最好的、效益最佳的、名声最响的草莓！田野牧歌奏响了一曲又一曲的胜利凯歌，他用智慧和初心托起了梦想，践行了习近平总书记"幸福都是奋斗出来的"[①]谆谆教导。

26 年来，李建伟坚定信念、矢志不渝，历经三次艰难创业，把草莓从新安江北面种到南面，从建德种到大上海，从中国种到乌兹别克斯坦，为建德草莓产业的持续发展作出了重要贡献。得到了党和政府及相关部门的重视和认可，并获得了多项荣誉。2018 年合作申报的"浙江主要特色农产品安全控制关键技术研究与应用"项目荣获农业农村部颁发的 2016—2018 年度全国农牧渔业丰收奖与农业科技推广成果一等奖；2020 年合作申报的"草莓全产业链高质高效关键技术集成研究与示范推广"项目荣获浙江省农业丰收奖二等奖；他本人 2021 年被莓农推选为建德市草莓产业协会会长，2022 年荣获 2020—2021 年度浙江省基层农技推广"万向奖"先进个人，2022 年荣获建德市劳动模范和建德市政府特殊津贴，当选建德市第十四次、十五次党代会代表，浙江省第十四届人大代表，

---

① 《国家主席习近平发表二〇一八年新年贺词》，《人民日报》2018 年 1 月 1 日，第一版。

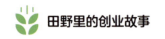
2023 年被认定为杭州市 E 类人才。

初次创业　与莓结缘

李建伟出生在建德市新安江街道丰产村，家里排行老二，上有姐下有妹，是家中唯一的男孩。他有抱负、有理想，从事过多种职业岗位，是个敢想敢干、不太"安分"的人。1990 年初中毕业后，他先后从事过蔬菜种植及农产品贩卖，当过联防队员。1998 年开始学种草莓。起因是当时建德草莓生产正处在产业上升发展期，草莓基地主要集中在新安江以北的杨村桥和下涯等乡镇。李建伟看到那儿莓农的钱包鼓起来便心动了。他耐心说服父母跑到下涯镇姑妈家借了 500 元钱，恳求他们帮助在当地租了 3 亩田，开始了第一次与草莓结缘的创业。草莓种植技术要求高，育苗、搭大棚、温湿度管理、施肥灌水等，每个环节都是技术活。为了能及时观察到草莓的每个生长发育期，他与妻子谢绝了姑妈腾出的房间，在草莓基地边搭一个小草棚当成一家三口的"窝"，一心一意地投入到大棚草莓种植管理中。两夫妻边学边干，遇到疑难问题及时向当地莓农和专家请教。艰苦付出终于得到回报，当年草莓就获得好收成，亩产值 1.3 万元，3 亩田的产值除去成本获利 2.1 万元。这也是李建伟挖到的"第一桶金"，心中乐开了花！通过请教相关专家，结合自己的亲身实践，他认识到草莓产业有着很大的发展潜力和广阔前景，他暗暗下决心要把草莓产业当成自己一生的追求和事业。

二次创业　"莓"好生活

2003 年，为响应市委市政府提出的"草莓过江、莲子跨乡"的战略决策，李建伟从头做起，开始了草莓基地的第一次转移。他来到了离家乡较近的新安江街道黄泥墩村种植草莓 10 亩，开始了第二次创业。因新安江江南与江北的土壤和气候条件有所不同，虽然他有着在江北几年的种植经验，但他一点也不敢马虎，虚心请教，刻苦钻研，成功掌握了当地自然条件特性和新品种红颊的种植技术，

李建伟（中）在乌兹别克斯坦草莓基地

当年亩产值达到 1.4 万元。2004 年种植规模扩大到 15 亩，亩产值达到 1.5 万元。

创业之路不可能一帆风顺，总是会遇到这样那样的风险。2005 年冬，一场大风雪压塌了草莓竹木大棚，损失惨重，当年亏损了 5 万余元。李建伟认真总结经验教训，2006 年，他第一个报名租赁使用了当地政府联合新建的 22 只标准钢架大棚，防御了雪压和风吹的危害，当年草莓亩产值达到 1.8 万元。尝到甜头的他，2008 年在黄泥墩村富阳畈又新建了 10 余亩钢架大棚。在他的带动下，黄泥墩村的莓农们改造竹木大棚新建钢架大棚达 500 余亩，促进草莓设施建设提升了一个新台阶。

李建伟通过 10 余年的磨炼、经验以及资金积累，他的思路更加清晰、胸怀更加宽广、眼光更加远大！他准备在草莓产业的广阔天地大刀阔斧地干一场，把所有的精力都集中到了草莓事业上。2009 年，考虑到黄泥墩村土地资源有限，他开始了草莓基地的第二次转移。在新安江街道梅坪村流转了 87 亩农田，全园建起了草莓钢架大棚，积极开展农作制度创新，探索培育实施草莓新品种、新技术和新模式。同年 6 月，注册成立了"建德市新安江街道建伟家庭农场"。

建基地及其配套基础设施需要足够的资金，他积极想办法通过抵押贷款解决资金紧张问题；他挤时间就读浙江省农业广播电视学校，并于 2011 年学成毕业；为适应知识更新，他积极参加各类草莓专业技术培训，在浙江省、杭州市和建德市农业部门举办的学习培训中都有他的身影；他也是向专家老师提问题最多的学生，遇到实践中解决不了的疑难问题，他就主动邀请专家到实地指导，虚心请教草莓生产与管理技术。

2011 年 2 月，为了解决草莓优新品种繁育难度大问题，李建伟与妻子赴上海崇明岛、江苏南通，利用优越自然环境条件开辟草莓苗繁育新天地。建成了从

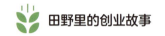

最初 20 余亩到现在 150 多亩的草莓育苗基地，并且获得了丰厚的经济效益。在满足本农场种植后向其他莓农提供优质草莓苗，同时也为建德其他莓农异地种植和育苗技术提供了成功经验。2008 年他先后荣获建德市第五届、第六届农村科技带头人，建德市农村科技示范户。

值得一提的是，2013 年 11 月，在村两委班子的选举中，经村民极力推荐和选举，李建伟担任新安江街道丰产村村主任。群众利益无小事啊！村主任工作繁多，他基本没时间和精力去管理自己的农场，草莓种植经营的担子只能交给了妻子。过了没几个月，妻子力不从心了。李建伟陷入了两难境地，一边是百姓事业不能懈怠，一边是自己最钟爱的草莓事业不可放弃。经过难舍难分的艰难抉择，李建伟毅然决然地主动向街道办辞去了村主任职务，选择了草莓产业！之后，他动情地说："能当好村主任的人选很多，但我不能忘了自己的初心，这辈子还是认定草莓了！"于是，他继续兢兢业业地从事草莓产业，成了建德草莓产业的名人，也成了促进建德草莓高质量发展的产业领头人。

其间，他组织实施了省、市 11 个草莓生产新品种新技术试验、示范及推广项目，均通过验收；组织开展建德市示范性家庭农场、建德市草莓精品园、建德市二星级果蔬乐园、中国绿色食品标志、杭州市示范性家庭农场、浙江省示范性家庭农场的申报与实施，均通过了认证，得到省市各级领导和相关部门的充分肯定！农场先后成为农业农村部"草莓产供安全过程管控技术"示范基地和浙江省"草莓全产业链质量安全风险管控"、草莓高品质科技和"五大"主推技术——草莓水肥一体化等示范基地、浙江省现代农业科技示范基地、国家重点研发计划"草莓生产质量安全保障技术示范基地"。2019 和 2020 年分别经中国绿色食品发展中心认定，莓果产品获绿色食品 A 级产品认定。2020 年 12 月，农场注册了"莓农世家"商标。2020 年被评定为浙江省示范性家庭农场，

收获的草莓

同时被认定为浙江省农艺师学院学员实训基地。荣获第十三届、第十六届、第十七届、第十九届中国草莓文化旅游节暨中国精品草莓擂台赛6金2银4优，浙江精品草莓评选活动获2金2优和十佳草莓等。尤其在第十七届中国（建德）草莓文化旅游节暨中国精品草莓擂台赛期间，接待了全国各地专家和莓农参观学习1200多人次，受到了参会人员的高度评价。

2018年5月，李建伟响应国家"一带一路"倡议号召，不畏千里，带着"建德草莓"到乌兹别克斯坦试种成功。至今还在那里建有60多亩的草莓生产基地。成为草莓产业走出国门发展第一人，为草莓产业发展起到了很好的示范辐射作用，也为乌兹别克斯坦农民增添了一条农业产业致富之路。

三次创业 "莓"美共富

李建伟的"草莓梦"基本实现了，自己的生活也美好了，但他又开始不"安分"了。他觉得自己的草莓基地还不能适应现代农业科技的发展要求，周边很多莓农或是因病害严重损失较多，或是因机械化程度不高管理跟不上，或是因为销售信息不畅导致莓果滞销。他着急了！他也看到草莓产业还有很大的发展空间，要把建德草莓产业做强做大，带动更多农户发展草莓致富，必须进一步创新农作制度，注入草莓产业更高的现代科技含量。

2021年，李建伟响应建德市委市政府"带动建德西部乡镇发展草莓产业，实现共同致富"的号召，带着为莓农和草莓产业再干点事、再创业的愿望，又在大同镇劳村村建起了225亩高标准、高质量的"大同西乡草莓园"。草莓生产实现标准化、生态化，设施设备基本达到数字化和机械化。为探索草莓新品种的经济效益和社会效益，他在基地内划出新品种试验研究园地，率先示范种植建德草莓新品种"建德红"并取得成功。该品种11月19日上市，比目前主栽品种"红颊"要早20多天。开始上市期间每公斤销售价高达200余元，亩产值达到4.2万元，创出了建德草莓价格和效益之最。

2022年，又试种成功了新品种"建德白露"，该品种比主栽品种"红颊"

早上市近 1 个月，而且新品种由于上市早、口感好，创造了更高的经济效益，为建德草莓产业可持续高质量发展作出了积极贡献。目前"大同西乡草莓园"已成为建德市乃至浙江未来农场的示范样板。2023 年被认定为长三角草莓产业技术创新联盟示范基地。

三次创业成功，使得李建伟越来越感受到科技的魅力！他深知自己的实践经验是丰富了，但科技知识还不够系统，理论知识还有待进一步提高。自 2021 年 9 月开始，他克服工作繁忙的困难，挤出时间参加浙江省农艺师学院农业经济管理专业学习。因表现优秀成绩突出，被浙江省农艺师学院评为 2021—2022 年度优秀学员。2023 年 4 月他又自费去辽宁丹东、安徽长丰、山东烟台等地参观考察，学习草莓生产与管理的新理念、新技术。回来之后，积极主动与建德市农业农村局和杨村桥镇商议并提出建德草莓产业发展的规划，解决建德草莓产业（三级育苗）体系建设等问题，促进草莓产业持续健康发展。

在致富的同时，李建伟不忘初心、牢记使命，在草莓新技术新品种推广、莓果销售、农机生产和农资配方等方面，不断为广大莓农提供得力的帮助和服务。对于很多莓农的技术咨询，他总是不厌其烦地将自己多年取得的经验和技术毫不保留地传授给他们，促进共同致富。例如，目前在更楼街道于合村种植草莓的黄寿红，就是李建伟手把手教出的一位徒弟。2008 年，黄寿红在更楼街道农贸市场经营面粉制品，他起早摸黑地辛勤劳动却得不到较好的经济效益。在黄寿红的再三虚心请求下，李建伟诚恳地收下了这位徒弟，并毫无保留地将草莓全程的生产技术传授给他。黄寿红种植草莓面积从开始的 5 亩发展到现在的 25 亩。2022 年，获得了 25 万余元净利润的好收益。

据测算，建伟家庭农场年支付雇佣劳动力工资 260 余万元，年推广优质草莓苗约 750 万株。积极推广"建德草莓"标准化生产技术，促进了周边莓农共同致富。

一分耕耘一分收获。26 年来，田野牧歌——李建伟以他勤劳的双手，智慧的大脑和不断进取的拼搏精神，实现了他的幸福梦。展望未来，李建伟信心满满，精神抖擞地继续行进在他挚爱的草莓事业大道上！

（周霞萍　蒋福根）

扎根在南方的"红玛瑙"

在人们的记忆中，枸杞出产于宁夏一带，因为那里干燥少雨的气候为枸杞提供了良好的生长条件。如果说江南湿润的气候条件能种出枸杞，可能很少有人会相信，但就是这样一个人，让枸杞在建德新安江畔生根、发芽、结果。

我叫洪立根，浙江杭州人。20世纪90年代末期，我放弃了杭州安定的工作，孑然一身去宁夏创办企业20余年。我深知浙江是浙商的根，这个信念一直深藏于心中。因此，2016年，年近60岁的我又重新回到了浙江建德再次开拓创业。

我的老婆是建德大洋人，说起来我也算是建德的女婿。我和老婆白手起家，一直在宁夏做企业，每逢过年我总会陪着她回到大洋镇走访亲友，大洋镇也自然而然成了我的家。

2016年年末，一次偶然的机会，我得知大洋镇党委正在为建德市航空小镇招商引资，在了解了相关政策与方向后，"枸杞南移"这个创意在我脑海里诞生。杭州立杨生态农业开发有限公司的枸杞南移实验基地就此落户到了建德市大洋镇鲁塘村，"枸杞南移"项目也成为建德市重大农业示范项目。

枸杞生长在西北部的地域，对于从事枸杞生产研究20年的我来说，是非常熟知它在西北部的生长习性的，但将它移至江南并且大批量种植是从来没有的先例。

其实我比任何人都清楚在江南种植枸杞并非易事，也不是一朝一夕就可以完成的，但我坚定地认为事在人为：梦想总要有的，万一实现了呢？

由于江南的空气湿度大，土壤的湿度自然而然比西北要高，枸杞苗极易得根腐病，所以在前期土壤改良方面我花了不少工夫。我查阅了大量的文献和资料，多次往返于浙江和宁夏，将实验基地的土壤带到宁夏枸杞研究院做土壤分析，最终在研究院老师的帮助下完成了土壤分析报告，选取了最合适的土壤配比，对实验基地里的土壤进行改良。

洪立根

2017年年初，当挖土机的轰鸣声响起，长江以南第一批落户的6万多株枸杞苗牢牢地扎根于这片土地里。一方水土养一方苗，栽种下去的枸杞苗经过一段时间的驯化后长势良好。梅雨季的雨水也并未对枸杞苗的生长产生很大影响，第一批培育的6万多株枸杞小苗存活率达到99%。

2017年5月下旬，第一颗南移的枸杞鲜果在杭州立杨生态农业园开花结果，这也标志着"枸杞南移"成功跨出第一步。我采摘了第一批枸杞鲜果去了专业机构进行实验对比测试，发现在江南种植的枸杞在氨基酸和药用成分上和西北的几乎差不多，在甜度上比西北枸杞略低，而在酸度上比西北的枸杞略高，这是由于南方多雨、昼夜温差小，所以糖分的积累没有北方好，不过这样的酸度反而使得枸杞更有水果的味道。正如我预期的那样，江南枸杞的多糖、氨基酸、维生素、黄铜含量很高，而我最初的设想就是打造江南水果之王红玛瑙鲜食枸杞。

我在宁夏经营企业的时候，曾关注到浙江省发布的《浙江省旅游业发展"十三五"规划》文件，其中提到加快乡村旅游的步伐，而在强化旅游资源与线路的区域整合当中，建德市就位列其中。"枸杞南移"以创新和绿色为理念，很符合乡村振兴的发展。

江南种植枸杞与西北有很大的不同。在枸杞树前期培育和种植过程中，我也遇到了一些困难，由于南方气候湿润造成了枸杞树生理失调，使枸杞树大面积发病，后经过建德市农技推广基金会领导的关怀和技术指导，枸杞园采用了套种洋葱技术作为生物防病、防虫的手段，大大减少了病虫害的产生。同时，在建德市农技推广基金会的帮助下，企业攻破了江南种植枸杞抗湿性差、易得病的技术难题，并申报了国家发明专利《一种江南枸杞高效种植方法》（专利申请号：202110928001.2）。建德市农技推广基金会为了支持企业创新，给予连续三年的项目资金扶持。经过这几年的嫁接种植，立杨枸杞园的枸杞在颗粒、光泽度、长势上都不亚于宁夏枸杞。江南枸杞的上市期是在每年的 5 月份，此时西北地区还是天寒地冻、冰雪未消融，一个月的季节差就让 5 月的建德枸杞在全国的枸杞业独树一帜，这就是江南种植枸杞得天独厚的优势。

枸杞树是一种非常好的水土保持树种，枸杞树浑身都是宝。一棵枸杞树除了本身的果实具有收益外，其芽、叶、树根都具有很高的经济附加价值。20 多年前我在宁夏创业，研发出了枸杞芽茶并获得专利，为宁夏枸杞叶茶研究、开发、加工生产创出一条新路，填补了宁夏无茶历史的空白，并编写了枸杞叶茶产品执行标准，得到了宁夏回族自治区人民政府颁发的"区域经济勋章"。

在新鲜枸杞种植技术成熟后，我又进行了南杞芽茶的研发。果叶兼收模式极大程度地提升了枸杞树的综合开发利用价值。枸杞芽茶采用的是绿茶工艺，一般采摘 3—4 公分的枸杞嫩芽。采芽头的时间一般分为春秋两季，每个季节也就是短短 40 天左右，入夏的气温比较低时，采摘期可以一直延长到 7 月。一般连续 7 天平均温度超过 35℃以上，枸杞树就进入休眠期，而枸杞芽的采摘只取用带芽心的未进入休眠期的芽叶，此时的芽叶最嫩，口感也是最佳的。10 斤鲜叶炒 1 斤枸杞叶干茶，炒好的枸杞叶茶带有余温并伴有海苔的清香，冲泡饮用口感清香且甘甜。只有枸杞树培育管理得好，生长出来的枸杞果实才会好。枸杞叶子的营养成分是枸杞干果平均值的 25 倍，蛋白质含量相当高。江南枸杞芽与西北枸杞芽的区别在于，南方雨水较多，相比宁夏干旱的气候种出的枸杞芽叶绿素含量更多，泡出来的茶要比宁夏的更绿，滋味更好。枸杞芽富含钙、铁、锌、硒等多种人体必需的微量元素，非常适合三高人群饮用，而这些元素溶于水后更易被人体所吸收。

鲁塘村两委高度重视枸杞的种植产业发展，在经过四年的考察期后，鲁塘村两委决定与我展开合作，推动精品乡村"活力鲁塘——江南枸杞第一村"发展，为村民的集体收入拓宽新思路。在 2020 年成立了建德市鲁塘村枸杞信用合作社，以"集体 + 企业 + 农户"的新模式运营。枸杞信用合作社 60% 股份归鲁塘村，其中：20% 归村集体所有；20% 是村两委为让低收入农户得到保障，将农户安排到枸杞园中进行农事劳动，以股份制进行收入分配；10% 设立枸杞研发基金；10% 为困难大学生的补助基金。剩余 40% 归立杨公司所有。

南方枸杞

我认为未来的田间管理和承包农户管理人的意识尤为重要，所以我与鲁塘村两委会共同商定一套行之有效的企业化管理规程，落实田间管理责任到人的管理制度，使鲁塘村的枸杞产业可以得到长远的发展。

立杨利用自身农业平台与各大高校联系合作设立教学基地，例如：浙江大学茶叶研究所科研示范基地，浙江省农业广播电视学校农民田间学校，浙江理工大学、浙江林学院、浙江医学院绿色实践教学基地，并被浙江省农业农村厅授予省级农民田间学校。我专门邀请农业领域专家在立杨园区内开设了《江南特色枸杞开发关键技术与产业化途径》培训班，专家们用自己的专业知识为周边农户答疑解惑，深受农户好评。一个新兴产业的创新和发展，必定需要有一代人去辛苦耕耘与付出，而我们这一代人的付出也将为下一代夯实基础，正所谓"扶君上马，再送一程"。

2022年，作为长三角地区首家"建德市江南枸杞研究院"在立杨枸杞园揭牌，由浙江理工大学生命科学院、浙江农林大学农业与食品科学学院、浙江中医药大学等科研院校以及杭州立杨农业开发有限公司参与共建。枸杞研究院将围绕枸杞产品精深加工技术研究、功效物质开发、开展联合攻关和成果转化、枸杞高附加值药食两用研究与应用、选育高品质枸杞等内容进行研究。

2023年是我在立杨枸杞园辛勤耕耘的第五年，步入立杨枸杞园，一朵朵紫色又精致的枸杞小花悬挂于枝头，随处可见的红色枸杞果实在碧绿的叶芽间成串垂挂着，枸杞果实宛若穿着珊瑚红色的少女藏于园中嬉戏。红彤彤的玛瑙球成串成串结满枝头，只要站在树旁，轻轻一拨，那称心如意的红枸杞就会滑落在手中。

浙砧宁穗天精草，新安江畔立新家。作为江南第一枸杞园——立杨枸杞园，已然成为浙江建德的"金名片"。

（洪立根　赖志斌）

奔跑在希望的田野上

一位 90 后女孩"女承父业""稻舞田间"2000 余亩。搞工厂化育秧，用无人插秧机插秧；搞无人机防治，让病虫害无处躲藏；搞智慧农业，让种田不再是"低头便见水中天"；搞农村电商，让农产品远销国内外市场……

学成归来，播下了希望的种子

2010 年，大学毕业后的王运，在杭州铁路客运中心做实习列车长。那时候的王运与她的同学们一样，对未来充满了向往，但每次回老家看望父母时，早已是种粮大户的父亲，总会鼓动王运，让她回乡来接班。

即使王运有着在田间玩耍的快乐童年，但当她渐渐长大，田间的那些乐趣已然被理解父母的辛劳所替代。当王运看着父母凭借双手和汗水打下的这片"天地"，其中的酸甜苦辣，虽然父母没有在她面前倾诉，但她却能真实地感受到经营它的艰辛。

父亲王建坤曾是一位下山移民，凭着自己的一股精神气儿成了当地一位赫赫有名的种粮大户，也成了一位优秀的杭州市人大代表、省劳动模范。心疼父母的辛勤付出，并不意味着王运同意放弃城里的高薪职业，回乡从事纯粹的种粮事业。当父亲铁定地说出"田里干活也能'种出'轿车来"时，刚满 20 岁的王运还是一口否决，觉得这个根本构不成诱惑。在当年的王运看来，种粮食的艰辛付出与得到的收益是完全不成正比的。

出于孝心，她也曾试着全方位了解种粮的操作体系，想从科技的角度帮助父亲。但她内心总是觉得，一个女孩子选择回家种田，肯定发挥不了自己的价值。离开家乡融入杭州大都市工作，是不用犹疑的正确选择。

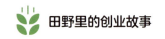
其间的劝说与不动心成了王建坤与女儿王运的交锋话题。当父亲的，总是扮演苦口婆心的角色，甚至不惜以年纪已大、文化水平不高等理由说服女儿；当女儿的，则毫不动摇地坚持离开农门、进大城市追求更高发展的心愿。

时间，就这样从2010年滑到了2013年，王运终于被父亲的执着和自己对家乡的眷恋所打动，让王运毅然决然地辞去了城市的舒适工作，踌躇满志地踏上了回乡之路。就在这一年，王运还当选了蒲田村委会妇女委员，分管文教卫工作。

想为家乡做点事情，想为家乡改变面貌的想法，如同插上了翅膀，再也无法磨灭。从那年起，王运停歇下漫游城市的脚步，带着她的乡愁，"稻舞"在建德市钦堂乡蒲田村的田间。

转型升级，创新农作制度理念

王运对农业的最初认知是在于难以摆脱"靠天吃饭"的命运。她讲了一则故事。那是发生在2021年深秋的一天，20多吨刚收割好的稻谷晾晒在晒谷场上。深夜，突然袭来的一场暴雨，让王运全家迅速从睡梦中惊醒。父亲刚动过手术，无法干体力活。工人们也都已经回家休息了，半夜里喊人来帮忙不现实，时间上也不允许。当机立断的王运，叫上她的母亲、妹妹、丈夫，四个人硬是从半夜干到了早上6点，把20多吨稻谷艰难地抢运进了仓库。从事电力抢修和检测的王运丈夫，面对这样的强体力付出一时难以适应，忙完后又吐又拉，像是大病了一场。而忙到通宵的王运母女仨，却并无这样的症状，除了第二天补眠后感觉手脚有些酸痛，过了几天也就无碍了。

浓眉大眼的王运，讲起这件难忘的事忍不住哈哈大笑起来。但事实上，类似这样体力完全透支的事，在近十年的农业创业之路上，她已经历了无数次。

"现代农业光靠会种田，是远远不够的。"王运很清楚，她不能守着父亲的老路子。改革，转型升级，创新农作制度——开辟新的农业发展方式是必然的选择！

这位90后的年轻掌门人充满信心，励志改革！她在公司专题馆对面墙上题写了习近平总书记意味深长的一句话——"把中国人的饭碗牢牢端在自己手中"①，这也是王运的心之所向。

她对公司的首次改革就是大力推进和提升机械化生产。王运在大学学的就是农业管理专业。她紧紧抓住国家和社会越来越重视粮食生产的好时机，深入开展科技强农、机械强农的"双强行动"，大力推行"机器换人"的做法；积极引进现代农业管理机制和新品种、新技术；树立农作制度创新理念，加速试验示范与推广农作制度创新模式；紧紧依托数字赋能，以大数据、物联网、云计算等技术为手段，有效整合粮食生产、加工、仓储、销售、服务五大环节数据资源，形成"一个驾驶舱、N 个生产、营销应用建设"的粮食产业数字化平台，实现了农机化、数字化应用的深度融合。通过近十年来的改革创新，奋力拼搏，她的农业企业在"子承父业"的转折中上了一个崭新台阶！

潜心钻研，创建品牌开拓市场

2016 年，王运想出了一个好点子，她要在家乡办"稻香节"。当年，正值 G20 峰会在杭州召开，这个敢于创新的年轻人，用彩色稻种出了 G20 杭州峰会的 Logo。王运带领着团队，将美丽农业与乡村旅游相结合，在基地设置了农耕文化传统农具展，打稻机、风车、水车的现场展示，让农耕器具展成了远近闻名的网红打卡点。这份在大地上独特美丽的创意，后来由政府搭台，节日年年办，良田年年种，生意年年火。曾经的小山村，成了建德乃至杭州甚至浙江的乡村旅游胜地，名声大振，当地老百姓的幸福指数也随之提升。而建坤农业所承担的浙江省首批粮食生产功能区建设、粮食生产项目建设、省级水稻良种繁育基地建设等 10 余项省、市级农业项目的实施，让王运的"产学研"之路越走越宽广。

随着建坤农业的种粮规模从 100 多亩到 2300 亩，到底是需要开一家或多家连锁实体店，还是借助互联网的力量来完成销售，王运与她的父亲第一次有了意见上的分歧。父亲的想法一如既往的传统，他希望能在杭州找个店面，把生产出

---

① 《习近平强调，贯彻新发展理念，建设现代化经济体系》，新华社，2017 年 10 月 18 日。

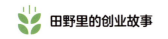

来的米一袋袋地卖出去。一家成功了再开一家。而女儿王运则认为，在杭州好的地段开个不足十平方米的店铺，起码要十几万元甚至几十万元的年租金，不如另辟蹊径。正好，《都市快报》"快抱团"的消息，让王运产生了把米交给他们销售的想法。

一直胆大、心细、真诚的王运选择直接找上门去，在报社的"快抱团"里，她将米的优势和价格报给他们。曾经只推东北大米的"快抱团"，对于零售价需要5元钱一斤，并且从不抛光而显得外观不太美观的大米不予认同。王运耐心细致地做工作。一次不行，两次。一年不行，两年。最终，在2018年的春天，王运的诚意和毅力，终于打动了"快抱团"的负责人。

深知做农业不容易的《都市快报》，在深入建德钦堂采访后，发起了一场公益活动。报纸一刊发，一百吨的稻谷，创下了五天之内就卖完的记录。杭州的大伯大妈们，赶到"快报团"的销售部，一买就是二三十斤。在王运所在的蒲田村，来装运大米的货车也排成了长队。回忆起那一幕，王运的眼睛红了，内心的喜悦，是任何文学语言都无法形容的。这之后，她与《都市快报》年年合作，生意年年爆棚。

销售粮食及农副产品的成功之路，使得王运更加充满信心。2021年，她组建了本地化电商运营团队，对接主流电商渠道、乡村电商平台，搭建"稻舞田间"品牌专题馆，增强"稻舞田间"品牌市场影响力。她带领着团队，结合年货节、丰收节、农博会等特色活动，开展专题营销、直播带货等线上线下活动，实现了"人引进来，货带出去"营销策略。预计2023年的年销售额将达到700万元以上。

抱团发展，我是骄傲的"农创客"

随着农产品经营规模的不断扩大和市场竞争的激烈，王运慢慢地意识到必须把经营重心转移到产品品质这个位置上去。她认为当前的农产品经营市场竞争的焦点，已经由单纯的产品价格与质量的竞争，转化为质量与诚信为主导的综合实力的竞争。未来，人们会更加注重身体健康，从而会更加注重选择绿色的、生态的、有利于人体健康的食品。然而，质量的保证必须要有诚信支持，再加上经营规模才能形成综合实力，只有具备这种综合实力才能立足于市场。

王运对农产品生产与经营意识的转变和提高，使得她对如何适应现代市场经济

王运在田间操作

发展的理念有了认识上的创新。她认为必须对缺资金、缺技术、产品质量不稳定销售难、效益低的中小农业企业进行体制与机制上的大力革新。因此，敢想敢为的王运萌生了一个想法：创新引进"拼多多理念"——把大家团结起来抱团发展。于是，她加入了省农创客发展联合会。接着，经有关部门同意和支持，牵头成立了"建德市农创客发展联合会"，并担任了会长。王运充分利用农创客这个良好平台，经常与省内农创客们相互交流、沟通，接收更多的相关政策和市场信息，实现平台的资源利用和共享。她集合各方力量服务会员，整合媒体资源广泛宣传，辐射带动更多的大学生投身农业创业并走向成功；成功建立电商人才实训基地，通过理论知识和实操训练相结合的方式，培育电商达人、直播红人等数字化营销人才，促进农业电商产业发展；带领着团队，积极加强与科研院校合作，在企业基地上建设专家工作站，通过水稻品种优化、保优栽培等手段，提升企业自主创新力和产品竞争力。

2023年1月11日上午，省委书记易炼红到"浙江农业博览会"视察工作。易书记了解情况后与正在参加博览会的王运进行了亲切交谈，他说："你们放弃舒适的城市生活，扎根农村创业创新创造，精神可嘉，值得点赞。乡村振兴靠人才，希望你们进一步助力乡村产业发展、科技提升，带动更多农户增收致富。"王运也深受鼓舞，增强了进一步当好"农创客"的信心。

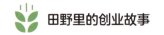

辛勤耕耘，广阔天地大有作为

以水稻生产为切入点，深度挖掘地方民俗文化和特色农耕文化，建设农耕主题研学基地。同时根据不同年龄段青少年的个性需求，围绕农耕文化、科普教育、采摘体验等主题活动，创新设计研学课程，让研学旅游产业热起来，辐射带动企业周边村集体经济增长，推动当地农文旅协同发展。

近年来，王运积极履行村妇联主席职责。以公司为依托，为在家务农女性，尤其是低保户家庭提供就业岗位，增加收入。借助岗位平台、妇联舞台，组织培训妇女群众8000余人次。通过培训上岗，服务现代农业产业，融入现代农业产业各个环节，带动每个农户年增收2.2万余元。

组织本地小学、幼儿园的家长与学生、巾帼志愿者积极开展"大手拉小手，节粮一起走"的兴粮节粮活动近百余次。引导孩子们积极响应"光盘"行动，从节约一粒米、一把面、一滴油做起，杜绝"舌尖上的浪费"，从小树立良好习惯，让爱粮节粮新风尚进村庄、入家庭、到个人。

通过十年时间的辛勤耕耘，王运带领的建坤农业成了杭州市规模较大的粮食

"献礼祖国70周年"Logo稻田

生产企业之一。她先后获得了全国农村创业创新项目创意大赛优秀奖、第十一届"最美杭州人·十佳农村青年致富带头人"、全国"双带"农村致富青年先进个人、浙江省十佳"农创客"标兵、杭州市三八红旗手、乡村产业技能大师、建德工匠、浙江省粮食保供成绩突出个人、杭州市新时代好党员代表等荣誉称号。

十年的时间，并不短暂，足以让王运从一位不懂农业的外行人，成为一位名副其实的"粮二代"、内行人，成为一位既熟知田间管理、市场营销，又能熟练操控农用无人机、收割机、插秧机等大型农用机械的乡村产业技能大师。三十而立的她，深深地爱上了农业。

以往，曾经有很多人会对孩子说："在学校里要好好读书，否则，读不好书就只能回家种田！"如今，学成归来的新青年创写的新篇章，证明了乡村不再是年轻人回不去的故乡，而是新兴的创业热土，是能让人大有作为的希望的田野！

（蒋福根　王　运）

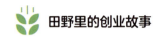
80 后"农创客"的绿色梦想

我叫饶成芳,一个 80 后"农创客"。大学毕业后通过自己几年的打拼,我在杭州从事一份稳定的销售工作,在大城市里过着舒适的生活。十五年前,父亲的一通电话让我的生活轨迹发生了深刻的变化。从那以后,父亲每隔两三天就会打电话来,询问我是否愿意回家务农。起初,我对这个提议感到迷茫和抵触。心里总是在想:"在大城市里好不容易有份安稳的工作,我怎么可能回到农村去做农业,况且是做一个我一窍不通的行业。"

我的家乡位于建德市大同镇三村村,父亲一生务农,在村里承包经营了三百余亩良田,是本地远近闻名的种田能手。他每天起早贪黑地在田里干活,靠他的勤劳,供我们姐弟俩先后读完大学并成家立业。现在父亲年岁渐渐大了,繁重的劳作已让他越来越感到力不从心,但内心里又放不下对农业的那份执着的热爱。于是他打起了我的主意,同时又知道这会让我很为难,所以每次都小心翼翼地和我电话沟通,做我的思想工作。电话里的他话语总是那么的温和而坚定,他的每一次询问都像是在敲打我的心坎,让我开始重新思考自己的人生选择。我开始回想起童年在农村的日子,春天那金黄的油菜花和碧绿的麦浪,夏夜那点点繁星和呱呱的蛙鸣,秋日那沉沉的稻穗,冬季那银装素裹的世界,还有那潺潺的大同溪,许多儿时的玩伴发小。每每想到那些简单而纯真的时光,逐渐地,我的心开始融化,对农业的陌生感和抵触感开始减少。

经过四个多月的思考,我毅然决然地做出了一个人生中的重大决定——辞去城市的工作,回到家乡,投身于我之前一无所知的农业。尽管这个决定让我感到既紧张又兴奋,但我知道,这是我为自己,也为家族的未来所做的一个重要转变。面对未知的农业天地,我满怀着对新生活的憧憬与不确定感。这不仅是对自己梦想的追求,更是对家族责任的担当,我期待着在这块未开垦的处女地上开拓出一片属于自己的天地。

从父亲那里接管 300 亩土地后，我正式开始了心中的"绿色梦想"。刚回到农村，我就开始了紧张的农活。收割完水稻后，又马不停蹄地投入到种植油菜的工作中。我跟在拖拉机后面，清理油菜田沟，忙得不亦乐乎。有一天，我不禁问父亲："爸，干农业有没有周末？有没有假放？"父亲的回答简单而现实："农业没有休息天，而且还有干不完的活。"这句话让我心中有些失落和后悔，开始怀疑自己的决定。我以为种植油菜很简单，撒完种子就等着收获，但现实远比我想象的艰难得多。

随着工作的深入和时间的推移，我开始感到不堪重负。每天背着重达 30 多公斤的肥料或植保机器走在田间地头，工作异常艰苦。几天下来，我的双肩被勒破了皮，甚至流血。就在我准备逃避的时候，父亲的一句话让我停下了脚步："你当初为什么要选择农业？你回来做农业是为了什么？这点苦你都吃不起，以后还有什么出息？"这句话如同一记重锤敲醒了我，让我重新思考起了我选择农业的初衷和绿色梦想。

那段时间，我经常独自一人走到河边，反复思考父亲的话。我渐渐意识到，农业不仅仅是一份工作，它是一种生活方式，更是一种对土地和家族、家乡的责任。我开始接受这种艰辛，学着去适应这样的生活，放弃了逃避。这段艰难的适应过程，虽然让我身心俱疲，但也让我学会了坚持和忍耐，这些经历最终成为我在农业领域成长的宝贵阶梯。

经过三年的努力和学习，我从一名对农业一无所知的外行，逐渐成长为一名会种粮的农业职业青年。我种植的水稻产量从原先的每亩 450 公斤提高到 550公斤。我不仅完成了当年的规划，还注册成立了自己的农业企业——"建德市吉丰农业开发有限公司"。默默地回味着这些成果，我开始尝到了初见成效的喜悦和自豪。

但现代农业不是面朝黄土背朝天的产业，必须要与时俱进，要及时更新自己的思维。要想在农业领域里取得成果，就必须创新。面对种植方式的单一和效率低下的问题，我开始尝试创新。2012 年的一天，我走进了建德市农技推广基金会，

饶成芳

寻求帮助。基金会秘书长蒋福根语重心长地跟我说："种田也是一门科学，现代农业要求我们不仅要有勤劳务实的吃苦精神，还必须要不断汲取社会其他区域和领域的先进科学知识，创出适合本地实际的农业新品种、新模式、新技术，走产、加、销相结合之路，才能达到农业高产高效，实现自己的绿色梦想。"这番话激发了我对农业创新的思考，我开始探索企业产、加、销一体的模式化道路。

在水稻的种植成本上，肥料是一个占比较重的方面，我想首先在这方面有所突破，于是想着尝试利用沼液灌溉的施肥方法来达到节本增效。但沼液从何而来？怎么才能采购到好的沼液？正在我无法破解此难题的时候，我又在交谈中请教了蒋秘书长，蒋秘书长听后马上表态说："这个问题我来帮你解决！"经过蒋秘书长的多次牵线搭桥，地处更楼街道的新希望乳业公司帮我解决了沼液的来源问题。经过一年多时间的沼液使用和摸索管理，这个方法不仅减少了化肥的使用量，还较大幅度地提高了粮食生产的质量和产量。

沼液在稻田里的应用无疑是一项节本增效的好事，但也有它美中不足的一面。第二年，稻田随之出现了病虫增多的现象，这又促使我寻求更多的创新解决方案。为了解决沼液引发的问题，我又尝试了"稻鸭共生，种养结合"的新模式。通过"稻鸭共生，种养结合"的实践，既减少了病虫害，又提高了稻谷的质量，还增加了鸭子的销售收入。在基金会项目扶持的三年里，基金会的几位领导经常带着有关农业方面的技术专家到我基地来考察，为我提供技术上的指导。这种创新模式不仅提高了生产效率，也为我的农业事业带来了更多的发展。

艰辛的创业过程中，我不断面临挑战，也在挑战中成长。每一次的失败都让我更加坚强，每一次的成功都让我更加自信。我逐渐认识到，农业不仅仅是耕种，它更是一种创新的艺术，需要不断地探索、尝试和完善。通过不断的努力和创新，我最终在这片土地上找到了自己的定位。这些经历，不仅是对农业技术的掌握，更是对人生智慧的领悟。

随着我在农业领域的不断深入，我开始寻找机会来改变传统的农作模式。我深知，要在农业领域长期生存并取得成功，必须在加工和营销上进行创新。一次，我趁着父亲心情好的时候，跟他说出了我的计划："爸，我想改变现状，适当采购一批新的农业设备，特别是稻谷烘干机。这样下雨天我们也不用担心，只要稻谷进仓，我们就能及时烘干。"父亲虽然担心烘干机的价格，但还是鼓励我："想好了，就去做吧！"简短的话语更加坚定了我进一步发展的决心。从2013年开始，在上级有关部门的帮助支持下，我公司共添置了8台16.5吨的烘干机及配套设施，达到日烘干132吨稻谷的能力。

虽然一开始遇到了许多困难和挑战，但每一次的尝试和创新都让我更加接近现代农业的目标。这不仅为我的农业事业带来了可观的收益，也使我尽快地成长为一个真正的"农创客"。我经常和父亲讨论："现代农业不是传统农业，未来农业才是主导方向，我们要与时俱进，及时更新思维。"我决心要让我们的农业走出一条新路，不仅仅是种植，更要涉足品牌和市场的开拓。

2016年，大同镇政府开始规划"稻香小镇"建设，我公司区域正好在规划区内。为更好地融入这一战略规划，我将公司改名为"建德市稻府农业开发有限公司"。我决心不仅要种好田，还要将稻谷加工出优质稻米高效益卖出去。幸运之神又一次降临我的身边。正值上级委派一位工商所干部诸葛跃星来我村任第一书记，诸葛书记听说此事后非常关心，带我引见了"建德市雨歌动漫有限公司"的陈跃春总经理。在陈总的指导下，我开始学习如何打造自己的品牌和产品特色。陈总的建议为我开拓市场提供了宝贵的经验，使我对品牌营销有了更深的理解和认识。"洺门稻府"这一品牌也慢慢浮现在我的脑海中，我也因此将其注册为公司的商标。2017年下半年，我又通过介绍到杭州优科检测技术有限公司学习了稻米加

饶成芳利用无人机施肥

工包装等方面的技术知识，并筹集投入了130余万元资金，建起了一条日加工50吨优质大米能力的生产线（包括加工、包装、储存）。流转经营良田面积也逐渐地扩大到了2000余亩，实现了粮食产、加、销一条龙规模生产。

之后，我开始积极探索市场营销的各种途径，努力打造品牌影响力。学习如何设计包装，如何利用网络和社交媒体进行宣传，以及如何与客户建立长期的合作关系。这个过程中，我也面临了不少挑战，比如如何平衡成本和利润？如何应对市场的变化？等等。通过不懈的努力，我不仅在粮食生产与加工方面上取得了进步，也在品牌建设和市场拓展上取得了一定的成就。"洺门稻府"品牌稻米成功推向市场，获得了消费者的认可，产、加、销相结合的道路越走越宽广，同时也大幅度地提高了公司的经济效益，壮大了公司的综合效益和实力。我的梦想初见成效，这不仅仅是对我农业技术的肯定，更是对我创新精神和创业勇气的认可，也让我成了一名真正意义上的"农创客"。

回首过去，我从一个对农业一窍不通的外行成长为一名能够独当一面的农业专业人士。我学会的不仅是农业技术，更重要的是对"三农工作"有了新的认识，在追求绿色梦想的道路上又前进了一大步。

展望未来，我将坚定不移地继续拼搏在现代农业这一希望的田野上，实现我对农业的更多的绿色梦想！

（蒋福根　饶成芳）

后　记

2024年7月1日，是中国共产党成立103周年的纪念日。刚好《田野里的创业故事》与大家见面了，借此向党的生日献礼。

《田野里的创业故事》从2023年4月提出设想和组织实施，到2024年6月，用了近15个月的时间，完成了人物的甄选、撰稿人的确定、采访与写作、修改与完善、审稿与定稿，共收到故事稿件70余篇，本书选录了63个故事，约39万字。为符合大部分农业工作者的阅读习惯，还原本真的农业创业故事，书中保留了"公分""亩""斤"等非法定计量单位，特此说明。

对于长期从事农村、农业、农民工作的同志来说，写调查报告、情况反映、工作与技术总结是比较擅长的，不过，要按照叙事文和散文格式写故事，确实难为大家了。即使如此，在各区、县（市）基金会的重视与认真努力下，还是圆满完成了任务。在此，我以编者的名义，向大家表示衷心的感谢！

那么，如何讲好一线农民的创新创业故事？这主要基于编纂委员会长期在田间山头耳闻目睹众多种的、养的、种养结合、林下经济、植保服务、电商平台等

农民创业成功的案例，把他们创业过程中的心历路程、酸甜苦辣、喜怒哀乐的情绪写出来，告诉社会上的其他人：农业创业的艰苦，收获成功的喜悦。

我在仔细审阅每一个创新创业的故事中，已经感受到在当下，"此农民"非"彼农民"。"此农民"中大学毕业生从事农业的人越来越多，而且所学专业背景不同，从这个角度看农业发展，未来可期。

在审阅创新创业的故事中，每当阅读到某个故事主线清晰、情节有起有落、文笔流畅时，我的心情也随之欢快；有的故事开头就给我以很好的期许，但看着看着故事的主线散了，心情也随之低落；有些故事的主人公我比较熟悉，想一一改之，但时间不允许，往往是心有余而力不足之态。

感叹时间若能倒流，我或许会用三年的时间完成《田野里的创业故事》作品，从而精雕细琢，一定会更好。但由于本书编撰时间紧迫，编者水平有限，书中难免有疏漏或不足之处。权当抛砖引玉，还望广大读者批评指正。

编 者

2024 年 6 月